पश्चिमी भारत

का

पुरातत्त्व और मूर्तिशिल्प

(एलीफेंटा के विशेष संदर्भ में)

पश्चिमी भारत
का
पुरातत्त्व और मूर्तिशिल्प
(एलीफेंटा के विशेष संदर्भ में)

मनीष राय

स्वाति पब्लिकेशन्स
दिल्ली

प्रथम संस्करण 2022
ISBN: 978-93-81843-39-0

प्रकाशक:
स्वाति पब्लिकेशन्स
34, सैन्ट्रल मार्केट, अशोक विहार
दिल्ली-110 052
फोनः 91-11-27212195, 43513480
फैक्सः 91-11-27212195
ई-मेलः swatipublications7@gmail.com, agamkala101@gmail.com
www.agamkala.in

लेज़र टाइपसैटिंग:
अमन प्रिंटोग्राफिक्स
दिल्ली
फोनः 9891395309

भारत में मुद्रित।

समर्पण

दादीजी–स्व. श्रीमती रामबाई राय
दादाजी–स्वतंत्रता संग्राम सेनानी स्व. श्री शारदा प्रसाद "आजाद"
गुरूजी स्व. डॉ. सुधाकरनाथ मिश्र
रायबहादुर स्व. डॉ. हीरालाल राय एवं ससुरजी स्व. ईश्वर कुमार राय
साथ ही भारत–भूमि के ख्यात–विख्यात पुरातत्त्वविदों
के चरण–कमलों में सादर समर्पित।

विषय–सूची

प्राक्कथन

पश्चिमी भारत का प्राकृतिक, पुरातात्त्विक, स्थापत्य और मूर्तिशिल्प का ऐतिहासिक दृष्टि से भारतीय उपमहाद्वीप में विशिष्ट स्थान है। प्राकृतिक दृष्टि से पश्चिमी भारत का यह क्षेत्र महाराष्ट्र के कोंकण भू–भाग के अन्तर्गत आता है। इस क्षेत्र में सहयाद्री पर्वतमाला की श्रृंखलाएँ विद्यमान है। जिनका उपयोग शैलोत्खात वास्तुशिल्प के रूप में हुआ है, जो इस क्षेत्र के भारतीय स्थापत्य और मूर्तिशिल्प के क्षेत्र में अप्रतिम योगदान है। इसके साथ ही, यह क्षेत्र वैतरणा नदी और इसकी सहायक नदियों तथा अरब सागर के तटीय क्षेत्र प्राकृतिक पर्यावरण की दृष्टि से अपना विशिष्ट स्थान रखते हैं। एलीफेंटा द्वीप का क्षेत्र इसके अन्तर्गत आता है, जो सांस्कृतिक गतिविधियों के साथ–साथ आर्थिक, वाणिज्यिक और व्यापारिक गतिविधियों का महत्वपूर्ण केन्द्र था।

पुरातात्त्विक दृष्टि से भी पश्चिमी भारत का यह भू–भाग अपने विलक्षण योगदान के लिए विख्यात है। इस क्षेत्र में स्थापत्य परक गतिविधियों का आरंभ मौर्यकाल से माना जा सकता है। यहाँ पर संरचनात्मक वास्तु की दृष्टि से सोपारा का स्तूप और एलीफेंटा का स्तूप वर्तमान में इसके उत्कृष्ट उदाहरणों में से है। सोपारा का मौर्यकाल में सर्वाधिक महत्वपूर्ण स्थान था, यही कारण है कि यहाँ पर अशोक कालीन अभिलेख प्राप्त होते हैं। यह स्थान व्यापारिक गतिविधियों के लिए भी अतिमहत्वपूर्ण स्थान रखता था।

स्थापत्य की दूसरी विधा शैलोत्खात वास्तु है, जिसका स्थान पश्चिमी भारत में अद्वितीय है। इतनी बड़ी संख्या में इस क्षेत्र में शैलोत्खात वास्तु का विकास हुआ, जितना देश के अन्य भाग में हमें दिखाई नहीं देता है। शैलोत्खात वास्तु का आरंभ मौर्यकाल में बिहार स्थित बराबर और नागार्जुनी की पर्वतीय शैलोत्खात गुफाओं से हुआ है। इनमें लोमश ऋषि और सुदामा गुफाएँ विशेषकर महत्वपूर्ण हैं। जिनका निर्माण आजीवक सम्प्रदाय के लिए मौर्यकाल में कराया गया था। साथ ही शैलोत्खात स्थापत्य का विकास छत्तीसगढ़ एवं उड़ीसा की हाथीगुफा और रानी गुफा में हुआ तथा मध्यप्रदेश में गुप्तकाल में उदयगिरि की गुफाओं में मिलता है। इसके साथ ही, महाबलीपुरम, तमिलनाडु में पल्लव–कालीन पर्वतीय रथों और मण्डपों में हमें दृष्टिगत होता है। पश्चिमी भारत में द्वितीय शताब्दी ईसवी पूर्व से लेकर सातवीं–आठवीं शताब्दी ईसवी तक शैलोत्खात वास्तु का उद्भव और विकास क्रमिक रूप से देखा जा सकता है।

पश्चिमी भारत में हीनयान बौद्धधर्म के अन्तर्गत विहार और चैत्यगृहों का निर्माण शैलोत्खात स्थापत्य के रूप में बड़े व्यापक रूप में हुआ है। जिसमें भाजा, पीतलखोरा, अजन्ता, कार्ले, कन्हेरी आदि अनेक स्थानों पर चैत्यगृहों और विहारों का उत्खनन किया गया है। चैत्यगृहों में चित्रकला भी देखने को मिलती है। इसके अतिरिक्त, शैलोत्खात स्थापत्य की परंपरा में काष्ठ के उपयोग का पता चलता है और यहाँ पर शिल्पियों को शैलवर्धिकी का नाम दिया गया है।

भारतीय स्थापत्य में चाहे शैलोत्खात शिल्प हो, चाहे संरचनात्मक मंदिर वास्तु हो, सभी में काष्ठ–शिल्प की तकनीक का उपयोग दिखाई देता है। पश्चिमी भारत के इस काल के स्थापत्य में सातवाहनों और शक राजाओं का विशिष्ट योगदान है। सातवाहन शासक ब्राम्हण धर्मावलंबी होने के साथ–साथ सहिष्णु थे तथा उन्होंने बौद्ध–स्थापत्य को भी प्रोत्साहन दिया। शक शासक जो कि विदेशी मूल के थे, उनका सातवाहनों के साथ परस्पर संघर्ष चलता रहा तथा उन्होंने विहार–चैत्यगृहों के उत्खनन में अपनी महत्वपूर्ण भूमिका का निर्वाहन किया है।

पश्चिमी भारत शैलोत्खात स्थापत्य कला के विकास में परवर्ती राजवंशों ने भी अपना योगदान दिया। इसके साथ ही परवर्ती काल में बौद्ध, जैन और ब्राम्हण धर्म से संबंधित शैलवास्तु का उत्तरोत्तर भारतीय कला में निरंतर विकास हुआ। परिणामस्वरूप, इस क्षेत्र में यूनेस्को द्वारा भारत के विश्व धरोहर के 40 स्थलों में से तीन स्थल जो शैलोत्खात वास्तु के उत्कृष्ट उदाहरण हैं–अजन्ता, एलीफेंटा और एलोरा, ये तीनों विश्वदाय के स्थल और धरोहर हैं, जो कि सर्वाधिक पश्चिमी भारत के शैलोत्खात स्थलों में देखने को मिलता है।

प्रस्तुत पुस्तक में पश्चिमी भारत के विश्व धरोहर स्थल एलीफेंटा के विशेष संदर्भ में पुरातात्त्विक अध्ययन किया गया है। एलीफेंटा अपनी अतुलनीय विश्व विख्यात मूर्तिकला और प्रतिमा विज्ञान के लिए विश्व प्रसिद्ध है। अधिकांश विदेशी कलाविदों और भारतीय कला विशेषज्ञों ने अपना अध्ययन मूर्तिशिल्प और प्रतिमा विज्ञान पर केन्द्रित किया है। एलीफेंटा मुख्य रूप से अपने शैलोत्खात गुहावास्तु और मूर्तिशिल्प के लिए भारतीय मूर्तिशिल्प में अपना विशिष्ट स्थान रखता है। संरचनात्मक स्तूप–वास्तु का अध्ययन अपेक्षाकृत कम हुआ है, जो कि बौद्धधर्म से संबंधित है। यहाँ से प्राप्त एम्फोरा मृदभाण्ड के प्रमाण समुद्रीय पुरातत्त्व विज्ञान के महत्त्व को प्रकट करता है। इसके विपरीत शैलोत्खात मूर्तिशिल्प अधिकांश रूप में शैव–सम्प्रदाय से संबंधित है। इस पुस्तक में इन वास्तु–स्थापत्य के दोनों ही पक्षों को संक्षिप्तरूप में स्थान देने का प्रयास किया गया है तथा स्तूप–वास्तु के अवशेषों का रेखांकन, चित्रांकन और सूचीकरण भी प्रस्तुत किया गया है। इसके साथ ही, मूर्तिशिल्प और प्रतिमा विज्ञान का समग्रता से अध्ययन किया गया है।

एलीफेंटा अपने शैव–शिल्प और मूर्तिविज्ञान तथा इनमें निहित अध्यात्मिक और बाह्य सौन्दर्य की अदभुत विलक्षणता के लिए जाना जाता है। एलीफेंटा की सर्वाधिक और अतुलनीय शैव प्रतिमाओं में त्रिमूर्ति, सदाशिव अथवा महेश मूर्ति मानी जाती है, जो कलात्मक दृष्टि से विश्व विख्यात है और यह एलीफेंटा की प्रतीक मानी जाती है। इसमें मुख मुद्राओं के माध्यम से उनमें अन्तरनिहित भाव–अभिव्यक्ति अप्रतिम और अतुलनीय है।

शिव के विभिन्न स्वरूपों की मूर्तियाँ एलीफेंटा के मूर्तिशिल्प में उनके विविध स्वरूपों को प्रकट करती है। उनमें दूसरी मूर्ति गंगाधर मूर्ति है। भागीरथ ने अपनी तपस्या के माध्यम से गंगा को पृथ्वी पर लाने का प्रयास किया, तब सबसे बड़ी समस्या यह आई कि ब्रम्हा के कमण्डलु में स्थित गंगा का पृथ्वी में अवतरण होगा तो उनका वेग और भार अधिक होगा। इसलिए भागीरथ ने शिव से प्रार्थना की और शिव ने उनकी प्रार्थना स्वीकार कर गंगा को धारण करने की अनुमति प्रदान की। इस मूर्ति में शिव गंगा को धारण करते हुए दिखाए गए हैं और शिव की इस मूर्ति का नाम गंगाधर शिव है। यह प्रतिमा भी एलीफेंटा की अद्वितीय प्रतिमा मानी जाती है और इसका शैव प्रतिमाओं में महत्वपूर्ण स्थान है।

अंधकासुरवध मूर्ति–शिव प्रतिमाएँ दो स्वरूप में मिलती हैं–एक शान्त स्वरूप में और दूसरी घोर अथवा अशान्त स्वरूप में। शिव की तीसरी मूर्ति जो महत्वपूर्ण है, वह अंधकासुर वध मूर्ति मानी जाती है। इसमें शिव का उग्ररूप दर्शनीय है जिसमें शिव अंधकासुर का वध करते हुए बड़े ही कलात्मक ढंग से निर्मित किये गए है। वहीं, अर्धनारीश्वर मूर्ति–शिव का यह रूप और प्रतिमा अपने आप में विलक्षण है। इस प्रतिमा रूप में शिव व शक्ति को संयुक्त रूप में एक ही मूर्ति में निर्मित किया जाता है। इस रूप में शिव दक्षिण भाग में जबकि वाम भाग में नारी रूप में पार्वती का चित्रांकन होता है। इस प्रकार की मूर्ति शिव की ही मिलती है, जिसमें शिव–पार्वती को एकाकार रूप में रूपायित किया है। मूर्तिशिल्प की दृष्टि से एलीफेंटा की मूर्तियों में इस प्रतिमा का भी विशेष स्थान है।

कल्याण–सुन्दर मूर्ति को वैवाहिक मूर्ति भी कहा जाता है। इस प्रतिमा में शिव–पार्वती के विवाह के स्वरूप का मूर्ति अंकन मिलता है। यह भी एक दुर्लभ प्रतिमा है जिसमें शिव–पार्वती को विवाह की प्रतिमा के रूप में दिखाया जाता है। किसी अन्य देवता के विवाह की मूर्ति हमें देखने को नहीं मिलती है। इस मूर्ति में शिव पार्वती का पाणिग्रहण करते हुए दृष्टिगत होते हैं। एलीफेंटा की यह मूर्ति भी अपनी कलात्मक विविधता के लिए विख्यात है। योगेश्वर मूर्ति–शिव को योगेश्वर भी माना जाता है और इस रूप में शिव का शिल्पांकन एलीफेंटा के मूर्तिशिल्प में बड़ी कुशलता के साथ शिल्पी ने किया है। नटराज मूर्ति–शिव को नृत्य–संगीत का देवता माना जाता है और उनकी नटराज रूप की मूर्तियाँ भारतीय मूर्तिकला में सर्वाधिक महत्वपूर्ण मानी जाती है। चूँकि नटराज रूप की प्रतिमा अपने आप में दुर्लभ और कलात्मक है, परवर्ती काल में चोलों के समय नटराज रूप में शिव की प्रतिमाओं का निर्माण होता हैं जिसे बड़े ही सुन्दररूप में किया गया है।

रावणानुग्रह मूर्ति अथवा कैलाशोत्थान प्रतिमा–रावण शिव का परम भक्त था। एक बार उसने सोचा कि कैलाश सहित शिव को लंका में स्थापित कर ले, ताकि उसे बार–बार कैलाश न आना पड़े। इस उद्देश्य को सामने रखकर उसने कैलाशोत्थान का दुसाहस किया। इसके द्वारा उठाने के प्रयास में कैलाश पर्वत में हलचल हुई और शिव के निकट बैठी पार्वती भयभीत हो गई। तब शिव ने रावण को सबक सिखाने के लिए अपने पैर के अंगूठे से कैलाश को दबाया। परिणामस्वरूप रावण स्वंय दबने लगा, रोने और चीखने लगा और उसकी अवस्था दयनीय हो गई। तब नन्दी ने रावण से कहा कि शिव से प्रार्थना कर और उनको प्रसन्न कर, तभी मुक्त हो पाओगे। इसके बाद रावण ने रोते हुए शिव की स्तुति की। यह स्तुति रावण रचित "शिव–ताण्डव" के नाम से प्रसिद्ध है। इस स्तुति को सुनकर शिव द्रवित हुए और रावण पर अनुग्रह किया। इस प्रतिमा में शिव–पार्वती को कैलाश पर बैठे हुए दिखाया जाता है और रावण को कैलाशोत्थान करते हुए नीचे दर्शाया जाता है। इसी कारण से, इसे रावणानुग्रह अथवा कैलाशोत्थान मूर्ति की संज्ञा प्रदान की गई है। एलोरा के प्रसिद्ध कैलाश मंदिर में भी इस दृश्य को बड़े सुन्दर ढंग से शिल्पांकन किया गया है और मंदिर का नाम भी कैलाश है। एलोरा के कैलाश मंदिर में इसी विशेषताओं के कारण एलोरा के कैलाश को स्वप्न में साकार माना जाता है। इन विशिष्ट मूर्तियों के अतिरिक्त एलीफेंटा में अन्य देवी–देवताओं की मूर्तियों का शिल्पाकंन किया गया है, जो अपने दुर्लभ विलक्षण स्वरूप के लिए प्रसिद्ध है।

पुस्तक हिन्दी भाषा के माध्यम से लिखी गयी है, जो एलीफेंटा के स्वरूप को विभिन्न रूपों में पुरातात्त्विक अवशेषों के माध्यम से प्रमाणित करने की दिशा में महत्वपूर्ण कही जा सकती है। पुस्तक छायाचित्रों, रेखाकंनो, सूचीकरण और मानचित्रों के माध्यम से विषय का संक्षिप्त पुस्तकीकरण करती है। यह पुस्तक शोधार्थियों, पुराविदों, संग्रहालयों, पुस्तकालयों, पर्यटकों एवं कलाप्रेमियों के लिए उपयोगी सिद्ध होगी।

5 फरवरी 2022
वसंत पंचमी

डॉ. सुशील कुमार सुल्लेरे
आचार्य एवं विभागाध्यक्ष (सेवानिवृत)
प्राचीन भारतीय इतिहास, संस्कृति एवं पुरातत्त्व विभाग
रानी दुर्गावती विश्वविद्यालय, जबलपुर तथा
पूर्व शोध अध्येता, भारतीय उच्च अध्ययन संस्थान,
राष्ट्रपति भवन, शिमला

आभार

आज इक्कीसवीं सदी में पहुँचकर जब हमें ज्ञात होता है कि मानव जाति ने अपने अस्तित्व को सँवारते हुए प्रारम्भ से लेकर आज तक का निन्यानवें प्रतिशत भाग शिकारी के रूप में बिताया और केवल एक प्रतिशत भाग से भी कम समय में अर्थात् 7000 ईसा पूर्व कृषि द्वारा उत्पादन करना सीखा, तो हमारा चौकना स्वाभाविक है। आश्चर्य का ठिकाना तब और नहीं रहता जब हमें ज्ञात होता है कि धातु का प्रथम बार प्रयोग 4000 ईसा पूर्व हुआ, जिनके साक्ष्य हमें पुरातात्त्विक उत्खननों से प्राप्त होते हैं। लेकिन इसका तात्पर्य यह नहीं कि पुरामानव हथियारों का प्रयोग नहीं जानता था। मानव का उद्भव तथा उसके विकास के प्रमाण हमें प्रातिनूतन काल से मिलते हैं। आदि मानव से वर्तमान मानव के विकसित होने के दौरान उसे विभिन्न अवस्थाओं से गुजरना पड़ा। जिसमें कई हजार वर्षो का समय लगा। जिसका परिज्ञान हमें पुरातात्त्विक प्रमाणों के माध्यम से होता है।

मानव इतिहास को पुरातत्त्व एक नया आयाम प्रदान करता है। मानव के अतीत का सारा अध्ययन तथा अनुसंधान लिखित एवं अलिखित साक्ष्यों पर आधारित है। सहस्राब्दियों के प्राकृतिक विनाश और सड़न–गलन से बचे हुए मानवकृत पुरावशेष अथवा प्रमाण पाषाण और धातु से निर्मित वस्तुओं अथवा मृदभाण्ड़ों के ठीकरे के रूप में ही प्रायः प्राप्त होते हैं। इन्हीं प्रमाणों के आधार पर कुछ अनुमान परक निष्कर्ष निकाले जा सकते हैं तथापि प्रत्येक साक्ष्य की अपनी संभावनाएँ और सीमाएँ होती हैं। ये सभी भूतकाल की महत्त्वपूर्ण सूचनाओं का वाहक होने के साथ–साथ ही ये वस्तुएँ सांस्कृतिक विशेषक भी हैं अर्थात् यह किसी आवश्यकता विशेष की पूर्ति के उस विशेष तरीके का प्रतिनिधित्व करती है, जो संस्कृति के माध्यम से हम तक पहुँचा है। मानवकृत परिवेशीय वस्तुएँ जब अपने एक जैसे स्वरूप में अनेक स्थलों पर पाई जाती है, तो उन्हें मानवीय संस्कृति का प्रतीक माना जा सकता है।

मानव के सतत गतिशील जीवन की जो झाँकी पुरातत्त्व विज्ञान प्रस्तुत करता है उसके अन्तर्गत मानव की विकास यात्रा में कई अवस्थाएँ जैसे पाषाणकाल, काँस्यकाल, लौहकाल दृष्टिगोचर होती है। जिसकी यात्रा के अमिट पथ चिह्न हमें पुरावशेषों के रूप में प्राप्त होते रहते हैं। वहीं लेखन कला के आधार पर लिपि के निरन्तर विकास के माध्यम से जैसे लेखन कला के पूर्व का काल अर्थात् प्रागैतिहासिक काल कहा जाता है। लेखन कला का ज्ञान तो था तथापि अभी तक इस लिपि को पढ़ा नहीं जा सका, इसे आद्यैतिहासिक काल कहा जाता है। जिसके प्रमुख स्थल हैं–हड़प्पा, धौलावीरा, राखीगढ़ी इत्यादि। मानव के मस्तिष्क की निपुणता और कलाबोधमयता के प्रमाण मिलते हैं जिसके अन्तर्गत देश–कालानुसार लिपियों का प्रयोग बढ़ता दिखलाई देता है। जिन्हें हम विभिन्न पदार्थों जैसे शिलालेखों, धातु पत्तरों, वृक्ष की छालों, पत्तों और जानवरों की खालों में लिखा जाता था, के रूप में प्राप्त होते हैं।

पुरातत्त्व वह विज्ञान है जिसके माध्यम से एक निश्चित ऐतिहासिक कालक्रम और पारिस्थितिकी के परिप्रेक्ष्य में एक सुनिश्चित स्थान, देश और काल के संदर्भ में भौतिक पुरावशेषों के आधार पर मानव के सांस्कृतिक विकास का चरणबद्ध अध्ययन करता है। पुरातत्त्वविद पृथ्वी के आँचल में छिपे मानव निर्मित भौतिक पुरावशेषों का पुरातात्त्विक अन्वेषण तथा उत्खनन के माध्यम से प्रकाश में लाता है और कल्पना के माध्यम से पुरावशेषों में जीवन की रवानी भरता है, मानव के दृष्टिकोण को व्यापक बनाता है, उसमें तार्किक शक्ति का विकास करता है और उसे स्वस्थ्य चिंतन–मनन के लिए अभिप्रेरित करता है। साथ ही, मानवीय संस्कृतियों की एकता की अनुभूति भी कराता है। फलस्वरूप इससे भाई–चारा और आपसी सद्भाव को बढ़ावा मिलता है और परस्पर आन्तरिक एकता के सूत्र में आबद्ध करता है, जिससे भविष्य का मार्गप्रशस्त होता है।

अतीत काल में मानव अनेक संकटों से उबरकर जिया। वह ऐसा इसलिए कर सका क्योंकि उसमें नई तकनीक विकसित करने की सामर्थ्य और क्षमता थी। एक ओर जहाँ उसने अपने शक्तिशाली दाँत और नाखून खो दिये, वहीं उसने प्रखर मस्तिष्क को वरीयता दी। इस अतिरिक्त क्षमता को पाकर वह उन्नत विज्ञान–प्रोद्यौगिकी तथा संस्कृति की सहायता से प्रकृति की चुनौतियों पर विजय प्राप्त कर सका।

वर्तमान परिदृश्य में विज्ञान–प्रोद्यौगिकी के विकास में हो रही निरन्तर प्रगतिशीलता के साथ–साथ पुरातत्त्व विज्ञान के क्षेत्र में **क्षेत्रीय पुरातत्त्व** का भी व्यापक प्रसार हो रहा है। विशेषकर जहाँ पर लिखित प्रमाणों का अभाव है। परिणामस्वरूप एलीफेंटा द्वीप जैसे स्थल मानवीय सर्जनात्मकता का उत्कृष्टतम उदाहरण है एंव सांस्कृतिक परम्पराओं का अनुपमसाक्षी रहा है। जिसके पुरातात्त्विक प्रमाण यत्र–तत्र बिखरे हुये है। अतः एलीफेंटा द्वीप के पुरावशेषों का क्रमबद्ध अध्ययन करना और यहाँ की मानव–गाथा का वैज्ञानिक दृष्टिकोण से विश्लेषण कर, मानव की सृजन शक्ति की बोधगम्यता में जीवन के स्पन्दन का संचार करना है।

मैं भारतीय पुरातत्त्व सर्वेक्षण, मुम्बई मण्डल, मुम्बई में सहायक पुरातत्त्वविद के रूप में 2005 में नियुक्त हुआ। जब भी मैं एलीफेंटा द्वीप में जाता तो मन में कहीं न कहीं पुरातात्त्विक अवशेषों को देखकर लगता था कि इनका पुरातात्त्विक दृष्टिकोण से अध्ययन नहीं हुआ है। मेरे मन में हमेशा इसका नाम आते ही मैं द्वन्द्व से ग्रसित हो जाता क्योंकि महास्तूप के अध्ययन की कमी, प्राचीन बन्दरगाह के महत्त्व और उसकी उपलब्धियों का आमजन मानस में जागरूकता के अभाव ने मुझे अध्ययन करने के लिए प्रेरित और प्रोत्साहित किया, जिससे मैं निरन्तर उपरोक्त विषय में विभिन्न विद्वानों से समय–समय पर चर्चा करता रहा। परिणाम स्वरूप एलीफेंटा के बारे में शोध करने व लिखने के लिए उपयुक्त पाया।

मैं परम् श्रृद्धेय गुरूवर स्व. डॉ. सुधाकरनाथ मिश्र, आचार्य तथा विभागाध्यक्ष, प्राचीन भारतीय इतिहास, संस्कृति एवं पुरातत्त्व विभाग, रानी दुर्गावती विश्वविद्यालय, जबलपुर का कृतज्ञ हूँ जिनके सुनिर्देशन में मैं एलीफेंटा के विषय पर शोध कार्य पूर्ण कर सका। यह मेरी कृति डॉ. मिश्र के असीम ज्ञान का कुछेक अंश मात्र ही है।

मैं परम् श्रृद्धेय गुरूवर डॉ. राजकुमार शर्मा और डॉ. सुशील कुमार सुल्लेरे दोनों पूर्व आचार्य तथा विभागाध्यक्ष, प्राचीन भारतीय इतिहास, संस्कृति एवं पुरातत्त्व विभाग, रानी दुर्गावती विश्वविद्यालय, जबलपुर का हृदय से अभारी हूँ जिनके आर्शीवाद और प्रोत्साहन से मैं पुरातत्त्व में प्रवृत हुआ। इसके अतिरिक्त डॉ. सुशील कुमार सुल्लेरे द्वारा आर्शीवाद स्वरूप प्राक्कथन लिखा गया है। डॉ. सुभाष चन्द्र शर्मा, आचार्य, इतिहास विभाग, रानी दुर्गावती विश्वविद्यालय, जबलपुर और डॉ. आलोक श्रोत्रिय, आचार्य तथा विभागाध्यक्ष, प्राचीन भारतीय इतिहास, संस्कृति एवं पुरातत्त्व, इंदिरा गाँधी राष्ट्रीय जनजातीय विश्वविद्यालय, अमरकंटक, डॉ. प्रशान्त श्रीवास्तव, आचार्य, प्राचीन भारतीय इतिहास, संस्कृति एवं पुरातत्त्व, लखनऊ का आभारी हूँ, जिन्होंने विषय से सम्बंधित कई महत्वपूर्ण पहलूओं पर ध्यानाकृष्ट किया।

महानिदेशक, भारतीय पुरातत्त्व सर्वेक्षण, नई दिल्ली का कृतज्ञ हूँ, जिन्होंने यथाशीघ्र अध्ययन–अवकाश प्रदान किया। डॉ. एस. बी. ओटा, क्षेत्रीय निदेशक (मध्य), भा.पु.स., भोपाल, श्री एम. महादेवैया तथा डॉ. एम. नम्बीराजन, क्षेत्रीय

निदेशक (पश्चिम), भा.पु.स., मुंबई का आभारी हूँ जिन्होंने विषय से सम्बंधित विविध पक्षों को समाहित करने में मदद की। श्री मदन सिंह चौहान, तथा श्री जितेन्द्र नाथ, तत्कालीन अधीक्षण पुरातत्त्वविदों, भा.पु.स., मुंबई का कृतज्ञता ज्ञापित करता हूँ जिन्होंने विषय से सम्बंधित छायाचित्रों और रेखाचित्रों का अध्ययन करने की अनुमति प्रदान की तथा श्री जुल्फीकार अली, तत्कालीन उप–अधीक्षण पुरातत्त्वविद, भा.पु.स., मुंबई ने भी विभिन्न प्रकार की अध्ययन से सम्बंधित सहायता के लिए आभारी हूँ। साथ ही श्रीमती नंदिनी भट्टाचार्य साहू, वर्तमान क्षेत्रीय निदेशक (पश्चिम) भा.पु.स. मुम्बई, डॉ. ए.एम. व्ही. सुब्रामण्यम, अधीक्षण पुरातत्त्वविद, बडोदरा मण्डल, और डॉ. राजेन्द्र यादव, अधीक्षण पुरातत्त्व, मुम्बई मण्डल, मुम्बई का अत्यन्त आभारी हूँ।

मैं पद्मश्री स्व. डॉ. मधुकर केशव धवलीकर, पूर्व निदेशक, दक्कन कॉलेज पोस्ट–ग्रेजुएट एण्ड रिसर्च इन्स्टीट्यूट (डीम्ड यूनीवर्सिटी), पुणे का कृतज्ञ हूँ जिनके अनुदेशन से इस कृति को प्रभावी बनाने में सफलता मिली और स्व. डॉ. प्रमोद चन्द्रा के साथ चर्चा और उनके सुझावों से इसमें नये आयामों को भी शामिल किया जा सका। डॉ. एस. नागाराजू, पूर्व आचार्य का ऋणी हूँ जिन्होंन बौद्ध गुफाओं की विशेषता तथा उनके कलात्मक सहसम्बंधन से इसमें समृद्धि मिली। मैं डॉ. वसन्त शिन्दे, पूर्व उप–कुलपति, दक्कन कॉलेज पोस्ट–ग्रेजुएट एण्ड रिसर्च इन्स्टीट्यूट (डीम्ड यूनीवर्सिटी), पुणे का विशेषरूप से आभारी हूँ जिनके सुझावों को प्रभावी ढंग से समाहित किया गया है। वहीं डॉ. शिला त्रिपति, मैराइन आर्कियोलॉजी सेन्टर, नेशनल ओसियन इंस्टीट्यूट, गोवा, डॉ. सुनील गुप्ता, इलाहाबाद संग्रहालय, डॉ. संजीव सिंह, राष्ट्रीय संग्रहालय, नई दिल्ली का आभारी हूँ जिनके सुझावों से इस कृति को नई दिशा मिली।

मैं, उन सभी विद्वानों का विशेषरूप से अभारी हूँ जिनके विचारों, दृष्टिकोणों तथा उद्धरणों से प्रस्तुतकृति को बहुआयामी और सरल स्वरूप में बनाया जा सका।

भारतीय पुरातत्त्व सर्वेक्षण और विश्वविद्यालयों के मित्रों में श्री रामजी, श्री महेन्द्र तिवारी, श्री देवन्द्र यादव, डॉ. आर. एन. कुमारन, श्री विपिन नेगी, डॉ. रश्मी सिन्हा, डॉ. प्रदीप पाण्डेय, डॉ. अक्षत–डॉ. गरिमा कौशिक, डॉ. सी. गायत्री, डॉ. शमऊन अहमद, डॉ. इजहार आलम हाश्मी, डॉ. मधुलिका सामंत, डॉ. अभिजीत अम्बेकर, डॉ. शिशिर जैन, डॉ. प्रशान्त पी. सोनोने, डॉ. श्रीकान्त गनवीर, श्री संजीव वर्मा, डॉ. अशोक कुशराम, श्री रविन्द्र जांगीड, श्री रविराज, श्रीमती फाल्गुनी काटकर, श्री कैलाश शिन्दे, श्री राजेश चन्दनशिवे, इत्यादि की सहायता के लिए साधुवाद ज्ञापित करता हूँ। साथ ही मैं भारतीय पुरातत्त्व सर्वेक्षण, मुम्बई मण्डल, के समस्त कर्मचारियों और अधिकारियों का हृदय से आभारी हूँ।

वैसे इस कार्य को आसानी से पूर्ण करने के पीछे निःसंकोच मेरे बाबूजी और मम्मीजी की प्रेरणा और आर्शीवाद रहा है। साथ ही अनुजों में आशीष राय, रजनीश राय, प्रशान्त राय और बहनों में अर्चना–अतुलजी राय और अर्पणा–अश्वनीजी मिश्र तथा परिवार के अन्य सदस्यों के द्वारा मेरा मानसिक प्रोत्साहन सुंपुष्ट होता रहा। इसके अतिरिक्त, जीवनसंगिनी रेखा राय, पुत्र हेमान्शु राय और अनिकेत राय ने यथासंभव सहायता की, ये सभी धन्यवाद के पात्र हैं।

इस कृति को जनमानस के समक्ष यथाशीघ्र मुद्रित करने के लिए स्वाति पब्लिकेशन्स, दिल्ली के प्रति हृदय से आभारी हूँ।

वसंत पंचमी **मनीष राय**
5 फरवरी 2022

आमुख

प्रस्तुत कृति में मूलतः पुरातात्त्विक दृष्टिकोण से एलीफेंटा द्वीप का आरम्भिक काल से अध्ययन किया गया है जिसके अन्तर्गत संरचनात्मक (ईंट निर्मित स्तूप सहित), कलात्मक तथा स्थापत्यात्मक पुरावशेषों का दस्तावेजीकरण किया गया है। द्वीप का सुव्यवस्थित अन्वेषण कर प्राप्त सतही पुरावस्तुओं जैसे मृद्भाण्ड, पुरावशेषों इत्यादि के आधार पर स्थल के स्वरूप को समझने का प्रयास भी किया गया है। वर्तमान अध्ययन में स्थापत्यात्मक तथा मूर्तिकला का अन्य समकालीन दक्कन की गुफाओं तथा संरचनात्मक स्तूपों से एलीफेंटा–स्तूप का तुलनात्मक अध्ययन कर, यहाँ के धार्मिक परिपेक्ष्य को समझने की चेष्टा की गयी है। गुफा की छत में दर्शित चित्रकला के अवशेषों का विशेष रूप से पुरातात्त्विक दृष्टिकोण से इसके महत्व को न केवल प्रतिपादित किया गया है। यह कला मानवीय हृदय को अह्लादित करने का एक सबसे सहज माध्यम रहा है, जिससे वह अपनी ह्रदय की गहराइयों की अनूभूतियों को चित्रों के माध्यम से अंकित कर, अपनी पारखी तूलिकाओं से मनोभावों को अभिव्यक्ति प्रदान करती है।

प्राचीन काल में एलीफेंटा द्वीप पर जल–उपलब्धता, जल प्रबंधन तथा इसके उपयोग का विश्लेषण किया गया है। जिससे यहाँ की तत्कालीन बसावट का और जनांकिकी वितरण से द्वीप के तद्युगीन मानव बस्तियों की आवश्यकता के साथ ही स्वच्छता एवं स्वास्थ्य की स्थिति भी भाषित होती है। विदेश–व्यापार, वाणिज्य तथा सांस्कृतिक आदान–प्रदान से इस स्थल का प्राचीन काल में विदेशी (यूरोप और अफ्रीका महाद्वीपों) व्यापार–वाणिज्य के विकसित होने के पुरावशेषों, जैसे एम्फोरा मृदभाण्ड, अफ्रीकी मृदभाड, तथा व्यापार की तीव्रता को संचालित करने के लिए मानक मुद्रा के रूप में सातवाहन कालीन ताँबे तथा सीसे के सिक्कों इत्यादि से पुष्टि होती है। सबसे महत्त्वपूर्ण तथ्य यह है कि एलीफेंटा प्राचीन समय में एक विकसित बन्दरगाह था, जिसके प्रमाण हमें ईंटों से निर्मित संरचनाओं, यथा–प्राचीन जेट्टी, विशाल कक्षों की संरचना और सोपानों इत्यादि के माध्यम से होता हैं। वर्तमान में भी देखा जा सकता है। इन्हें एम्फोरा मृदभाण्डों के टुकड़े भारतीय उपमहाद्वीप में अभी तक ज्ञात सबसे अधिक इसी द्वीप से ही प्राप्त हुए हैं। एम्फोरा मृदभाण्डों की अधिकता स्पष्टतः एलीफेंटा द्वीप की समुद्रीय व्यापारिक गतिविधियों में व्यापक संलिप्तता को प्रकट करती है।

पुरातात्त्विक अन्वेषण से यह भी स्पष्ट होता है कि एलीफेंटा द्वीप समुद्रीय व्यापार के इतिहास में एक विशेष स्थान रखता था। सागरावलोकन के द्वारा समुद्रीय आवागमन को नियन्त्रित किया जाता रहा और राजस्व की समृद्धि ने इसे पश्चिमी **समुद्र की सौभाग्य की देवी** की उपमा से भूषित किया गया है। पुरावशेषों के आधार पर द्वीप का एक निश्चित कालक्रम निर्धारित किया गया है। रक्षण तथा परिरक्षण के माध्यम से हम अपनी गौरवशाली विरासत को

जानने–पहचानने–समझने में सफल होगें और भावी पीढ़ी को सँजोने, सँवारने तथा सवंर्धित करने की दिशा में प्रोत्साहित और प्रेरित किया जा सकेगा।

प्रस्तुत कृति में विस्तृत पुरातात्त्विक अन्वेषण, सर्वेक्षण, विश्लेषणोंपरान्त प्रकाश में आई पुरासामग्री के तत्वों तथा तथ्यों की उपलब्धता और प्रमाणिकता के आधार पर अधोलिखित सात अध्यायों में अध्ययन की दृष्टि से विभाजित किया गया है–

अध्याय–प्रथम–**प्रस्तावना** में, एलीफेंटा द्वीप की सामान्य जानकारी, जैसे भौगोलिक अवस्थिति, वनस्पति, जीव–जन्तु, जलवायु, जल–प्रबंधन के अतिरिक्त पुरातात्त्विक अवशेष तथा ऐतिहासिक पृष्ठभूमि, राजनैतिक इतिहास, आर्थिक स्थिति, सामाजिक, धार्मिक स्थिति की पृष्ठभूमि तथा ऐतिहासिक कालक्रम को समाहित किया गया है।

अध्याय–द्वितीय **पुरातात्त्विक** अन्वेषण **तथा उत्खनन** में, विभिन्न उत्खनन तथा अन्वेषणों के दौरान प्राप्त अभिलेखीय प्रमाणों, मुद्राओं तथा महत्वपूर्ण पुरावशेषों के आधार पर एलीफेंटा द्वीप पर विश्व का विशालतम तथा ईंट से निर्मित प्राचीन वृत्ताकार स्तूप की पुष्टि के साथ ही इसे एक प्राचीन बन्दरगाह के रूप में भी प्रस्थापित किया गया है। प्राचीन गोदी के पुरातात्त्विक प्रमाणों के माध्यम से, विभिन्न प्रकार के भृदभाण्डों, जैसे लाल चमकदार भृदभाण्ड, एम्फोरा भृदभाण्ड इत्यादि के द्वारा समुद्रीय वैश्विक व्यापार के परिणामस्वरूप और सागरावलोकन के माध्यम से दीपस्तंभ द्वारा नावों के संचालन और नियन्त्रण की शक्ति द्वारा इसकी समृद्धि पर ध्यान केन्द्रित किया गया है। व्यापार–वाणिज्य का सम्बंध न केवल यूरोप से अपितु अफ्रीका महाद्वीप से भी रहा है, को विवेचित और विश्लेषित किया गया है।

अध्याय–तृतीय **मूर्तिकला तथा चित्रकला** में, शैलकृत मंदिर–गुफा के साथ–साथ ईंट से निर्मित संरचना, कलाकृतियों में उत्कीर्ण केश–विन्यास, वस्त्राभूषण इत्यादि के माध्यम से विकास को निरूपित किया गया है। इसके अन्तर्गत मूर्तिकला के विभिन्न स्वरूपों, प्रकारों तथा द्वीप के बाहर बिखरे विभिन्न कलात्मक अवयवों को सूचीबद्ध कर अभिलेखीकरण किया गया है। इसके अतिरिक्त, उनका यथासंभव गुफाओं के फलकों से सम्बन्ध भी निरूपित किया गया है। चित्रकला, विशेषरूप से इसके निर्माण, तकनीक और शैली पर समकालीन चित्रकला के साथ अध्ययन केन्द्रित करके एलीफेंटा की चित्रकला को समझने का प्रयास किया गया है। विभिन्न प्रकार के चित्र–फलकों तथा मूर्तियों का उनकी गुफाओं के साथ अवस्थिति का सविस्तार विवरण दिया गया है।

अध्याय–चतुर्थ **स्थापत्य में,** स्थापत्य कला की महत्वपूर्ण विशेषताओं, शैलकृत मंदिर, ईंट से निर्मित संरचना में दृष्टव्य स्थापत्यात्मक अवयवों का अन्य विभिन्न पुरास्थलों से तुलना कर इसके विकास को निरूपित किया गया है। देश के सबसे महत्वपूर्ण तथापि समकालीन ईंट से निर्मित संरचनात्मक स्तूपों जैसे नालासोपारा, साँची इत्यादि में स्थापित बसाहतों की स्थापत्यात्मक दृष्टि से तुलनात्मक अध्ययन द्वारा प्राचीन वातावरण को समझकर इसके महत्व को प्रतिपादित किया गया है। द्वीप तथा द्वीप के बाहर बिखरे तथापि सुरक्षित रखे हुए विभिन्न प्रकार के स्थापत्यात्मक अवयवों का अभिलेखीकरण किया गया है। जल है तो कल है। जल की प्राचीन प्रबंधकीय–व्यवस्था, जलीय स्थापत्यात्मक शब्दावलियों के प्रचलन और इसकी अभिलेखों में लोकप्रियता की ओर ध्यान आकृष्ट किया गया है, जिसके संरक्षण और परिवर्धन का दायित्व प्राचीन काल से मानव समाज करता आ रहा है। जननांकीय गणना के द्वारा द्वीप में मानवीय आवासीय क्षमता को स्थापित किया गया है और विभिन्न आकार–प्रकार के कुएँ एवं जलकुण्डों का सविस्तार विवरण दिया गया है।

अध्याय–पंचम **रक्षण एवं परिरक्षण** में, एलीफेंटा की गुफाओं पर भारतीय पुरातत्त्व सर्वेक्षण के द्वारा किये जा रहे संरक्षण तथा परिरक्षण कार्य को समाहित किया गया है तथा पुरावस्तुओं के रख–रखाव तथा इनके अपक्षय को रोकने में सहायक विज्ञान–प्रौद्योगिकी, भू–वैज्ञानिक तथ्यों, प्राकृतिक आपदाओं से सुरक्षा तथा प्राकृतिक रूप से एलीफेंटा

द्वीप की भूमिका को रेखांकित और विश्लेषित किया गया है। इससे भविष्योन्मुखी योजनाओं को नियोजित करने में सहायता मिलेगी ।

अध्याय–षष्ठम **एलीफेंटा का तत्कालीन समय में महत्व** में, रणनीतिक अवस्थिति, सामरिक महत्व, बंदरगाह (प्राचीन जेट्ठी के अवशेष) के रूप में, स्थल के अवशेषों की विविधता, धार्मिक सौहार्द एवं समन्वय, पौराणिक और लौकिक कथानकों का अकंन, तोपों की उपयोगिता तथा शिवलिंगों की विविधताओं का तार्किक–वैज्ञानिक विश्लेषण से परिपूर्ण किया गया है।

अध्याय–सप्तम **उपसंहार** इस अध्याय के अन्तर्गत विद्वानों द्वारा समय–समय पर यहाँ की मूर्तिकला और स्थापत्यकला के विषय में गहन अध्ययन किया गया है जबकि पुरातात्त्विक दृष्टिकोण से द्वीप के समृद्धशाली पुरावशेषों जैसे स्तूप, गोदी और बन्दरगाह के साथ–साथ वैश्विक समुदीय व्यापार–वाणिज्य के प्रमाणों की बिखरी और अव्यवस्थित कड़ियों को समाहित किया गया है। विषय को बोधगम्य–सुरूचिपूर्ण, शोधपरक तथा प्रमाणिक रूप से प्रस्तुत करने की दृष्टि से चयनित छायाचित्रों को भी सम्मिलित किया गया है।

मानचित्र एवं छायाचित्र

मानचित्र–सूची

चित्रफलक–सूची

अध्याय–1

भूमिका

विश्व की सांस्कृतिक विरासत में भारत का योगदान अभूतपूर्व है। रत्न तुल्य भव्य तथा विशाल स्मारकों और स्थलों ने भारत के प्राकृतिक एवं नैसर्गिक सौंदर्य का और भी परिवर्धन कर दिया है। अनादि काल से परंपरागत असंख्य पुरातत्त्विक अवशेषों और कला–कृतियों को भारत ही नहीं अपितु वर्तमान विश्व के विभिन्न भागों में भी देखे जा सकते है, इन सबसे कुछ सीमा तक वृहत्तर भारत का ही आभास होता है। भारत का विशाल भौगोलिक विस्तार, इसकी प्राकृतिक विभिन्नताएँ तथा अप्रवासन के विभिन्न स्रोतों ने भारत को विविधताओं के देश की संज्ञा दी जाती है। एक ओर दक्कन की जीर्ण भू–आकृति से लेकर हिमालय के युवा लक्षणों तक, विश्व के उच्चतम शिखरों से लेकर विशाल मैदानों तक, नदीमार्गों की जटिल भूल–भुलैया से लेकर थार में धरातलीय प्रवाह की पूर्ण अनुपस्थिति तक, विश्व के आर्द्रतम प्रदेशों से लेकर शुष्कतम क्षेत्रों तक, उष्णकटिबंधीय वनों से लेकर तृणविहीन क्षेत्रों तक, भारत के प्राकृतिक पर्यावरण में उच्चक्रम की विविधता पायी जाती है। उपरोक्त विभिन्नताओं के बावजूद सभी मौसमों में विद्यमान मानसून समरूपकता, प्रादेशिक संपर्क, परम्पराओं का आत्मसात तथा विनिमय द्वारा सांस्कृतिक विलय तथा समान ऐतिहासिक पृष्ठभूमि ने भारत को एकता के सूत्र में पिरो दिया है।

भारत विश्व के मानचित्र में उत्तरी गोलार्ध में स्थित 8^0 4' और 37^0 6' उत्तरी अक्षांश तथा 68^0 7' और 97^0 25' पूर्वी देशान्तर के मध्य अवस्थित है। इसका क्षेत्रफल 32, 87, 263 वर्ग किलोमीटर है और यह विश्व का सातवाँ विशाल देश है, जिसका विस्तार उत्तर में जम्मू काश्मीर से लेकर दक्षिण में कन्याकुमारी तक 3214 किलोमीटर लम्बा और पूर्व में अरूणाचल प्रदेश से लेकर पश्चिम में कच्छ के रण तक 2933 किलोमीटर चौड़ा है। द्वीपों समेत इसकी जलीय सीमा 7516 किलोमीटर है, जबकि मुख्य धरातलीय भाग की समुद्रीय सीमा की लम्बाई 6200 किलोमीटर है। भारत की भू–सीमा 15,200 किलोमीटर है। दूसरी सीमा पड़ोसी देश चीन के साथ उभयनिष्ठ है तथा सबसे लम्बी सीमा है। भारत के सीमावर्ती देशों में उत्तर–पश्चिम में पाकिस्तान और अफगानिस्तान, उत्तर में चीन, नेपाल और भूटान तथा पूर्व में म्यांमार और बांग्लादेश हैं। मन्नार की खाड़ी और पाक–जलडमरूमध्य भारत को श्रीलंका से अलग करता है। भारत के पूर्व में बंगाल की खाड़ी, पश्चिम में अरब सागर और दक्षिण में हिन्द महासागर अवस्थित है अर्थात प्रायद्वीपीय भाग उपरोक्त जलमण्डलों से घिरा हुआ है। भारत का भूगार्भिक इतिहास बताता है कि यहाँ आर्काइक और प्री–कैम्ब्रियन

की प्राचीनतम चट्टानों से लेकर प्रातिनूतन युग की नवीनतम चट्टानें पायी जाती हैं। इन भूतात्त्विक विशेषताओं ने भारत को तीन स्पष्ट बृहद भू–भागों में विभाजित किया है।

प्रायद्वीपीय भाग भारत का प्राचीनतम भूखण्ड है, प्राचीन चट्टानों से निर्मित और गोंडवानालैण्ड का भाग है। हिमालय पर्वत और उससे सम्बंधित नवीन मोड़दार पर्वत श्रेणियाँ समुद्र की तलछट से निर्मित नवीन चट्टानों से बनी है। सिन्धु–गंगा मैदान का निर्माण हिमालय पर्वत से निकलने वाली नदियों द्वारा बहाकर लाये गये निक्षेपों से हुआ है। उपरोक्त सभी तीनों भागों का निर्माण क्रमशः एक के पश्चात दूसरे का हुआ है।

भारत के सम्पूर्ण क्षेत्रफल का 11 प्रतिशत भूभाग पर्वतीय है, 18 प्रतिशत भूभाग पहाड़ी, 28 प्रतिशत भू–भाग पठारों और 43 प्रतिशत भूभाग मैदानी है। प्राकृतिक रूप तथा उच्चावच की दृष्टि से हम भारत को पाँच भागों में विभाजित कर सकते है–

1. उत्तर पर्वतीय प्रदेश,
2. उत्तरी भारत के मैदान ,
3. प्रायद्वीपीय पठार,
4. समुद्र तटीय मैदान और द्वीप समूह और
5. मरूस्थलीय क्षेत्र।

प्रायद्वीपीय पठार अतिप्रचीन त्रिभुजाकार भूभाग है, जो मुख्य रूप से कड़ी रवादार चट्टानों से निर्मित है। यह गोण्डवानालैण्ड का अंग है। समुद्रतल से इसकी औसत ऊँचाई 600 मीटर तक है। यह 1700 किलोमीटर लम्बा और 1400 किलोमीटर चौड़ा है। नर्मदा की भ्रंश–घाटी से प्रायद्वीपीय पठार को दो भागों में विभाजित करती है–

उत्तरी उच्च भूमि को यहाँ की नदियों ने छोटे–छोटे पठारों में विभाजित कर दिया है। इनमें मालवा का पठार, बुन्देलखण्ड का पठार, बघेलखण्ड का पठार, छोटा नागपुर का पठार तथा दक्कन का पठार–क्रिटेशियस तथा पूर्व टरसरी काल में होने वाली ज्वालामुखी विस्फोट से निकले बेसिक लावा से निर्माण हुआ है। यहाँ खनिजों से परिपूर्ण धारवाड़ चट्टानों का विस्तार सबसे अधिक है। इस पठार का ढाल उत्तर–पश्चिम से दक्षिण–पूर्व दिशा में पाया जाता है।

पश्चिमी घाट अथवा सह्याद्री दक्षिणी पठार की पश्चिमी सीमा बनाते हैं। ताप्ती से कन्याकुमारी तक इसकी लम्बाई 1600 किलोमीटर है। इसकी सामान्य ऊँचाई 900 से 1100 मीटर है। थालघाट, भोरघाट, और पालघाट यहाँ के प्रमुख दर्रे हैं। नीलगिरी, अन्नामलाई, पालनी, इलायची की पहाड़ियाँ यहीं पायी जाती हैं। सबसे ऊँची चोटी अनाईमुड्डी है, जिसकी ऊँचाई 2,695 मीटर है। पूर्वी घाट महानदी से लेकर नीलगिरी पहाड़ियों तक फैला हुआ है, जिसकी लम्बाई 1300 किलोमीटर है और इसकी औसत ऊँचाई 615 मीटर है। दक्षिण से उत्तर तक इन पहाड़ियों को नीलगिरी, नल्लामलाई, जावाड़ी और शिवराय की पहाड़ियों के नाम से जाना जाता है।

समुद्र तटीय मैदान और द्वीप–समूह प्रायद्वीपीय पठार के दोनों ओर कच्छ से लेकर उड़ीसा तक विभिन्न चौड़ाईयों के तटीय मैदान हैं। इन्हें दो भागों में बाँटा जा सकता है–पश्चिमी तटीय मैदान कच्छ की खाड़ी से लेकर कुमारी अन्तरीप तक, 1600 किलोमीटर लम्बा और 600 किलोमीटर चौड़ा है। कच्छ प्रायद्वीप तटीय मैदान, गुजरात का मैदान, कोंकण का मैदान, मालाबार तटीय मैदान, और दक्षिण के तटीय मैदान इसके प्रमुख उपविभाग हैं। नर्मदा, ताप्ती, साबरमती, माण्डवी इत्यादि नदियाँ प्रवाहित होती हैं जबकि दक्षिण में वेम्बानाद, अष्टमुदी नामक झीलें हैं। काण्डला, मर्ममोआ, मंगलोर और कोच्चीन यहाँ के प्रमुख बन्दरगाह हैं।

पूर्वी तटीय मैदान महानदी से लेकर कन्याकुमारी तक फैला है। इसकी लम्बाई 1500 किलोमीटर तथा चौड़ाई 100 किलोमीटर से अधिक है। यह पूर्वी घाट और बंगाल की खाड़ी के बीच स्थित है। इसके उपविभागों में तमिलनाडु, आंध्र–प्रदेश और उड़ीसा तटीय मैदान हैं। महानदी, कृष्णा, गोदावरी और कावेरी यहाँ की प्रमुख नदियाँ हैं। यहाँ चिल्का,

पुलीकट, और कोलेरू झीलें हैं। पाराद्वीप, विशाखापट्टनम और तूतीकोरिन प्रमुख बन्दरगाह हैं। भारत के 247 द्वीपों में से 204 बंगाल की खाड़ी में हैं और शेष अरब सागर में हैं[1] जिनमें से एक एलीफेंटा द्वीप है।

एलीफेंटा द्वीप (तालुका–उरण, जिला–रायगढ़, महाराष्ट्र) 18^0 56' 20" उत्तरी अक्षांश तथा 72^0 55' 50" पूर्वी देशान्तर पर अवस्थित है (मानचित्र–1)। यह मुम्बई के उत्तर–पश्चिम में गेटवे ऑफ इंडिया (चित्रफलक–1) से 11 किलोमीटर की दूरी पर अरब सागर में अवस्थित है। एलिफेंटा द्वीप के पूर्व में सुन्दर झााड़ियों से युक्त हॉग द्वीप, इसकी कुछ दूरी पर पारसिक पहाड़ी है, मलाहगाद का दाँतेदार शिखर और लम्बी रेखा से युक्त सह्याद्री पर्वतमाला है। इसके दक्षिण में करंजा की दो चोटियाँ है, इसके पश्चात सकरा समुद्र है, अलीबाग की खाड़ी में झाड़ियों से युक्त कनाकेश्वर तथा सागरगढ़ पहाड़ियाँ है। इसके पश्चिम में सुन्दर बुचर द्वीप है और इसके आगे विशाल मात्रा में जल है, फिर मुम्बई है। इसके तीन किलोमीटर उत्तर में हल्का–सा उठा हुआ शानदार गोलाकार ट्रांबे है।[2]

स्थानीय लोग इसे **घारापुरी** के से नाम से पुकारते हैं। यही इसका प्राचीन नाम भी रहा होगा। प्राचीन परम्परा तथा क्षेत्रीय साक्ष्यों के अनुसार स्थानीय शासकों द्वारा इस द्वीप का भू–खण्ड एक ब्राह्मण को दान में दिया गया, जिसे अग्रहार कहा जाता है। प्राचीन समय में बसावट को बढ़ाने अथवा नये क्षेत्रों में कृषि इत्यादि को बढ़ावा देने के लिए सामान्यतः भू–खण्ड ब्राह्मण को दान में दे दिया जाता था और राजस्व की वसूली के लिए ब्राह्मण को नियुक्त कर दिया जाता रहा है। बसावट बढ़ने और गोदी की विकासात्मक गतिविधियों के परिणामस्वरूप, इसकी सुरक्षा के लिए प्राकार निर्मित की गयी जैसे कि पुरातात्त्विक अवशेषों से पुष्टि होती है अर्थात चारों ओर से घिरा शहर हो गया। कालान्तर में अग्र का लोप हो गया और **ह** का स्थान **घ** ने ले लिया अर्थात हारा से घारा हो गया और इसमें पुरी का समावेश होने से घारापुरी हो गया। सामुद्रिक व्यापार की समृद्धि से सम्पन्नता आई और श्रीपुरी हो गया और छठवीं शताब्दी में पश्चिमी भारत की भाग्यलक्ष्मी हो गया, सातवीं–आठवीं शताब्दी में श्रीपुर हो गया तथा ग्यारहवीं शताब्दी में पुनः श्रीपुरी हो गया।[2अ] 1534 में पुर्तगालियों द्वारा खोजा गया और विशाल हाथी (चित्रफलक–2) की एकाश्म मूर्ति के आधार पर इसका नामकरण एलिफेंटा हो गया। गेटवे ऑफ इंडिया और उरण से इन प्रख्यात गुफाओं के लिए बोट मिलती है और यहाँ पहुँचने के लिए एक से डेढ़ घण्टे का समय लगता है।

स्थलाकृति–एलिफेंटा द्वीप में दो पहाड़ियाँ है जो कि एक पतली खाई से विभाजित होती है– पूर्वी तथा पश्चिमी (चित्रफलक–3) पहाड़ियाँ। पूर्वी पहाड़ी की समुद्रतल से इसकी ऊँचाई लगभग 200 मीटर है। जबकि पश्चिमी पहाड़ी की अधिकतम ऊँचाई लगभग 125 मीटर है, जिसे तोप वाली पहाड़ी के नाम से भी पुकारा जाता है। इसी पहाड़ी की लगभग 75 मीटर की ऊँचाई पर गुफाओं को देखा जा सकता है।

एलिफेंटा द्वीप का समुद्री किनारा सात किलोमीटर लम्बा है। ज्वार के समय इसका क्षेत्रफल लगभग 10.50 वर्ग किलोमीटर और भाटे के समय लगभग 15.79 वर्ग किलोमीटर हो जाता है। इसका निर्माण बैसाल्ट प्रकार की शैलों से हुआ है। एलीफेंटा द्वीप का कुल क्षेत्रफल 19.83 वर्ग किलोमीटर (राजस्व विभाग के दस्तावेजों के अनुसार) और इसमें से 13.38 वर्ग किलोमीटर वन विभाग के अधीन है। इसमें से 3.50 वर्ग किलोमीटर में मेंग्रोव्स वनों का विस्तार है।

जलवायु–यहाँ की जलवायु सामान्यतः अच्छी रहती है क्योंकि यहाँ के तापमान में अन्तर बहुत कम होता है। जिसका कारण समुद्रीय क्षेत्र में द्वीप का अवस्थित होना भी है। हवाओं की दिशा उत्तर से दक्षिण होने के कारण यहाँ पर शीतलता रहती है।

मौसम– मानसून हवाओं को देखते हुए पूरे वर्ष को चार ऋतुओं में विभाजित किया है जैसा कि भारतीय प्रायद्वीपीय है।

अ) उत्तर–पूर्वी मानसून का समय

1) शीतऋतु–15 दिसम्बर से 15 मार्च,
2) शुष्क ग्रीष्म ऋतु–15 मार्च से 15 जून,

ब) दक्षिण–पश्चिमी मानसून का समय
   3) आर्द्र ग्रीष्म ऋतु–15 जून से 15 सितम्बर,
   4) शरद ऋतु–15 सितम्बर से 15 दिसम्बर।[3]

वस्तुतः वर्षा दक्षिण–पश्चिम मानसून के कारण होती है। सबसे गर्म महीना मई और ठण्डा महीना दिसम्बर से फरवरी होता है। दिन गरम होता है परन्तु रात ठण्डी होती है। अभी तक का अधितम तापमान 40.6 डिग्री सेल्सियस 19 अप्रैल,1955 में और सबसे कम तापमान 11.7 डिग्री सेल्सियस 1 फरवरी, 1929 में रहा था।

वर्षा–यह द्वीप भारी वर्षा क्षेत्र के अन्तर्गत आता हैं और यहाँ पर औसत वर्षा 110 इन्च वार्षिक तक होती है। जो कि दक्षिण–पश्चिम मानसून के कारण होती है। वर्षा–जल दोनों पहाड़ियों से निकलकर छोटी धाराओं के रूप में समुद्री किनारों पर मिल जाता है। बारहमासी नदी अथवा नालों का अभाव है। यहाँ पर एक तलाब है जिसको 1973 में जलापूर्ति के लिए बनाया गया है, जिसके जल का सामान्यतः घरेलू उपयोग और जानवरों के लिए किया जाता है। पीने के लिए जल की आपूर्ति मुख्य गुफा के जलकुण्ड द्वारा की जाती है। वर्तमान में अन्य साधनों से भी जलापूर्ति होती है।

आर्द्रता–द्वीप होने के कारण यहाँ की आर्द्रता उच्च रहती है–सामान्यतः 73 से 87 प्रतिशत तक। हवाओं की औसत गति 9.5 किलोमीटर प्रति घण्टा रहती है।

मिट्टी– यहाँ की मिट्टी लेटराईट प्रकार की है। समुद्री किनारों पर क्षारीय मिट्टी है जिसमें पोटेशियम की मात्रा अधिक है और मैग्नेशियम तथा कैल्शियम की मात्रा कम है। समुद्रीय लवणयुक्त जल के कारण पेड़–पौधों की वृद्धि में रूकावट आती है। अतः यहाँ की मिट्टी पेड़–पौधों के लिए उपयुक्त नहीं है। पूर्वी पहाड़ी की मिट्टी की गहराई अधिक है, ऐसा वनों के कारण है।

स्थल उपयोग– यहाँ पर तीन छोटे–छोटे गाँव है, जिनके नाम हैं– उत्तर–पश्चिम में शेत बन्दर, दक्षिण में राज बन्दर और उत्तर–पूर्व में मोरा बन्दर (मानचित्र–2)। कुल क्षेत्रफल का 1.6 प्रतिशत भाग इसके अन्तर्गत आता है। इनमें से राज बन्दर सबसे बड़ा गाँव है, जिसका क्षेत्रफल 0.0159 वर्ग किलोमीटर है जबकि शेत बन्दर का क्षेत्रफल 0.0082 वर्ग किलोमीटर और मोरा बन्दर का क्षेत्रफल 0.0066 वर्ग किलोमीटर है।

कृषि स्थल– यहाँ के कुल क्षेत्रफल का 23.5 प्रतिशत भाग का कृषि हेतु उपयोग किया जा रहा है। खेतों का आकार वर्गाकार, आयताकार इत्यादि है, जिनका क्षेत्रफल एक से ढाई एकड़ तक है। छोटी–छोटी मेड़ों द्वारा बँधे हुए है और फसल के समय इनमें कटीले वृक्षों की सहायता से बाड़ लगाकर जानवरों से रक्षा की जाती है। यह विधि मिट्टी के क्षरण को अवरोधित करने में सहायक होती है।

पारिस्थितकी–तंत्र– द्वीप होने के कारण यहाँ मुहानी (समुद्रीय) और स्थलीय पारिस्थितकी पायी जाती है। यहाँ ज्वारीय पंक और सदाबहार (मेंग्रोव्स) वन मुहानी पारिस्थितकी तंत्र को बनाये रखने में मदद करते हैं। 66 प्रतिशत भाग पर्णपाती वनों का है। समुद्री किनारा रेतीला और पथरीला है। कई प्रकार के पशु–पक्षी और जीव–जन्तुओं को यहाँ देखा जा सकता है।

वन– यहाँ के कुल क्षेत्रफल का 66 प्रतिशत भाग वनों से अच्छादित है जबकि खदान का क्षेत्र 3.2 प्रतिशत और तालाब 0.9 प्रतिशत भाग में विस्तृत है।

प्राकृतिक वनस्पति– यह द्वीप सघन झाड़ियों से घिरा हुआ है। इसके निचले भाग में चावल की खेती की जाती है। जबकि दक्षिण–पूर्वी और उत्तरी भाग सदाबहार (मेंग्रोव्स) वनों से अच्छादित है। हाँलाकि किसी समय में यह पूरा क्षेत्र मेंग्रोव्स से भरा हुआ था। यहाँ पर करण्डा, आम, जामुन, काजू, बरगद, नारियल, कटहल, बेर, आँवला (स्थानीय रूप में यह बेर के आकार का होता है) और पीपल आदि के वृक्षों को भी देखा जा सकता है।

पशु जगत– बन्दर (बोनेट मकाका), सामान्यतः भारतीय प्रायद्वीप में पाया जाता है, इन्हें दो समूहों में विभाजित किया जा सकता है। पूर्वी तथा गुफा (पश्चिमी) पहाड़ियाँ में अपने को सीमित रखते है। पूर्वी पहाड़ी के बन्दर अधिक खतरनाक और शर्मीले स्वभाव के हैं और वन में उपलब्ध वनस्पति पर निर्भर हैं। जबकि गुफा समूह के बन्दर पर्यटकों से छीनकर अथवा उनके द्वारा दिये गये भोज्य पदार्थ को खाते और पीते है।

पालतू पशु– पालतू पशुओं में गाय, बैल, बकरी, कुत्ते है जबकि मुर्गीपालन भी किया जाता है। मछली पकड़ना यहाँ का पारम्परिक व्यवसाय है जिसे आर्थिक गतिविधियों के रूप में अपनाया गया है।

सरीसृपों में साँप और छिपकलियाँ पायी जाती हैं। साँपों में समुद्री साँप और कोबरा हैं और ये मानसून में सर्वाधिक निचले भाग में दिखलाई देते है। छिपकलियों के प्रकारों में छिपकली एवं घोरपड़ हैं। इसके अतिरिक्त चूहे भी पाये जाते है।

पक्षी–जगत– यहाँ पर कई प्रकार के पक्षियों को देखा जा सकता है। जिनमें से कई स्थानीय है और कुछ द्वीप के बाहर से आते हैं। यह मुम्बई क्षेत्र में गिद्धों के प्रजनन के लिए जाना जाता है, लेकिन इनकी संख्या बहुत कम हो रही है। गौरैया, मैना, कबूतर, कौआ, कोयल, इत्यादि पाये जाते हैं। कीड़े–मकोड़ों में तितलियाँ, टिड्डे भी देखे जा सकते हैं, विशेषकर तालाब के आसपास।

तीसरी शताब्दी ईसवी पूर्व मौर्य साम्राज्य के समय शैलकृत गुफाओं का उत्खनन प्रारम्भ होता है। बौद्ध भिक्षुओं तथा हिन्दू राजवंशों द्वारा इस परम्परा का प्रसार किया जाता है, जिसकी व्यापक लोकप्रियता को स्थायित्व सह्याद्रि की प्राकृतिक सुषमा ने प्रदान की है। विविधता के साथ वास्तविकता का निरन्तर समावेश दिखाई देता है। सम्पूर्ण भारतवर्ष में लगभग बारह सौ गुफाएँ हैं और इनमें से 900 गुफाएँ सिर्फ महाराष्ट्र में अवस्थित हैं जिनमें एलीफेंटा की गुफाएँ भी हैं। एलिफेंटा में सात गुफाएँ हैं। इनमें से पाँच गुफाएँ पश्चिमी पहाड़ी पर हैं जबकि अन्य दो पूर्वी पहाड़ी पर स्थित है। इन गुफाओं के अलावा इस द्वीप पर ईसा पूर्व दूसरी शताब्दी में ईंट से निर्मित विशाल बौद्ध स्तूप के अवशेषों को पूर्वी पहाड़ी के शिखर पर देखा जा सकता है। वहीं ब्रिटिश काल की दो विशाल तोपें पश्चिमी पहाड़ी में दृष्टव्य है। मुख्य गुफा की दीवारों पर शिव के विभिन्न स्वरूपों को बड़ी कुशलतापूर्वक शैलोत्खनित किया गया है, जिनमें से कुछ भग्नावस्था में हैं। [4]

पूर्व में बहुत से विद्वानों ने इस द्वीप की कला तथा स्थापत्य के विषय में अध्ययन और वर्णन कर, अपने–अपने विचारों को व्यक्त किया है।

सर्वप्रथम प्रसिद्ध पुर्तगाली चिकित्सक गर्सिया **द ओर्टा** ने 1563 में इस द्वीप को देखा और लिखा–एक अन्य पैगोडा है, जो कि पोरी द्वीप में सबसे अच्छा है जिसे हम **इसले ऑव द एलिफेंटा** कहते हैं। भारत में पुर्तगाली वायसराय **दे कास्टो जाओ** ने कुछ चित्रफलकों के स्थानीय सम्बन्धों के बारे में विवरण लिखा इसका प्रथम बार मापन किया। **वान लिंसेहोटन** ने इसे पोरी द्वीप के रूप में पहचाना। जबकि **कोइट्ट्स् दिइगो डे** ने पूजाघर तथा तीर्थस्थान का मापन सहित विस्तारपूर्वक विवरण दिया और लिखा कि यहाँ के एक अभिलेख को पुर्तगाल भेजा गया। **जे. ए. ओवीरटॉन** ने इसका परिमापन किया तथा स्तम्भों की गणना की। **डाक्टर फ्रेयर** ने गुफा को वर्गाकार तथा इसके विरूपण के लिए पुर्तगालियों को जिम्मेदार बताया। **केप्टन पाइक** ने संभवतः इसका पहला स्थल विन्यास बनाया, चित्र फलकों की परिकल्पना कर इनका नामकरण प्रस्तुत किया जैसे अंधकासुर को सोलोमन इत्यादि से जोड़ा। **ग्रोस** ने इसकी छत में चित्रकारी तथा इसके रंगों की सुंदरता एवं नवीनता के बारे में लिखा । **इवस् एवं डुपेरॉन** ने इसके स्थल–विन्यास को प्रस्तुत किया।

सी. नीयबुहर ने प्रथम बार चित्रफलकों का साहित्य से तादात्मय स्थापित कर विस्तारपूर्वक विवरण दिया तथा और अधिक अध्ययन करने के द्वार खोले। **विलियम हंटर** ने चित्रफलकों का वर्णन किया तथा स्थापत्यात्मक तत्वों

का बहुत विस्तारपूर्वक तथापि क्रमबद्ध विवरण प्रस्तुत किया जिससे उसकी कला में प्रवीणता प्रदर्शित होती है। **हेक्टर मेकनाइल** के मतानुसार पुर्तगाली प्राधिकारी इसके विनाश के लिए जिम्मेदार है, साथ ही इसने महान गुफा के एक किनारे में लगे हुए एक लंबे अभिलेख जिसकी लिपि पर्शियन थी, को भी प्रतिवेदित किया है। **आर. ए. ग्रो** ने प्रथम बार विदेशी पर्यटकों द्वारा दिये गये वृतान्तों, को जो कि पुर्तगालियों के साथ आए थे, को पुनर्मुद्रित किया ।

डेनियल थामस ने गुफा के प्रवेश द्वार तथा आंतरिक भाग के एक दृश्य की स्थिति को प्रवीणतापूर्वक नक्काशीदार चित्रों द्वारा प्रस्तुत किया। **गोल्ड इनघम** ने मुख्य गुफा का यथार्थ मापन किया तथा स्थल विन्यास तथा शाश्वत शिव के छायाचित्रों को प्रथम बार प्रस्तुत किया। **मौरिस** ने संभावित सूचना दी कि मुसलमानों और पुर्तगाली शासकों द्वारा चित्रफलकों में प्लास्टर लगाया गया जिसे मराठों द्वारा निकाल दिया गया। फलस्वरूप फलकों के शैल क्षतिग्रस्त हो गये। **विलियम इरस्काइन** ने कला का बहुत ही यथार्थ विवरण तथा मापन किया जिससे एलीफेंटा की मूर्तियों की वास्तविक प्रतिमा–विज्ञान को समझने में प्रथम बार दिशा–निर्देश के रूप में उपयोगी प्रमाणित हुई। **श्रीमति अच्बुरनर** पहली कलाकार है जिन्होंने चित्र फलकों से सीधे रेखाचित्र बनाये। प्रथम बार यथार्थ तथा सूक्ष्म विवरण ने चित्र फलकों के वास्तविक विचार को प्रतिपादित किया।

जेम्स बर्जेस ने यहाँ के स्थापत्य तथा प्रतिमा–विज्ञान को संस्कृत साहित्य और हिन्दू संकल्पना में निहित निर्देशों की ओर ध्यानाकृष्ट किया। **जेम्स फर्ग्यूसन** ने सामान्य विवरण देते हुए इरस्काइन के शाश्वत शिव की संकल्पना से सहमति व्यक्त की जिसमें ये त्रिदेव नहीं है अर्थात ब्रह्मा, विष्णु और शिव नहीं है। **जॉन विल्सन** ने पूर्वी वाराण्डा का अश्म मुद्रित चित्र बनाया तथा एलोरा से इसके संबंध को खोज कर स्थापित किया जबकि **जे. स्टेवेनसन** ने पौराणिक संदर्भों पर कार्य किया। **एडवर्ड कारपेंटर** ने तत्कालीन (1892) गुफा की विभिन्न स्थितियों के छायाचित्रों को प्रस्तुत कर बहुमूल्य कार्य किया।

1932 में **कन्हैया लाल वकील** ने पुनरावृत्तीय प्रकाशन की जगह गुफा का सुरूचिपूर्ण मूल्यांकन किया और साहित्य के रोचक उद्धरणों एवं सारगर्भित समकालीन छायाचित्रों के साथ नवीन तर्क–धारणाओं को प्रतिपादित किया। **हीरानंद शास्त्री** ने गुफा का मापन कर स्थलाकृति को समझाया। 1935 में **सरस्वती सरासी** ने गंगाधरमूर्ति के ऊपरी भाग में अंकित गंगा को तीन मुखों से युक्त बताया तथा इनको मंदाकिनी, सुराधनी तथा भागवती नाम से अभिहित किया।

1946 में **स्टेला क्रेमरिश** ने महादेव के पंचमुख लिंग के रूप में इसके सांकेतिक महत्व के बारे में समझाया और बताया कि शिव के पाँच मुखों में से तत्–पुरूष, अघोर, और वामदेव को एलीफेंटा में यथार्थ स्वरूप में दर्शाया गया है। 1955 में **एच. जिमर** ने प्रथमतः अर्थपूर्ण तथा सुगम्य बनाकर स्थान के आंतरिक सम्बन्धों को प्रदर्शित कर उल्लेखनीय कार्य किया। 1957 में **प्रमोद चन्द्रा** ने बहुत सटीक तथापि स्पष्ट विवरण प्रस्तुत किया। **मार्ग प्रकाशन** द्वारा एलीफेंटा के बारे में बर्गेस के पश्चात् सर्वाधिक व्यापक अध्ययन किया गया। **मुल्कराज आनंद** ने ऐतिहासिक पृष्ठभूमि के साथ अध्यात्मिक शिक्षा और कलात्मक विश्लेषण प्रस्तुत किया। वही **मुरील नेफ** ने स्थापत्य शैली और प्रतिमा विज्ञान के कलात्मक पहलू को लेते हुए अन्य गुफाओं से इसकी तुलना की। **डॉ रूडी वॉन लेयडेन** ने इसकी शैली के विकासात्मक पहलू पर ध्यानाकृष्ट किया तथा पहली बार शैलीगत विभिन्नता को इन फलकों के बीच पहचाना।

1968 में **वाल्टर स्पिंक** ने एलीफेंटा का अजंता की चित्रकारी से तादात्मय स्थापित कर एलीफेंटा के चित्र फलकों की तुलना की। हाँलाकि बाद में स्पिंक ने मुद्रा–शास्त्र के प्रमाणों तथा गुफाओं का तुलनात्मक अध्ययन कर तथा दण्डिन के कुमार–चरित के विस्तृत संदर्भो के आधार पर एलीफेंटा गुफाओं का निर्माण कल्चुरी राजा कृष्णराज के संरक्षण में छठीं शताब्दी के मध्य का बताया। कला इतिहासकार **कार्ल खण्डालावाला** का विश्वास है कि गुफाओं का संरक्षण निश्चित तौर पर स्थानीय मौर्य वंश के तत्वाधान में हुआ और अनुमान लगाया कि एलिफेंटा शासनाधीन राजवंश की

राजधानी थी जिसका कारण उसकी रणनीतिक अवस्थिति थी। **सी. डी. कॉलिन** ने एलिफेंटा को लकुलीश पशुपति धर्म से संबधित बताया और कहा कि कल्चुरी शासकों ने इन गुफाओं को बनवाया जैसा कि वाल्टर स्पिंक का मत है, का समर्थन किया गया है।

करमेल ब्रेकसन ने **ऐलिफेंटा द केव ऑफ शिवा में** एलिफेंटा के सौन्दर्य का बखान किया है। यहाँ अँकित विभिन्न चित्र–पट्टों के माध्यम से मनोवृत्तियों, पौराणिक आख्यानों, कहावतों इत्यादि को समामेलित कर प्रदर्शित किया है तथा भीमकाय द्वारपालों का अँकन के विषय में प्रचलित दृष्टिकोणों के बारे में सरस उल्लेख किया है। उन्होंने स्थापत्य के अंतर्गत गुफा का भू–विन्यास तथा सम्बन्धित चित्र–पट्टों के नाम तथा अवस्थिति, वृत्तों तथा वर्गो का गणितीय आकलन करते हुए बताया है कि बहुत सम्भव है कि अक्ष रेखाएँ वास्तविक स्थापत्य विन्यास की मूल विशेषता रही जिसका आधार हिन्दू ब्रह्माडीय विज्ञान तथा शिव की पौराणिक कथाओं की मूलभूत अवधारणाओं में समाहित है तथापि यहाँ के प्राचीन स्तूप तथा अन्य बिखरे पुरावशेषों के बारे में उल्लेख का अभाव है।

2002 में **जार्ज मिचेल** महोदय ने एलीफेंटा के भू–विन्यास के साथ संबंधित चित्र–पट्टों के नाम, शाश्वत शिव की अवस्थिति तथा इन सभी का ज्यामितीय रूप से जुड़ाव एक निश्चित विन्यास का निर्धारण करते है, जिससे यह विशाल कक्ष अद्‌भुत तथा अनोखा दिखलाई देता है, जिसमें वैज्ञानिकता और अभियांत्रिकीय कुशलता की परिपक्वता झलकती है। पुर्तगालियों ने गुफा–6 को चर्च में परिवर्तित कर दिया।

पुरातात्त्विक अवशेष तथा ऐतिहासिक पृष्ठभूमि

एलीफेंटा के पुरातात्त्विक अवशेषों के अन्वेषण और अवलोकन करने के पश्चात यह कहा जा सकता है कि इस द्वीप पर प्रथमतः बौद्ध सम्प्रदाय के लोगों ने निवास स्थल के रूप में चुना और बौद्ध सम्प्रदाय से सम्बंधित गतिविधियों के प्रमाण के रूप में प्राचीन ईंट से निर्मित स्तूप के अवशेष तथा इसके निकटस्थ शैलोत्खनित जलकुण्ड तथा समीप ही एक सदाबहार कूप है। मोरा गाँव के निकट एक बड़े भाग में ईंट से निर्मित संरचना के अवशेषों को देखने से ज्ञात होता है कि सम्भवतः ये विशाल विहार के अवशेष हो सकते हैं, जैसाकि साँची स्मारक परिसर में दिखलाई पड़ता है। बौद्ध सम्प्रदाय के प्रचलन का इस क्षेत्र में व्यापक प्रभाव द्वितीय शताब्दी ईसवी पूर्व से लेकर ग्यारहवीं शताब्दी ईसवी तक देखा जा सकता हैं। इनमें से प्रमुख हैं–सूर्पारक अथवा सोपारा जो कि आधुनिक नालासोपारा के नाम से विख्यात है, कन्हेरी की शैलोत्खनित बौद्ध गुफाएँ, कोण्डीवटे की शैलोत्खनित बौद्ध गुफाएँ, मण्डपेश्वर की शैलोत्खनित बौद्ध गुफाएँ, मागाथाणे की शैलोत्खनित बौद्ध गुफाओं को आज भी हजारों वर्ष के पश्चात देखकर बौद्धानुभुति का भाव संचरित होने लगता है। एलीफेंटा का द्वीप और उपरोक्त सभी स्थलों की निकटता तथा सहजता और इनका आपस में सहसम्बंधित होना स्वाभाविक प्रतीत होता हैं। जिनके बीच कम से कम छह सौ वर्षों तक निरन्तर आदान–प्रदान चलता रहा है और इसका कारण यह रहा है कि यह क्षेत्र सागर के तटों में जबकि कुछ तो द्वीपों के रूप में विद्यमान थे।

जहाँ हमें सोपारा और कन्हेरी में बौद्ध धार्मिक गतिविधियों का प्रमाण मिलता है, वहीं एलीफेंटा में भी ईंट से निर्मित स्तूप, जिसकी ईंटों में हीरक, ढँलवा इत्यादि प्रकार की ईटों का प्रयोग हुआ के अवशेष मिलते हैं[5] ये स्थल एक–दूसरे के बहुत समीप के अवशेष मिलते है और तद्युगीन महत्त्वपूर्ण केन्द्रों में रहे हैं। एलीफेंटा के बौद्ध–स्तूप (चित्रफलक–11–14) का सम्बंध बौद्ध धर्म की हीनयान शाखा से है और यहाँ से अन्य गुफाएँ भी इससे सम्बंधित रही हैं, जिनमें हीनयान प्रभाव को स्पष्ट देखा जा सकता है। इसकी पुष्टि सातवाहन शासकों (प्रथम शताब्दी ईसवीं) तथा क्षत्रपों के सिक्कों (द्वितीय से चतुर्थ शताब्दी ईसवीं) से भी होती है जबकि सोपारा और कन्हेरी में बौद्ध धर्म की अन्य शाखाओं से सम्बद्ध रही हैं। 1973 में तालाब के निर्माण के समय यहाँ पर व्यापक उत्खनन हुआ जिसमें बन्दरगाह के प्रमाण मिले हैं, जिससे स्पष्ट होता है कि यह द्वीप बन्दरगाह के रूप में विकसित हुआ और समृद्धशाली रहा है।[6] इसका उल्लेख पुलकेशिन द्वितीय के एहोल अभिलेख में मिलता है जिसमें इसे पश्चिमी समुद्र की सौभाग्य की देवी कहा गया है।[7]

इसके अतिरिक्त, यहाँ पर ईटों से निर्मित विभिन्न प्रकार की संरचनाएँ भी प्रकाश में आयी हैं, जिनमें से रहने के लिए कक्ष, माल को रखने के लिए विशाल कक्षों इत्यादि की व्यवस्था रही होगी। इनके रद्दों की संख्या 45 तक जाती है और प्रतीत होता है कि ये द्विमंजिला भी रहे होगें। इसके अलावा सात छोटे–छोटे स्तूपों के अवशेष भी हैं। द्वीप में बिखरे हुए विभिन्न प्रकार के कलात्मक और स्थापत्य–अवयवों को देखा जा सकता है। भारतीय पुरातत्त्व सर्वेक्षण के एलीफेंटा के संग्रह कक्ष में कलात्मक और स्थापत्य–अवयवों और स्थानीय संग्रहालय में रखे हुए पुरावशेषों का भी अभिलेखीकरण किया गया है। साथ ही द्वीप से बाहर प्रदर्शित कलात्मक अवयवों को भी इसमें शामिल किया गया है।

शिवड़ी मूर्तिकला का प्रमुख कार्यस्थल रहा है, जहाँ विभिन्न प्रकार की प्रतिमाओं तथा मूर्तियों का निर्माण किया जाता था और इन निर्मित मूर्तियों को अन्यत्र भेजा जाता था। इनमें से एलीफेंटा द्वीप से प्राप्त कई प्रतिमाओं को यहाँ से निर्मित माना गया है–जिसमें ब्रह्मा की चतुर्मुखी प्रतिमा, महिषासुरमर्दिनी, विष्णु की प्रतिमा, लज्जामूर्ति इत्यादि प्रमुख हैं।[8] एक प्रतिमा को भारत सरकार के द्वारा केन्द्रीय स्मारक घोषित किया गया है और वर्तमान में भारतीय पुरातत्त्व सर्वेक्षण, मुम्बई मण्डल के क्षेत्राधीन है, जिसमें शिव के सात स्वरूपों की एकाश्म निम्न उद्भृति है। यह बड़ादेव के नाम से जग–प्रसिद्ध है।

एलीफेंटा में शिव परिवार और उनसे सम्बधित चमत्कार, अनुग्रह इत्यादि स्वरूपों के साथ सभी देवी–देवताओं का अँकन है। यहाँ शिव को प्रमुख देवता के रूप में अंकित किया गया है। इसमें उन्हें संसार के रचयिता के पालक तथा संहारक के रूप में दिखलाया गया है।

1869 में एक अण्डाकार कार्नेलियन की सील फर्ग्यूसन को पूर्वी पहाड़ी से प्राप्त हुई, जिसका आकार 1.10 सेंटीमीटर लम्बी और 0.88 सेंटीमीटर चौड़ी है, जिसमें **नारायण** लिखा हुआ है। इसकी लिपि पाँचवीं–छठवीं शताब्दी ईसवी की प्रतीत हो रही है।[9]

राष्ट्रकूट शासक दन्तिदुर्ग (735–756 ईसवीं) के मनोर अभिलेख में उल्लेख है कि 749–50 ईसवी में पुरी के ब्रह्मा के मंदिर में, जो कि बड़ा महत्त्वपूर्ण तथा पवित्र तीर्थस्थलों में से एक था, ताम्बासहिका (आधुनिक तामसाही मनोर के निकटस्थ) नामक गाँव को श्रीपुरा के मंदिर को दान में दिया।[10]

चर्तुमुखी ब्रह्मा बैसाल्ट पाषाण से निर्मित एक प्रतिमा एलीफेंटा से प्राप्त हुई है, इसके निकट से एक अधिष्ठान मिला है, जो इसी प्रतिमा का भाग प्रतीत हो रहा है। चतुर्मुखी ब्रह्मा की यह मूर्ति मुख्य गुफा के बाहर मिली है।[11] शास्त्री के अनुसार इसकी पीठिका के टुकड़े में एक कन्नारी अभिलेख है, जिसकी लिपि के अनुसार इसे नवीं शताब्दी का माना जा सकता है जबकि चक्रवर्ती ने इस अभिलेख का काल छठवीं–सातवीं शताब्दी का माना है। इसका तात्पर्य यह है कि यह प्रतिमा निश्चित रूप से मुख्य गुफा में प्रतिष्ठापित रही होगी जिसकी पुष्टि हमें उपरोक्त वर्णित दन्तिदुर्ग के मनोर अभिलेख से होती हैं क्योंकि दोनों अभिलेखों का समय लगभग एक–सा है। यहाँ से प्राप्त एक ताँब्रपात्र 1086 ईसवी (संवत 1143 तिथि अंकित है) का उल्लेख है, अभिलेखानुसार इसमें श्रीपुरी का उल्लेख है।[12]

एलीफेंटा पुर्तगालियों के अधीन 1534 में आया और इन्होंने यहाँ पर कुछ मकानों और देखरेख के लिए टावर का निर्माण किया और गुफा–6 को चर्च में परिवर्तित कर दिया।[13] 1682 में राजाराम द्वारा इस द्वीप पर अधिकार कर लिया गया और यह मराठा साम्राज्य का अंग बन गया। इस द्वीप को अन्तिम बार दिसम्बर, 1774 में अंग्रेजों द्वारा अधिकृत कर लिया गया और सलबाई की संधि (1782) द्वारा एलीफेंटा द्वीप अंग्रेजों के अधीन हो गया।[14]

राजनैतिक इतिहास

एलीफेंटा द्वीप के राजनैतिक इतिहास की पृष्ठभूमि की जानकारी पुरातात्त्विक प्रमाणों और आसपास के क्षेत्र से प्राप्त अभिलेखीय साक्ष्यों के आलोक में अधोलिखित जानकारी प्राप्त होती है–

दक्कन क्षेत्र में ताम्र–पाषाणिक संस्कृतियों के अवशेष मिले है। जिसका समय चौदहवीं शताब्दी ईसवी पूर्व से लेकर सातवीं शताब्दी ईसवी पूर्व तक माना जाता है। हाँलाकि इस दौरान राजनैतिक रूप से यह क्षेत्र निष्क्रिय रहा और बृहत्पाषाणिक संस्कृतियों के अवशेषों जैसे आवास–स्थलों इत्याादि को उत्खननों के माध्यम से प्रकाश में लाया गया है।[15] जिससे यह क्रम निरंतर द्वितीय–प्रथम शताब्दी ईसवी पूर्व तक देखा जा सकता है। शहरीकरण के अवयवों को विकसित और दक्कन में विसरित होने के साथ–साथ बृहत्पाषाणिक धार्मिक परंपराओं को भी इन्होंने अपनाये रखा। व्यापार की प्रारंभिक प्रक्रिया में इन लोगों ने भाग लिया और स्थल–व्यापार मार्गों को विकसित करने में सहयोग दिया। इसके बदले में इन्हें व्यापार, कृषि उत्पादन में बढ़ोत्तरी की नई तकनीकों को सीखने में मदद मिली। जिसमें इन्होंने बाद में निपुणता हासिल कर ली।

वर्तमान महाराष्ट्र तृतीय शताब्दी ईसा पूर्व में मौर्य साम्राज्य का भाग रहा है क्योंकि यहाँ से राजा अशोक (272 से 232 ईसवी पूर्व) के बृहद अभिलेख संख्या आठ और नौ, सोपारा नामक स्थान, वर्तमान नालासोपारा (जिला–ठाणे, महाराष्ट्र) से प्राप्त हुए हैं। जिन्हें छत्रपति शिवाजी महाराज वास्तुसंग्रहालय, मुम्बई में प्रदर्शित किया गया है। यह स्थान अब वर्तमान बृहद मुम्बई महानगर में मिल गया है।[16] तृतीय शताब्दी ईसा पूर्व में राजा अशोक के गिरिनार (गुजरात) के बृहद अभिलेख संख्या पाँच में अपरान्त [17] का उल्लेख मिलता है जिसमें सोपारा एक प्रशासनिक महत्त्व का केन्द्र रहा है।[18]

राजा अशोक के विजय अभियानों ने इसकी गति को तीव्रता प्रदान की। लोहे की बढ़ती उपयोगिता की बदौलत कृषि को बढ़ावा मिला और इसकी मदद से अतिरिक्त राजस्व की उपलब्धता ने बहुआयामी प्रभाव छोड़ा। जिससे इतर वर्ग पैदा हुआ जैसे–शासक वर्ग, व्यापारी वर्ग, कारीगर और कलाकार वर्ग। इस अतिरिक्त राजस्व से जहाँ एक ओर सेना को सुदृढ़ किया जा सका, वहीं दूसरी ओर प्रशासन को प्रखरता से लागू करने में मदद मिली और अतिरिक्त राजस्व की लालसा ने विजय युद्धों को न्योता दिया। परिणामस्वरूप स्थानीय स्तर पर असंतोष को प्रश्रय मिला। इन स्थानीय लोगों को विजेताओं के सम्पर्क में आने से इनमें भी शहरीकरण के अवयवों को अपनाने और अजमाने की प्रवृति बढ़ी। पकी मिट्टी के छल्लेदार घेरों और कुओं जैसे जुन्नर, तगर, पैठन इत्यादि ने नदियों की आवश्यकता को महत्त्वहीन कर दिया। गाँव से शहरों का विकास होने लगा और कई शहरों का तो व्यापार–वाणिज्य के केन्द्र के रूप में आर्विभाव हुआ, जो आने वाले सैकड़ों वर्षो तक अपना प्रभाव बनाये रख सके जैसे सूर्पारक (सोपारा, आधुनिक नाला–सोपारा) प्रसिद्ध प्राचीन बन्दरगाह के रूप में विकसित हुआ। कल्याण एक बड़ी मण्डी के रूप में तो कन्हेरी, जुन्नर, कार्ला, भाजा, इत्यादि बौद्ध–स्थलों का विकसित हुए। सूर्पारक के बौद्ध–स्तूप के अवशेष तृतीय शताब्दी ईसवी पूर्व के हैं और एलीफेंटा के बौद्ध–स्तूप के अवशेष भी इसके समकालीन अर्थात द्वितीय शताब्दी ईसा पूर्व के हैं।[19]

एलीफेंटा, कन्हेरी, कोण्डीवटे जैसे बौद्धस्थलों और सोपारा, चौल और कल्याण (मानचित्र–3) जैसे प्राचीन बन्दरगाहों से बहुत दूर अवस्थित नहीं था और यह स्थलमार्ग से शहर–बाजारों जैसे नासिक, टेर और प्रतिष्ठान सातवाहन शासकों की राजधानी से अच्छी तरह से जुड़ा हुआ था। एलीफेंटा आदर्श भौगोलिक अवस्थिति में बसा हुआ था, जहाँ बौद्ध–भिक्षुओं द्वारा बौद्ध धर्म के प्रचार के लिए एक धार्मिक केन्द्र बनाया गया। इसके लिए उन्होंने ईंट से निर्मित एक विशाल स्तूप बनाया।

इस क्षेत्र को साहित्य में भी 'अपरान्त' कहा गया है, जिसमें कोंकण का भी भाग शामिल है। राजा अशोक के पश्चात दक्कन में प्रारंभिक सातवाहन शासकों ने अपनी शक्ति का प्रदर्शन किया और विश्वास किया जाता है कि इन्होंने आस–पास के लगे हुए क्षेत्रों में शासन किया, जिन्हें अभिलेखों में आन्ध्र अथवा आन्ध्रभृत्यीय कहा गया है।[20] इन्हें पुराणों में भी आन्ध्र अथवा आन्ध्रभृत्यीय कहा गया है और इनको आधुनिक आन्ध्र–प्रदेश के आसपास का शासक बताया गया है।

नासिक गुफा के अभिलेखानुसार गौतमीपुत्र सातकर्णी ने क्षत्रपों का विनाश किया और सातवाहन वंश के गौरव को प्रतिस्थापित किया। पेरीप्लस में उल्लेख है कि शकों द्वारा पश्चिम भारत को जीतने के पूर्व इस क्षेत्र के बाजार–शहर

के रूप में बोरीगाजा, सुपारा और कालीना शहर बड़े सारागुनस (सातकणी) के समय वैध बाजार–शहर हो गये थे। कल्याण की अवस्थिति ऐसी थी कि वह समुद्र तटीय और पठारीय भाग के बीच प्रमुख भूमिका निभाने लगा।[21] कन्हेरी से प्राप्त प्रारंभिक अभिलेखों में किसी प्रकार के क्षत्रप कालीन प्रभाव के प्रमाण दिखलाई नहीं पड़ते है तथापि क्षत्रप शासक रूद्रदामन के गिरनार अभिलेख से ज्ञात होता है कि उसने दक्षिणापथ के स्वामी सातकर्णी को दो बार पराजित किया किन्तु सम्बंध की निकटता के कारण उसका वध नहीं किया। इसका उल्लेख कन्हेरी गुफा संख्या–5 में अंकित है। यह पराजित नरेश वाशिष्ठीपुत्र पुलमावी (130–159 ईसवी) था, जो गौतमीपुत्र का पुत्र था और महाक्षत्रप रूद्रदामन (130–150 ईसवीं) की पुत्री का पति था, जो अपने ससुर के समय अपरान्त का राज्यपाल रहा होगा। सातवाहन और महाक्षत्रपों के बीच विवाह सम्बंधों से जहाँ सांस्कृतिक सम्बंधों में मजबूती आई, वहीं सिक्कों की ढलाई और लिपियों में एक–दूसरे की प्रथाओं को अपनाने की झलक भी दिखलाई पड़ती है। गौतमीपुत्र यज्ञश्री (174–203 ईसवी) के समय कन्हेरी एक विख्यात बौद्ध स्थल के रूप में प्रसिद्ध हो गया था क्योंकि इसके समय में यहाँ का प्रमुख चैत्य बनाया गया था। सोपारा के स्तूप के उत्खनन से प्राप्त अवशेषों में सोने के फूलों के साथ गौतमीपुत्र यज्ञश्री की छवी युक्त एक चाँदी का सिक्का मिला है।[22] गौतमीपुत्र यज्ञश्री के शासन के सोलहवें वर्ष के अभिलेख के अनुसार उसने अपरान्त को पुनः जीत लिया। सोपारा से प्राप्त सिक्का रूद्रदामन के अनुकरण पर ढलवाये गये प्रतीत होते हैं। जिसके सिक्कों का विस्तार आधुनिक गुजरात, मध्यप्रदेश और आन्ध्रप्रदेश तक रहा है। ऐसा प्रतीत होता है कि उसने शकों को परास्त कर अपरान्त, पश्चिमी भारत का कुछ भाग और अनूप (नर्मदा घाटी) को पुनः जीत लिया और इस प्रकार शक–सातवाहन संघर्ष का अन्त हुआ।[23] सातवाहनों के समय महारठी और महाबोधि राजनीति में महत्त्वपूर्ण भूमिका निभा रहे थे। जिसका विवरण कन्हेरी की गुफा संख्या–98 के अभिलेख में अपरान्त के दामिला, भोजकी और गुफा संख्या–66 के अभिलेख में महाभोजी की पुत्री और महारठी की पत्नी नागमुलानिका द्वारा दान का उल्लेख मिलता है। 250 ईसवी के आसपास सातवाहन शासकों का राज्य समाप्त हो जाता है।

सातवाहन शासकों ने न केवल दक्कन के विशाल क्षेत्र में शासन किया अपितु अपनी क्षमता, शौर्य और बुद्धिमता का परिचय देते हुए अपने प्रभुत्व को भी स्थापित किया। हाँलाकि प्रारम्भ में इन्होंने मौर्य शासकों के सामन्त के रूप में कार्य किया। यह भी संभव है कि यह मौर्य राजा अशोक के अभिलेखों में उल्लिखित महारठी, जो कि प्रान्तीय अधिकारी था, के रूप में सिमुक ने कार्य कर शासन–प्रशासन में प्रशिक्षित हुआ और अवसर मिलते ही स्वत्रंत राज्य स्थापित किया, जिसे इस वंश का संस्थापक भी माना जाता है। पुराणों में इन्हें 460 वर्षो तक शासन करने वाला बताया गया है। इनका काल आमतौर पर द्वितीय–प्रथम शताब्दी ईसवी पूर्व से तृतीय शताब्दी ईसवी माना जाता है।

प्रारंभिक सातवाहन शासकों के अभिलेख प्रायः नासिक और जुन्नर की गुफाओं से प्राप्त होते हैं, जिससे यह भाषित होता है कि इनकी प्रारंभिक राजधानी नासिक रही होगी और क्षेत्र विस्तार के साथ–साथ रणनीतिक परिस्थितियों और अनुकूलताओं के फलस्वरूप पैठन (प्रतिष्ठान) को राजधानी बनाया हो। इस समय क्षत्रपों की गतिविधियाँ पश्चिम भारत में बढ़ने लगी थीं जिसकी पुष्टि कार्ला गुफा के अभिलेख से होती है। गौतमीपुत्र सातकर्णी के समकालीन क्षत्रप, नहपान था। गौतमीपुत्र सातकर्णी के उत्तराधिकारियों में वाशिष्ठिपुत्र पुलमावी, वाशिष्ठिपुत्र स्कन्द सातकर्णी, वाशिष्ठिपुत्र सातकर्णी तत्पश्चात इस वंश का प्रमुख तथा महत्वपूर्ण उत्तरधिकारी यज्ञश्री सातकर्णी (170–199 ईसवी) हुआ जिसका उल्लेख कन्हेरी की गुफा संख्या–3 में है और माना जाता है कि इसी के समय इस चैत्य–स्तूप का शैलोत्खनन किया गया इसकी पुष्टि अभिलेखीय साक्ष्यों और कलात्मक अवयवों से भी होती है। सातवाहन शासकों (प्रथम शताब्दी ईसवी) तथा क्षत्रपों (द्वितीय से चतुर्थ शताब्दी ईसवी) के सिक्के एलीफेंटा द्वीप से भी प्राप्त हुये हैं।[24]

सातवाहनों के पश्चात वाकाटकों ने विदर्भ क्षेत्र में और अभीरों ने नासिक और कन्हेरी के आसपास के क्षेत्रों पर लगभग 167 वर्षो तक शासन किया और तीसरी शताब्दी ईसवी के मध्य तक अपने आप को सर्वाधिक प्रतिष्ठित कर

लिया। इसके शासक ईश्वरसेन के नासिक गुफा अभिलेख से स्पष्ट हैं कि इस क्षेत्र पर राजनैतिक प्रभाव रखने लगा और ऐसा माना जाता है कि इसने कलचुरी संवत की स्थापना 248 ईसवी में की।[25] इसके पिता का नाम शिवदत्त था और इसके नौ शासकों ने लगभग 415 ईसवी तक शासन किया। पुराणों में इनके नाम नहीं मिलते। इसके पश्चात् त्रैकूटक अर्थात तीन पर्वत शिखर वाले वंश ने शासन किया, जिनके नाम एक ताम्रपत्र में कन्हेरी स्तूप के पास से डॉ. बर्ड को मिले थे, में मिलते हैं–महाराजा इन्द्रदत्त पुत्र महाराजा धरासेन पुत्र महाराजा व्याघ्रसेन ने शासन किया।[26]

वाड़ा (जिला–ठाणे, महाराष्ट्र) से मिले पाषाण अभिलेख में, जिसका काल चौथी–पाँचवीं शताब्दी ईसवी का है, मौर्य राजा सुकेतुवर्मन का उल्लेख है और यह कोंकण में शासन कर रहा था। इसकी बहुत ही संभावना हैं कि लोनार गुफा में अंकित चित्रों का समूह मौर्य राजाओं के दरबार का अंकन हो, जिसका समय छठवीं–सातवीं शताब्दी ईसवी का है। यह गुफा भिवण्डी (जिला–ठाणे, महाराष्ट्र) से 10 किलोमीटर की दूरी पर दक्षिण–पूर्व में अवस्थित है।[27]

कोंकण के मौर्यों के अन्य दो राजाओं के नामों का परिज्ञान उनके दो ताँम्रपत्रों के माध्यम से होता है और ये गोवा से प्राप्त हुये हैं, जिसमें प्रथम शासक का नाम चन्द्रवर्मा है, के शासन के द्वितीय वर्ष का और अनीरजीतवर्मा के शासन के उन्नीसवें वर्ष का है।[28] त्रैकूटकों के शासन का समापन कोंकण के मौर्यों द्वारा किया गया और इस समय तक आते आते लगभग 533 ईसवी में कोंकण के स्वामी बन जाते हैं, जिनके समय में विशाल गुफ़ाओं को उत्खनन किया गया है। इनका उत्खनन स्थानीय कलाकारों द्वारा किया गया जो कि कन्हेरी और परेल प्राचीन शिवड़ी में कार्यरत थे।[29]

पुलकेशिन प्रथम के दो पुत्र थे कीर्तिवर्मन और मंगलेश। इसकी मृत्योपरान्त कीर्तिवर्मन प्रथम (566–598 ईसवी) शासक बना उसने अपने पैतृक साम्राज्य को अधिक विस्तृत किया। उसके पुत्र पुलकेशिन द्वितीय के ऐहोल अभिलेख से ज्ञात होता है कि उसने बनवासी के कदम्ब, कोंकण के मौर्य और बैल्लारी–कर्नूल क्षेत्र के नलवंशी शासकों को पराजित कर, उनके राज्यों को जीत लिया। इस लेखानुसार वह नलों, मौर्यों और कदम्बों के लिए कालरात्री के समान था। वह परस्त्री से विमुख हो गया था तथापि शत्रु की राजलक्ष्मी ने उसे आकर्षित किया। अपने पराक्रम से उसने विजयश्री को प्राप्त किया। मदमस्त हाथी के समान उसने कदम्ब वंश को कदम्ब वृक्ष की भाँति उखाड़ फेंका। स्पष्ट रूप से उसकी सबसे महत्त्वपूर्ण विजय कदम्बों को जीतना था और शासक संभवतः अजयवर्मा था। कदम्बों की राजधानी बनवासी पर अधिकार कर लिया। राजधानी पुरी को पश्चिमी समुद की लक्ष्मी कहा गया है। कोंकण विजय के परिणामस्वरूप उसका गोवा में अधिकार हो गया, जिसे उस समय रेवती द्वीप कहा जाता था। मंगलेश के महाकूट अभिलेख में उसे वंग, अंग, कलिंग, मगध, केरल, गंग, मूषक, पाण्ड्य, चोलीय तथा वैजयन्ती इत्यादि के राजाओं को पराजित करने का श्रेय दिया गया है तथापि यह विवरण मात्र अतिशयोक्ति है।[30]

नलमौर्य्यकदम्बकालरात्रीस्तनयतस्य बभूव कीर्त्तिवर्म्मा।
परदारनिवृत्तचित्तवृत्तेरपि धीर्यस्य रिपुश्रीयानुकृष्टा।।
रणपराक्रमलब्धजयश्रिया सपदि येन विरूग्णमशेषतः।
नृपतिगन्धगजेन महौजसा पृथुकदम्बकदम्ब कदम्बकम्।।

मंगलेश (598 से 610 ईसवी) और पुलकेशिन द्वितीय के बीच गृहयुद्ध चला और पुलकेशिन द्वितीय विजयी हुआ और मंगलेश को तीनों चीजों–अपने पुत्र को राज्य सौंपने के प्रयत्न, विशाल राज्य और अपने प्राणों से हाथ धोना पड़ा। पुलकेशिन द्वितीय (610–642 ईसवी) राजसिंहासन पर बैठा। आलुप तथा गंगों को जीतने के पश्चात् पुलकेशिन ने कोंकण प्रदेश पर आक्रमण किया। यहाँ मौर्यों का शासन था और इसके सेनापति चण्डदण्ड ने कोंकण के मौर्यों की राजधानी पुरी (घारापुरी) के ऊपर सैकड़ों नौकाओं के साथ आक्रमण किया। लेख में कहा गया है कि ये नौकायें मदमस्त हाथियों की भाँति दिखाई दे रही थीं। पुलकेशिन द्वितीय ने वहाँ अधिकार कर लिया।[31] चालुक्य साम्राज्य को महाराष्ट्र कहा जाता था और सातवीं शताब्दी में भारत की यात्रा पर आये चीनी बौद्ध यात्री व्हेनसांग ने तीन देशों को

इसमें शामिल बताया जिसमें महाराष्ट्र, कोंकण और करनाटा[32] (वर्तमान कार्नाटक) थे। 630 ईसवी की लोहनेर अनुदान में पुलकेशिन द्वितीय को पूर्वी और पश्चिमी सागर का स्वामी कहा गया हैं अर्थात अरब सागर और बंगाल की खाड़ी तक उसका साम्राज्य विस्तृत रहा है।[33]

अरब लेखक ताबरी के विवरण से ज्ञात होता है कि अपने शासन के 36वें वर्ष में उसने फारस (परसिया) के शासक खुसरो द्वितीय के दरबार में एक दूत–मण्डल भेजा था। यह दूत–मण्डल अपने साथ एक हाथी, एक पत्र तथा बहुमूल्य उपहार लेकर गया था। फारसी शासक ने इसके प्रतियोत्तर में अपना भी एक दूत मण्डल चालुक्य शासक के दरबार में प्रेषित किया। ताबरी शासक का नाम फरमिश या प्रमेश बताता है जो परमेश्वर का फारसी रूपान्तर है और अभिलेखों के आधार पर यह पुलकेशिन द्वितीय (परमेश्वर–अपरा–नामाध्येय) का दूसरा नाम है।[34] फर्ग्युसन के अनुसार अजन्ता की पहली गुफा के भित्ति–चित्रों में इन दूत–मण्डलों का चित्रण किया गया है। गुफा की छत पर अंकित एक चित्र में खुसरो द्वितीय एवं उसकी पत्नी शीरी तथा दूसरे में पुलकेशिन द्वितीय को फारसी राजदूत का स्वागत करते हुए चित्रित किया गया है।[35]

उल्लेखनीय है कि चालुक्य कीर्त्तिवर्मन का उत्तराधिकारी पुलकेशिन द्वितीय हुआ। इस विजय के पश्चात पुलकेशिन द्वितीय के छोटे भाई जयसिंह धाराश्रय को नासिक क्षेत्र का शासक नियुक्त कर दिया गया जबकि सेन्द्रक को दक्षिण गुजरात का शासन संभालने को कहा गया। इससे वल्लभी के मैत्रकों और सेन्द्रक के बीच की सीमाएँ जुड़ने लगी और शक्ति–संघर्ष छिड़ गया विशेषकर दक्षिणी गुजरात और उत्तरी कोंकण में। स्वामीचन्द्र नामक राजा जोकि हरिश्चन्द्र परिवार से था, चालुक्य विक्रमादित्य–प्रथम का बहुत ही करीबी और प्रिय था जिसने पुरी–कोंकण देश के 14,000 ग्रामों पर शासन किया।[36] प्रतीत होता है कि जयसिंह धाराश्रय के मृत्योपरान्त स्वामीचन्द्र के नाती भोगशक्ति को नासिक और अहमदनगर के क्षेत्र पर प्रतिष्ठापित किया। इस बीच इस समय थाने क्षेत्र का शासन मंगलेश के अधीन था, जो जयसिंह धाराश्रय का छोटा सुपुत्र था।

पुलकेशिन–द्वितीय एक निपुण योद्वा था जिसने उत्तर भारत के राजा हर्ष को दक्षिण में जाने से रोका तथा दक्षिण के पल्लव राजा महेन्द्रवर्मन–प्रथम जोकि **कलाकारों के बीच बाघ (टाइगर)** था, जिसकी राजधानी कांचीपुरम थी, को उत्तर की ओर अग्रसर होने से रोका। इन तीनों राजाओं ने अपने समय में महान स्थापत्य शैलियों को संरक्षण देकर संवर्धित किया, जो कालान्तर में अलग–अलग शैलियों के नाम से प्रसिद्ध हुई। ये हैं–चालुक्य शैली, पल्लव शैली जबकि हर्ष ने उत्तर भारत में उदारता के साथ कलात्मक तथा सांस्कृतिक गतिविधियों को संरक्षण दिया।[37]

बादामी के चालुक्यों के पश्चात राष्ट्रकूटों ने शासन किया। जिसमें दन्तिदुर्ग (735 से 756 ईसवी) का नाम उल्लेखनीय है। यह बादामी के चालुक्य शासक विक्रमादित्य–द्वितीय के सामन्त के रूप में अपना जीवन प्रारम्भ किया। इसी रूप में उसने कुछ विजयें प्राप्त कर, अपनी शक्ति और प्रतिष्ठा को बढ़ाया। अपने स्वामी की आज्ञा से उसने गुजरात के चालुक्य राजा जनाश्रय पुलकेशिन की ओर से अरबों से युद्ध किया और उन्हें पराजित किया। इस सफलता से प्रसन्न होकर विक्रमादित्य–द्वितीय ने इसे **पृथ्वीवल्लभ** और **खड्वालों** की उपाधियों से विभूषित किया। इसके पश्चात इसने युवराज कीर्त्तिवर्मा–द्वितीय के साथ कॉंची के पल्लवों के विरूद्ध भाग लेकर उन्हें पराजित करने में अहम भूमिका निभाई। फलस्वरूप इसकी महत्त्वाकांक्षा स्वाभाविक रूप से बढ़ गई। कॉंची से लौटने के पश्चात 744 ईसवी में स्वतंत्र राज्य स्थापित करने के उद्देश्य से अपना अभियान आरम्भ किया है और सौभाग्य से इसी बीच विक्रमादित्य–द्वितीय की मृत्यु हो गयी है। उत्तराधिकारी कीर्त्तिवर्मा–द्वितीय इतना अनुभवी और सुयोग्य नहीं था। इसका लाभ उठाकर और उसने नन्दिपुरी के गुर्जरों तथा नवसारी के चालुक्यों को पराजित कर, उनके राज्यों पर अधिकार कर लिया। फिर मालवा के प्रतिहारों को पराजित कर, उज्जैन पर अधिकार कर लिया और यहाँ पर **हिरण्य–गर्भदान** नामक यज्ञ किया, जिसमें प्रतिहार राजा ने द्वारपाल का काम किया। इस प्रकार से, दन्तिदुर्ग का बढ़ता हुआ प्रभाव कीर्त्तिवर्मा–द्वितीय के

लिए खुली चुनौती था और कीर्त्तिवर्मा–द्वितीय को उसने आसानी से पराजित कर दिया है। इस विजय के परिणामस्वरूप वह महाराष्ट्र का स्वामी बन गया और उसने **महाराजाधिराज परमेश्वर परभट्टारक** जैसी स्वतंत्र सम्राट सूचक उपाधि धारण की। कीर्त्तिवर्मा–द्वितीय कर्नाटक का शासक बना रहा।[38]

राष्ट्रकूट शासक दन्तिदुर्ग के मनोर अभिलेख की तिथि शक वर्ष 671 अर्थात 749 ईसवी दी हुई है जिसमें उल्लेख है कि पुरी में ब्रह्मा का मंदिर जो कि बड़ा महत्त्वपूर्ण तथा पवित्र तीर्थस्थलों में से एक था, उसकी धार्मिक गतिविधियों में से एक था। इस अभिलेख में एक ग्राम तम्बासहिका (आधुनिक तामसाही मनोर के निकट) को दान में श्रीपुरा के मंदिर को दी गयी। श्रीपुरा के मनोर के निकटस्थ के कारण इसको विद्वानों द्वारा पुरी अथवा घारापुरी के रूप में पहचाना गया है।[39] इस समय यहाँ का शासक दन्तिदुर्ग था, जिसने राष्ट्रकूट शक्ति की स्थापना और प्रभुत्व को कायम किया। चर्तुमुखी ब्रह्मा की प्रतिमा एलीफेंटा से मिली है। इसका तात्पर्य यह है कि यह प्रतिमा निश्चितरूप से मुख्य गुफा में प्रतिष्ठापित रही होगी, जिसकी पुष्टि हमें दन्तिदुर्ग के मनोर अभिलेख से भी होती हैं क्योंकि दोनों अभिलेखों का समय लगभग एक जैसा है। इस प्रतिमा की तोंद निकली हुई है जबकि एलीफेंटा में शिव की सभी प्रतिमाओं में शिव के पेट को कसा हुआ बनाया गया है। जिससे भी यह ब्रह्मा की प्रतिमा ही है शिव की नहीं। इस प्रतिमा की ऊँचाई 1.25 मीटर है।[40]

कृष्ण–प्रथम द्वारा चालुक्य शासक कीर्त्तिवर्मा–द्वितीय को तथा इसके सभी पुत्रों को मार डाला गया। समस्त कर्नाटक के ऊपर राष्ट्रकूटों का अधिकार हो गया। इसके पश्चात दक्षिण कोंकण को जीतकर महाराष्ट्र और कर्नाटक में कृष्ण–प्रथम ने अपनी स्थिति को और मजबूत किया तथा वहाँ सणफल्लु नामक व्यक्ति को अपना सामन्त बनाया, जो शिलाहार वंश का शासक था।[41]

गोविन्द–तृतीय के पश्चात इसका पुत्र अमोघवर्ष–प्रथम शासक बना जो शान्त प्रकृति का जाना जाता है तथापि उसका शासन–काल कष्टजनक था। इसे एक साथ ही वेंगी के पूर्वी चालुक्यों से फिर गंगवाड़ के गंगों से और अपने सगे सम्बंधियो से गुजरात में युद्ध करना पड़ा। इसने पुलशक्ति को उत्तरी कोंकण का शासन सौंपा। जिसका विवरण कन्हेरी गुफा के अभिलेख में मिलता है कि इसने अमोघवर्ष–प्रथम के पक्ष में पुरी–कोंकण देश में राज्य किया।[42]

कन्हेरी गुफा के नागरी अभिलेख में शिलाहार वंश के राजा पुलशक्ति जिसने महासामन्त कपारदी के चरणों की वंदना की, कोंकण का स्वामी था। जिसकी तिथि 765 (843–44 ईसवी) दी है। इसमें कृष्णागिरी में बुद्ध की पूजा के लिए राशि, विहार की मरम्मत, भिक्षुओं के लिए कपड़े और पुस्तकों को खरीदने के लिए दान का उल्लेख है।[43]

इसके पश्चात् राष्ट्रकूट के सामन्त के रूप में कार्य करने वाले कपारदी–प्रथम ने उत्तरी शिलाहार वंश की स्थापना की और इस क्षेत्र में शासन किया। इस वंश का राज्य कोंकण क्षेत्र पर लगभग 400 वर्षो तक रहा अर्थात् ग्यारहवीं शताब्दी ईसवी तक। इसके अलावा दो अन्य शिलाहार की शाखाएँ थी–दक्षिण कोंकण और हाल ही के अध्ययन से प्रकाश में आये कोल्हापुर का शिलाहार वंश।[44]

कपारदी–प्रथम (800–825 ईसवी), पुलशक्ति (825–850 ईसवी), कपारदी–द्वितीय (850–880 ईसवी), वप्पुवन्ना (880–910 ईसवी) इसके दो पुत्र–झिन्झा (910–930 ईसवीं) और गोगी (930–945 ईसवी), गोगी इसके दो पुत्र–विज्जादा–प्रथम (945–965 ईसवी) और छदवईदेव (965–975 ईसवी)। फिर विज्जादा से पुत्र–अपराजिता हुआ (975–1010 ईसवी)। इसके पुत्र विज्जादा–द्वितीय (1010–1015 ईसवी) और अरिकेसरीन (1015–1025 ईसवी)। अरिकेसरीन के तीन पुत्र हुये चित्तराजा (1025–1040 ईसवी), नागार्जुन (1040–1045 ईसवी), और मुम्मनी (1045–1070 ईसवी)। इसके उपरान्त नागार्जुन के पुत्र अन्नतदेव अथवा अन्नतपाल (1070–1110 ईसवी) हुआ फिर इसका पुत्र अपरार्क अथवा अपररादित्य (1110–1140 ईसवी) हुआ। इसका पुत्र हरिपालदेव (1140–1155 ईसवी) हुआ। इसका

पुत्र मल्लिकार्जुन (1155–1170 ईसवी) हुआ। इसके पश्चात इसका पुत्र अपारादित्य–द्वितीय (1170–1195 ईसवी) हुआ। इसका पुत्र केशीराज (1195–1240 ईसवी) हुआ और अन्त में इसका पुत्र सोमेश्वर (1240–1255 ईसवी) हुआ।[45]

ताँबे का एक पात्र जिसमें 1086 ईसवी (संवत 1143 तिथि अंकित है) का काल दिया हुआ है जो कि 1924–1925 लोक निर्माण विभाग द्वारा मुख्य गुफा के पश्चिमी भाग के विशाल जलकुण्ड की सफाई के दौरान मिला,[46] के अभिलेखानुसार श्रीपुरी का उल्लेख है जो कि घारापुरी का प्राचीन नाम ही प्रतीत हो रहा है और इस समय शिलाहार शासकों का शासन इस क्षेत्र में था। कल्याणी के चालुक्य नरेश सोमेश्वर–चतुर्थ के निर्बल शासन काल में उसके यादव सामन्त भिल्लम (1187 से 1191 ईसवी) ने चालुक्य राज्य में आक्रमण कर उसके उत्तरी जिलों पर अधिकार कर स्वतंत्रता स्थापित की। इसके दबाव में सोमेश्वर–चतुर्थ को राजधानी कल्याणी छोड़कर बनवासी में शरण लेनी पड़ी और कल्याणी पर इनका अधिकार हो गया। यह भिल्लम ने देवगिरी नामक (वर्तमान दौलताबाद) नगर की स्थापना की और उसे अपनी राजधानी बनाया। इसके पश्चात इसका पुत्र जैतुगी राजा बना तथा इसका उत्तराधिकारी सिंघन (1210 से 1247 ईसवी) हुआ। यह यादव वंश का सर्वाधिक शक्तिशाली शासक था। इसने भिल्लम द्वारा हारे गये क्षेत्रों को जीत लिया। यादव राजा कृष्ण (1247–1261 ईसवी) ने अपनी सेना ओर सेनापति मल्ला को कोंकण में आक्रमण करने के लिए भेजा। मल्ला ने शिलाहार राजा को पराजित कर दिया तथापि यादवों को इससे लाभ नहीं हुआ। कृष्ण का भाई महादेव इसका उत्तराधिकारी बना जिसने निरन्तर कोंकण में विशाल सेना और हाथियों द्वारा आक्रमण किया। महादेव की देखरेख में सोमेश्वर की हार हुई और वह समुद्र में चला गया। नाविक युद्ध में सोमेश्वर समुद्र में डूब गया। बोरीवली के पास के वीरागल में बहुत ही सुन्दर नाविक युद्ध का अंकन है जिसमें विभिन्न प्रकार की नावों और सैनिकों को विभिन्न प्रकार के हथियारों जैसे तलवार, धनुष–बाण, गदा, भाले इत्यादि द्वारा युद्धरत दिखाया गया है और समुद्र की लहरों का बड़ी कुशलतापूर्वक अंकन किया गया है। इसके साथ ही कुछ फलकों में हाथियों को चिंघाड़ते हुए, दौड़ते हुए और उन पर महावतों और योद्धाओं को विभिन्न अस्त्रों से लड़ते हुए अंकित किया गया है। ये शैलकृत वीरागल कलात्मक शैली के आधार पर बारहवीं–तेरहवीं शताब्दी के प्रतीत होते है। यह संभव है कि नायकों की याद में युद्धों का अकंन किया गया हो। यह युद्ध 1265 ईसवी में हुआ। इसके पश्चात यादवों ने अच्युत नायक नामक नये राज्यपाल को कोंकण के शासक के रूप में नियुक्त किया।[47] महादेव और रामचन्द्र के समय का मंत्री हेमाद्री था जिसके नाम से महाराष्ट्र में हेमादपंती मंदिर, जो विशेष शैली के बने थे और भूमिज शैली भी कहा जाता है, को देखा जा सकता है। इस वंश का अन्तिम स्वतंत्र शासक रामचन्द्र हुआ जिसने 1309 ईसवी में अलाउद्दीन खिलजी के सेनापति मलिक कफूर के सम्मुख आत्मसमर्पण कर दिया था।[48]

देवगिरी के शासकों के समय तक एलीफेंटा की गुफाओं की देखभाल होती रही जब तक कि अलाउद्दीन खिलजी (1296–1316 ईसवी) द्वारा इन्हें पराजित नहीं कर दिया जाता, यह घटना तेरहवीं शताब्दी के अन्त की है। सोलहवीं शताब्दी के शुरूआत में और पन्द्रहवी शताब्दी के अधिकांश कालखण्ड में एलीफेंटा ठाणे क्षेत्र के साथ ही शामिल रहा और यह अहमदाबाद के मुसलमान शासकों के अधीन रहा। इन्होंने किसी प्रकार से इन गुफाओं में छेड़छाड़ नहीं की, जब तक कि ये पुर्तगालियों के अधीन 1534 में नहीं आई। इस समय तक सभी गुफा–मंदिर, मण्डप, वाराण्डा, जलकुण्ड और दीवारों तथा हाथी, बाघ, मानव मूर्तियाँ और अन्य निपुणता युक्त चित्र सब अच्छी अवस्था में दिखलाई दे रहे थे। सोलहवीं शताब्दी में एक विदेशी यात्री वेन लिंशाटन (1583–1596 ईसवीं) ने इसे पोरी नाम से पुकारा था। इसके विचार से इन गुफाओं का निर्माण चीनी लोगों ने करवाया क्योंकि वे इस समय इन क्षेत्रों में व्यापार कर रहे थे।[49] उस समय न तो पश्चिमी समुद्र में किसी द्वीप का नाम था और न ही कोई द्वीप और न ही समुद्र तटीय शहर और न ही कोंकण बेल्ट में कोई शहर जिसे **पश्चिमी समुद्र की सौभाग्य की देवी** कहा गया हो, था।[50]

एलीफेंटा पुर्तगालियों के अधीन 1534 में आया और इसे इन्होंने जाओ पिरेस को 105 पैगोडा वार्षिक किराये पर दे दिया जो 1548 तक जारी रहा। 1581 में पुर्तगाल स्पेन के अधीन आ गया और 1640 में स्वतंत्र हो गया। इसके पश्चात मैनुअल रेबेलो डी सिल्वा को दिया गया उसने अपनी पुत्री डोना रोजा मारिया मैनुअल डी अलमिडा को, जिसने लोपो डी मेलो साम्पियो से शादी की थी, 22 अप्रैल, 1616 में दे दिया।[51]

ब्रिटेन के राजकुमार चार्ल्स द्वितीय और पुर्तगाल की राजकुमारी केथरीन ब्रैन्जिला के साथ विवाह 23 जून, 1661 हुआ था। दहेज स्वरूप उन्हें बम्बई वर्तमान बृहद मुम्बई मिला, जिसे उन्होंने ईस्ट इंण्डिया कंपनी को 1668 में किराये पर दे दिया था जबकि एलीफेंटा द्वीप को पुर्तगालियों द्वारा अंग्रेजों को हस्तान्तरित नहीं किया गया। 1682 में राजाराम द्वारा इस द्वीप पर अधिकार कर लिया गया और मराठा साम्राज्य का अंग बन गया। इस द्वीप को अन्तिम बार दिसम्बर, 1774 में अंग्रेजों द्वारा अधिकार कर लिया गया।[52] जिसे सलबाई की संधि (1782) द्वारा स्थायी रूप से एलीफेंटा द्वीप अंग्रेजो को मिल गया।[53] डोना रोजा मारिया मैनुअल डी अलमिडा नामक महिला के वंशज बसीन में 1848 के उत्तरार्ध तक जीवित रहे।[54] त्रिमूर्ति 1865 तक पूरी तरह सुरक्षित रही और 1875 में प्रिंस आव वेल्स बाद में किंग एडवर्ड–सप्तम बने, का मुख्य गुफा में स्वागत किया गया।[55]

आर्थिक स्थिति

महाराष्ट्र तृतीय शताब्दी ईसा पूर्व में मौर्य साम्राज्य का अंग रहा हैं। जिसके व्यापक आधारों और प्रशासनिक क्षमताओं की दक्षता से युक्त इस क्षेत्र के शासकों द्वारा ढाला और बनाया गया। इसके योग्य उत्तराधिकारी के रूप में सातवाहनों को इस क्षेत्र का शासन मिला और इनका शासन काल भारत के इतिहास में समृद्धि और सम्पन्नता के लिए जाना जाता है। इस काल के लेखों में भूमि तथा ग्राम में दान में दिये जाने के उल्लेख प्राप्त होते हैं। इससे भूमि की महत्ता प्रतिपादित होती है। राजा के पास अपनी निजी भूमि होती थी और किसान भी भूमि के स्वामी होते थे। यदि राजा किसी की भूमि दान करता था तो राजा को उसके मालिक से भूमि खरीदनी पड़ती थी। राजा सामान्यतः उपज का छठाँ भाग कर के रूप में लेते थे। कृषि की उन्नति के साथ ही साथ व्यापार व्यवसाय की बहुत अधिक प्रगति हुई। मिलिन्द पन्हों में 75 व्यवसायों का उल्लेख हुआ है, जिनमें 60 प्रकार के व्यवसाय, विभिन्न कला–कौशलों से सम्बद्ध थे। महावस्तु में राजगृह के पास निवास करने वाले 36 प्रकार के शिल्पियों का विवरण दिया गया है। तत्कालीन अभिलेखों में भी कुम्भकार, लोहार, स्वर्णकार, धानिक (अनाजों के व्यवसायी), वंशकार, तिलपिसक (तेली), चर्मकार, कासाकार, गन्धक (गन्धी), कोलिक (बुनकर) इत्यादि व्यवसायों का उल्लेख मिलता है।[56]

प्रत्येक व्यवसायिक संघ की अलग–अलग श्रेणियाँ होती थीं जिसके प्रधान को श्रेष्ठिन कहा जाता था, इनके कार्यालयों को निगमसभा कहते थे। श्रेणियों के अपने अलग व्यापारिक नियम होते थे जिन्हें 'श्रेणी धर्म' कहा जाता था। इन्हें राज्य की ओर से मान्यता प्राप्त थी। ये बैंको का भी काम करती थीं और इस रूप में राशि (रूपया) को जमा करती तथा ब्याज पर धन उधार देती थी। नासिक अभिलेख से पता चलता है कि गोवर्धन में बुनकरों की एक श्रेणी के पास 2000 काहापणों (कर्षापणों) की एक अक्षयनिधि एक प्रतिशत मासिक ब्याज की दर पर जमा की गयी थी। इसी प्रकार, एक अन्य निधि 1000 काहापणों की थी, जिस पर 3/4 प्रतिशत मासिक ब्याज देय था। श्रेणियाँ अपने नाम से दान दे सकती थी। व्यापार–व्यवसाय में चाँदी और ताँबे के सिक्कों का प्रयोग होता था, जिन्हें कर्षापण कहा जाता था। इसके अतिरिक्त सातवाहनों ने सीसे के सिक्के भी ढलवाये क्योंकि दक्षिण में चाँदी अनुपलब्ध होने से सीसा ही एक मात्र विकल्प था। ये सिक्के आर्थिक लेन देन में अधिक उपयुक्त थे।

सातवाहनों के काल में आन्तरिक और बाह्य दोनों ही व्यापार उन्नति पर था। देश के अन्दर पैठन, तगर, जुन्नर, करहाटक, नासिक, वैजयन्ति, धान्यकाटक, विजयपुर इत्यादि अनेक व्यापारिक नगर थे। ये सभी एक–दूसरे से चौड़ी सड़कों से जुड़े हुए थे। एक स्थान से दूसरे स्थान पर माल लाने और ले जाने की व्यवस्था थी। पूर्वी और पश्चिमी

किनारों पर अनेक प्रसिद्ध बन्दरगाह थे। टालमी गोदावरी और कृष्णा नदियों के डेल्टा के बीच स्थित अनेक बन्दरगाहों का उल्लेख करता है और बताता है कि इन स्थानों में मलयद्वीप तथा पूर्वीद्वीपों के लिए जहाज जाते थे। पूर्वी दक्कन के प्रसिद्ध बन्दरगाह कन्टकोस्सील, कोद्दूर, अल्लोसिंगे आदि थे। पश्चिमी दक्कन में बेरीगाजा, भड़ौच, सोपारा, कल्याण जैसे प्रसिद्ध बन्दरगाह स्थित थे। यहाँ से पश्चिमी देशों के लिए जहाज आते–जाते थे। पहली शताब्दी ईसवी में एक यूनानी नाविक हिप्पोलस ने भारतीयों को अरब सागर में चलने वाली मानसूनी हवाओं के विषय में बताया। परिणामस्वरूप भारतीय व्यापारी अरब सागर होकर पश्चिम एशिया के बन्दरगाह पर पहुँचने लगे। भारत का व्यापार मिस्र, रोम, चीन तथा पूर्वी द्वीप समूहों के साथ होता था। सातवाहन नरेशों के कुछ सिक्कों पर दो पतवारों वाले जहाज के चित्र मिलते हैं। यह समुद्री व्यापार के विकसित होने का सूचक है। दक्कन से रोम के निवासी अपने लिए रत्न, मलमल, तथा विलासिता की सामग्रियाँ प्राप्त करते और इसके बदले में मुँह माँगा सोना देते थे। भारत में निर्यात होने वाली वस्तुओं में रेशमी कपड़े तथा मलमल, चीनी, इलायची, लौंग, हीरे, मानिक, मोती आदि थीं। आयात की वस्तुओं में रोमन मदिरा, ताँबा, राँगा, सीसा, दवायें आदि प्रमुख थी। यह व्यापार भारत के लिए लाभकारी था। इस व्यापार के फलस्वरूप सातवाहन साम्राज्य आर्थिक दृष्टि से अत्यन्त समृद्ध बन गया।

"पेरीप्लस आफ इरीथियन सी" से पता चलता है कि सातवाहन साम्राज्य के पूर्वी तथा पश्चिमी भागों की जनसंख्या सघन थी तथा लोग समृद्धशाली थे। चार पहियों वाली गाड़ियों से पैठन से बहुत अधिक मात्रा में इन्द्रगोप मणि, तगर से मलमल तथा अन्य वस्त्र पश्चिमी भाग में स्थित व्यापारिक नगरों में पहुँचते थे तथा वहाँ से उन्हें भड़ौच भेजा जाता था। पश्चिमी देशों से मालवाहक जहाज भी भड़ौच पहुँचते थे। भड़ौच से स्थल मार्गो द्वारा सामान अन्य स्थानों में भेजा जाता था। इस प्रकार से भड़ौच इस काल का अन्तर्राष्ट्रीय बन्दरगाह एवं व्यापारिक केन्द्र था। [57] अपरान्त का उल्लेख आता है जिसमें सोपारा एक प्रशासनिक महत्त्व का केन्द्र रहा होगा।[58]

एलीफेंटा, कन्हेरी, कोण्डीवटे जैसे बौद्धस्थल और सोपारा, चौल और कल्याण जैसे प्राचीन बन्दरगाहों से बहुत दूर नहीं था और यह स्थलमार्ग से शहर–बाजारों जैसे नासिक, टेर और प्रतिष्ठान सातवाहन शासकों की राजधानी से अच्छी तरह से जुड़ा हुआ था। एलीफेंटा आदर्श भौगोलिक अवस्थिति में बसा हुआ था, जहाँ बौद्ध भिक्षुओं द्वारा बौद्ध धर्म के प्रचार के लिए एक धार्मिक केन्द्र बनाया। शकों द्वारा पश्चिम भारत को जीतने के पूर्व पेरीप्लस में उल्लेख है कि क्षेत्र का बाजार–शहर बोरीगाजा, सुपारा और कालीना शहर बड़े सारागुनस (सातकणी) के समय वैध बाजार–शहर हो गये थे। कल्याण की अवस्थिति ऐसी थी कि वह समुद्र तटीय और पठारी भाग के बीच प्रमुख भूमिका निभाने लगा।[59]

सातवाहन और महाक्षत्रपों के बीच विवाह सम्बंधों से जहाँ सांस्कृतिक सम्बधों में मजबूती आई वहीं सिक्कों को ढालने और लिपियों में एक–दूसरे की प्रथाओं के अपनानें की झलक भी दिखलाई पड़ती है, जिससे व्यापारिक गतिविधियों में मुद्राओं की आवश्यकता की तीव्रता से पूर्ति होती है। धनाड्य श्रेष्ठियों के द्वारा दान देने से कई धार्मिक स्थलों का आविर्भाव और विकास हुआ जैसे गौतमीपुत्र यज्ञश्री (174–203 ईसवीं) के समय कन्हेरी का विख्यात बौद्ध स्थल के रूप में प्रसिद्ध होना। सोपारा के स्तूप के उत्खनन से प्राप्त अवशेषों में सोने के फूलों के साथ गौतमीपुत्र यज्ञश्री की छवि युक्त एक चाँदी का सिक्का मिला है।[60] सातवाहन वंश के समय महारठी और महाबोधी राजनीति में महत्त्वपूर्ण भूमिका निभा रहे थे। जिसका विवरण कन्हेरी की गुफा संख्या–98 के अभिलेख में अपरान्त के दामिला, भोजकी और गुफा संख्या–66 के अभिलेख में महाभोजी की पुत्री और महारठी की पत्नी नागमुलानिका द्वारा दान का उल्लेख मिलता है।

सातवाहनों के पश्चात अभीरों ने नासिक और कन्हेरी के आसपास के क्षेत्रों में शासन किया और इसके शासक ईश्वरसेन ने कल्चुरी संवत की स्थापना 248 ईसवी में की।[61] आर्थिक समृद्धि के उच्चतम शिखर में पहुँचने पर चालुक्य पुलकेशिन द्वितीय ने आक्रमण कर, अधिकार कर लिया।[62] निःसंदेह व्यापार में भी वृद्धि बढ़ी होगी। दन्तिदुर्ग द्वारा मालवा

पर आक्रमण कर प्रतिहारों के उज्जैन पर अधिकार कर लिया गया। जिससे उज्जैन तक के मार्गो पर इनका एकाधिकार हो गया। व्यापार करने में आसानी हुई और इसकी बढ़ती समृद्धि का प्रमाण है कि दन्तिदुर्ग के पश्चात कृष्ण प्रथम ने एलोरा के कैलाश मंदिर का उत्खनन करवाया। 1086 ईसवी के एक ताँब्रपात्र में श्रीपुरी उल्लेख है जो कि घारापुरी का प्राचीन है और इस समय शिलाहार शासकों का शासन इस क्षेत्र में था।[62]

देवगिरी के शासकों के समय तक एलीफेंटा की गुफाओं की देखभाल अर्थात तेरहवीं शताब्दी के अन्त तक होती रही। सोलहवीं शताब्दी के शुरूआत में और पन्द्रहवी शताब्दी के अधिकांश कालखण्ड में एलीफेंटा ठाणे क्षेत्र के अंतर्गत था और यह अहमदाबाद के मुसलमान शासकों के क्षेत्राधीन रहा। यहाँ व्यापारिक गतिविधियाँ प्रगति पर चल रही थीं क्योंकि यह क्षेत्र बन्दरगाहों द्वारा जुड़ा हुआ था और एलीफेंटा द्वीप का सेतबन्दर इस समय बहुत ही सक्रिय रूप से कार्य कर रहा था। इन्होंने किसी प्रकार से इन गुफाओं में छेड़छाड़ नहीं की, जब तक कि पुर्तगालियों के अधीन 1534 में नहीं हुई।

डियागो डे किटो ने शिकायत की कि पुर्तगाली सिपाहियों द्वारा मूर्तियों को तोड़ा जा रहा है जिसने 1559 ईसवी में इस द्वीप की यात्रा की और स्थानीय लोग गुफा में पालतू जानवरों और इनके लिए वर्षा के समय घास इत्यादि रखने के लिए उपयोग करते है। विश्वास किया जाता है कि छत्रपति शिवाजी महाराज ने इस स्थल का भ्रमण किया और शंभाजी महाराज ने पुर्तगालियों को धमकी दी कि किला न बनाया जाए। 1682 में मराठा साम्राज्य का अंग बनाया और इस द्वीप पर अंग्रेजों द्वारा अधिकार कर लिया गया।[64]

बसीन, दमन–द्वीव और कैम्बे इत्यादि बन्दरगाहों और अफ्रीका और दक्षिण पूर्व एशिया से व्यापारिक जहाजों के आवागमन से इस क्षेत्र में समृद्धि के प्रमाण और प्रभाव को देखा जा सकता है। परिणामस्वरूप यूरोप के ही दो देशों के बीच युद्ध–विजय–संधि के रूप में एक होते हुए मिलते है। अंग्रेजों ने तो बाम्बे (बंबई) को प्राकारों से घेर डाला और विशाल किले का निर्माण किया और फैक्टरी की स्थापना[65] कर भारत में शासन करने के मार्ग को बिना अवरोध के पूर्ण कर लगभग तीन सौ वर्षो तक एकछत्र शासन किया।

सामाजिक स्थिति

सामाजिक इतिहास तद्युगीन काल में रहने वाले लोगों के सर्वांगीण जीवन का चित्रण करता है तथा समस्त जन समुदाय के विभिन्न कार्यकलापों को अभिव्यक्त करता है। सभी देशों का सामाजिक जीवन भिन्न–भिन्न होता है, यहाँ तक कि विविधतापूर्ण एक ही देश में रहने वाले विभिन्न समाजों के जीवन भी एक प्रकार के नहीं होते, वे भी अनेकानेक प्रकार के होते है। इस दृष्टि से भारत का सामाजिक जीवन अंत्यन्त वैविध्यपूर्ण है तथा उसकी सामाजिक संस्थाएँ सतत और निरन्तर प्रवाहशील रही हैं। इसका आभास हमें हड़प्पा सभ्यता में भाषित होता है और वैदिक काल से लेकर वर्तमान काल तक इन संस्थाओं का विकास कुछ परिवर्तन के साथ सक्रम और सविस्तार हुआ, जिसकी जीवन्तता और विद्यमानता आज भी भारतीय समाज में संचरित होती हुई देखी जा सकती है।

वर्ण–व्यवस्था की उत्पत्ति के मूल में गुणों की ही अभिव्यक्ति मानी गई है। मनुष्य अपने गुणों से महान होता है, न कि अपने वंश अथवा परिवार से। उसके अन्तः और बाह्य गुण ही उसको श्रेष्ठ पद की प्राप्ति कराते हैं। ये गुण कई तीन प्रकार के निर्दिष्ट किये गये हैं–सत्व, रज और तम। (सत्त्वं रजतम इति गुणाः प्रकृतिसंभवाः। गीता, 15/5) सत्व गुण अत्यन्त निर्मल, स्वच्छ, दोष रहित, ज्ञानप्रदाता और सांसारिकता से विमुक्त करने वाला होता है। जबकि रजोंगुणों से युक्त मनुष्य अनुरक्त होता हुआ अपने कर्मो को सम्पन्न करता है तथा संसार सागर का संतरण करता है अर्थात यह मनुष्य को भौतिक और सांसारिक सुख की ओर आकृष्ट करता है। तमोगुण से अज्ञान की सृष्टि होती है और इसके प्रभाव से भ्रम, आलस्य, प्रमाद, निद्रा, मोह आदि का उदय होता है। सभी वर्णो के अलग–अलग गुण निर्देशित किये गये

हैं जिन्हें ब्राह्मण, क्षत्रिय, वैश्य और शूद्र गृहीत करते थे। वर्ण–व्यवस्था का स्वरूप बहुत कुछ उपरोक्त गुणों के आधार पर निर्मित हुआ। विभिन्न गुणों ने विभिन्न वर्गो को जन्म दिया।

वहीं वर्ण एक अर्थ में रंग भी है। जिसका विवरण रंगों के आधार पर महाभारत में विस्तार से मिलता है जिसका मुख्य आधार मनुष्य की त्वचा है, जिसके अनुसार ब्रह्मा ने ब्राह्मण, क्षत्रिय, वैश्य और शूद्र की उत्पत्ति की जिनका रंग क्रमशः श्वेत, लोहित लाल, पीत पीला और काला था। शास्त्रकारों ने इन विभिन्न रंगों में चतुण्वर्णों को मूलभूत गुणों से संयुक्त कर दिया।

कर्म का सिद्धान्त धर्मिक परिप्रेक्ष्य में और भी सफल होकर वर्णो के जीवन में सशक्त और जीवन्त हुआ। परिणामस्वरूप कर्मफल का दर्शन भी विकसित हुआ तथा पुर्नजन्म की भी व्याख्या की गई। किये गये कर्म के आधार पर ही मनुष्य का जन्म माना गया। यह व्याख्या की गई कि मनुष्य जो वर्तमान जीवन जीता है, वह पिछले जन्म में किये गये कर्म का ही प्रतिफल है। अतः अच्छा कर्म करने वाला मनुष्य योनि के ऊँचे वर्ण में होता है और बुरा कर्म करने वाला कुत्ता, शूकर और चाण्डाल जैसी अशुभ योनियों में। अर्थात अपने कर्मो के अनुसार मनुष्य को उच्च और निम्न पद मिलता है तथा वह भिन्न–भिन्न वर्णगत परिवारों मे जन्म लेता है। महाभारत के शान्तिपर्व में उल्लेख आता है कि समाज में सर्वप्रथम ब्राह्मण ही थे, बाद में अपने कर्तव्यों की विभिन्नता के कारण समाज में कई वर्ण हो गए। वर्ण–व्यवस्था के मूल में कर्म का सिद्धान्त अत्यधिक प्रभावशाली था। वस्तुतः वर्ण–व्यवस्था के प्रारम्भिक स्वरूप का निर्माण कर्म के आधार पर ही हुआ। हँालाकि बौद्ध साहित्य से भी समाज पर प्रकाश पड़ा है यद्यपि उसमें पाप–पुण्य की व्याख्या नहीं की गई जैसे कि उपनिषदों में की गयी है तथापि सदाचार और सद्व्यवहार को निश्चय ही महत्व दिया गया है। एक जातक कथा के अनुसार बोधिसत्व ने किसी के पृच्छा करने पर उत्तर दिया कि सदाचारी और धार्मिक लोग, धार्मिक दृष्टि से विख्यात किसी से उसकी जाति के विषय में नहीं पूछते। वस्तुतः मनुष्य का जीवन सद्वृत्तियों और सद्व्यवहारों से उन्नत होता है तथा सदाचार और ज्ञान ही उसके प्रधान आधार होते हैं। ऐसी स्थिति में जीवन के मूल्य सदाचार और ज्ञान से निर्धारित होते हैं।[66]

मनुष्य का उत्कर्ष उसके परिवारिक जीवन के माध्यम से होता है। परिवार अथवा कुटुम्ब सामाजिक जीवन की इकाई ही नहीं बल्कि आधारशिला है। जन्म से लेकर मृत्यु तक की सारी अवस्था परिवारिक संगठन के अन्तर्गत संचालित होती है। माता–पिता, पति–पत्नी, भाई–बहन और पुत्र–पुत्री के संयोग से परिवार का निर्माण होता है। समाज में मनुष्य की विभिन्न आवश्कताएँ होती हैं, जो समाज के स्वीकृत माध्यमों से पूरी की जाती है। कामेच्छा की पूर्ति, संतान को जन्म देना और उनका पालन–पोषण करना इत्यादि विविध व्यक्तिगत और सामाजिक कर्म परिवार के माध्यम से ही सम्भव हैं। प्राचीन साहित्य में पितृसत्तात्मक आधार पर पिता ही परिवार का सर्वेसर्वा होता था और उसका सम्पत्ति पर एकनिष्ठ अधिकार था। कालान्तर में सम्पत्ति का विभाजन उसकी सन्तानों के बीच में होने लगा।

गृहसूत्रों में बड़े–बड़े परिवारों का उल्लेख हुआ है, जिनमें उनके सदस्यों एवं उनकी जीवन्तता का भी वर्णन है। बौद्धयुग में भी हिन्दू परिवार संयुक्त होता था, जिसमें कई सदस्य होते थे। सबसे अधिक आयुवाला व्यक्ति गृहस्वामी होता था, जो कुटुम्ब की देखभाल करता था। उसके प्रति परिवार के सदस्यों की आदर–भावना होती थी। अनेक जातक कथाओं में ऐसे परिवारों का उल्लेख है, जो अपने सदस्यों के सहयोग और सहायता से चलते थे। माता का स्थान अत्यंत ऊँचा, गरिमायुक्त और महत्त्वशाली रहा है। वह कौटुम्बिक जीवन की अटूट कड़ी है, जिससे कुटुम्ब के सभी सदस्य जुड़े हैं। सन्तान का जन्म, लालन–पालन, शिक्षा–दीक्षा और भरण–पोषण उसी से होता है। वेदों में माता का अभिनन्दन किया गया है।

पति का स्थान पत्नी के साथ–साथ आकलित होता रहा है परन्तु पति का प्रभुत्व पत्नी की तुलना में क्रमशः बढ़ने लगा और समाज में उसकी महत्ता स्थापित हो गई। अर्जन करने के कारण पति कुटुम्ब की सारी व्यवस्था देखता था

और परिवार के सदस्यों को अपने विचारों तथा कार्यों से प्रभावित करता था। स्त्री पर उसकी सर्वतोमुखी प्रभुता थी और वह पत्नी के लिए देवता माना जाता था। पत्नी का भरण और रक्षण पूर्णतः पति पर निर्भर करता था। पत्नी का पालन और उसकी देखभाल करना उसका परम कर्त्तव्य था जबकि पत्नी की कुटुम्ब के सदस्यों में अभूतपूर्व महत्ता रही है। वह जाया और जानि कही जाती थी। कुटुम्ब का विकास और महत्त्व उसी से था। वह ऋग्वेद में "घर" भी कही जाती थी। वैदिक युग में पत्नी सर्वश्रेष्ठ थी। वह घर की रानी थी। पति के साथ मिलकर सामाजिक और धार्मिक कार्यों को सम्पन्न करती थी। वह शरीरार्द्ध और अर्द्धांगिनी मानी गई है। श्री और लक्ष्मी के रूप में मनुष्य के जीवन में सुख और समृद्धि से दीप्त और पुंजित करने वाली कही गयी है। अनेकानेक कष्टों और परिवारिक असंतोष के बावजूद अपने परिवार से सम्बंध किये रहती है, यह उसी के गुणों और निष्ठाओं का परिचायक है, जिसे आज भी देखा जा सकता है।

पुत्र का अत्यधिक महत्त्व रहा है क्योंकि उससे कुल और वंश का वर्द्धन और उत्कर्ष होता है। कुटुम्ब का उद्भव विवाह से और विकास संतान से होता है। उसके लिए माता–पिता देवतुल्य रहे हैं जबकि पुत्री का स्थान पुत्र की तुलना में उपेक्षणीय और दयनीय रहा है। हाँलाकि पुत्री को परिवार में अनेक सुविधाएँ और अधिकार प्राप्त थे। वह पिता द्वारा लालित–पालित होती थी, पिता के संरक्षण में बड़ी होती और योग्य वर मिलने पर पिता द्वारा ब्याही जाती। हिन्दू समाज को सुदृढ़ और प्राणवान बनाने में संयुक्त परिवार का प्रमुख हाथ रहा है, जिसके अन्तर्गत व्यक्ति का धार्मिक, सामाजिक और आध्यात्मिक उत्कर्ष होता रहा है।[67] वर्तमान में संयुक्त परिवारों का अभाव और एकल परिवारों का प्रभाव बढ़ रहा है, जिससे समाज में कई प्रकार की विसंगतियों को जन्म और प्रश्रय मिल रहा है।

बौद्ध भिक्षु और सिद्धों ने भी उत्तर प्राचीन कालीन समाज को अपने धार्मिक आन्दोलन से संचालित किया। उन्होंने सामाजिक आन्दोलन को गतिशीलता प्रदान की जिसमें ऊँच–नीच की भावना और जातीय भेद–भाव का अभाव था। उसने ब्राह्मणों और पाखण्डी धर्माचार्यों पर कड़ा प्रहार किया तथा उनके नियमों और निर्देशों का खण्डन किया।[68]

मौर्य काल के आते–आते वर्णाश्रम व्यवस्था को एक निश्चित आधार प्राप्त हो चुका था। वर्ण कठोर होकर जाति के रूप में बदल गये, जिसका आधार अब जन्म हो गया। समाज में संयुक्त परिवार की प्रथा थी। जिसका वर्णन कन्हेरी के अभिलेखों में स्पष्ट दिखलाई देता है। पति–पत्नी के बीच एक आदर्श सम्बंध रहता था, जो भारतीय समाज का विशिष्ट लक्षण था। गहपति, गहीनी और कुतुबीनी परिवार के संगठन की ओर संकेत करते है। दो भाइयों ने अपने परिवार की याद में चैत्य कक्ष को समर्पित किया जिसमें पत्नियों, पुत्रों, सौतेली माता–पिता, भाई और अन्य खून के सम्बंधियों का भी शामिल किया गया[66] जो अपनों के प्रति लगाव को दर्शाता है।

स्मृतियों में वर्णित विवाहों का प्रचलन था। पिता ही परिवार का मुखिया होता था। विवाह सामान्यतः वयस्क होने पर होता था। तलाक पति–पत्नी की सम्मति से लेने की प्रथा थी। पति की मृत्यु होने पर स्त्री अपना पुनर्विवाह कर सकने में स्वतंत्र थी। सातवाहन शासकों के समय परम्परागत चारों वर्णों में ब्राह्मणों का स्थान सर्वोपरि था और वे स्वयं ब्राह्मण थे। नासिक प्रशस्ति में गौतमीपुत्र को क्षत्रिय ब्राह्मण कहा गया है जिसने समाज में वर्णाश्रम धर्म को प्रतिष्ठित करने तथा वर्णसंकरता को रोकने का प्रयास किया। इस समय अनेक नई–नई जातियाँ व्यवसायों के आधार पर संगठित होने लगी थीं। इस काल के समाज की प्रमुख विशेषता शकों तथा यवनों का भारतीयकरण हैं। अनेक शकों के नाम भारतीयकृत मिलते है जैसे धर्मदेव, ऋषभदत्त, अग्निवर्मन इत्यादि। हिन्दुओं के समान ही वे तीर्थयात्रा पर जाते थे, यज्ञों का अनुष्ठान करते थे तथा ब्राम्हणों को दान–दक्षिणा देते थे।

यद्यपि सातवाहन शासकों ने वर्ण संकरण को रोकने का प्रयास किया तथापि व्यवहार में अन्तर्जातीय विवाह होते थे। सातकर्णी प्रथम ने अंग कुल की महारठी क्षत्रिय की पुत्री नागनिका से और पुलमावी ने रूद्रदामन की पुत्री से विवाह किया था।

समाज में स्त्रियों की दशा अच्छी थी कभी–कभी शासन के कार्यों में भाग लेती थीं। नागनिका ने अपने पति की मृत्यु के पश्चात शासन का संचालन किया। बलश्री ने अपने पुत्र गौतमीपुत्र के साथ मिलकर शासन किया। इन राजाओं

के नाम का मातृ–प्रधान होना स्त्रियों की सम्मानजनक सामाजिक स्थिति का सूचक माना जा सकता है। तत्कालीन अभिलेखों में स्त्रियों द्वारा प्रभूत दान दिये जाने का उल्लेख मिलता है। इससे प्रतीत होता है कि वे सम्पत्ति की स्वामिनी भी होती थीं। मूर्तियों में हम इन्हें अपने पतियों के साथ बौद्ध प्रतीकों की पूजा करते हुए, सभाओं में भाग लेते हुए, अतिथियों का सत्कार करते हुए पाते हैं। उनके सार्वजनिक जीवन को देखते हुए ऐसा स्पष्ट है कि वे पर्याप्त शिक्षित होती थीं तथा पर्दाप्रथा से अपरिचित थी।[70]

साधारण लोग निरामिष थे। वे सर्वदा शाकाहारी और सात्विक भोजन करते थे। प्रायः गोधूम, यव, ब्रीही, चणक तिल, तेल, घृत, दही कन्द–मूल–फल, मसाले, लवण, गुड़ आदि खाते थे। वे पूरिका (पूड़ी) और शष्कुक्ति (कचौड़ी) का खाने में अधिक व्यवहार करते थे। बुद्धकाल अहिंसामार्गी होकर भी मांस से परहेज नहीं करता था और बौद्ध भिक्षु भिक्षाटन में प्राप्त मांस को ग्रहण करता था। हिन्दू समाज में धीरे–धीरे अन्न का महत्त्व बढ़ता गया और मांस का कम होता गया। साधारण जन की अभिरूचि शाकाहार होती गई। अन्न को शरीरस्थ पृथ्वी, जल, अग्नि और वायु को बढ़ाने वाला माना गया, जो प्राण, अपान, समान, उदान और व्यान को पुष्ट कर सुख प्रदान करता है।

अग्निराप्याययेद्धतं पार्थिव पवनेरितः।
दत्तावकांश नभसा जरायत्वस्तु में सखम्।।
अन्नं बलाय में भूमेरपामग्नयनिलस्य च।
प्रणापानसमानानामुदानं ध्यानयोस्तथा।
अन्न पुष्टीकरं चास्तु ममाप्यव्याहतं सुखम्।।

—विष्णु पुराण, 3/11/90 92

भोजन और पेय के क्षेत्र में भारत सदा से परिपूर्ण रहा है चावल, गेहूँ, जौ इत्यादि के अतिरिक्त समाज में विभिन्न प्रकार की शाक–सब्जियों का भी व्यवहार था। आटे की बनी रोटी, मोदक, घी, मही आदि ग्रहण किया जाता रहा है। व्हेनसांग के अनुसार ... इसके अतिरिक्त मछली के साथ–साथ बकरा और भेड़ का माँस भी लोग खाते थे। अनेक प्रकार की सुराएँ विभिन्न जातियों के लोग पीते थे जबकि ईत्सिंग ने लिखा है कि भारत के लोग प्याज नहीं खाते थे। दक्षिण सागर द्वीप में रहने वाले लोगों के विपरीत बौद्ध शुद्ध माँस भी नहीं खाते। कुमारसम्भव में शिव स्वयं मद्यपान करते समय पार्वती को भी मद्यपान के लिए प्रेरित करते थे जबकि रघुवंश में लिखा है कि विजयनी सेना जब सागर–तट पर पहुँची तब उसने नारियल से बने मद्य का पान किया। सर्वोत्तम मदिरा वही मानी जाती थी जो मदन को उत्प्रेरित करनेवाली तथा मनुष्य पर पूर्णरूपेण चढ़ने वाली होती थी। खाने के पश्चात् ताम्बूल को चबाया जाता था। पान बेचने वाले को ताम्बूलिक कहा जाता था। अलबरूनी लिखते है कि जिसकी पाचन शक्ति इतनी दुर्बल है वह भोजनोपरान्त पान के पत्ते और सुपारी चबाकर अवश्य पुष्ट करते हैं। गरम पान शरीर के ताप को भड़काता है, पान के पत्ते का चूना प्रत्येक गीली वस्तु को सुखा देता है और सुपाड़ी दाँतों, मसूडों और पेट पर संकोचशील औषधि के रूप में क्रिया करती है। चौलुक्य राजदूत दामोदर के कथन से स्पष्ट होता है कि चूना–सुपाड़ी मिलाकर पान खाने से दाँत पूर्णतः लाल हो जाते थे।[71]

धार्मिक स्थिति

एलीफेंटा के पुरातात्त्विक अवशेषों के आलोक में कहा जा सकता है कि इस द्वीप को प्रथमतः बौद्ध सम्प्रदाय के लोगों ने निवास के रूप में चुना और बौद्ध सम्प्रदाय से सम्बंधित गतिविधियों के प्रमाण के रूप में प्राचीन ईंट से निर्मित स्तूप के अवशेष तथा इसके समीप ही शैलोत्खनित जलकुण्ड तथा समीप ही एक सदाबहार कूप है। मोरा गाँव के समीप काफी बड़े भाग में ईंट से निर्मित संरचना के अवशेषों को देखा जा सकता है जो कि सम्भवतः विशाल विहार के अवशेष

हो सकते हैं जैसे कि साँची स्मारक परिसर में दिखलाई पड़ता है। बौद्ध सम्प्रदाय के प्रचलन का इस क्षेत्र में व्यापक प्रभाव द्वितीय शताब्दी ईसवी पूर्व से लेकर ग्यारहवीं शताब्दी ईसवी तक देखा जा सकता हैं। इनमें से प्रमुख हैं–सुर्पारक अथवा सोपारा जो कि आधुनिक नालासोपारा के नाम से विख्यात है, कन्हेरी की शैलोत्खनित बौद्ध गुफाएँ, कोण्डीवटे की शैलोत्खनित बौद्ध गुफाएँ, मण्डपेश्वर की शैलोत्खनित बौद्ध गुफाएँ, मागाथाणे की शैलोत्खनित बौद्ध गुफाओं को आज भी हजारों वर्ष के पश्चात देखकर बौद्धानुभुति का भाव संचरित होने लगता है। एलीफेंटा का द्वीप और उपरोक्त सभी स्थलों की निकटता और इनका आपस में सहसम्बधित होना लाजमी प्रतीत होता हैं।

सातवाहन राजाओं का शासन काल दक्षिण भारत के वैदिक तथा बौद्ध धर्म की उन्नति का काल था। स्वयं सातवाहन राजा वैदिक धर्म के अनुयायी थे। सातकर्णी प्रथम ने अनेक वैदिक यज्ञों–अश्वमेध, राजसूय आदि का अनुष्ठान किया और इस अवसर पर उसने गौ, हस्ति भूमि आदि दक्षिणास्वरूप प्रदान की थी। उसने अपने एक पुत्र का नाम वेदश्री रखा तथा संकर्षण, वासुदेव, इन्द्र, सूर्य और चन्द्र की पूजा की।[72] हाल की गाथासप्तशती के प्रारम्भ में ही शिव की पूजा की गई है तथा इन्द्र, कृष्ण, पशुपति एवं गौरी की पूजा का उल्लेख मिलता है। गौतमीपुत्र सातकर्णी को नासिक प्रशस्ति में वेदों का आश्रय तथा अद्वितीय ब्राह्मण कहा गया है।[73]

सातवाहन लेखों में शिव पालित, शिवदत्त, कुमार आदि नाम मिलते हैं जिनसे शिव और स्कंद और विष्णु पालित जैसे नामों से विष्णु की पूजा का सूचना मिलती है। परन्तु स्वयं ब्राह्मण होते हुए ये अन्य धर्मो के प्रति साहिष्णु थे। इन्होंने बौद्ध धर्म को संरक्षण एवं प्रोत्साहन प्रदान किया। ईसा की प्रथम दो शताब्दियों–जो सातवाहनों के पुनरूत्थान का काल था–में इस धर्म का सर्वाधिक विकास हुआ। यह दो सौ वर्षो का काल दक्षिण में बौद्ध धर्म के लिए सर्वाधिक गौरवशाली समय था। इस समय पश्चिमी दक्कन में क्षहरातों और सातवाहनों में चैत्य–विहारों का निर्माण कराने की परस्पर होड़–सी लग गयी। कार्ले, नासिक, कन्हेरी में अनेक चैत्य–विहारों का उत्खनन इसी दौरान हुआ।

सातवाहन युग में स्तूप, बोधिवृक्ष, बुद्ध के चरणों, धर्मचक्र तथा अन्य बड़े संतों के धातु अवशेषों की पूजा की जाती थी। बौद्ध तीर्थ स्थलों की यात्रा इस समय की सामान्य प्रथा बन गई। इस समय तक बौद्ध संघ के अन्तर्गत कई सम्प्रदायों का आविर्भाव हुआ जैसे भदायनीय (नासिक तथा कन्हेरी में रहते थे), धम्मोत्तरीय (ये सोपारा में निवास करते थे) तथा महासांघिक (कार्ले तथा इसके आसपास निवास करते थे) तथापि इनके बीच आपसी कलह अथवा विद्वेष का भाव नहीं था और कभी–कभी एक ही विहार में कई सम्प्रदाय के भिक्षु निवास करते थे।[74]

बौद्ध सम्प्रदाय के पश्चात हिन्दू सम्प्रदाय की कलाकृतियों के अवशेषों को इस क्षेत्र में देखा जा सकता है। हाँलाकि बौद्ध सम्प्रदाय से सम्बंधित स्थल जैसे कन्हेरी की शैलोत्खनित बौद्ध गुफाएँ बौद्धधर्म के अनुयाइयों द्वारा अभी भी प्रयोग में लायी जा रही थी तथापि हिन्दू सम्प्रदाय से सम्बधित शैव धर्म की एक शाखा के कई स्थलों का जन्म होता है जिनमें जोगेश्वरी, मण्डपेश्वर और शिवड़ी का नाम प्रमुख रूप से लिया जा सकता है। शिवड़ी मूर्तिकला का प्रमुख कार्यस्थल रहा है, जहाँ विभिन्न प्रकार की प्रतिमाओं तथा मूर्तियों का निर्माण किया जाता था और इन निर्मित मूर्तियों को अन्यत्र भेजा जाता था[75] इनमें से एक प्रतिमा परेल में है, जिसमें शिव के सात स्वरूपों की एकाश्म निम्न उद्भृति जिसे स्थानीय रूप में बड़ादेव कहा जाता है, प्रसिद्ध है। इसके अतिरिक्त एलीफेंटा से मिली प्रतिमाओं में जैसे चर्तुभुजी ब्रह्मा, महिषासुरमर्दिनी, विष्णु की प्रतिमा शिवड़ी कला केन्द्र से निर्मित हुई है।

एलीफेंटा में शिव परिवार और उनसे सम्बधित चमत्कार, अनुग्रह इत्यादि स्वरूपों के साथ सभी देवी–देवताओं का अकंन हैं जिनमें शिव, पार्वती, इनके पुत्रों में कार्तिकेय, गणपति, इनके वाहन क्रमशः नन्दी को मानव तथा पशु के रूप में, मयूर और मूसकराज प्रमुखता से उत्कीर्णित किया गया है। इसके साथ ही वरूण का मकर के साथ (अर्द्धनारीश्वर पटल में) घोड़े पर सवार घुड़सवार (योगेश्वर पटल में) इसके अलावा ब्रह्मा, विष्णु, इन्द्र के साथ–साथ इनके वाहनों क्रमशः हंस, गरूड़ और हाथी का अकंन भी किया गया है।

तात्पर्य यह है कि एलीफेंटा में शिव को प्रमुख देवता के रूप में अंकित किया गया है, जिसमें उन्हें संसार के रचयिता के रूप में, संसार के पालक के रूप में तथा संसार के संहारक के रूप में दिखलाया गया है। इन स्वरूपों के माध्यम से मानव जगत में शिव को सर्वेसर्वा बना दिया जाता है। जिसकी प्रसिद्धि यहाँ से अन्यत्र फैलते हुए समकालीन शासकों तथा इनकी प्रजाजनों द्वारा इस क्षेत्र का लालन–पालन होता रहा, जिसके कुछ अंश हमें शिलाभिलेखों में दिखलाई पड़ते हैं।

1869 में एक अण्डाकार कार्नेलियन की मुहर में **नारायण** लिखा हुआ है जबकि मनोर अभिलेख में उल्लेख है कि पुरी में ब्रह्मा का मंदिर बड़ा महत्त्वपूर्ण तथा पवित्र तीर्थस्थलों में से एक था जिसे दान में एक ग्राम तम्बासहिक को श्रीपुरी के मंदिर को दिया गया था।[76] एलीफेंटा की चर्तुमुखी ब्रह्मा की एक प्रतिमा के अधिष्ठान का अभिलेख छठवीं–सातवीं शताब्दी का है। चर्तुमुखी ब्रह्मा की प्रतिमा के पास पंजे का अंकन है और यह निश्चितरूप से हंस का पंजा हैं, जो कि ब्रह्मा का वाहन है।[77] श्रीपुरी घारापुरी का प्राचीन नाम ही रहा है।[78]

शिलाहार वंश के पश्चात यादवों, मुसलमानों, पुर्तगालियों, मराठों और अंग्रेजों के समय में भी धार्मिक स्थिति बहुत ज्यादा परिवर्तित नहीं हुई तथापि पुर्तगालियों ने गुफा संख्या–6 को गिरजाघर के रूप में परिवर्तित कर दिया था[79] और इसमें वे प्रार्थना इत्यादि के रूप में प्रयोग करते रहे। 1865 के पश्चात संभवतः गिरजाघर का प्रयोग बन्द हो गया और जो पलस्तर इन्होंने लगाया था, उसे भारत सरकार ने संरक्षण कार्य करने के दौरान निकलवा दिया। जिससे गुफा अपने मूलस्वरूप में आ गई।

सांस्कृतिक पृष्ठभूमि

मानव की मूलभूत आवशकताओं में वस्त्रों का स्थान महत्वपूर्ण है। वस्त्र शरीर की सुरक्षा एवं लज्जा के निवारण के साथ ही व्यक्ति के सौन्दर्यवर्धन का भी माध्यम होते हैं। एलीफेंटा की स्त्री–पुरूष आकृतियों में मुख्यत उत्तरीय, अन्तरीय अथवा धोती, कंचुकी, जाँघिया एवं कमरबंध का प्रदर्शन हुआ हैं। एलीफेंटा की मूर्तियों में विविध शैलियों में उत्तरीय धारण किया गया है। उत्तरीय पतला लम्बा वस्त्र होता हैं जो शरीर के उर्ध्व भाग को ढँकने के लिए प्रयुक्त होता था। सामान्यत पुरूष आकृतियों में इसे परत–परत करके वाम कन्धें पर तो कहीं इसे कमर में लपेट कर, तो कहीं मोती टँका हुआ उत्तरीय अंकित किया गया है। स्त्री–आकृतियों में नारी की देहयष्टि के सौन्दर्य की अभिव्यक्ति के रूप में पारदर्शी तथा शरीर से चिपकी कंचुकी दिखलायी गयी है। अन्तरीय को सकच्छ एवं विकच्छ दोनों ही शैलियों में दिखाया गया है। गण तथा देव आकृतियों को भी जाँघ तक लटकी हुई धोती पहने दिखाया गया है। कहीं दोनों पैर के मध्य में तिकोना सिरा लटकता हुआ बनाया गया है तो कहीं नाभिदर्शना है। एक स्त्री आकृति के शरीर पर भारी चुन्नटों वाला वस्त्र भी प्रदर्शित है, जिसे वह सिर पर डालकर धारण किये हुए है।

एलीफेंटा की पुरूष–आकृतियों में कमर तथा जाँघ पर उत्तरीय जैसा वस्त्र है, जिसे परत–परत (तह) करके पैर के समीप गाँठ लगाकर अथवा उसका अन्तिम सिरा हाथ में लिये हुए दिखाया गया है। कहीं पर द्वारपाल की मूर्ति में ऐसे वस्त्र के मध्य अलंकृत पदक लगा है जो संभवत वस्त्र के दोनों सिरों को जोड़ने के लिए लगा प्रतीत हो रहा है। एक मूर्ति में शिव पर कपड़े का कटिबंध है, जिसे लपेट कर शिव ने एक हाथ में पकड़ रखा है। गण आकृतियों में जाँघिया, लंगोट अथवा कौपीन प्रदर्शित है। शिरोभूषा में पुरूष आकृति द्वारा धारण किये हुए टोपी उल्लेखनीय है।

मानव शरीर के विभिन्न अंगों को सजाने के लिए विभिन्न प्रकार के फूल, पत्तियों, पक्षियों के पंखों, मिट्टी, धातु, प्रस्तर एवं मणियों से बने आभूषणों का प्रचलन बहुत ही प्राचीन है। एलिफेण्टा की मूर्तियों में मुकुट, हार, कुण्डल, कंगन, मेखला के कई उदाहरणों में भी इस परंपरा को देखा जा सकता है, मुकुट के कुछ विशिष्ट प्रकार हैं जिनमें किरीट, करण्ड, जटामुकुट सर्वाधिक लोकप्रिय थे। किरीट मुकुट क्षेत्रीय विशेषताओं वाला है। शिव, ब्रह्मा तथा द्वारपालों की मूर्तियों में विभिन्न प्रकार से सज्जित जटामुकुटों से प्रदर्शित किया गया है। महेश–प्रतिमा की मुकुट में मोती की

लड़ियाँ से सज्जित है, वहीं पार्वती को करण्ड मुकुट, मौली एवं जाम्बूनदपट्ट से तथा एक स्त्री आकृति को पदक विहीन ललाटिका धारण किये हुये अंकित किया गया है।

कर्णाभूषणों में गोलाकार, पुष्पाकार, ढोलकनुमा कुण्डल प्रमुख रूप से देखे जा सकते है। ब्रह्मा को मणिकुण्डल और सूर्यवत कुण्डल पहने दिखाया गया है। महेश–प्रतिमा में कुण्डल से निकलती लड़ियाँ उल्लेखनीय है। पार्वती को मणिकुण्डल, नलिकादार बाली तथा कर्णलोलक में मणिजटित छोटी–सी बाली से सुसज्जित किया गया है। यहाँ की सभी नारी मूर्तियों में नाक की बाली अथवा नथ के अंकन का अभाव है।

यहाँ की मूर्तियों में गले के दो प्रकार के आभूषणों का अंकन दिखलाई देता है–प्रथम प्रकार गले से चिपका हुआ, मनकों से युक्त अथवा ठोस धातु से निर्मित आभूषण जिसे यहाँ की अधिकांश आकृतियों में सामान्यतः देखा जा सकता है। पार्वती को कण्ठसूत्र से पदकयुक्त लड़ी जो कि नाभि तक जा रही है, अंकित है। वहीं दूसरा प्रकार ग्रैवेयक हैं। यह स्त्री–पुरुष दोनों में प्रदर्शित है। विष्णु–आकृति में कई लड़ियों वाला मुक्ताहार, तो गणों में छोटे–छोटे पदकों ग्रैवेयक का अंकन मनोहारी ढंग से किया गया है। पार्वती को मोतियों के स्तनहार में दिखलाया गया है, वहीं एक स्त्री की यज्ञोपवीत के समान लम्बी लड़ियों वाला स्तन–सूत्र पहने हुए प्रदर्शित किया गया है, जिसमें विभिन्न आकृतियों को डोरी में पिरोकर गोल ताबीजनुमा आभूषण बनाकर अंलकृत किया गया है।

पुरूष आकृतियों की विशेषता है कि वे यज्ञोपवीत धारण किये हुए है। शिव को कपड़े की पतली पट्टिका में गाँठ लगाकर बायें कन्धे पर यज्ञोपवीत के समान अंकित किया गया है, वहीं गणेश को डोरियों से निर्मित तथा विष्णु को मोतियों की लड़ियों से युक्त यज्ञोपवीत में दर्शाया गया है। करों के आभूषणों में अंगद, केयूर तथा वलय का अंकन प्रमुख है। शिव को सर्पपुच्छाकार केयूर में, वहीं विभिन्न पुरूष–आकृतियों को खाँचित अलंकरण वाला तथा मणियों अथवा रत्नजड़ित केयूर से सुसज्जित किया गया है। अंगद के भी कई प्रकार हैं। एक विद्याधरी की आकृति को अपनी बाँह में कोहनी तक चूड़ियों को पहने दिखालाया गया है जैसे आजकल राजस्थान और पंजाब की महिलाओं में देखा जा सकता है। समस्त आकृतियों के हाथों में कंगन के समान गोल वलय हैं।

कटि आभूषणों में पदकयुक्त मेखला तथा विभिन्न कड़ियों से बनी जंजीर जैसी मेखला दृष्टव्य है। यह एलिफेण्टा की स्त्री एवं पुरुष–आकृतियों में सामान्य रूप में अंकित है। वहीं महायोगेश्वर मूर्ति में चौकोर लड़ियों वाली मेखला दृष्टव्य है। एलिफेंटा की मूर्तियों में नूपुर या पाद वलय का सीमित अंकन दिखता है, क्योंकि अधिकांशः मूर्तियों के निचले भाग खण्डित हैं। गोल वलय के समान सामान्य पाद वलय अथवा मोती या मणि जड़ित पाद वलय का अंकन हुआ है।

एलिफेण्टा में केशसज्जा का सुन्दर अंकन देखा जा सकता है। मूर्तियों में विविध प्रकार के जूड़े, खुले केश और चोटी देखे जा सकते है। पुरुषाकृतियों में श्मश्रु व मूछों का अंकन हुआ है। शिव के कंधे से झूलती जटाएँ है तो साधुओं को जटाजूटों से युक्त किया गया है। विद्याधरों व गणों में केश पीछे की ओर सँवारे गये हैं। विद्याधर व भागीरथ की मूर्तियों की बहुस्तरीय केश–शैली और विभिन्न देवाकृतियों के केश छल्ले अथवा मूर्तियों में डालियाँ जैसी केश शैली दृष्टव्य है। शिशु लिये नारी आकृति में दोहरे जूड़े की संरचना उल्लेखनीय है। वहीं पार्वती को दोहरे जूड़े से युक्त तो कहीं तीन आकार–प्रकार के तीन जूड़ों के सहित अंकित किया गया हैं। अधिकतर पुरुष आकृतियाँ श्मश्रु व मूंछ विहीन है।

जीव–जन्तु जगत में शेर, बाघ, कोबरा, हाथी, भैंस, बृषभ, मकर, घड़ियाल, घोड़ा, पक्षी जगत में हंस, मोर, बदक, गरूड़, उल्लू तथा वनस्पतियों में अशोक वृक्ष, कमल पुष्प, केले का वृक्ष, विभिन्न प्रकार की पत्तियों का अंकन हमें द्वार शाखाओं में दिखलाई देता है। पात्रों में गिलास, कटोरा, टोकरी, घण्टी, शंख, घटाकार पात्र इत्यादि को देखा जा सकता है।

ऐतिहासिक तिथियाँ

सातवाहन शासकों के उपरान्त इस क्षेत्र में कई राजवंशों का शासन रहा जैसे क्षत्रप, अभीर, इक्ष्वाकु, चुटु, त्रैकूटक, वाकाटक, कोंकण के मौर्य, कलचुरी शासक रहे हैं जिन्होंने बारी–बारी से छठीं शताब्दी ईसवी तक शासन किया। जिनमें से दो वंशों त्रैकूटक एवं कोंकण के मौर्य सर्वप्रमुख हैं। इन्होंने पाँचवी–छठीं शताब्दी ईसवी तक शासन किया। इस दौरान धार्मिक सहिष्णुता पुष्पित और पल्लिवित हुई। जहाँ हमें कन्हेरी में बौद्ध धार्मिक गतिविधियों को बढ़ावा मिलता है वहीं एलीफेंटा में भी ईंट से निर्मित स्तूप जिसकी ईंटों में हीरक, ढँलवा इत्यादि के प्रकार की ईटों का प्रयोग हुआ है।[80] एलीफेंटा द्वीप से प्राप्त एम्फोरा प्रथम शताब्दी ईसवी पूर्व से–द्वितीय शताब्दी ईसवी की ओर इंगित करते हैं और यह तभी सम्भव है जब विदेश व्यापार की गतिविधियाँ रही हो। जिसकी पुष्टि सातवाहन शासकों (प्रथम शताब्दी ईसवी) तथा क्षत्रपों के सिक्के (द्वितीय से चतुर्थ शताब्दी ईसवीं) से भी होती हैं। इसके साथ ही एलीफेंटा द्वीप, बन्दरगाह के रूप में विकसित और समृद्धशाली रहा है जिसकी पुष्टि यहाँ की गोदी के प्रमाण से भी होती है और यहाँ से लाल चमकदार मृदभाण्ड, एम्फोरा मृदभाण्ड, और उत्तर कालीन (लेट) एम्फोरा मृदभाण्डों से प्रमाणित होता है। जिसकी समृद्धि का उल्लेख कालान्तर के शासक पुलकेशिन द्वितीय के अहोल के मेगुती अभिलेख में मिलता है। यहाँ उल्लेखनीय है कि सोपारा और चौल बन्दरगाहों का प्रयोग अनुपयुक्त होने से एलीफेंटा बन्दरगाह सर्वप्रमुख हो गया। जिसको जीतने के लिए पुलकेशिन द्वितीय को विजय अभियान करना पड़ा।

एलीफेंटा से प्राप्त चर्तुमुखी ब्रह्मा बैसाल्ट पत्थर से निर्मित है (वर्तमान में यह छत्रपति शिवाजी महाराज वास्तुसंग्रहालय, मुम्बई में प्रदर्शित है) इसके निकट से एक अधिष्ठान मिला है। जिसका काल छठवीं–सातवीं शताब्दी है, जिसकी पुष्टी हमें दन्तिदुर्ग के मनोर अभिलेख से भी होती हैं। जिसमें एक तम्बासहिका नामक ग्राम को दान में श्रीपुरा के मंदिर को दी गयी है। विद्वानों द्वारा श्रीपुरा मनोर के निकटस्थ है को पुरी अथवा घारापुरी के रूप में पहचाना गया है। एक ताँब्रपात्र जिसमें 1086 ईसवी (संवत 1143 तिथि अंकित है) है[82] अर्थात बुधवार, एक अप्रैल, 1086 है और इसमें श्रीपुरी का उल्लेख है जो कि घारापुरी का प्राचीन नाम ही प्रतीत हो रहा है और इस समय शिलाहार शासकों का शासन् इस क्षेत्र में था।[83]

एलीफेंटा पुर्तगालियों के अधीन 1534 में आया। 1682 में मराठा साम्राज्य का अंग बनाया और 1774 में अंग्रेजों के अधिकार में आ गया।[84] जिसे सलबाई की संधि 1782 द्वारा स्थायी रूप से एलीफेंटा द्वीप अंग्रेजों को मिल गया। 1875 में प्रिंस ऑफ वेल्स बाद में किंग एडवर्ड सप्तम बने को, मुख्य गुफा में स्वागत किया गया। 1890 से बंबई के लोक निर्माण विभाग द्वारा संरक्षण कार्य और तत्कालीन सरकार द्वारा 1909 में केन्द्रीय संरक्षित स्मारक घोषित किया गया।

जहाँ तक एलिफेंटा गुफाओं के निर्माण का प्रश्न है इसके काल के निर्धारण में विद्वानों में पर्याप्त मतभेद है। विद्वानों में डॉ. शिवराममूर्ति ने वाकाटक कालीन बताया है जबकि श्री वाइ. आर. गुप्ते का मानना है कि कोंकण के मौर्यो ने इन गुफाओं को बनवाया जिसका समय सातवीं शताब्दी के प्रथमार्द्धांश में हुआ। श्री आर. एस. गुप्ते ने समय सातवीं शताब्दी में चालुक्यों द्वारा निर्मित माना है। वहीं डॉ. व्ही. वही. मिरासी ने माना कि इनका निर्माण सातवीं शताब्दी के प्रारम्भ में हुआ और कलचुरियों ने बनवाया। डॉ. वाल्टर स्पिंक ने इनका समर्थन विभिन्न साक्ष्यों और अभिलेखों जैसे हरिषेण का अभिलेख, अजंता, कन्हेरी, सूरत अभिलेख इत्यादि को प्रस्तुत कर प्रमाणित किया गया है कि कलचुरियों के शासन काल में इन गुफाओं का उत्खनन छठवीं शताब्दी के मध्य में किया गया। बर्गेस ने आठवीं अथवा नौवीं शताब्दी में निर्मित माना जबकि परसी ब्राउन ने मध्य आठवीं शताब्दी माना है। कार्ल खण्डालावाला जैसे विद्वानों का मानना है कि कोंकण के मौर्यो द्वारा जिन्होंने यहाँ 533 ईसवी से शासन किया इन गुफाओं का निर्माण 535 से 560 ईसवी में करवाया।[85] वर्तमान में सामान्यरूप से इन गुफाओं का उत्खनन छठवीं शताब्दी के मध्य माना जाता है।

संदर्भ–

1. भारत, प्रकाशन विभाग, सूचना एवं प्रसाारण मंत्रालय, भारत सरकार, नई दिल्ली, 2015, पृष्ठ–1–8।
2. *गजेटियर ऑफ बाम्बे प्रेसीडेंसी,* कोलाबा डिस्ट्रिक्ट, पृष्ठ–22 (गजेटियर http://raigad.nic.in/DG/1964/places_Elephanta.html).
2. कल्पना देसाई, *ज्वेल्स ऑफ द क्रीसेन्ट,* छत्रपति शिवाजी महाराज वास्तु संग्रहालय, 2002, पृष्ठ–235, मुम्बई।
3. *कम्प्रीहेन्सिव कन्जरवेसन मैनेजमेन्ट एण्ड सस्टेनेबल डवलपमेंट प्लान, एलीफेंन्टा आयलैण्ड,* (प्रीपेयर्ड बाय इनटैक), 2004 पृष्ठ–3/1–38।
4. *गजेटियर ऑफ बाम्बे प्रेसीडेंसी,* ठाणे, ओरिजनली पब्लिशड इन 1882, वाल्यूम– XIII, पार्ट II गर्वमेंट फोटोजोनिकोग्राफिक्स, पुणे, 1986, पृष्ठ–419।
5. *इंडियन आर्कियोलॉजी–2000–01–ए रिव्यू,* भारतीय पुरातत्त्व सर्वेक्षण,नई दिल्ली, 2006, पृष्ठ–107।
6. एस. आर., राव, *साइन्स टुडे,* 1983, पृष्ठ–18–19।
7. कार्ल, खण्डालावाला, *द आइलेण्ड श्राइन एलिफेंटा इट्स डेट एण्ड डायनेस्टी एफलिऐशन,* प्रकाशन–आंध्रप्रदेश सरकार, हैदराबाद 1990, पृष्ठ–48।
8. कल्पना देसाई, पृष्ठ–235, यथोक्त।
9. मनीष राय, *आर्कियोलॉजी* ऑफ घारापुरी (एलीफेंटा) आईलैण्ड, फ्राम इन्स्क्रइब्ड एण्ड रिटन रिकार्डस्, *हेरीटेज एण्ड अस,* नई दिल्ली, 2014, पृष्ठ–20–26।
10. कल्पना देसाई, यथोक्त, पृष्ठ–235।
11. एस. एन., चक्रवर्ती, *द इमेज ऑफ ब्रह्मा फ्राम एलीफेंटा,* ललित कला, 1–2, नई दिल्ली, अप्रैल 1955–मार्च 1956, 1956, पृष्ठ–87–89।
12. कार्ल, खण्डालावाला, यथोक्त, पृष्ठ 48।
13. एम. के., धवलीकर, *एलीफेंटा,* द डायरेक्टर जनरल, आर्कियोलॉजीकल सर्वे ऑफ इंडिया, नई दिल्ली, 2007, पृष्ठ–75।
14. व्ही. एम., वानी, *गाइड टू एलीफेंटा,* श्रीमति के. व्ही. वानी, मुम्बई, 2007, पृष्ठ–6।
15. ए. घोष, *एन इनसाइक्लोपीडिया ऑफ इंडियन आर्कियोलॉजी, वाल्यूम–1 एण्ड 2,* मुन्शीराम मनोहरलाल, नई दिल्ली, 1989, पृष्ठ–103–107।
16. एम. के., धवलीकर, *एलीफेंटा,* द डायरेक्टर जनरल, *आर्कियोलॉजीकल* सर्वे आफ इंडिया, नई दिल्ली, 2007, पृष्ठ–12।
17. परमेश्वरी लाल, गुप्त, *प्राचीन भारत के प्रमुख अभिलेख,* विश्वविद्यालय प्रकाशन, वाराणसी, 2011, पृष्ठ–21।
18. शोभना, गोखले, *कन्हेरी इन्स्क्रिपसन्स्,* दक्कन कॉलेज पोस्ट ग्रेजूयेट एण्ड रिसर्च इन्सट्टियूट, पुणे, 1991, पृष्ठ–7।
19. एम. के., धवलीकर, यथोक्त, पृष्ठ–7।
20. परमेश्वरी लाल, गुप्त, *भारत के प्रमुख अभिलेख, खण्ड–1,* विश्वविद्यालय प्रकाशन, वाराणसी, 2011, पृष्ठ–164–165।
21. शोभना, गोखले, यथोक्त, पृष्ठ–7–8।
22. तदैव, पृष्ठ–8।
23. कृष्ण चन्द्र, श्रीवास्तव, *प्राचीन भारत का इतिहास तथा संस्कृति,* यूनाइटेड बुक डिपो, इलाहाबाद, 1989, पृष्ठ–336।
24. शोभना, गोखले, *एलीफेंटा होर्ड ऑफ कापर क्वाइनस आफ कृष्णराज,* जर्नल आफ द न्यूमेस्मेटिक सोसायटी आफ इंडिया, 1976, पृष्ठ–38।
25. शोभना, गोखले, यथोक्त, पृष्ठ–8।
26. *गजेटियर आफ बाम्बे प्रेसीडेंसी,* ठाणे, यथोक्त, पृष्ठ–419।
27. तदैव, पृष्ठ–420–21।
28. सूरज, ए. पंडित, *रिलिजियस डवल्पमेंट ऑफ बुद्धिज्म एस अन्डरस्टूड थ्रो द आर्ट आफ कन्हेरी,* पीएच. डी थीसिस, मुम्बई यूनीवर्सिटी, मुम्बई, 2004, पृष्ठ–34।
29. कार्ल, खण्डालावाला, यथोक्त, पृष्ठ–18–41।
30. कृष्ण चन्द्र, श्रीवास्तव, यथोक्त, पृष्ठ–643–44।

31. तदैव, पृष्ठ–644।
32. आर. सी., मजूमदार, *द क्लासिकल ऐज,* भारतीय विद्या भवन, बाम्बे, थर्ड एडीशन, 1970, पृष्ठ–238।
33. तदैव, पृष्ठ–239।
34. तदैव, पृष्ठ–240।
35. तदैव, पृष्ठ–651.
36. वासुदेव विष्णु, मिरासी, *कार्पस इन्सक्रिपशनम् इंडिकेरम वाल्यूम–सिक्स,* 1977, पृष्ठ– vi, vii।
37. प्रमोद, चन्द्र, *ए गाइड टू द एलिफेंटा केवस्,* प्रकाशन–भूलाभाई मेमोरियल इन्सटिट्यूट, बाम्बे, 1957, पृष्ठ–1–12।
38. कृष्ण चन्द्र, श्रीवास्तव, यथोक्त, पृष्ठ–676–7।
39. कल्पना देसाई, यथोक्त, पृष्ठ–235।
40. एस. एन., चक्रवर्ती, यथोक्त, पृष्ठ–87–89।
41. कृष्ण चन्द्र, श्रीवास्तव, यथोक्त, पृष्ठ–678।
42. *गजेटियर आफ बाम्बे प्रेसीडेंसी,* ठाणे, यथोक्त, पृष्ठ–424।
43. शोभना, गोखले, यथोक्त, पृष्ठ–10।
44. *गजेटियर आफ बाम्बे प्रेसीडेंसी,* ठाणे, यथोक्त, पृष्ठ–422।
45. तदैव, पृष्ठ–422।
46. *एन्युल रिर्पोट* 1924–25, द डायरेक्टर जनरल, यथोक्त,, पृष्ठ–17।
47. *गजेटियर आफ बाम्बे प्रेसीडेंसी,* ठाणे, यथोक्त, पृष्ठ–422–23।
48. कृष्ण चन्द्र, श्रीवास्तव, यथोक्त, पृष्ठ–15।
50. कार्ल, खण्डालावाला, यथोक्त, पृष्ठ–48।
51. *गजेटियर ऑफ बाम्बे प्रेसीडेंसी,* ठाणे, यथोक्त, पृष्ठ–15।
52. व्ही. एम., वानी, यथोक्त, पृष्ठ–6।
53. *गजेटियर ऑफ बाम्बे प्रेसीडेंसी,* ठाणे, यथोक्त, पृष्ठ–63।
54. तदैव, पृष्ठ–15।
55. एम. के., धवलीकर, यथोक्त, पृष्ठ–15।
56. कृष्ण चन्द्र, श्रीवास्तव, यथोक्त, पृष्ठ–329–30।
57. तदैव, पृष्ठ–330।
58. शोभना, गोखले, यथोक्त, पृष्ठ–7।
59. तदैव, पृष्ठ–7–8।
60. तदैव, पृष्ठ–8।
61. तदैव, पृष्ठ–8।.
62. कृष्ण चन्द्र, श्रीवास्तव, यथोक्त, पृष्ठ–643–44।
63. कार्ल, खण्डालावाला, यथोक्त, पृष्ठ–48।
64. जार्ज, मिचेल, *एलिफेंटा,* प्रकाशन–इंडिया बुक हाउस प्राइवेट लिमिटेड, मुम्बई, 2002, पृष्ठ–112।
65. *गजेटियर आफ बाम्बे प्रेसीडेंसी,* ठाणे, यथोक्त, पृष्ठ–447–552।
66. जयशंकर, मिश्र, *प्राचीन भारत का सामाजिक इतिहास,* बिहार हिन्दी ग्रन्थ अकादमी, पटना, 2006, पृष्ठ–60–64।
67. तदैव, पृष्ठ–369–401।
68. तदैव, पृष्ठ–47।
69. शोभना, गोखले, यथोक्त, पृष्ठ–13।
70. कृष्ण चन्द्र, श्रीवास्तव, यथोक्त, पृष्ठ–328–29।
71. जयशंकर, मिश्र, यथोक्त, पृष्ठ–439–59।
72. परमेश्वरी लाल, गुप्त, यथोक्त, पृष्ठ–177।

73. तदैव, पृष्ठ–186।
74. कृष्ण चन्द्र, श्रीवास्तव, यथोक्त, पृष्ठ–328–29।
75. कल्पना, देसाई, यथोक्त, पृष्ठ–235।
76. वही, पृष्ठ–235।
77. एस. एन., चक्रवर्ती, यथोक्त, पृष्ठ–87–89।
78. कार्ल, खण्डालावाला, यथोक्त, पृष्ठ–48।
79. एम. के., धवलीकर, यथोक्त, पृष्ठ–75।
80. *इंडियन आर्कियोलॉजी*–2000–01–ए रिव्यू, भारतीय पुरातत्त्व सर्वेक्षण,नई दिल्ली, 2006, पृष्ठ–107।
81. कल्पना, देसाई, यथोक्त, पृष्ठ–235।
82. *एन्युल रिपोर्ट* 1924–25, द डायरेक्टर जनरल, आर्कियोलॉजीकल सर्वे आफ इंडिया, नई दिल्ही, 2002, पृष्ठ–17।
83. कार्ल, खण्डालावाला, यथोक्त, पृष्ठ–48।
84. वानी, व्ही. एम., यथोक्त, पृष्ठ–6।
85. कार्ल, खण्डालावाला, यथोक्त, पृष्ठ–48।
86. तदैव, पृष्ठ–5–6।

अध्याय–2

पुरातात्त्विक अन्वेषण तथा उत्खनन

स्तूप

भारतीय परिप्रेक्ष्य में स्तूप के साक्ष्य प्रथम बार हड़प्पा–सभ्यता के एक स्थल मोहनजोदड़ों से दो स्तूप के रूप में मिले हैं परन्तु ये पूर्व निर्मित स्तूप के ऊपर निर्मित किये गये थे। धौलावीरा, जिला–कच्छ, गुजरात से भी एक स्तूप प्राप्त हुआ है जो कि रथ के पहिये के आकार के जैसा निर्मित किया गया है। स्तूप के अन्दर से शव के साथ दफनाई गई वस्तुएँ और स्वर्णाभूषण भी प्राप्त हुए हैं। इस प्रकार के स्तूप को साररथ चक्रचिति कहा जाता है क्योंकि इसमें रथ के चक्र की भाँति बारह तीलियाँ (आरे) मिली हैं। इससे प्रमाणित होता है कि हड़प्पा–सभ्यता में भी शव को दफनाने के लिए स्तूप बनाये जाते थे।[1] यह प्रायः वृत्ताकार होते थे और रथचक्र के आकार के भी बनाये जाते थे। रथचक्र प्रकार के स्तूप संघोल (पंजाब), तक्षशिला, नागार्जुनकोण्डा, कंकाली टीला (मथुरा) और अंबारन से भी प्राप्त हुए हैं। जिसे शतपथ ब्राह्मण में रथ चक्रचिति कहा गया है।[2]

स्तूप (पालि थूप) का शाब्दिक अर्थ है कि किसी वस्तु का ढेर, अम्बार, मिट्टी का चबूतरा तथा एक के ऊपर एक संचित पत्थरों का टीला। स्तूप का विकास संभवतः मिट्टी के ऐसे चबूतरे से हुआ जिसका निर्माण मृतक की चिता के ऊपर अथवा मृतक की चुनी हुई अस्थियों के रखने के लिए किया जाता था। ऐसा प्रतीत होता है कि गौतम बुद्ध की मृत्यु के पूर्व भी इनका निर्माण विशिष्ट व्यक्तियों और राजाओं की समाधियों के ऊपर किया जाता था। शतपथ ब्राह्मण नामक उत्तर वैदिक काल के एक ग्रन्थ के अन्तःसाक्ष्य से इंगित होता है कि शव के जलाने के बाद बची हुई अस्थियों को चुनकर (इकत्र कर) बर्तन में रखकर भूमि में समाधिस्थ करने की परम्परा थी। प्राच्य (पूर्वी दिशा) के निवासी अपने श्मशान परिमण्डलाकार (गोलाकार) बनाते थे। विनयपिटक के महापरिनिब्बाण सुत्त में जो परम्परा सुरक्षित है, उसके अनुसार आनन्द ने बुद्ध से पूछा था कि उनकी मृत्यु के बाद किस प्रकार का स्मारक बनवाया जाए? इस प्रश्न के उत्तर में बुद्ध ने कहा था कि शव को जलाने के बाद बचे हुए अस्थि अवशेषों पर चौराहों में उसी प्रकार के स्तूप बनवाये जाए, जिस प्रकार के स्तूप चक्रवर्ती शासकों के बनते हैं। इससे यह इंगित होता है कि मृतकों के अस्थि–अवशेषों पर स्तूप

बनाने की प्रथा बुद्ध के पहले से विद्यमान थी। बौद्ध धर्म में यह प्रथा विशेष लोकप्रिय हो गई। प्रारंभ में स्तूप निर्माण की परम्परा का प्रचलन जैन धर्म के अनुयायियों में भी था। कालान्तर में स्तूप का सम्बंध बौद्ध धर्म के महान व्यक्तियों और विशिष्ट आचार्यों इत्यादि के सम्मान में निर्मित स्मारक से हो गया।

चैत्य का स्तूप के साथ घनिष्ट सम्बंध रहा है। वस्तुतः पूजार्थक स्तूप को ही चैत्य कहा जाता था। अभिलेखों में चेतिय अथवा महाचेतीय शब्द का प्रयोग स्तूपों के लिए किया गया है। चैत्य शब्द संस्कृत की **ची** धातु से बना है जिसका अभिप्राय चयन करना है अर्थात् एक स्थान पर इकत्र करना, चुनना तथा एक के ऊपर एक रख देना। कुछ विद्वानों के मतानुसार चिता–भूमि पर बनाये जाने के कारण प्रारम्भ में स्तूप को चैत्य कहा गया होगा। आगे चलकर इस चैत्य शब्द का प्रयोग पवित्र बौद्ध स्मारक के रूढ़ अर्थ में किया जाने लगा। यहाँ पर उल्लेखनीय है कि व्यापक अर्थ में चैत्य शब्द का प्रयोग विशाल तथा घने वृक्ष, मन्दिर तथा बुद्ध की मूर्ति के लिए भी किया जाता था।

बौद्ध परम्परानुसार बुद्ध के महापरिनिर्वाण के पश्चात् उत्तर भारत के तत्कालीन शासकों और ब्राह्मणों ने अवशिष्ट अस्थियों तथा भस्म इत्यादि के आठ भाग किये तथा प्रत्येक भाग के ऊपर एक–एक स्तूप का निर्माण कराया गया। जिसका सविस्तार विवरण विनयपिटक के महापरिनिब्बाण सुत्त में इनके निर्माता शासकों, व्यक्तियों का उल्लेख मिलता है। उल्लेखनीय है कि पिप्पलीवन के मोरीय, कुशीनारा (वर्तमान कुशीनगर, जिला कुशीनगर, उ0प्र0) तब पहुँचे जब अवशिष्ट अस्थियों का बँटवारा हो चुका था। इसलिए उनको चिता के चारों ओर बिखरे अंगारों से ही संतोष करना पड़ा। जिस पर मोरीय लोगों ने अंगार स्तूप का निर्माण कराया।

स्तूप के प्रमुख प्रकार–

धातु–पात्र होने के कारण स्तूप धीरे–धीरे गौतम बुद्ध के प्रतीक माने जाने लगे तथा बौद्ध धर्मानुयायियों की उनके प्रति भक्ति–भावना क्रमशः बढ़ती चली गई। परिणामस्वरूप बुद्ध की शरीर–धातु भस्म, केश, दन्त इत्यादि के अतिरिक्त बुद्ध द्वारा प्रयुक्त की गयी वस्तुओं जैसे भिक्षापात्र, वस्त्र इत्यादि को रखने के लिए स्तूपों का निर्माण किया जाने लगा। गौतम बुद्ध के जीवन की प्रमुख घटनाओं जैसे जन्म, सम्बोधि, धर्मचक्र–प्रवर्तन तथा महापरिनिर्वाण से सम्बंधित स्थलों पर भी स्तूपों का निर्माण होने लगा। कालान्तर में ऐसे छोटे–छोटे स्तूपों का निर्माण होने लगा, जिनमें किसी प्रकार की शरीरधातु अथवा अवशेष नहीं थे तथापि गौतम बुद्ध का प्रतीक मानकर उनकी पूजा की जाती रही। इस प्रकार से स्तूपों को चार स्वरूपों में विभाजित किया जा सकता हैं–

1. शारीरिक स्तूप,
2. पारिभोगिक स्तूप,
3. उद्देश्यिक स्तूप तथा
4. चैत्य स्तूप।

1. शारीरिक स्तूप सर्वप्रधान हैं क्योंकि इसमें गौतम बुद्ध की शरीर–धातु, केश, दन्त तथा मोग्लायन और आनन्द इत्यादि तथा प्रमुख आचार्यों और भिक्षुओं के शारीरिक अवशेषों के ऊपर जो स्तूप बने उन्हें इस श्रेणी में सम्मिलित किया जा सकता है। भारत के विभिन्न भागों में स्थित स्तूपों के ध्वंसावशेषों का उत्खनन करने पर अस्थि–अवशेष और भस्म इत्यादि अस्थि–कलशों में भरे हुए प्राप्त हुए हैं तथापि कुछ अस्थि–कलशों में नामों का उल्लेख मिलता है।

2. पारिभोगिक स्तूप दूसरा प्रमुख प्रकार है। पारिभोगिक से तात्पर्य है कि गौतम बुद्ध द्वारा उपयोग की गई वस्तुओं जैसे भिक्षा–पात्र, चीवर, संघाटी और पादुकाओं आदि को रखकर बनाये गये स्तूप इस श्रेणी में आते है। सातवीं शताब्दी में भारत की यात्रा पर आये चीनी बौद्ध यात्री व्हेनसांग ने इस प्रकार के अनेक स्तूपों का उल्लेख किया हैं।

3. उद्देश्यिक स्तूप गौतम बुद्ध के जीवन से सम्बंधित घटनाओं की स्मृतियों से जुड़े स्थलों पर निर्मित स्मारक के रूप में बनवाये गये थे। बुद्ध के जीवन की घटनाओं से जुड़े अनेक स्थान थे, जो कालान्तर में बौद्ध धर्म के महान केन्द्रों

के रूप में विकसित होकर प्रसिद्ध हुये। माना जाता है कि शिष्य आनन्द के पूछने पर कि तथागत के महापरिनिर्वाण के पश्चात् किन वस्तुओं और स्थानों का दर्शन तथा पूजन किया जाएगा तो भगवान बुद्ध ने कहा था कि लुम्बिनी जहाँ तथागत का जन्म हुआ, बोधगया जहाँ पर बुद्धत्व (ज्ञान) प्राप्त हुआ, सारनाथ जहाँ पर धर्मचक्र–प्रवर्तन किया तथा कुशीनगर जहाँ पर बाद में महानिर्वाण हुआ, प्रमुख दर्शनीय स्थल होंगे। उपरोक्त चारों स्थलों को बौद्ध धर्मानुयायियों ने स्तूपों तथा विविध प्रकार के स्मारकों से सुसज्जित किया। जो वर्तमान में भी विश्व के बौद्ध धर्मानुयायियों द्वारा पवित्र माने जाते हैं। इसके अतिरिक्त अन्य चार स्थल हैं, जो बुद्ध की जीवन घटनाओं से सम्बंधित हैं। ये सभी उत्तरप्रदेश में अवस्थित हैं जैसे संकिसा, जहाँ पर बुद्ध त्रयस्त्रिंश स्वर्ग से अवतरित हुये; श्रावस्ती, जहाँ बुद्ध ने अपने विरोधियों को परास्त करने के लिए चमत्कार–प्रदर्शन किया, राजगृह में नलगिरी नामक मतवाले हाथी को वश में किया; और वैशाली, जहाँ पर बन्दरों द्वारा बुद्ध को मधु अर्पित किया गया। इन आठ घटनाओं से जुड़े होने के कारण ये अष्टमहास्थानानि के नाम से प्रसिद्ध हुये। इन्हीं स्थानों की घटनाओं का बौद्धकला में बार–बार अँकन किया गया। कालान्तर में इन्हीं स्थानों पर उद्देश्यिक स्तूप निर्मित किये गये। भारत की यात्रा पर आये चीनी यात्रियों फाहियान और व्हेनसांग ने इनके साक्षात दर्शन किये और इनका वर्णन अपने यात्रा वृतान्तों पर विशद रूप से किया।

4. चैत्य स्तूप– ये स्तूप सामान्यतः आकार में छोटे होते है तथा तीर्थ स्थलों पर धनवान बौद्ध तीर्थ यात्रियों द्वारा समय–समय पर दिये गये दान से निर्माण होता था। इनका निर्माण बृहद संख्या में किया गया और ये अधिकान्शतः एकाश्म होते थे। महायान शाखा के प्रभुत्व के समय बुद्ध तथा बौद्ध देवी–देवताओं की प्रतिमाएँ पूजार्थक स्तूपों के ताखों अथवा आलों में बनाई जाने लगी। हाँलाकि बौद्ध देवी–देवताओं की प्रतिमाएँ इनके ऊपर भी बनाई जाती थी तथापि अधिकतर बौद्ध देवी–देवताओं की प्रतिमाएँ बौद्ध धर्म–ग्रन्थों की हस्तलिखित प्रतियों, मिट्टी की पट्टिकाओं तथा ताम्रपत्रों में उत्कीर्ण प्रतीत्य समुत्पाद सूत्र एवं धारणी मंत्र पूजार्थक स्तूपों की चिनाई करते समय उनके अन्दर रख दिये जाते थे। जिस परम्परा का उल्लेख सातवीं शताब्दी के उत्तरार्ध में आये चीनी यात्री इत्सिंग ने किया है और बताया कि इस प्रकार के चैत्य स्तूपों का निर्माण कार्य बौद्ध भिक्षुओं और उपासकों दोनों में लोकप्रिय था। क्योंकि लोगों को विश्वास हो गया कि इस प्रकार के स्तूपों के निर्माण से उन्हें अनंत पुण्य की प्राप्ति होगी। जबकि निर्धन तीर्थयात्री मिट्टी और पत्थरों की पट्टिकाओं पर '**ये धर्मा हेतुप्रभवा एवं वादी महाश्रवणः** 'लेख अंकित करवा कर दान करते थे।

स्तूप के प्रमुख भागों के विकास के बारे में माना जाता है कि मिट्टी के गोल चबूतरे से हुआ क्योंकि प्रारंभिक स्तूपों का आकार अण्डाकर अथवा उलटे कटोरेनुमा हुआ करते थे। जिनके आधार भाग के चारों ओर एक घेरा होता है, जिसे वेदिका कहते हैं। संभवतः इसका निर्माण प्रारम्भ में स्तूप की सुरक्षा के निमित्त किया गया होगा। कालान्तर में शुंग–सातवाहन शासकों के काल के स्तूपों में जो वेदिकाएँ निर्मित हुई उनमें थोड़े–थोड़े विराम पर स्तम्भ बनाये जाने लगे। दो उर्ध्वाकार स्तम्भों में तीन क्षैतिज सूचियाँ चूल काटकर बनायी जाती थी। स्तम्भों के ऊपर गोलाकार पत्थर जिसे 'उष्णीष' कहते है, लगाया जाता था। वेदिकाएँ अलंकृत (जैसे साँची के स्तूप में) और साधारण दोनों प्रकार की बनाई जाती थी ।

स्तूप में प्रवेश के लिए चारों दिशाओं में चार प्रवेश द्वार होते थे। कालान्तर में प्रवेश द्वार में मेहराबदार तोरण बनाये जाने लगे। प्रत्येक तोरण में उर्ध्वाधर दो विशाल स्तम्भ होते थे जिनके ऊपर तीन बँड़ेरियों को एक के ऊपर एक समानान्तर दूरी पर क्षैतिज रखा जाता था। इनको अलंकृत करने के लिए बौद्ध जातक कथाओं तथा बुद्ध के जीवन से सम्बधित घटनाओं का अँकन किया जाता था। प्रत्येक दो बँड़ेरियों के बीच में छोटे–छोटे स्तम्भ होते थे।

वेदिका तथा स्तूप के बीच में रिक्त स्थान को प्रदक्षिणापथ कहते है, जो कि परिक्रमा के निमित्त निर्मित किया जाता है। वह गोलाकार अधिष्ठान, जिसके ऊपर मुख्य भाग आधारित होता है, उसे मेधि कहा जाता है। स्तूप के अर्द्धगोलाकार ठोस भाग को अण्ड कहते है। यही स्तूप का सर्वप्रमुख भाग होता है जिसका निर्माण ईंट अथवा पत्थर

से किया जाता था। स्तूप के शिखर पर अस्थि–पात्र को गाड़कर रखने के निमित्त जो स्थान होता था उसे चौकोर वेदिका से घेर दिया जाता था, जिसको हर्मिका कहते हैं। हर्मिका का अर्थ देवसदन अथवा देवताओं का निवास स्थान से है।[4] हर्मिका के ऊपर यष्टि और छत्र बनाये जाते थे। सामान्यतः एक ही यष्टि का निर्माण किया जाता था तथापि कभी–कभी एकाधिक यष्टियों का भी निर्माण किया गया है।

छत्र की संख्या जब एक से अधिक होती तो उसे छत्रावली कहा जाता था। गौतम बुद्ध के महापरिनिर्वाण के बाद बौद्ध संघ का प्रधान होने के परिणामस्वरूप चक्रवर्ती शासक के अवशेषों की तरह उनके अस्थि अवशेषों पर स्तूपों का निर्माण किया गया। कालान्तर में इस प्रकार के सम्मान के अधिकारी बुद्ध के प्रमुख शिष्यों, महास्थिविरों, भिक्षुओं और आचार्यों को दिया गया जिनके समक्ष शासक नतमस्तक होते तथा सिंहासन देकर आशीर्वाद लेते थे। स्तूप के ऊपर चढ़ने और उतरने के लिए सीढ़ियों का प्रावधान था जिन्हें सोपान कहते हैं। जैसा कि साँची के प्रमख स्तूप में दर्शनीय है। इस प्रकार मेधि, वेदिका, अण्ड, प्रदक्षिणापथ, हर्मिका, यष्टि, छत्र, तोरण इत्यादि स्तूप के प्रमुख अंग होते थे। स्तूप को ''त्रिलोक'' का प्रतीक बताया गया है।[5]

बौद्ध परम्परानुसार अशोक ने पाटलीपुत्र में अशोकाराम नामक एक विहार का निर्माण कराया था। इसके अतिरिक्त प्राचीन आठ शारीरिक स्तूपों में से सात से बुद्ध की शारीरिक–धातु के बड़े अंश को निकलवाकर उनके ऊपर 84,000 स्तूपों का निर्माण अपने साम्राज्य के विभिन्न भागों में कराया था। बृहद पैमाने में स्तूपों का निर्माण अतिशयोक्ति हो सकती है तथापि निःसंदेह अधिकाधिक स्तूपों का निर्माण अशोक ने करवाया जिन्हें आज भी देखा जा सकता है। जैसे भरहुत, साँची, तक्षशिला का धर्मराजिका स्तूप तथा सारनाथ इत्यादि, जिन्हें कालान्तर में परिवर्तित और परिवर्द्धित किया गया। मौर्य कालीन स्तूप ईंटों के बने होते थे।[6]

उपरोक्त प्रकार के वर्णित स्तूपों में एलीफेंटा द्वीप के स्तूप को हम शारीरिक स्तूप के रूप में मान सकते हैं क्योंकि अशोक महान के द्वारा प्रमुख प्राचीन सात शारीरिक स्तूपों में से बुद्ध की शारीरिक–धातु के बड़े अंश को निकलवाकर उनके ऊपर 84,000 स्तूपों का निर्माण करवाया गया जिसमें एलीफेंटा और सोपारा के स्तूपों भी शामिल रहे होगें। यद्यपि सोपारा स्तूप को मौर्य कालीन निश्चित रूप से माना जाता है क्योंकि सोपारा (चित्र–50, 112) के आसपास से अशोक कालीन बृहद शिलालेख प्राप्त हुये हैं। जिसमें से एलीफेंटा स्तूप को भी मूल रूप से निर्मित किये जाने की प्रबल संभावना है। यद्यपि बर्गेस महोदय द्वारा इस स्तूप का उत्खनन 1882 में किया गया तथापि उत्खनन के दौरान एलीफेंटा स्तूप से प्राप्त पुरावशेषों के बारे में अभी तक कोई रिर्पोट, टिप्पणी आदि प्रकाश में नहीं आयी।[7] हाँलाकि उत्खनन से धातु–मंजूषा के अवशेष नहीं मिले।[8]

द्वीप से प्राप्त उकडू बैठे हुए सिंह (परिशिष्ट–1 संख्या क्रमांक–58) का सूक्ष्म परीक्षण करने से ज्ञात होता है कि इसके अयाल, जांघ और अग्र–पंजे की बनावट से यह मौर्यकालीन सिंह–स्तंभ का विकृत रूप प्रतीत होता है। इस सिंह को अब यहाँ की पूर्वी पहाड़ी के स्थान पर पश्चिमी पहाड़ी की मुख्य गुफा के प्राचीन द्वार के निकट देखा जा सकता है। इसे एक चौकोर आधार पर रखा गया है। यह वैशाली और लौरिया–नंदनगढ़ की याद दिलाता है। निगली–सागर स्तंभ शिलालेख में उल्लेख है कि कैसे राजा अशोक ने कोनागमन (कनकमुनि) के स्तंभ का पुनरीक्षण किया और उन्होंने यहाँ पर बीसवें राजवर्ष में एक पाषाण–स्तंभ खड़ा किया। इस प्रकार की परपंरा का प्रसार अमरावती में अंकित ड्रम–स्लैब के निरूपण द्वारा इस क्षेत्र में अझिव्यक्त हुआ है। घारापुरी द्वीप के आसपास के क्षेत्र में सिंह–स्तंभ को बनाना कोई नई बात नहीं हैं क्योंकि इसे कन्हेरी की चैत्य गुफा–3 (मुम्बई), कार्ला गुफा–8 और बेड़सा गुफा (दोनों पुणे जिले में) में देखा जा सकता है। साथ ही, यहाँ से गांधार मूर्तिकला जैसी शैली पर निर्मित महाकाय यक्ष (परिशिष्ट–1 संख्या क्रमांक–65) की स्थानक मुद्रा में निर्मित भारीभरकम और शक्तिशाली मूर्ति प्राप्त हुई है। जिसकी मोटी छितरी तहों वाली धोती, सामने की ओर चौकोरनुमा पाश (लूप) का अकंन है। इन दोनों का काल सामान्यतः द्वितीय–प्रथम शताब्दी ईसवी

पूर्व का माना गया है। इसके अतिरिक्त, घारापुरी से प्राप्त हाथी एवं अश्व की मूर्तियाँ भी इसी चरण से सम्बद्धता की ओर इंगित करती है। यद्यपि इस अवधि में आदमकद हाथी की मूर्ति को पीतलखोरा की गुफाओं (औरंगाबाद) में और इसके कुछ समय पश्चात् कार्ला[9] की गुफाओं तथा कूड़ा की गुफाओं में दिखलाई देती हैं लेकिन ये स्थापत्य–कला के भाग के रूप ही देखा जा सकता है।

एलिफेंटा द्वीप का महास्तूप अशोक द्वारा बनवाये गये स्तूपों में से एक होने का एक अन्य कारण यह है कि यहाँ से लगभग 70 किलोमीटर की दूरी पर सूर्पारक अथवा सोपारा नामक ईंट से निर्मित विशाल स्तूप है जिसके चारों ओर वृत्ताकार, आयताकार और वर्गाकार छोटे–छोटे अन्य दस स्तूप हैं। ये भी ईंट से निर्मित हैं। इस स्तूप का उत्खनन श्री भगवान लालजी इन्द्रजी ने 1882 में किया था। उत्खनन के दौरान प्राप्त पुरानिधियों में धातु–मंजूषा, कांस्य से निर्मित सात मानुषी बुद्ध की प्रतिमाएँ और एक मैत्रेय बोधिसत्व, सोने और चाँदी की धातुओं से निर्मित पुष्प, मनके, मुहरें इत्यादि प्राप्त हुये,[10] जिन्हें रायल एसियाटिक सोसायटी, टाऊन हाल, मुम्बई में आज भी देखा जा सकता है। सोपारा से प्राप्त अशोक के बृहद शिलालेखों में से संख्या आठ और नौ यहाँ से प्राप्त हुए है, जिन्हें मुम्बई के छत्रपति शिवाजी महाराज वास्तुसंग्रहालय में प्रदर्शित किया गया हैं। इससे प्रमाणित होता है कि अशोक के समय में यह एक बौद्ध धर्म का केन्द्र रहा है।

स्तूप (18° 57' 58.6" उत्तरी अक्षांश तथा 72° 56' 14.5" पूर्वी देशान्तर) की अवस्थिति की दिशा और शिखर पर ध्यान दिया जाए तो एक तथ्य स्पष्ट है कि इस द्वीप की पूर्वी पहाड़ी की ऊँचाई समुद्रतल से अधिकतम 173 मीटर है और इसके आसपास इतनी ऊँचाई की कोई पहाड़ी नहीं है, अर्थात उच्चतम बिन्दु जिसका धार्मिक और रणनीतिक महत्त्व भी रहा होगा। इसके साथ ही, व्यापार जगत के लिए आकर्षण का केन्द्र भी रहा है जो सुदूर से आते जलयानों को स्पष्ट और भव्य दिखाई देता रहा होगा और तद्‌युगीन प्रकाश स्तंभ के रूप में नाविकों द्वारा पहचान लिया जाता रहा होगा और बौद्धधर्म की भव्यता और प्रसार को बढ़ाने में सहयोग किया होगा। स्तूप का निर्माण पकी हुई ईंटों से किया गया है। यह वृत्ताकार है और इसमें प्रवेश द्वार का प्रावधान है क्योंकि स्तूप के दक्षिणी दिशा में उतरने व चढ़ने के लिए सोपान की व्यवस्था है, जिसे आज भी देखा जा सकता है जैसा कि साँची स्तूप में है। इसके आकार को बढ़ाने के लिए बाहरी ओर सभी दिशाओं में विशाल पत्थरों की सहायता से इसे सुदृढ़ बनाया गया था। विशाल वृक्षों ने इसको समय के साथ बुरी तरह आकारहीन कर दिया है तथा जड़ों ने इसकी संरचना को क्षतविक्षत कर दिया है। भारतीय पुरातत्त्व सर्वेक्षण द्वारा 1999 में इसका अन्वेषण किया गया। अन्वेषण के दौरान स्तूप के आसपास की ईटों में मोल्डिंग ईटों, दक्षिण दिशा में सोपान की व्यवस्था जबकि इसके उत्तरी दिशा में ईंट–निर्मित संरचना को नाले के दक्षिणी किनारे में देखा गया। ईटों का आकार वाकाटक काल के जैसा है। इससे आगे नीचे की ओर जाने पर मृदभाडों के टुकडों की बहुतायता दिखलाई देती है।[11]

उपरोक्त अन्वेषण को ध्यान में रखकर 2000 में भारतीय पुरातत्त्व सर्वेक्षण द्वारा सीमित उत्खनन किया गया जिसके परिणाम कई प्रकार की ईंटों जैसे हीरकनुमा, त्रिकोणनुमा, अर्द्धचाँद्रिक इत्यादि मिली। पाँच खंतियों को ऊपर से नीचे की ओर लगाया गया। जिसमें अर्द्ध–फर्शनुमा संरचना मिली जबकि कोई भी पुरावस्तु प्रकाश में नहीं आई। स्पष्टतः मूल स्तूप का आकार वर्तमान स्तूप से विशाल रहा होगा क्योंकि इसके व्यास को देखकर अनुमान है कि इसकी ऊँचाई लगभग 50 मीटर रही होगी। अभी तक प्रकाश में आये विश्व के विशालतम स्तूपों में से सबसे बड़ा स्तूप (चित्र फलक–11–14) है जिसका व्यास 182 मीटर है (परिशिष्ट–1)।

मूल स्तूप के अण्ड के किनारे ईटों का आकार 0.09 मीटर लम्बी, 0.06 मीटर चौड़ी और 0.02 मीटर ऊँची है। ये अधपकी हुई ईंट हैं।[12] लेकिन कुछ इनसे आकार में बड़ी है; ये 0.13 मीटर लम्बी, 0.08 मीटर चौड़ी और 0.025 मीटर ऊँचाई की है। बाहरी ओर की ईटों का आकार 0.13 मीटर लम्बी, 0.07 मीटर चौड़ी और 0.02 मीटर ऊँचा है। इसके

मध्य के गड्डे में रेलिंग के अवशेष और पाषाणों खण्डों से भरा हैं।[13] ये ईटें स्तूप के उच्चतम भाग का निम्नतम (नीचे) उत्खनन करने के दौरान प्राप्त हुई थीं। वर्तमान में स्तूप के उच्चतम भाग का व्यास आठ मीटर है जिसमें लगभग दो मीटर का गड्डा अभी भी है। जहाँ पर विभिन्न आकार–प्रकार की ईटों और इनके टुकड़ों को देखा जा सकता है। इनमें गारे का उपयोग आपस में जोड़ने के लिए किया गया है। ईटों को देखकर प्रतीत होता है कि इन्हें धूप में सुखाकर आग में पकाया जाता था। ईटों की विशालता इस तथ्य को प्रमाणित करती है कि इनका निर्माण स्थानीय स्तर पर किया जाता था और बहुत संभव है कि जहाँ पर प्राचीन गोदी के अवशेष प्राप्त हुए है वहाँ पर इनको पकाया जाता रहा होगा। क्योंकि गोदी के उत्खनन के दौरान निकली मिट्टी को फेंकने के स्थान पर हो सकता है कि इसका मूल्य पहचान कर ईंटों का निर्माण किया हो। चूँकि द्वीप पर मिट्टी का व्यापक अभाव है और स्रोतों की आपूर्ति बाहर से करने में प्रारम्भिक तौर पर परेशानियों से बचने के लिए और श्रम तथा धन की बचत करने के उद्देश्य से भी लाभकारी रहा होगा। विशाल मात्रा में और विभिन्न आकार–प्रकार के मृदभाण्डों का पाया जाना भी प्रमाणित करता हैं कि इनका निर्माण स्थानीय स्तर पर होता था।[14] अर्थात् स्थानीय आवश्यकताओं की पूर्ति स्थानीय संशोधनों द्वारा होती रही है। स्तूप के बाहरी किनारों की ईटों का आकार 0.30 मीटर लम्बी, 0.20 मीटर चौड़ी और 0.07 मीटर ऊँची है जबकि कई प्रकार की ईंटों जैसे हीरकनुमा, त्रिकोणनुमा, अर्द्धचाँद्रिक इत्यादि के प्रमाण उत्खनन के दौरान प्रकाश में आये। इनकी शैलीगत विशेषताओं के कारण इन्हें गुप्तकालीन माना जाता है। स्तूप के अण्ड वाले भाग को अनियमित आकार–प्रकार के विशाल पत्थरों के टुकड़ों से घेरा बनाया गया है। जिससे स्तूप के आकार में वृद्धि होती है, वहीं दूसरी ओर इसे सुदृढ़ता प्रदान की गयी होगी। बहुत सम्भव हैं कि इन अनियमित आकार प्रकार के विशाल पत्थरों को गुफाओं का उत्खनन करने के दौरान निकले पाषाण खण्डों का बहुपयोगी प्रयोग करते हुए इन्हें स्तूप तक लाकर, व्यवस्थित तरीके से लगाकर स्तूप को समृद्ध किया गया हो क्योंकि पूर्वी पहाड़ी के पुरातात्त्विक अवशेष द्वीप में प्राचीनतम हैं।

संभवतः इसमें भी प्रदक्षिणापथ की व्यवस्था रही होगी क्योंकि इसकी ईंटों का आकार–प्रकार शुंग–सातवाहन कालीन है और इस काल के तद्‌युगीन साँची के स्तूप में यह व्यवस्था वर्तमान में देखी जा सकती है। समकालीन शैलकृत–गुफा मंदिरों के चैत्यगृहों में भी प्रदक्षिणापथ जैसे भाजा, कोण्डाने, पीतलखोरा, कोण्डीवटे, नासिक, अजंता, कन्हेरी इत्यादि में देखा जा सकता है और ये सभी पश्चिम भारत में अवस्थित है। निःसंदेह तत्कालीन पारखी कलाकारों की पैनी दृष्टि से अछूते नहीं रहे होगें।

जल प्रबंधन

समीप ही विशाल तथापि गहरे शैलकृत जलकुण्डों का प्रावधान है (चित्रफलक–9)। चार शैलोत्खनित जलकुण्डों की अवस्थिति है–प्रारंभ दोहरे मुख की ओर से क्रमशः 18^0 57' 57.0" उत्तरी अक्षांश तथा 72^0 56' 11.9" पूर्वी देशान्तर, 18^0 57' 57.6" उत्तरी अक्षांश तथा 72^0 56' 11.6" पूर्वी देशान्तर, 18^0 57' 57.9" उत्तरी अक्षांश तथा 72^0 56' 11.6" पूर्वी देशान्तर, और 18^0 57' 58.0" उत्तरी अक्षांश तथा 72^0 56' 11.7" पूर्वी देशान्तर। जिसके माध्यम से भन्ते और श्रृद्धालुओं को जलापूर्ति की जाती रही होगी। जबकि स्तूप के दक्षिण दिशा में नीचे से स्तूप की ओर आवागमन के लिए सोपानों का प्रावधान है और इस स्थल पर पहुँच कर ध्यान से देखने और महसूस करने से ज्ञात होता है कि इसका विन्यास साँची के प्रमुख स्तूप से साम्यता रखता है। बहुत संभव है कि इसमें भी चारों दिशाओं से प्रवेश करने के लिए चार द्वारों की व्यवस्था रही हो जैसा कि इसके दक्षिण प्रवेशद्वार से प्रतीत होता है। साथ ही यह भी भाषित होता है कि स्तूप के निकट पहुँचने से पूर्व स्थल सकरा हो जाता है, जिसमें द्वार की व्यवस्था रही होगी। वहीं प्राचीन मोराबन्दर को जाने के लिए प्राचीन मार्ग भी यहीं से था क्योंकि यहाँ से मोराबन्दर पास में है। जबकि वर्तमान मार्ग मुख्य गुफा से होकर जाता है और इसकी दूरी अधिक है।

बसाहट–

महा–स्तूप से मोराबन्दर की ओर जाते समय मार्ग में व्यापक पैमाने में ईटों के टुकड़े बिखरे हुए हैं और इतनी विशाल मात्रा में टुकड़ों का पाया जाना स्पष्ट संकेत करता है कि यह क्षेत्र बसावट के लिए चुना गया होगा तथापि उत्खनन के द्वारा यहाँ के विहारिक जीवन को प्रकाश में लाया जा सकता है। इसके साथ ही स्तूप के दक्षिण की ओर तथा बसावट (विहार) के निकट ही सदाबहार स्वच्छ जल के लिए एक मात्र प्राचीनतम कुँआ (चित्रफलक–10) का होना प्रमाणित करता है कि यह क्षेत्र निश्चित रूप से आवासीय क्षेत्र रहा है। ध्यातव्य है कि समुद्र से घिरे इस द्वीप में पीने योग्य जल का सवर्था अभाव है। इसका एक कारण यह भी है कि वर्तमान मोराबन्दर गाँव भी इसी कुँआ के जल का उपयोग करता है और इसकी बसावट का कारण और परिणाम भी यहीं है। जबकि इसके निचले भाग में ईटों के बिखरे हुए टुकड़ों को देखा जा सकता है। जिनका विस्तार वर्तमान में शैलकृत जलकुण्डों के आसपास तक है। यद्यपि ये ईंट के टुकड़ें इस पहाड़ी के नीचे और चारों ओर व्यापक पैमाने में विस्तृत हैं, तथापि इनकी सघनता मोराबन्दर तथा शेतबन्दर की ओर स्पष्ट रूप से देखी जा सकती है। इस द्वीप की जनसंख्या कम से कम 150 निश्चित रूप से रही होगी[15] और 150 लोगों के आवास स्थल के रूप में मोराबन्दर के आसपास का क्षेत्र पर्याप्त रहा होगा क्योंकि वर्तमान में इस गाँव की जनसंख्या भी लगभग 1200 है और यह जनसंख्या प्राचीन क्षेत्र से निकट तथापि उससे आधे क्षेत्र में विस्तृत है। प्राचीन समय में भी बन्दरगाह के निकट ही आवास स्थलों का निर्माण किया गया था जैसाकि वर्तमान में भी द्वीप में देखा जा सकता है, उदाहरणस्वरूप शेतबन्दर के निकट बाजार और आवास दोनों ही प्रकार के मकानों के निर्माण देखने को मिलता है। बहुत सम्भव है कि प्राचीन समय में बन्दरगाह से स्तूप की ओर जाने वाले प्राचीन मार्ग में भी बाजार और आवास की व्यवस्था रही हों क्योंकि तद्युगीन लोगों द्वारा भी पूजा और अन्य दैनिक जीवन की आवश्यकताओं की पूर्ति बाजारों द्वारा की जाती रही होगी, जैसा कि वर्तमान में हैं।

इसके निकट ही पूजार्थ अथवा मन्नत के लिए सात छोटे–छोटे ईंट से निर्मित स्तूप हैं।[16] जैसा कि नालासोपारा और साँची के विशाल स्तूपों के निकट है। विशाल स्तूप के उत्तरी दिशा में स्तूप के आधार के निकट चट्टानों को उत्खनित कर जलकुण्डों का निर्माण किया गया है, इनकी जलवहन करने की क्षमता अलग–अलग है। कुल मिलाकर लगभग तीन लाख लीटर है। जिसका विवरण अध्याय चार में विस्तार से दिया गया है।

द्वीप प्राचीन जलप्रबन्धन क्षमता को चरितार्थ करता है। डेक्कन ट्रेप का निर्माण क्रिटेशियस कल्प के अन्तिम चरण में ऊपरी गोण्डवाना, वाग और लमेटा संस्तरों के निक्षेपण के पश्चात ज्वालामुखी उद्गार से हुआ था। इस उद्गार के परिणामस्वरूप मुम्बई, काठियावाड़, कच्छ, मध्यप्रदेश और दक्षिण के लगभग बीस लाख वर्गमील क्षेत्र में क्षैतिज रूप से प्रवृत्त लावा प्रवाहों का उद्भव हुआ। यह लावा प्रवाह अधिकान्शतः लमेटा, वाग, अवट्रैपी गोण्डवाना और विंध्य आद्य महाकल्पों की शैलों पर अवस्थित है। मुख्यतः बैसाल्टी होने के कारण इन्हें पठारी बैसाल्ट तथा अपक्षय के पश्चात् इनसे निर्मित पाटों के सीढ़ीदार भू–आकृति तथा दक्षिण क्षेत्रों में विकसित होने के कारण इन्हें डेक्कन ट्रैप के नाम से पुकारा जाता है। यह भारत में सबसे अधिक व्यापक शैल समूह है। अधिकाशंतः यह धूसर हरे रंग का है तथापि काले, गहरे भूरे रंग अथवा पीला रंग के ट्रैप भी होते हैं। ज्यादातर स्फोट–गर्तमय (Vesicular) एवं स्कोरिया युक्त वातामिकी गुहिकाएँ (Amggdalcidal cavities) कैल्साइट, क्वार्टज एवं जियोलाइट जैसे द्वितीयक खनिजों से युक्त है। इन्हीं छिद्रों से जलकुण्डों के जल–अभिग्रहण क्षेत्र का संचयन शैलों में जन्मजात पाये जाने वाले प्राकृतिक रिक्त स्थानों से और शैलों की अपनी मातृत्व बनावट के कारण होता है जो कि यहाँ पर पाये जाने वाली चट्टानों की विशेषता है।[17] जलकुण्ड से तात्पर्य है कि सभी ओर से घिरे हुए जिसे तरल पदार्थ को रखने के लिए प्रयोग में लाया जाता हो और ये जलावरोधी हो। द्वीप में अभिलेखीय साक्ष्यों का अभाव है तथापि कन्हेरी की बौद्ध गुफाओं में कई अभिलेखों

में जलकुण्डों के प्रकारों और उनके दान–दाताओं का उल्लेख मिलता है[18] जैसे पोढ़ी, नान्हा पोढ़ी, अथवा स्नान पोढ़ी अर्थात स्नान के लिए जलकुण्ड।[19]

जलकुण्डों का जलाभिग्रहण क्षेत्र अथवा जलकुण्डों में जल का संचयन शैलों में प्राकृतिक रूप पाये जाने वाले रिक्त स्थानों से और शैलों की अपनी मातृत्व विशेषताएँ निर्धारित करते हैं और यहीं पर हमारे प्राचीन अभियन्ताओं की कुशलता और उनकी वैज्ञानिक निपुणता तथा कुशाग्रता परिभाषित होती है, जिनके आधारों पर हमारा सारा अध्ययन और अनुसंधान आधारित है।

उपरोक्त अभिलेखों में जलीय स्थापत्य शब्दावलियों का उल्लेख और प्रयोग भी मिलता हैं, जिनका क्षेत्रीयता के आधार पर जलीय स्थापत्य शब्दावलियों का बृहत वर्गीकरण किया जा सकता है–पोढ़ी सामान्यतः दो प्रकार की होती हैं–पनिया पोढ़ी और स्नान पोढ़ी।[20] स्नान पोढ़ी जैसा कि इसके नाम से ही प्रतीत हो रहा है कि इसका प्रयोग स्नान के लिए किया जाता रहा है। जिनका आकार बड़ा रहता था और इनकी सामान्यतः लम्बाई और चौड़ाई पाँच से दस मीटर और गहराई एक से दो मीटर होती है तथापि एलीफेंटा द्वीप के जलकुण्डों की लम्बाई और चौड़ाई पन्द्रह से बाइस मीटर और गहराई तीन से बारह मीटर तक है। अध्याय चार में अधिक विस्तार से प्रस्तुत किया गया है।

गोदीबाड़ा

द्वीप का सूक्ष्म निरीक्षण करने के पश्चात ज्ञात होता है कि वर्तमान में द्वीप में तीन छोटे–छोटे गांव है। जिनके नाम हैं–राज बन्दर, शेत बन्दर और मोरा बन्दर। राज बन्दर में प्राचीन बन्दरगाह शहर के ईंट से निर्मित संरचना के अवशेषों को देखा जा सकता है। जिसका विस्तार गुफा संख्या दो के निकट तक अवस्थित है। यहाँ की प्राचीन जेट्टी को ''राजघाट'' के नाम से जाना जाता था। इसके चारों ओर विस्तृत ईंट निर्मित भवनों के अवशेषों को देखकर लगता है कि राजबन्दर एक समय फलता–फूलता बन्दरगाह था।[21] वर्तमान में राजबन्दर में एक जेट्टी का निर्माण किया गया है जो कि प्राचीन जेट्टी के विपरीत दिशा में है। हाल के दिनों में पहाड़ी से पत्थर निकालने के लिए विस्फोट किया गया था। पूरा क्षेत्र पत्थर के टुकड़ों से भरा पड़ा है, जिसके कारण मृदभाण्डों और पुरावशेषों को खोज निकालना कठिन है। कार्नेलियन का एक मनका यहाँ से मिला है और घिसे और अनघिसे मृदभाण्ड़ों के टुकड़े समुद्रतट में और सेक्सन में दिखलाई देते हैं। यहाँ से चीनी मृदभाण्ड का एक टुकड़ा भी प्राप्त हुआ है।[22]

मोराबन्दर द्वीप के उत्तर–पूर्व में एक छोटी–सी बसावट का प्रमाण है। जिसमें केवल कोंकण के मौर्यों के संस्मरण मिलते है। मोराबंदर का तात्पर्य मौर्यों का बंदरगाह से भी है। यहाँ से बहुसंख्या में वृत्ताकार और वर्गाकार ताँबे के सिक्के मिले हैं। जबकि दो सीसे के सिक्कों के अग्रभाग में तीन शिखरयुक्त पहाड़ी का अँकन दिखलाई पड़ रहा हैं और एक पहिया इनके पृष्ठ भाग में दिखाई दे रहा है। एक ताँबे के सिक्के में ब्राह्मी अक्षर **'य'** भी दिखाई दे रहा है। इसका अनुभाग (सेक्सन) समुद्र के उच्चतम जल रेखा से 5 मीटर की ऊँचाई पर स्थित हैं। सेक्सन में विभिन्न प्रकार के मृदभाण्ड दिखलाई देते है जिनमें कटोरा, बर्तन, और लाल मृदभाण्ड की तस्तरी और विभिन्न काल के सिक्के हैं। मोराबन्दर से शेतबन्दर के बीच की पहाड़ी की सतह पर ईंटों और पत्थरों से निर्मित कुछ संरचनाओं को देखा गया है। ईंट से निर्मित संरचना की लम्बाई 15 मीटर से भी अधिक है जो कि समुद्र की ओर जाती प्रतीत हो रही है। यहाँ से पत्थर का एक लोढ़ा भी प्राप्त हुआ है। इस द्वीप का सबसे प्रारंभिक बंदरगाह भी मोराबन्दर था और यह सातवाहन शासकों के समय संचालित रहा है। मोराबन्दर का बन्दरगाह बढ़ते समुद्री जलस्तर से प्रभावित हुआ और इसके आसपास की अधोसंरचना जलमग्न हो गयी।

1973 में जन स्वास्थ्य विभाग, महाराष्ट्र सरकार द्वारा राजबंदर पर बाँध बनाने के उद्देश्य से उत्खनन किया गया और फिर भारतीय पुरातत्त्व सर्वेक्षण द्वारा उत्खनन किया गया। जिसके परिणमस्वरूप यहाँ से प्रकाश में आयी ईंट–निर्मित संरचना को जेट्टी के साथ–साथ गोदी के रूप में पहचाना गया है। इसका काल प्रथम शताब्दी ईसवी है।[23]

एस. आर. राव ने भारतीय पुरातत्त्व सर्वेक्षण की ओर से 1973 में उत्खनन कार्य किया और इस सम्बंध में उत्खनन सम्बंधी रिर्पोट प्रकाशित नहीं हुई है और यह राव के कुछ शोध–पत्रों के प्रकाशन तक ही सीमित रह गया।

एलिफेंटा द्वीप की दोनों पहाड़ियों के बीच की तलहटी में उत्खनन किया गया। जिससे समुद्र तथा उसके तल की समता और निकटता के कारण एक गोदी प्रकाश में आयी है। इसका निर्माण पकी ईंटों के द्वारा सीधे ही आधारभूत चट्टान से उठाया गया है। इसका जमाव लगभग 15 मीटर है। उत्खनन से तीन मुख्य संरचनाएँ प्रकाश में आयी (चित्रफलक–15, 51–56)।

उत्खनन से एक गोदी (वर्तमान अवस्थिति 18^0 56' 44.3" उत्तरी अक्षांश तथा 72^0 55' 57.2" पूर्वी देशान्तर) की संरचना प्रकाश में आई जो कि पकी हुई ईटों, जिनकी लम्बाई 0.30 मीटर तथा चौड़ाई 0.20 मीटर तथा ऊँचाई 0.07 मीटर है, से निर्मित है। सीमित उत्खनन के कारण इसे पूर्णतः प्रकाश में नहीं लाया जा सका किन्तु इस गोदी के प्रकाश (मानचित्र–2) में आने से इस स्थल की प्राचीन काल में व्यापारिक महत्ता के विषय में समुचित प्रकाश पड़ता है। इस गोदी की लम्बाई 15 मीटर तथा चौड़ाई 12.5 मीटर तथा ऊँचाई 4 (चार) मीटर है। यहाँ से तीन–चार संरचनाओं के उपकाल मिले हैं, जिसकी तुलना एस. आर. राव महोदय ने यूरोप में समुद्र तल के ऊपर उठने से की है।

वैश्विक रूप से समुद्री जल स्तर की अस्थिरता के फलस्वरूप विश्व के कई बन्दरगाहों में भी इसका असर पड़ने लगा जैसे रोम के कोसा बन्दरगाह में, जो कि इटली के टस्कनी में है, में भी जलस्तर की अस्थिरता को देखा गया है। यह स्तर सातवीं शताब्दी ईसवी के आसपास अधिक बढ़ गया था और इस बन्दरगाह का प्रयोग बंद हो गया था। काल और मध्यम समुद्री स्तर को तिगलीयटा के शैल कटाव के उत्खननकर्ता ने मापन किया है जिसके अनुसार 237 ईसवी पूर्व में 0.9 मीटर वर्तमान समुद्री जलस्तर से नीचे गया, 137 ईसवी पूर्व में 0.7 मीटर वर्तमान समुद्री जलस्तर से नीचे गया, 37 ईसवी पूर्व में 0.7 मीटर वर्तमान समुद्री जलस्तर से नीचे गया, 63 ईसवी में वर्तमान समुद्री जलस्तर के बराबर हो गया, 500 ईसवी में 1.7 मीटर वर्तमान समुद्री जलस्तर से उठ गया, 1500 ईसवी में 0.5 मीटर वर्तमान समुद्री जलस्तर से उठा, 1970 ईसवी में वर्तमान समुद्री जलस्तर है। इस प्रकार से, 237 ईसवी पूर्व से 37 ईसवी के मध्य समुद्री जलस्तर 0.9 मीटर उठा और 63 ईसवी से 500 ईसवी के मध्य समुद्री जलस्तर 1.7 मीटर उठा और इसके पश्चात् 1470 ईसवी तक समुद्री जलस्तर 1.70 मीटर गिरा। अर्थात प्रथम तीन शताब्दी ईसवी पूर्व समुद्री जलस्तर अधिक उठा और पुनः प्रथम पाँच शताब्दी ईसवी में समुद्री जलस्तर उठा।[24] इसके अतिरिक्त एक पैंतालीस रद्दों की दीवार भी प्रकाश में आई है (चित्रफलक–110) जिसका निर्माण भी पकी ईंटों से हुआ है।

गोदी में समुद्री जल के प्रवेश के लिए जलप्रवेश मार्ग की आवश्यकता होगी जिससे ज्वार–भाटा के आने और जाने पर ही नौकाओं का आवागमन निर्भर था। गोदी के प्राचीन मार्ग का ढलान गुफा से समुद्र तल की ओर निरन्तर कम होता जाता है। इस भाग के समुद्री किनारे पर खड़े होकर विचारपूर्व सोचने से ज्ञात होता है कि जलमार्ग के प्रवेश के लिए कम से कम 40 से 50 मीटर की दूरी पर शैलों को ऊपरी सतह पर नहीं देखा गया है और इसका मार्ग समुद्र से अन्दर की ओर चौड़ाई युक्त मार्ग है। यहाँ पर कुछ वर्ष पूर्व तक स्थानीय लोगों द्वारा चावल की खेती की जाती रही है और वर्तमान में पर्यटकों की संख्या बढ़ने से लोगों ने खेती करना बंद कर दिया है। इस क्षेत्र का अध्ययन करने से यह भी ज्ञात होता है कि चावल की खेती मुख्यतः वर्षा जल द्वारा लाये गये जलोढ़ मृदा जैसे वनस्पतिक, चिकनी मृदा और मृदा अवसादों द्वारा ही खेती को पौष्टिक तत्व मिलते थे। इस मार्ग पर नारियल के वृक्षों, बेर इत्यादि को देखा जा सकता है और यहाँ पर मैंग्रोव नहीं है अर्थात यह मार्ग प्राचीन समय में उपयोग होता रहा होगा। इस मार्ग को बरसाती नाला अनुसरण कर रहा है और मिट्टी की मेड़ बनाने के कारण समुद्रीय जल इसमें प्रवेश नहीं करता, जबकि मेड़ का थल भाग की ओर ढलान है। मेड़ की चौड़ाई लगभग पाँच मीटर है ओर ऊँचाई भी लगभग एक मीटर है। यहाँ से

समुद्र का अवलोकन करने से यह भी ज्ञात होता है कि यहाँ से सीधे समुद्र का लम्बा मार्ग दिखलाई देता है और दोनों ओर आवागमन के लिए कोई पहाड़ी इत्यादि भी नहीं दिखलाई देती है। अर्थात् अवरोध मुक्त समुद्रीय पथ रहा है।

इस प्रकार से, बढ़ते समुद्री जलस्तर से मोराबन्दर बुरी तरह प्रभावित हुआ और इसके विकल्प के रूप में राजबन्दर की गोदी को विकसित करने के लिए प्रयास किया गया। हाँलाकि बढ़ते समुद्री जलस्तर ने भी समय–समय पर गोदी की दीवार को अद्यतन करने और इसकी ऊँचाई को बढ़ाने के प्रयासों की पुष्टि पुरातात्त्विक अवशेषों से होती है। प्रथम और तृतीय शताब्दी ईसवी के मध्य समुद्री जलस्तर 2.00 मीटर उठा[25] और यही कारण है कि इस गोदी के जलस्तर को बनाये रखने के लिए इसकी ऊँचाई क्रमशः तीन बार बढ़ायी गई (चित्रफलक–55)। जिसे छायाचित्र में स्पष्टतः देखा जा सकता है। वैश्विक स्तर पर समुद्रीय जलस्तर के बढ़ने के कारण हुआ और यहाँ पर 2 मीटर तक बढ़ा।[26]

इस गोदी की ऊँचाई 4 मीटर और लम्बाई 15 मीटर की है (चित्रफलक–54)। यह अन्दर से बाहर की ओर ढलानयुक्त है[27] जैसे कि लोथल की गोदी में देखा गया है। उत्खनित अवशेषों और छायाचित्रों से ज्ञात होता है कि सेक्सन में कई स्तरों को देखा जा सकता है, जहाँ पर जल बहावों के कई स्तर हैं और उनमें भृदभाण्डों तथा रेत, इत्यादि से स्पष्ट है कि जल का आवागमन पर्याप्त रूप से लम्बे समय तक रहा क्योंकि इसके कई स्तर हैं।

गोदी का सबसे निचला तल प्रारम्भिक ऐतिहासिक कालीन लाल चमकीले मृदभाण्डों तथा प्राचीन ताँबे के सिक्के काकिणी से तथा ईटों की माप इत्यादि के आधार पर इस गोदी के निर्माण काल को प्रथम शताब्दी ईसवी पूर्व तक आसानी से प्रकट करती है। अतः यह सिद्ध होता हैं कि प्रथम शताब्दी ईसवी पूर्व में यह फलता–फूलता बन्दरगाह था। जिसका महत्त्व आने वाले कम से कम चार सौ से सात सौ वर्षों तक बना रहा।

यह आश्चर्य का विषय है कि सोपारा अथवा शूरपारक का बन्दरगाह के रूप में उल्लेख अभिलेखों और जातकों तथा विदेशी यात्रा–वृतान्तों में तो मिलता है लेकिन अभी तक यहाँ से इसके पुरातात्त्विक प्रमाण प्रकाश में नहीं आये जबकि प्रारम्भिक ऐतिहासिक काल के साक्ष्य अभिलेखों और जातकों तथा विदेशी यात्रा–वृतान्तों में एलिफेंटा द्वीप का बन्दरगाह के रूप में प्राचीन उल्लेख नहीं मिलता है, लेकिन यहाँ के उत्खनन से प्रकाश में आये पुरातात्त्विक प्रमाण इसके एक महत्त्वपूर्ण बन्दरगाह होने का अकाट्य प्रमाण प्रस्तुत करते हैं।

कन्हेरी की बौद्ध गुफा–99 के ब्राह्मी लिपि तथा प्राकृत भाषा अभिलेख जिसका समय 200 ईसवी है, में 'सागरापलोगनम्' शब्द का उल्लेख है अर्थात संस्कृत में ''सागराप्रलोकन'' से है। कन्हेरी की बौद्ध गुफा–99 का यह नाम प्रतीत होता है क्योंकि यहाँ से बसीन की खाड़ी तथा इससे आगे के सागर का दृश्य दिखलाई देता है।[28] इससे प्रतीत होता है कि कन्हेरी में पायलट सेवा का प्रचलन था और कन्हेरी गुफा दीपघर की भाँति कार्य कर रहा था। उसी प्रकार से, एलीफेंटा द्वीप भी सागर में दीपघर की भाँति कार्य करता रहा होगा।[29]

इस स्थल से क्षत्रपों के चाँदी के सिक्के, रोमन शासकों के सिक्के जिनका समय प्रथम से चतुर्थ शताब्दी ईसवी के बीच का है, प्राप्त हुये हैं। एम्फोरा मृदभाण्ड के टुकड़े जिनमें लाल पालिश मृदभाण्ड (आर. पी. डब्लू.), ताँबे के सिक्के (काकिणी), इत्यादि प्रांरभिक स्तर से प्राप्त हुए है जो प्रमाणित करते हैं कि राजबन्दर एक बंदरगाह था जिसका व्यापारिक सम्बंध रोमन साम्राज्य से था।[30] ऐसा विश्वास किया जाता है कि इस गोदी का प्रथम शताब्दी ईसा पूर्व से सातवी शताब्दी ईसवी तक, उपयोग किया जाता था।[31] वर्तमान में तालाब का निर्माण और समुद्रीय जल के प्रवेश को निरूद्ध करने के लिए मेड़ बनाये जाने के परिणाम स्वरूप यह भाग जलमग्न हो गया है। प्रतीत होता है कि राजबंदर एक बंदरगाह था और मोराबंदर रिहायसी क्षेत्र रहा है, क्योंकि बहुतायत में यहाँ से सिक्कों की प्राप्ति हुई है और संरचनात्मक अवशेषों के साथ–साथ मृदभाण्डों की प्रचुरता भी मोराबंदर में मिलती है।

शेतबन्दर का तात्पर्य श्रेष्ठियों अथवा सेठों का बन्दरगाह से है जिससे प्रतीत होता है कि यह बंदरगाह व्यापारियों के लिए प्रयुक्त होता रहा होगा। गुफाओं के लिए यहीं से सोपानों का प्रावधान है और यहाँ पर ही प्राचीन बाजार

रहा होगा क्योंकि बड़ी आकार की ईटों को यहाँ के अन्तःज्वारीय क्षेत्र में बिखरी हुई देखी जा सकती है और ये ईंटें सातवाहन कालीन प्रतीत होती है। लाल रंग लेपित मृदभाण्डों के टुकड़े प्राप्त हुए है, जिन्हें पूर्व गुप्तकाल का माना जाता है। वर्तमान में भी आधुनिक बाजार बिलकुल वहीं पर है जहाँ पहले था, अन्तर केवल इतना है कि प्राचीन बाजार अब जलमग्न हो गया है तथापि इसे अन्तःज्वारीय क्षेत्र में देखा जा सकता है। बाजार की सुविधा न केवल पूजा सामग्री उपलब्ध कराती थी बल्कि भोजन इत्यादि की भी पूर्ति करने में मदद करती रही होगी।

मृदभाण्ड

लाल रंग लेपित मृदभाण्ड भारत के कई स्थलों से प्रकाश में आये है जैसे काठियावाड़ क्षेत्र के अमरेली इत्यादि से। इनका निर्माण उच्च ताप में पकाने के कारण इनमें धातु जैसी खनक सुनाई देती हैं। इनके रंगो में अन्तर है और ये सामान्यतः गहरे लाल से गुलाबी रंग के मिलते हैं। इनकी पात्र परम्पराओं में अधिकतर सुराही मिलती है। इन मृदभाण्डों का काल सामान्यतः प्रथम शताब्दी ईसवी पूर्व से पाँचवीं शताब्दी ईसवी तक माना जाता है। उच्चतम कोटि से निर्मित होने के कारण यह मृदभाण्ड पुरातत्त्वविदों द्वारा बाहर से आयातित अथवा रोम की सेमियन मृदभाण्ड की अनुकृति लगती है। नाभिकीय क्षेत्र में इसकी विशाल मात्रा, इनकी संख्याओं में विभिन्न प्रकारों तथा मूलभूत अन्तर होने के कारण ये ईसा पूर्व में प्रारम्भ होने से इनकी स्वदेशी उत्पत्ति की संभावना है।[32]

लाल रंग मृदभाण्डों में[33]

1. त्रिभुजाकार बारी के साथ अधिक ऊँचाई के गले वाले बर्तन, जिनका आन्तरिक भाग पाण्डु रंग का है और बाह्य ओर धुला (हल्का) गैरिक, मध्यम गढ़न के और अच्छी तरह से पके हुये है।
2. छोटे अवतलाकार गले वाले बर्तन, बाहर की ओर निकली चोंच की बारी, काला अनुभाग, अपरिष्कृत गढ़न के और अध–पके हुए।
3. कटे हुए मनके की बारी के साथ अधिक ऊँचे गले वाले बर्तन, जिनका बाह्य भाग, लाल रंग लेपित, अच्छी गढ़न के और अच्छी तरह से पके हुये है।
4. भण्डारण वाले बर्तन छोटे गले तथा सँकरे मुँह के, बाहरी ओर खाँचेदार तथा बड़ा गोलाकार बारी से युक्त, अपरिष्कृत गढ़न के और अच्छी तरह से पके हुए।
5. त्रिभुजाकर मुहड़ी के साथ अधिक ऊँचे गले वाले बर्तन, मोटा अनुभाग, अपरिष्कृत गढ़न के और अच्छी तरह से पके हुए।
6. ऊँचे अवतलाकार गले तथा संयोजित बारी के बर्तन, काला अनुभाग, बाहरी ओर अण्डाकार खुरदरी सतह, मध्यम गढ़न के और अच्छी तरह से पके हुए।
7. संकुचित गले के तथा फैले मुहड़ी के बर्तन, बाहरी भाग काला रंग लिये हुए, मध्यम गढ़न के और अधपके हुए।
8. अधिक ऊँचे गले के बर्तन बाहर निकली हुई बारी तथा ऊपर की ओर चपटा, मध्यम गढ़न के और अच्छी तरह से पके हुये है।
9. अधिक ऊँचे गले के बर्तन बाहर की ओर ऊभार लिये बारी, चपटा और ऊपरी भाग लाल रंग लेपित, मध्यम गढ़न के और अच्छी तरह से पके हुये।
10. अधिक ऊँचे गले के बर्तन बाहर निकली हुई बारी तथा बाहरी ओर हल्के खाँचेदार। ऊपरी भाग चपटा। मध्यम गढ़न के और अच्छी तरह से पके हुये।
11. निकली हुई बारी के छोटे आकार के बर्तन, ऊपरी भाग खाँचेदार पतला, मोटा और काला अनुभाग, खुरदरी सतह, मध्यम गढ़न और अधपके हुए।

12. अवतल गले छोटे बर्तन गोलाकार बारी, काला अनुभाग, मध्यम गढ़न के और अच्छी तरह से पके हुये।
13. फैले हुए पार्श्व वाले कटोरे आकृतिहीन बारी के और नालीदार रूपरेखा के, पतला अनुभाग, मध्यम गढ़न और अधपके हुए।
14. अवतल पार्श्व वाले कटोरे, पार्श्व में हल्के से फैले हुए, आधार युक्त तल, पतला अनुभाग, मध्यम गढ़न और अधपके हुए।
15. बेलनाकार टोंटी युक्त गोल मुँह के बर्तन, मोटा अनुभाग, अपरिष्कृत गढ़न और अधपके लाल चमकीले मृदभाण्ड।
16. अवतल गले और फैले मुँह वाले बर्तन, गोल तथा अन्दर की ओर घुमावदार बारी काला अनुभाग, अच्छी गढ़न के और अच्छी तरह से पके हुए तथा इनका लाल प्रलेप नष्ट हो गया है।
17. उठे हुये उन्नत बारी के छोटे बर्तन। पतला अनुभाग, परिष्कृत गढ़न के और अच्छी तरह से पके हुये। इन सभी मृदभाण्डों के रेखाचित्रों (चित्रफलक–113) को देखें।

शेतबन्दर से मोराबन्दर की ओर जाने पर चट्टान को काटकर कुँआ का निर्माण किया गया हैं जिसका व्यास ढाई मीटर है। इसी क्षेत्र में बरसाती जलमार्ग (रैनगुली) में ईंट से निर्मित दीवार दिखलाई देती है जिसकी लम्बाई पन्द्रह से बीस मीटर तक है और इसकी ईंटों का आकार 0.30 मीटर लम्बा, 0.20 मीटर चौड़ाई तथा 0.07 मीटर ऊँची है तथा जिसकी ऊँचाई लगभग एक मीटर है। यह गुप्तकाल के समय की बसावट की ओर प्रस्तावित करता है। दीवार के नीचे विशाल मात्रा में मृदभाण्डों के स्तरों का जमाव हैं जिसका आकार एक मीटर है जिनमें छोटे कटोरे, टोटिदार बर्तन के टुकड़े और मृदभाण्ड मिले है। अनुभागों (सेक्सन) के मृदभाण्ड पतले, रंगरहित और अच्छी तरह से पके हुये नहीं है। यह पुर्तगालियों के समय बंदरगाह के रूप में प्रयोग में लाया गया था जिसे वर्तमान में भी इसी के पास निर्मित नई जेट्टी का प्रयोग किया जाता है, जो कि गेटवे ऑफ इण्डिया से फेरी के द्वारा यहाँ तक पहुँचा जाता है। अन्त:ज्वारीय क्षेत्र के अन्वेषण से स्पष्ट होता है कि नगरीय क्षेत्र समुद्रीय क्षेत्र में विस्तृत थी क्योंकि यहाँ पर प्रारंभिक ऐतिहासिक कालीन ईटों की बहुतायत है।[33]

मोराबन्दर और राजबन्दर से बहुतायत में प्राप्त मृदभाण्डों के आधार पर इन मृदभाण्डों का निर्माण द्वीप में ही किया जाता रहा होगा, से इंकार नहीं किया जा सकता। हाँलाकि रोमन एम्फोरा मृदभाण्ड की इतनी विशाल मात्रा पूरे उपमहाद्वीप में अभी तक प्रकाश में नहीं आयीं, जितनी कि एलीफेंटा द्वीप से प्रकाश में आयी है (चित्रफलक–57–59)। एम्फोरा तंग गर्दन वाली सुराहिया, दोनों तरफ हत्थे वाला मर्तबान होता था जिसका उपयोग शराब तथा तेल इत्यादि तरल पदार्थों को भरने के लिए होता था। रोम से विदेशों को एम्फोरों में भरकर शराब भेजी जाती थी। इससे इंगित होता है कि ईसा की प्रारंभिक शताब्दियों में भारत के लोग रोम–निर्मित मदिरा में काफी दिलचस्पी रखते थे।[34] कभी–कभी इनका प्रयोग बहुउपयोगी रहा है जैसे जैतून, अनाज, तेल, दारू, मछली और कभी–कभी धातुओं को रखने के लिए भी प्रयोग किया जाता था।

एम्फोरा को भारत में पहली बार व्हीलर महोदय ने पॉण्डीचेरी के अरीकामेड्डू के मृदभाण्डों में पहचाना है।[35] इसके पश्चात पुरातात्त्विक अन्वेषण और उत्खनन के दौरान भारत के विभिन्न स्थलों से एम्फोरा मृदभाण्डों की प्राप्ति हुई है जैसे महाराष्ट्र के नेवासा, कोल्हापुर (यहाँ से रोमन समुद्र देवता पॉसीडान (poseidon) की एक कांस्य प्रतिमा भी मिली है,) भोकरदन, जुन्नर, पवनार, सोपारा, टेर से, आंध्रप्रदेश के धरनीकोट, नागार्जुनकोण्डा, कोण्डापुर, सर्वपल्ली, अमरावती, कर्नाटक के ब्रह्मगिरी, चन्द्रवल्ली, तलकाड, तमिलनाडु के काँचीपुरम, कराईकाडु, कावेरीपट्टनम, नट्टामेडु, वासावासामुद्रम, त्रिरूवेली से, गुजरात के अकोटा (वड़ौदा), बेटद्वारका, देवनीमोरी, द्वारका, हतभ, नागरा, नैनी रायन, प्रभास पाटन, शामलजी, उत्तरप्रदेश के वाराणसी के राजघाट, मथुरा, उड़ीसा के शिशुपालगढ़, पश्चिम बंगाल के चन्द्रकेतुगढ़, तामलुक इत्यादि से मिले हैं।[36]

सामान्यतः एम्फोरा मृदभाण्डों के टुकड़ों की संख्या प्राप्ति के आधार पर इनके विदेश व्यापार की लोकप्रियता को निर्धारित करती है। यदि इनकी संख्या अधिक मिलती है तो इसका तात्पर्य है कि उस स्थल पर विदेश व्यापार की लोकप्रियता और व्यापारिक सामग्री के आवागमन की तीव्रता का संकेत माना जा सकता है और भारत में एलीफेंटा के मोराबन्दर को प्रथम स्थान पर रखा जा सकता है। यहाँ से प्राप्त एम्फोरा मृदभाण्डों के टुकड़ों में रिम, गले का भाग, कंधे के भाग, हत्थे इत्यादि प्रमुख है। जिनमें से कुछ समुद्री लहरों द्वारा स्थानान्तरण के कारण गोलाकार हो गये है जबकि कुछ पर जल में रहने के कारण काई और सीप इत्यादि चिपक गई है।

एलीफेंटा द्वीप से प्राप्त एम्फोरा मृदभाण्डों को मुख्यतः चार प्रकार की श्रेणी में वर्गीकृत किया जा सकता है। यहाँ से केवल एम्फोरा मृदभाण्ड मिले है, जिनका प्रयोग बहुउपयोगी रहा है। ये निम्नप्रकार से हैं–[37]

प्रथम प्रकार– इसमें एम्फोरा के मुहड़े के कुछ टुकड़े है। इनका आकार और अनुभागों को देखकर प्रतीत होता है कि ये मिस्र से सम्बंधित है। इनकी बनावट में मिट्टी के साथ भूसी को मिलाकर बनाया गया है जैसा कि इनको देखकर प्रतीत होता है। इन बर्तनों का रंग मूलतः गुलाबी है और इनकी गढ़न मोटी है और इनको लकड़ी के ढक्कन से बन्द किया जाता रहा होगा। इनका आकार सामान्यतः 0.90 मीटर तक रहा होगा। इनके आन्तरिक भाग को देखकर प्रतीत होता है कि इनका उपयोग तरल पदार्थ, जैसे मदिरा अथवा तेल को संग्रह करने के लिए किया जाता रहा है।

द्वितीय प्रकार–इस प्रकार के एम्फोरा टुकड़े भारतवर्ष में सामान्यतः पाये जाते हैं। इन टुकड़ों का रंग गुलाबी के साथ बाहरी ओर सफेदी लिये और बाहर की ओर फैले हुए है। मुहड़ा बिना गले का सामान्यतः गोलाकार और विभिन्न प्रकार के है। इनके आधार समतल हैं। ये सोपारा, द्वारका इत्यादि से प्राप्त हुए हैं। बड़े आकार का मुहड़ा के बीच का भाग और आधार भाग मिले है। इस प्रकार के मुहड़ों में हल्का–सा अन्तर है जिसके आधार पर इन्हें पुनः तीन उपभागों में विभाजित किया जा सकता है। इसके अतिरिक्त इनकी संरचना, गढ़न में भी अन्तर है। इनके आन्तरिक भागों में जमाव को देखा जा सकता है। संभवतः इनमें काले रंग की परत चढ़ाई जाती रही होगी जिससे स्थानान्तरण के दौरान इनमें रिसाव इत्यादि न हों।

तृतीय प्रकार– इस प्रकार के एम्फोरा के टुकड़ों के अनुभाग अधिक मोटाई के है, जिनकी माप 0.011 से 0.026 मीटर तक है। इनका रंग गुलाबी से पीला हरा है। इनका आकार शन्कु के जैसा है। रिम, गले का भाग, कंधे के भाग, हत्थे इत्यादि के आधार पर इनके पूरे आकार और आकृति का अनुमान किया जा सकता है। इनकी संरचना से प्रतीत होता है कि ये कैरट एम्फोरा के जैसे हैं जो क्वाना (अफ्रीका) से प्राप्त हुए हैं और इनका काल पाँचवीं–छठीं शताब्दी माना जाता है। इनको पूर्व के निकट बनाया गया होगा और इनका वितरण भूमध्यसागर के आसपास रहा है।

चतुर्थ प्रकार– इस प्रकार के उत्तरकालीन (लेट) रोमन एम्फोरा के टुकड़ों की संख्या एलीफेंटा में बहुतायत है जिनमें रिम, गले का भाग, कंधे के भाग, हत्थे इत्यादि हैं। टूटे हुए हत्थों के आकार सीधे और काफी लम्बे प्रतीत होते हैं जबकि कुछ वक्राकार लिये हुए है और सम्भव है कि ये झूले हुए हत्थों की भाँति हो। इनकी गढ़न पतली से मध्यम हैं जिनका रंग गुलाबी से ईंट की तरह है। इनमें माइका के कण और चूनापत्थर के कुछ सफेद कण दिखलाई देते हैं। इन बर्तनों को उच्च तापमान में पकाया जाता था, जिससे चूनापत्थर के कुछ सफेद चिन्ह अथवा दानों की भाँति दिखलाई देते हैं। इनकी बाहरी सतह पीला लेप लिए हुए प्रतीत होती है। इन टुकड़ों को लेट रोमन एम्फोरा के रूप में पहचाना जा सकता है। भारत में इस प्रकार के लेट रोमन एम्फोरा के टुकड़ों की विशाल मात्राा के पाये जाने वाला यह प्रथम स्थान कहा जा सकता है।

एम्फोरा मृदभाण्ड के अलावा अन्य रोमन पात्र परम्परा जैसे ऐरेनटाइन मृदभाण्ड इत्यादि के एक भी टुकड़े प्रकाश में नहीं आये अर्थात यह केवल द्रवीय पदार्थ को आयात करने वाला सर्वप्रमुख बन्दरगाह था, जिसकी पहुँच भारत के अन्य व्यापारिक स्थलों तक थी और पश्चिम भारत में इसको अन्य स्थलों में वितरित करने का एकमात्र सर्वप्रमुख केन्द्र

भी रहा है। जिससे इस द्वीप की प्रसिद्धि विश्वव्यापी हो गई और पश्चिमी समुद्रीय तट में एक विशेष प्रकार के द्रवीय पदार्थ के आयात के रूप में उभरकर आता है। ये आसपास के तत्कालीन गाँव के छोटे–छोटे वितरण केन्द्र के रूप में उभरे होगें। जिससे गाँव से शहरों का विकास तीव्रता से होने लगा और कई शहरों का तो व्यापार–वाणिज्य के केन्द्र के रूप में आविर्भाव हुआ। जो आने वाले सैकड़ों वर्षो तक अपना प्रभुत्व और प्रभाव को बनाये रख सके जैसे सूर्पारक (सोपारा, आधुनिक नाला–सोपारा) प्रसिद्ध प्राचीन बन्दरगाह रहे हैं। कल्याण तत्कालीन समय की एक बड़ी मण्डी, कन्हेरी, जुन्नर, कार्ला, भाजा, इत्यादि जैसे बौद्ध स्थलों का विकास हुआ। सूर्पारक के बौद्धस्तूप के अवशेष तृतीय शताब्दी ईसा पूर्व और एलीफेंटा के बौद्धस्तूप के अवशेष भी इसके समकालीन अर्थात द्वितीय शताब्दी ईसा पूर्व के हैं।[38]

एलीफेंटा, कन्हेरी, कोण्डीवटे जैसे बौद्धस्थल और सोपारा, चौल और कल्याण जैसे प्राचीन बन्दरगाहों से बहुत दूर नहीं था और यह स्थलमार्ग से शहर–बाजारों जैसे नासिक (मानचित्र संख्या–4), टेर और प्रतिष्ठान सातवाहन शासकों की राजधानी से अच्छी तरह से जुड़ा हुआ था। एलीफेंटा आदर्श भौगोलिक अवस्थिति में बसा हुआ था जहाँ बौद्ध भिक्षुओं द्वारा बौद्ध धर्म के प्रचार के लिए एक धार्मिक केन्द्र बनाया गया। जिसके लिए उन्होंने ईंट से निर्मित विशाल स्तूप बनाया। स्थानीय स्तर पर राजस्व की वसूली से सैनिक नाविक बेड़ा तैयार किया जाता होगा और प्रशासकीय कुशलता के बल पर पश्चिमी समुद्री तट पर कड़ी दृष्टि रखी जाने लगी होगी। सोपारा बन्दरगाह के अवरूद्ध अथवा कार्य न करने के कारण उसे और प्रोत्साहन मिला होगा और इसकी अवस्थिति सोपारा से बहुत निकट है, जिससे यहाँ पर आने वाले जलपोतों को बहुत कठिनाई का सामना भी नहीं करना पड़ा होगा।

सोपारा के पतन के पश्चात् आसपास के क्षेत्रों में कई बौद्ध केन्द्रों को उभरने में मदद मिली[39] जैसे कोण्डीवटे की गुफाएँ, कन्हेरी की गुफाएँ, मगाथाने की गुफाएँ इत्यादि नये केन्द्रों के आ जाने से रही सही कसर ने सोपारा के बौद्ध केन्द्र को महत्त्वहीन कर दिया और साथ ही प्रतीत होता है कि सोपारा द्वीप के थल भाग से समुद्र की दूरी बढ़ने से सोपारा बन्दरगाह का द्वितीय शताब्दी ईसवी के उत्तरार्ध में प्रायः उपयोग बन्द हो गया।

हिप्पालस द्वारा 45 ईसवी में हिन्द महासागर में निरन्तर बहने वाली मानसूनी हवाओं को खोजने से जलपोतों के आवागमन में वृद्धि हुई और लम्बे मार्ग से जाने के स्थान के लिए तीन महीने के समय लगता था परन्तु चालीस दिनों अथवा इससे भी कम समय में दक्षिण भारत के बन्दरगाहों में पहुँचा जाने लगा। इससे जहाँ एक ओर जलदस्युओं से सुरक्षित होने में सहायता मिली, वहीं लम्बी थकावट भरी यात्रा से राहत मिली। जबकि इससे पहले एक वर्ष में औसत बीस पोत आ पाते थे। इसके पश्चात् औसतन एक पोत प्रतिदिन मिस्र के बन्दरगाह से पूर्व की ओर निकलता था।[40]

मानसूनी हवाओं की नई खोज के फलस्वरूप यहाँ भी बन्दरगाहों के आवागमन में वृद्धि हुई होगी। इस वृद्धि की समृद्धि से इस क्षेत्र में व्यापारिक और वाणिज्यिक गतिविधियों की निरन्तरता के साथ सघनता में भी तीव्रता आयी। फलस्वरूप व्यापारियों, धनिकों और श्रेष्ठियों के दान से एक ओर जहाँ नये केन्द्रों को उभरने में मदद मिली वहीं उनके द्वारा दिये गये प्रभूत दान से नये चैत्य–विहारों के उत्खनन को व्यापक प्रोत्साहन मिला और बौद्ध धर्म के प्रचार और प्रसार से, इन केन्द्रों को तीव्रता से उभार मिला। इसके प्रमाणों को यहाँ की गुफाओं में उत्कीर्ण अभिलेखों में आज भी देखा जा सकता है।

बढ़ती व्यापारिक और वाणिज्यिक गतिविधियों के कारण और सोपारा बन्दरगाह द्वारा रिक्त स्थान की पूर्ति के लिए सुसुप्त छोटे से बन्दरगाह को अग्रसर होने का अवसर मिलता है। जिससे एलीफेंटा द्वीप में "राजघाट" जैसे बन्दरगाह समृद्ध होते दिखलाई पड़ते हैं। जिसकी पुष्टि कन्हेरी की बौद्ध गुफाओं के अभिलेख में "सागरावलोकन" नामक शब्दावली के उल्लेख से होता है।[41] एलीफेंटा द्वीप का स्तूप पूर्वी पहाड़ी में निर्मित है और समुद्र के सामने बने होने से ऊषा की प्रथम किरणों से स्तूप का शीर्ष भाग अलोकित हो उठे तथा पोताश्रय की ओर आगंतुक यात्रियों को स्तूप के प्रातः दर्शन अथवा ध्यान हो सके। यह स्तूप द्वीप दिन में सीमाचिह्न तथा रात्रि में नाविकों के लिए गंतव्य स्थान की ओर जाने में

आकाशद्वीप की भाँति पथ–प्रदर्शक रहा होगा। जैसा कि बाद में काँचीपुरम् के कैलाश मंदिर में भी देखने को मिलता है।[42] एलीफेंटा द्वीप के बन्दरगाह का व्यापारिक और वाणिज्यिक सम्बंध न केवल यूरोप से बल्कि अफ्रीका महाद्वीप से रहा है। एम्फोरा के प्रथम प्रकार तथा द्वितीय प्रकार मिस्र तथा क्वाना (अफ्रीका) से पाँचवी–छठीं शताब्दी का माना जाता है। इसके अतिरिक्त, मृदभाण्डों के कुछ टुकड़े मिले हैं, जिनकी गढ़न मोटी है और इनमें त्रिभुजाकार आकृति बनी हुई जिसे मूलरूप में मृदभाण्डों को बनाते समय किसी लकड़ी अथवा उपकरण का प्रयोग कर बनाया गया होगा और[43] अफ्रीका के पुरातत्त्वविदों ने इसकी पुष्टि की जिसका समय सातवीं–आठवीं शताब्दी के बीच का माना जाता है।

एम्फोरा का पाया जाना इस तथ्य का प्रमाण हैं कि यह स्थान विदेशी सामग्री के व्यापार और वाणिज्य में मूल स्वरूप से महत्त्वपूर्ण स्थान रखता है। अरिकामेड्डू से प्राप्त एम्फोरा टुकड़ों में रेजिन के अंश, भूमध्यसागरीय मदिरा के अंश भी प्राप्त हुए है।[44] जिससे एम्फोरा द्वारा रोमन मदिरा का आयात किया जाता रहा है जो कि प्रारम्भिक शताब्दियों में बहुत लोकप्रिय रहा है। ध्यातव्य है कि एलीफेंटा के मोरा बन्दर में उपरोक्त प्रकार के एम्फोरों की संख्या सर्वाधिक है और इसका उल्लेख तत्कालीन यात्रियों और लेखकों द्वारा नहीं किया गया जिससे यह समुद्री इतिहास के विद्वानों के द्वारा एक महत्त्वपूर्ण स्थान नहीं रहा और यह इससे अछूता रह गया।

यद्यपि एलीफेंटा द्वीप का इतिहास गुफाओं के कारण अनदेखा कर दिया गया तथापि पुरावशेषों जैसे सातवाहनों और कलचुरियों के सिक्के, गुप्तकाल की ईंट से निर्मित संरचनाओं के द्वारा निश्चित ही इस द्वीप में रहवास द्वितीय ईसवी पूर्व के समय तक संकेत करती है। यह भी प्रस्तावित करता है कि रहवासी संरचनाओं को समुद्री गतिविधियों द्वारा नष्ट कर दिया गया है जिसके प्रमाण बड़ी आकार की सातवाहन कालीन ईटों को यहाँ की अन्तःज्वारीय क्षेत्र में वर्तमान में भी देखा जा सकता है।

पोतों के निर्माण की तकनीक– जब विशाल संख्या में पोतों का आवागमन इस द्वीप के बन्दरगाहों में था। यह निश्चित है कि यहाँ पर पोतों का निर्माण किया जाता रहा होगा क्योंकि यह केवल बन्दरगाह ही नहीं अपितु आश्रयगाह भी रहा है। प्राकृतिक हलचलों से, तकनीकी गड़बड़ियों से और मानवीय गतिविधियों से पोतों की मरम्मत करने की आवश्यकता अवश्य पड़ती रही होगी और इस आवश्यकता की पूर्ति के लिए यहाँ पर पोतों को बनाने के लिए बढ़ई इत्यादि की आवश्यकता पड़ती होगी और साथ ही पोतों को निर्मित करने के लिए लकड़ी की भी आवश्यकता की पूर्ति द्वीप के जंगलों से अथवा आसपास के अन्य स्थानों से की जाती रही होगी। इनके रहने के लिए द्वीप में स्थान नियत रहा होगा जैसा कि अन्य स्थलों पर व्यवस्था रही है। हाँलाकि यहाँ से पोतों के निर्माण के पुरावशेष प्राप्त नहीं हुए तथापि इस तथ्य से इंकार नहीं किया जा सकता कि इस क्षेत्र का गहन समुद्रीय अन्वेषण किया जाए तो उपरोक्त तथ्यों की पुष्टि हो सकती हैं। संक्षेपतः वर्तमान में द्वीप में पोतों अथवा नौकाओं का निर्माण और मरम्मत कार्य किया जाता है जिसके लिए लकड़ी, उरण और मुम्बई के माध्यम से अन्य स्थलों द्वारा आपूर्ति की जाती है। स्थानीय लोग ही कई पीढ़ियों से निर्माण कार्य कर रहे हैं। तकनीकी प्रगति बढ़ने से पतवार की जगह डीजल इंजन ने ले ली। हाँलाकि अभी भी कुछेक मात्रा में हवाओं से चलने वाली नौकाओं को देखा जा सकता है जिससे प्राचीन समय में भी पर्यावरण को स्वच्छ रखने में मदद मिलती रही होगी।

ध्यातव्य है कि मुम्बई के वर्तमान बन्दरगाह, एलीफेंटा द्वीप के बहुत निकट है और जवाहरलाल नेहरू बन्दरगाह, (मुम्बई) एलीफेंटा द्वीप से लगभग दो किलोमीटर है। अर्थात् बन्दरगाह को चुनने का वैज्ञानिक तरीका ठीक वैसा ही है जैसा की आज है। इससे इस तथ्य की भी पुष्टि होती है कि अगर बन्दरगाह ठीक तरह से चलता रहेगा, तो राजस्व की वसूली भी समय पर होती रही होगी और प्रशासन को चुस्त तथा सैनिकों को चौकन्ना रखने में मदद मिलती रही होगी। इसके अतिरिक्त, द्वीप की अवस्थिति भारत के मानचित्र में मुम्बई के निकट परन्तु उत्तर–पश्चिमी दिशा में अन्दर की ओर होने से कोई भी प्राकृतिक आपदा जैसे तूफान अथवा सुनामी को झेलने की क्षमता इसमें थी क्योंकि इन आपदाओं

की तीव्रता का असर यहाँ तक पहुँचते–पहुँचते मन्द अथवा धीमा पड़ जाती थी। फलस्वरूप क्षति की संभावना भी कम हो जाती है। इसके अतिरिक्त अन्य कारणों में बौद्ध–धर्म का केन्द्र सोपारा के स्थान पर नये स्थलों ने भी लेना प्रारम्भ कर दिया जैसे कन्हेरी, कोण्डिवटे, मण्डपेश्वर, और मागाथाणे की गुफाओं को प्रश्रय दिये जाने लगा, जिससे सोपारा की प्रसिद्धि को ह्रास हुआ और सोपारा इतिहास के पन्नों में सातवीं शताब्दी ईसवी के आने तक विस्मृत हो गया है। क्षेत्रीय स्तर पर बौद्ध–धर्म का बोलवाला हो गया और यह क्षेत्र चहुँमुखी बौद्ध–धर्म की गतिविधियों से गुंजायमान हो गया।

यहाँ की शैलकृत गुफाओं को देखकर प्रतीत होता है कि ये गुफाएँ मूलतः बौद्ध धर्म से सम्बंधित रही हैं क्योंकि इनका विन्यास और द्वारशाखाओं में पुष्पवल्लरियों का अँकन वैसा ही है जैसे कि कन्हेरी और कोण्डिवटे की गुफाओं में हैं। उड़ते हुए गन्धर्वों का अँकन, उनके केश–विन्यास और वस्त्राभूषणों का स्वरूप भी एक समान है। सोपानों के निकट चन्द्रशिला का अँकन है, जिसे कन्हेरी की गुफाओं में व्यापकता से देखा गया है। जिसका समय प्रथम शताब्दी ईसवी के आसपास माना जाता है। कन्हेरी में ही सबसे पहले तरंगमय स्तंभों को देखा जा सकता है जिसका और विकसित स्वरूप एलीफेंटा में हमें दिखलाई देता है। विशाल बुद्ध–मूर्तियों (चित्रफलक–41ब) का निर्माण भी यहीं पहली बार किया गया, जिसकी अधिकतम ऊँचाई 7.80 मीटर है। लेकिन यहाँ अभिलेखों का अभाव है। इसके अतिरिक्त मुख्य गुफा के चित्र–फलकों का उत्खनन अधिक अन्दर तक है जबकि अन्य क्षेत्रीय गुफाओं में इसका अभाव है। गन्धर्वों का अंकन बाहर की ओर और मूलतः दिखलाई पड़ता है। चित्र–फलकों के ऊपरी भाग में विभिन्न प्रकार के चित्रों का अंकन है, जो बौद्ध धर्म से समानता रखते है (चित्रफलक–24, 35 एवं 41ब) ।

अंधकासुर वध मूर्ति फलक के ऊपरी भाग में बने चैत्य की लोग पूजा कर रहे हैं और साष्टांग अथवा लेटे हुई अवस्था में तो कुछ लोग दोनों हाथों को जोड़कर नमस्कार की मुद्रा में हैं। इसी प्रकार से, चौपड़ खेलते शिव पार्वती फलक में चैत्य (चित्रफलक–24) का अंकन है। यहाँ पर चैत्य गवाक्षों के अंकनों को बहुतायत में देखा जा सकता है, विशेषकर पूर्वी विंग में अष्टमातृकाओं के ऊपरी भाग में (चित्रफलक–21 और 22)। इन गुफाओं के गर्भगृह के अधिष्ठान को देखकर प्रतीत होता है कि पहले यहाँ पर शैल स्तूप का उत्खनन किया गया जिसको संशोधित कर अधिष्ठान का निर्माण किया गया एवं उनमें शिवलिंगों को स्थापित किया गया है। अधिष्ठान सहित शिवलिंगों के अवलोकन से स्पष्ट होता है कि यहाँ के अधिष्ठान में प्रनाल का अभाव है (चित्रफलक–29, 89) जबकि शिवलिंग के साथ प्रनाल का होना शास्त्रों में वर्णित है, वह भी उत्तर दिशा में। हाँलाकि गुफा संख्या–6, 3 और 1 की पूर्वी भाग के शिवलिंग में प्रनाल को देखा जा सकता है लेकिन उत्तर दिशा के स्थान पर क्रमशः दक्षिण, पूर्व और दक्षिण दिशा में हैं। यद्यपि यह नियमानुसार नहीं है तथापि यहाँ पर शिवलिंग भी स्थापित नहीं है (चित्रफलक–7)। जबकि स्तूप के निकट ही एक शैल–निर्मित प्रनाल को देखा जा सकता है। इसका तात्पर्य यह हुआ कि प्रारम्भिक गुफाएँ बौद्ध धर्म से सम्बंधित रही हैं, जिनमें व्यापक फेरबदल कर हिन्दू गुफाओं में परिवर्तित कर दिया गया और ऐसा होना आश्चर्य की बात नहीं है क्योंकि मण्डपेश्वर गुफाएँ भी पहले बौद्ध धर्म से सम्बंधित रही है और बाद में हिन्दू गुफाओं में परिवर्तित कर दिया गया। दोनों में एक और साम्यता यह है कि दोनों गुफाओं (मण्डपेश्वर की मुख्य गुफा और एलीफेंटा की गुफा संख्या–6) को पुर्तगालियों द्वारा ईसाई धर्म के चर्च के रूप में प्रयोग किया था। कार्नेलियन की एक अण्डाकार मुहर में ''नारायण'' लिखा है जिसकी लिपि पाँचवी–छठीं शताब्दी ईसवी की प्रतीत होती (चित्रफलक–49स) है।[45]

सन् 1924–1925 लोक निर्माण विभाग ने मुख्य गुफा पश्चिमी भाग के जलकुण्ड की सफाई करवाई जिससे कि यहाँ से कुछ वस्तुएँ और मृदभाण्ड मिले जिसमें सबसे महत्त्वपूर्ण ताँबे का एक पात्र (चित्रफलक–49 अ) था जिसमें 1086 ईसवी का काल दिया हुआ है जिसे प्रिन्स ऑफ वेल्स म्युजियम (वर्तमान छत्रपति शिवाजी महाराज वास्तुसंग्रहालय, मुम्बई) को दे दिया गया।[46] इस ताँबे के पात्र के मुहड़े में एक अभिलेख उत्कीर्ण है जिसकी भाषा संस्कृत और लिपि देवनागरी है। लेखानुसार संवत 1143, चक्र वर्ष क्षय, चैत्र के शुक्ल पक्ष की चौदवी को यहाँ श्रीपुरी जिला की जोगेश्वरी

देवी को 194 पलों (वजन) से निर्मित ताँब्रपात्र (समर्पित) है।[47] पल प्राचीन समय में वजन नापने की इकाई है। एक पल पैंतीस ग्राम वजन के बराबर है। 194 पल, अर्थात् 6.790 किलोग्राम के वजन का यह ताँब्रपात्र है।[48]

मूल लेख निम्नानुसार है (चित्रफलक–49ब) –

(ओह) सवंत 114(3 क्ष)य संवतसरा(तम) चैत्र–सुधा(सुदी)
14 श्रीपुरी वीना(श)येत्रया श्री–जोगेश्वनी(री) दीयाः
तन्त्र(म्त) पलास (*) 194
लोहिक्रिला (ताह) ।।

एक मूर्ति के अधिष्ठान में एक अभिलेख मिला है। जो मूलतः कन्नड़ में है। यह एलीफेंटा की मुख्य गुफा में ब्रह्मा की मूर्ति के निकट से प्राप्त हुआ है। हाँलाकि लेख बहुत घिसा हुआ है। जिसके लेख को पढ़ा गया है–'बलदारी प्रतिष्ठा शिव... रसामीकामी' अर्थात् बलदारी द्वारा शिव को समर्पित किया हुआ। इस अभिलेख की लिपि और इसकी लिखावट से प्रतीत होता है कि यह नवीं शताब्दी ईसवी का होगा।[49] जबकि हाल के अध्ययन में पाया गया है कि यह लिपि छठीं–सातवीं शताब्दी ईसवी की है।[50]

पुलकेशिन द्वितीय (610–642 ईसवी) के एहोल के मेगुती मंदिर से प्राप्त एक अभिलेख है जिसमें अठारह पंक्तियाँ है, जिसकी लिपि कन्नड़ है। जिसके अनुसार 634 ईसवी में पुलकेशिन द्वितीय द्वारा मौर्यों की राजधानी और समुद्रतटीय शहर पुरी में सैकड़ों जहाजों और चिन्घाड़ते हाथियों द्वारा आक्रमण किया और मौर्य राजा का संभवतः वध कर दिया गया और इसके राज्य को राजसात कर लिया गया। आगे अभिलेख कहता है कि उत्तरी कोंकण और नासिक का क्षेत्र सीधे चालुक्यों के अधीन आ गया। पुरी को पुलकेशिन द्वितीय पश्चिमी समुद्र की भाग्यलक्ष्मी से अभीहित करता है[51] क्योंकि इसकी अवस्थिति रणनीतिक स्तर पर व्यापारिक मार्ग में थी और यह पहला बन्दरगाह है जहाँ पर लम्बी समुद्र यात्रा के पश्चात् जहाजों को आराम करने और साँस लेने का अवसर मिलता था। परिणामस्वरूप यह द्वीप बहुत ही सम्पन्न हो गया। यही कारण है कि पुलकेशिन द्वितीय ने इस छोटे से द्वीप पर आक्रमण कर अधिकार कर लिया।

दन्तिदुर्ग के मनोर अभिलेख (पत्र) जिसका समय शक संवत 671 दिया है अर्थात् 749–50 ईसवी का है जिसके अनुसार दन्तिदुर्ग (735–756 ईसवी) द्वारा पुरी (घारापुरी) के ब्रह्मा मंदिर की तीर्थयात्रा की तथा श्रीपुरा के मंदिर के लिए ताम्बासहिका (आधुनिक तामसाही मनोर के निकट) को दान में दिया। विद्वानों ने मनोर के निकट श्रीपुरा को पुरी अथवा घारापुरी ही माना है।[52]

डियागो डी कुटो प्रसिद्ध पुर्तगाली इतिहासकार था जिसने 1559 ईसवी में भारत की यात्रा की और यहाँ एक दशक तक ठहरा। उसने एलीफेंटा द्वीप की यात्रा 1559 में की और इसका, यात्रा–वृतान्त 1603 में द एशिया डेकेडा के नाम से प्रकाशित हुआ, जिसे फलेचर द्वारा इसको उपलब्ध कराया गया।[53] कुटो प्रथम व्यक्ति था जिसने बताया कि यहाँ की गुफा में एक अभिलेख मिला जिसको तत्कालीन भारत में नहीं पढ़ा जा सका। इसको गुफा से निकलवाकर पुर्तगाल के राजा डी जॉन तृतीय के पास तत्कालीन पुर्तगाली वायसराय डोम जाओ डे कास्ट्रो ने 1540 ईसवी में पुर्तगाल भेजवा दिया। पुर्तगाल का राजा भी इसको पढ़ने के प्रयास में असफल रहा।[54] वहीं एक अन्य उल्लेख है कि यह अभिलेख पैगोड़ा के प्रवेश द्वार से निकाला गया, जिसका आकार बड़ा और अक्षर साफ थे, को पुर्तगाल के राजा डी जॉन तृतीय को भेज दिया गया। राजा की पूरी कोशिशों के पश्चात भी इसको पढ़नें में असफल रहे और इसका कहीं पता नहीं है।[55] संभव हैं कि यह अभिलेख ब्राह्मी लिपि में रहा हो और यदि ऐसा था तो इसको पढ़ने की संभावना भारत में ही हो सकती है न कि पुर्तगाल में। इसकी और एक संभावना यह भी हो सकती है कि इसको ट्राफी के रूप

में पुर्तगाल भेजा गया हो विशेषकर इनके अधीन क्षेत्रों में मिलने वाले इस प्रकार के अभिलेखों को अथवा विशेष प्रकार की कलाकृतियों को।[56]

पुर्तगालियों के दौरान शेतबंदर का प्रयोग बंदरगाह के रूप में किया गया और इन्होंने यहाँ पर वाच टावर का निर्माण किया और यहाँ की विख्यात कलाकृतियों को विनष्ट कर दिया। इसके अतिरिक्त इन्होंने एलीफेंटा की गुफा संख्या–6 को गिरजाघर के रूप में परिवर्तित कर दिया[57] और इसके लिए इन्होंने मोटा प्लस्तर कर सभी दृष्टव्य कलाकृतियों को ढक दिया था। परिणास्वरूप यह गिरजाघर के सदृश्य दिखने लगा जिसका एक कारण यह भी था कि इसके स्थल विन्यास में वराण्डा की व्यवस्था थी और अन्दर की ओर एक कक्ष तथा सामने की ओर रिक्त स्थान की व्यवस्था ने पुर्तगालियों को अपने देश में निर्मित गिरजाघर के सदृश्य विन्यास (क्रास) जैसा उपयुक्त पाया। यही कारण है कि इसे गिरजाघर में परिवर्तित करने में आसानी हुई, जिसके वे पहले से ही आदि थे।

1783 में हेक्टर मैकनील ने एक पर्शियन अभिलेख का उल्लेख किया है जिसको 1813 में विलियम एरिस्कन जिसने एलीफेंटा द्वीप की यात्रा की, देखा पर अवस्थिति का पता नहीं लगा पाया।[57]

ब्रिटिश कालीन दो तोप (चित्रफलक–111)–अग्रेजों के अधीन एलीफेंटा के आने पर यहाँ इनका प्रभाव बढ़ गया और इस द्वीप की अवस्थिति के कारण 1913–14 में पुली की सहायता से चलने वाली विशाल दो तोपों को यहाँ पर स्थापित किया गया। प्रथम तोप की अवस्थिति 18^0 57' 37.0" उत्तरी अक्षांश तथा 72^0 55' 43.7" पूर्वी देशान्तर और लम्बाई 9.80 मीटर तथा प्रारंभिक छोर का व्यास 0.30 मीटर तथा बाहरी ओर का 0.72 मीटर है जबकि अन्तिम छोर का अन्दरूनी व्यास 0.19 मीटर तथा बाहरी ओर का व्यास 0.39 मीटर है। यह वृत्ताकार अधिष्ठान के ऊपर अवस्थित है जिसका अन्दरूनी व्यास 6.85 मीटर है और बाहरी ओर का व्यास 9.30 मीटर है। इसके नीचे जाने के लिए सोपानों की व्यवस्था है, जहाँ से इसको गतिशील किया जाता था। इसके बायीं ओर के भाग में कुछ कक्षों की व्यवस्था है, संभवतः सिपाहियों के रहने के लिए बनाया गया था।

द्वितीय तोप की अवस्थिति 18^0 57' 43.0" उत्तरी अक्षांश तथा 72^0 55' 43.1" पूर्वी देशान्तर है और आकार–प्रकार उपरोक्त वर्णित तोप जैसा है। इनको तीन सौ साठ अंशों में बिना रूके घुमाया जा सकता है। लेकिन भारत की स्वतंत्रता के पश्चात इन तोपों का रणनीतिक महत्त्व कम हो गया। इसलिए इनकी देखरेख भारतीय नौ सेना द्वारा वर्तमान में की जा रही है। पर्यटक इन्हें देखने के लिए आते हैं और इसे तोप पहाड़ी के नाम से भी पुकारा जाता है। इन तोपों के आसपास की पाषाण और सीमेंट से निर्मित संरचनाएं अब क्षतिग्रस्त हो गयीं है।

संदर्भ–

1. रविन्द्र सिंह, बिष्ट, *धौलावीरा,* भा. पु. स., 2015, पृष्ठ–228–260।
2. *पुरासम्पदा,* स्मारिका, भारतीय पुरातत्त्व सर्वेक्षण, नई दिल्ली, 2012, पृष्ठ–25–29।
3. परमेश्वरी लाल, गुप्त, *भारत के प्रमुख अभिलेख,* खण्ड–1, विश्वविद्यालय प्रकाशन, वाराणसी, 2011, पृष्ठ–1–2।
4. वासुदेव शरण, अग्रवाल, *इंडिण्यन आर्ट,* विश्वविद्यालय प्रकाशन, वाराणसी, 1905, पृष्ठ 79–81।
5. तदैव, पृष्ठ–78–79।
6. के. सी., श्रीवास्तव, *प्राचीन भारत का इतिहास तथा संस्कृति,* यूनाइटेड बुक डिपो, इलाहाबाद, 1989, पृष्ठ–298।
7. *इंडियन आर्कियोलॉजी–1999–2000–ए रिव्यू,* भारतीय पुरातत्त्व सर्वेक्षण,नई दिल्ली, 2006, पृष्ठ–106।
8. जार्ज, मिचेल, *एलिफेंटा,* प्रकाशन–इंडिया बुक हाउस प्राइवेट लिमिटेड, मुम्बई, 2002, पृष्ठ–124।
9. सदाशिव, गोरक्षकर, *सोपाराः एडोब ऑफ द बुद्धास् सेवन सुप्रीम,* जर्नल ऑफ द एशियाटिक सोसायटी ऑफ बाम्बे, पब्लिसड बाए द एशियाटिक सोसायटी ऑफ बाम्बे, बाम्बे, 1986, पृष्ठ–20–22।
10. भगवानलाल इन्द्रजी, एण्टीक्वेरियन रिमेन्स एट सोपारा एण्ड पदान, *जर्नल ऑफ बाम्बे ब्रान्च,* रायल एसियाटिक सोसायटी, 15, 1882, पृष्ठ–273–317।

11. *इंडियन आर्कियोलॉजी–2000–2001–ए रिव्यू,* भारतीय पुरातत्त्व सर्वेक्षण,नई दिल्ली, 2006, पृष्ठ–106–07।
12. *गजेटियर* http://raigad.nic.in/DG/1964/places_Elephanta.html. ।
13. गजेटियर http://raigad.nic.in/DG/1964/places_Elephanta.html. ।
14. एस. आर., राव, *हेमाकूट–रिसेन्ट रिसर्च इन आर्कियोलॉजी एण्ड म्यूजिओलॉजी,* सी. टी. कोतारियह फेलीसीटेसन् वाल्यूम, 2001, पृष्ठ–92।
15. मनीष, राय, एन्सीएंट वाटर मैनेजमंट सिस्टम आफ घारापुरी आईलैण्डः ए केस स्टडी, जनरल ऑफ इण्डियन ओसियन आर्कियोलॉजी, *ए ज्वाइन्ट पब्लीकेशन आफ सेन्टर फार रिसर्च एण्ड ट्रेनिंग इन हिस्ट्री, आर्कियोलॉजी एण्ड पैलियो–एन्वायरमेंट एण्ड इन्द्रप्रस्थ म्यूजियम ऑफ आर्ट एण्ड आर्कियोलॉजी,* नई दिल्ली, 2013, पृष्ठ–202–209।
16. एम. के., धवलीकर, *एलीफेंटा,* द डायरेक्टर जनरल, आर्कियोलॉजीकल सर्वे ऑफ इंडिया, नई दिल्ही, 2007, पृष्ठ–75।
17. मनीष, राय, एन्सीएंट एक्वेटिक आर्क्टिेक्चर ऑफ इंडिया विथ स्पेशल रिफरेन्स टू द घारापुरी आईलैण्ड, *हेरीटेज जनरल आफ मल्टीडिसीपीलेनरी स्टडीज इन आर्कियोलॉजी,* वाल्यूमस्–2, डिपार्टमेंट ऑफ *आर्कियोलॉजी* यूनीवर्सिटी ऑफ केरला, त्रिवन्थापुरम्, 2014, पृष्ठ–693।
18. शोभना, गोखले, *कन्हेरी इन्स्क्रिपसन्स्,* दक्कन कॉलेज पोस्ट ग्रेजूयेट एण्ड रिसर्च इन्सट्टियूट, पुणे, 1991, पृष्ठ–16।
19. एम. के., धवलीकर, लेट हीनयान केव्स ऑफ वेस्टर्न इंडिया, डेक्कन कॉलेज पोस्टग्रेजुएट एण्ड रिसर्च इन्स्टीट्यूट, पुणे, 1984, पृष्ठ–67।
20. एस., नागाराजू, *बुद्धिस्ट आर्किटेक्चर ऑफ वेस्टर्न इंडिया,* अगम कला प्रकाशन, दिल्ली, 1981, पृष्ठ–323।
21. एस. आर. राव, यथोक्त, पृष्ठ–89–95।
22. शीला त्रिपाठी, एण्ड ए. एस., गौर, ओन शोर एण्ड नियर शोर एक्सप्लोरेशनस् एलांग द महाराष्ट्रा कोस्टः विथ ए व्यू ट लोकेटिंग एनसियंट पोर्ट एण्ड सबमर्ज साइटस्, *मैन एण्ड एनवायरॉनमेंट,* वाल्यूम XII(2) , पुणे, 1997, पृष्ठ–73–83।
23. एस. आर., राव, *साइन्स टूडे,* 1983, पृष्ठ–19।
24. तदैव, पृष्ठ–19–20।
25. एस. आर., राव, *प्रोग्रेस एण्ड प्रास्पेक्ट ऑफ मेराइन आर्क्यिोलाजी इन इंडिया,* एन.आई.ओ., गोवा, 1987, पृष्ठ–65–67।
26. तदैव, पृष्ठ–65–67।
27. तदैव, पृष्ठ–65–67।
28. शोभना, गोखले, यथोक्त, पृष्ठ–152।
29. एस. आर., राव, यथोक्त, पृष्ठ–65–67।
30. एस. आर., राव, यथोक्त, पृष्ठ 19–20।
31. शीला त्रिपाठी, एण्ड ए. एस., गौर, यथोक्त, पृष्ठ–73–83।
32. ए., घोष, *एन इनसाइक्लोपीडिया आफ इंडियन आर्कियोलॉजी,* वाल्यूम–1 एण्ड 2, मुन्शीराम मनोहरलाल, नई दिल्ली, 1989, पृष्ठ–259।
33. एस. आर., राव, हेमाकूट–रिसेन्ट रिसर्च इन आर्कियोलॉजी एण्ड म्यूजिओलॉजी, *सी. टी. कोतारियह फेलीसीटेसन् वाल्यूम,* 2001, पृष्ठ–89–95।
34. जयनारायण, पाण्डे, *पुरातत्त्व विमर्श,* प्राच्य विद्या संस्थान, इलाहाबाद, 2013, पृष्ठ–650।
35. आर.ई.एम. मार्टीमर, व्हीलर, *एन्सीएन्ट इंडिया,* सं.2, डायरेक्टर जनरल, आर्कियोलॉजीकल सर्वे ऑफ इण्डिया, नई दिल्ली, वाल्यूम–2, 1946, पृष्ठ–17–124।
36. अलोक, त्रिपाठी, एम्फोरा फ्राम एलीफेंटा आयलैण्डः फ्रैश एवीडेस आफ वेस्टर्ली ट्रेड, *यावनिका,* नम्बर–3, जर्नल ऑफ द इण्डियन सोसायटी फार ग्रीक एण्ड रोमन स्टडीज, 1993, पृष्ठ–67–74।
37. तदैव, पृष्ठ–67–74।
38. एम. के., धवलीकर, यथोक्त, पृष्ठ–7।
39. सूरज ए., पंडित, *रिलिजियस डवल्पमेंट ऑफ बुद्धिज्म एस अन्डरस्टूड थ्रो द आर्ट आफ कन्हेरी,* पीएच. डी थीसिस, मुम्बई यूनीवर्सिटी, 2004, पृष्ठ–159।

40. आर. सी., मजूमदार, *द ऐज ऑफ इम्पीरियल यूनिटी,* भारतीय विद्या भवन, बाम्बे, 1968, पृष्ठ–620–21।
41. एस. आर., राव, *यथोक्त,* पृष्ठ–65–67।
42. सच्चिदानन्द, सहाय, *मंदिर स्थापत्य का इतिहास,* बिहार हिन्दी ग्रन्थ अकादमी, पटना, 1981, पृष्ठ–155–156।
43. इसको स्वयं लेखक द्वारा एलीफेंटा द्वीप के शेतबन्दर और मोराबन्दर के बीच के स्थान से प्राप्त किया। जिसकी पुष्टि डॉ. सुनील गुप्ता, इलाहाबाद संग्रहालय, प्रयागराज और साथियों ने की।
44. आर. ई. एम., व्हीलर, यथोक्त, पृष्ठ–41।
45. हीरानंद, शास्त्री, *ए गाइड टू एलीफेंटा,* मेनेजर ऑफ पब्लिकेशन, दिल्ली, 1934, पृष्ठ–23।
46. *एन्युल रिर्पोट 1924–25,* द डायरेक्टर जनरल, आर्कियोलॉजीकल सर्वे ऑफ इंडिया, नई दिल्ली, 2002, पृष्ठ–17 ।
47. हीरानंद, शास्त्री, यथोक्त, पृष्ठ–23।
48. मनीष, राय, आर्कियोलॉजी ऑफ एलीफेंटा आसलैण्ड फ्राम इनस्क्रइब्ड एण्ड रिटन रिकार्डस्, *हेरीटेज एण्ड अस, कन्सर्व इट फार फ्यूचर,* क्वाटरली ई–जनरल, ईयर थ्री, इसू थ्री, नई दिल्ली 2014, पृष्ठ–21–22।
49. हीरानंद, शास्त्री, यथोक्त, दिल्ली, पृष्ठ–21।
50. एस. एन., चक्रवर्ती, द इमेज ऑफ ब्रह्मा फ्राम ऐलीफेंटा, *ललितकला,* वाल्यूम 1–2, अप्रैल 1955–मार्च 1956, नई दिल्ली 1956, पृष्ठ–88।
51. कीलहॉर्न, *इपीग्राफिया इंडिका,* वाल्यम–VI, डायरेक्टर जनरल, आर्कियोलॉजीकल सर्वे आफ इण्डिया, नई दिल्ली, 1981, पृष्ठ–1–12।
52. कल्पना, देसाई, *जेवल्स ओन द क्रिसेन्टः मास्टरपीसेस ऑफ छत्रपति शिवाजी महाराज वास्तुसंग्रहालय,* मुम्बई, 2002, पृष्ठ–235।
53. करमेल, ब्रेकसन, *एलिफेंटा द केव ऑफ शिवा,* मोतीलाल बनारसी दास पब्लिशर्स प्राइवेट लिमिटेड, दिल्ली, 1999, पृष्ठ–42।
54. हीरानंद, शास्त्री, यथोक्त, पृष्ठ–20–21।
55. मनीष, राय, यथोक्त, पृष्ठ–21–22।
56. तदैव, पृष्ठ–21–22।
57. जार्ज, मिचेल, यथोक्त, पृष्ठ–91।

अध्याय–3

मूर्तिकला तथा चित्रकला

भारतीय कला में असीम संभावनाओं का समावेश है। जिसके विकास में देश के सांस्कृतिक अनुभवों, धार्मिक परम्पराओं, आचारों–विचारों और आदर्शो की अमिट छाप दिखती है। कला मानव मस्तिष्क की उच्चतम और प्रखरतम कल्पना है। किसी भी कलाकृति की रचना में कौशल और लयबद्धता होने से दर्शक अथवा श्रोता का ध्यानाकर्षित करती है, जो मानव हृदय की गहराइयों में पहुँचकर सुखदोभाव और अनुभूतियों का प्रादुर्भाव करती है, और मानवोन्द्रियों को रसानुभूति कराती है, उसे कलाकृति कहा जा सकता है। प्राचीन भारतीय कला में धार्मिक और लौकिक दोनों प्रकार के उदाहरण मिलते हैं जिनमें धार्मिक स्थापत्य और मूर्तिकला बहुतायत में उपलब्ध है। स्तूप, विहार, चैत्य, शैलकृत गुफा–मन्दिर तथा मूर्तिकलाओं में इनकी रूपरेखा और शैलीगत क्रमिक तथा निरन्तर विकास दिखलाई देता है। वहीं सिक्कों, मुहरों, चित्रकला में शैलीगत और तकनीकी विकास भी परिलक्षित होता है। इनमें निरन्तर विकसित होने की क्षमता और विज्ञान प्राद्योगिकी की प्रगति की समर्थता के परिणामस्वरूप कलात्मक सौन्दर्यं और भव्यता भाषित होती है तथा जीवन के स्पंदन का संचार होने लगता है।

भारतीय परिपेक्ष्य में कलाओं का परिज्ञान प्रागैतिहासिक काल से माना जाता है तथापि परिपक्व मूर्तिकला के पुरातात्त्विक प्रमाण सिंधु–घाटी सभ्यता में दर्शित होते हैं। प्राचीन भारतीय कला में शिव का अंकन हड़प्पा काल से दर्शित–परिलक्षित होता है जिसके पुरातात्त्विक प्रमाणों के रूप में लिंगों तथा पशुपति के आदि–स्वरूप को माना जाता है। कालान्तर में इसका विशद तथा विविध स्वरूपों का विस्तृत वर्णन वैदिक ग्रन्थों में मिलता है। द्वितीय शताब्दी के आते–आते के शिव का अंकन आरम्भ हो जाता है जिसे शिल्प में प्रायः शिव के एकल रूप को प्रस्तुत किया गया है। शुंग–कुषाण काल के दौरान शिव के साथ उनकी पत्नी पार्वती को भी अंकित किया जाने लगा। गुप्त काल के आते–आते शिव से संबंधित पौराणिक कथाओं की लोकप्रियता का प्रचार–प्रसार होने लगा। परिणामस्वरूप उनका मूर्त रूप भी निर्मित किया जाने लगा। जिससे जहाँ एक ओर आनन्द की अनुभूति होती थी, वहीं कलाकार को उसका उचित पुरूस्कार राजाओं और समाज के धनाड्य वर्ग के द्वारा दिया जाता रहा है। कलाओं की विभिन्न धाराओं को उभरने तथा क्षेत्रीय कलाओं को विधि आयामों में पल्लवित–पुष्पित होने का अवसर मिला, जिसकी विछिन्न धाराओं की विकसित

अभिव्यक्ति हमें एलिफेंटा की गुफाओं में परिलक्षित होती है। इसमें शिव के विविध चमत्कारी लीलाओं का अतिशय कुशलतापूर्वक उत्कीर्णन बेसाल्ट शैलों पर किया गया है, जिसका समय सामान्यत छठी ईसवी के मध्य में माना जाता है।

शिव– शिव, सृष्टि का संहार करने वाले हैं। इनकी आराधना वैदिक काल से पूर्व सिन्धु–घाटी की सभ्यता के समय में होती आ रही है। इनके अनेक प्रमाण पुरातत्त्वविदों तथा इतिहासकारों द्वारा दिये जा चुके हैं। वैदिक काल में शिव का रूद्र रूप अधिक प्रसिद्ध रहा।[1] श्वेताम्बर उपनिषद में रूद्र के अनेक नामों का उल्लेख हुआ हैं। सांख्यायन तथा कौशीतकी उपनिषदों में शिव, रूद्र, महेश्वर, ईशान इत्यादि नाम इन्हें सर्वप्रमुख देवता सिद्ध करने के लिए प्रयुक्त हुए हैं। वेबर ने इनमें से महादेव तथा ईशान रूप को सर्वप्रमुख बताया हैं। अथर्ववेद में रुद्र भव, शर्व, पशुपति, उग्र, महादेव और ईशान, इन सात नामों का उल्लेख हुआ है। शतपथ और कौशीतकी ब्राह्मण उपरोक्त सात नामों के अतिरिक्त अशनि रूप की वृद्धि कर रूपों की पूर्ति कर देते हैं। इनमें भव, पशुपति, महादेव और ईशान, ये चार रक्षक कल्याणकारी रूप हैं और शर्व, रूद्र, उग्र, तथा अशनि ये चार संहारक रूप हैं। ये रूप भी सौम्य तथा अघोर भेद से दो प्रकार के हैं।[2] पाणिनि ने रूद्र के भव, शर्व, मूढ़ आदि नामों का उल्लेख किया है।[3] पतन्जलि ने रूद्र और शिव आदि रूपों को पशुना रूद्रं यजेत्[4] या शिवा रूद्रस्य भिषजी[5] कहकर अत्यन्त महत्त्वपूर्ण बताया है। रामायण में राम और शिव के रूप में एकता स्थापित की गयी है। वहीं, महाभारत में शिव के सहस्र नामों का उल्लेख हुआ है।

पुराणों में शिव की महत्ता और अधिक बढ़ गयी। शैव पुराण तो शिव को ही सर्वत्र मानते हैं और उन्हीं के विभिन्न स्वरूपों एवं सम्प्रदायों का वर्णन करना ही मुख्य उद्देश्य रहा है। वैष्णव पुराणों में शिव के रूप तथा आकार का वर्णन अवश्य हुआ है तथापि सीमित रूप में। शिव की उपासना सदा से ही दो स्वरूपों में होती रही है। फलस्वरूप उनकी प्रतिमाएँ भी दो रूपों में प्राप्त होती हैं–

1. लिंग–प्रतिमा और
2. मानवी अथवा रूप–प्रतिमा

1. लिंग प्रतिमा–लिंग रूप की उपासना उतनी ही प्राचीन है, जितनी कि वृक्ष पूजा इत्यादि की। शिव के लिंग रूप की उपासना न केवल भारतीयों में अपितु अनेक अन्य देशों में भी प्रचलित थी। लिंग उपासना शैव सम्प्रदाय का मुख्य अंग है। शिव के अन्य मानवी स्वरूपों की उपासना लिंग उपासना के समान लोकप्रिय नहीं रही। शिव के मन्दिरों के मध्य की प्रतिमा लिंग–स्वरूप में होती है। जिसके पुरातात्त्विक प्रमाण हमें हड़प्पा सभ्यता के समय से मिलने प्रारम्भ हो जाते हैं। वही ऋग्वेद में वर्णित शिश्न देवता की उपासना ही कालान्तर में होने वाली लिंग–उपासना के रूप में प्रचलित रही। वेदों में शिश्न देवता की उपासना की निन्दा की गई है।

शिव त्रिदेवों के अर्न्तगत सृष्टि का संहार करने वाले देव हैं। प्रलय के समय सम्पूर्ण चराचर इन्हीं में समा जाता है। इसी रूप में अपार शक्ति को धारण करते हैं। उन्हीं के द्वारा पुनः सृष्टि का सृजन होता है। परिणाम स्वरूप इनका लिंग स्वरूप अधिक महत्त्वपूर्ण है–

> लयं गच्छन्ति भूतानि संहारे निखिल यतः।
> सृष्टिकाले पुनस्सृष्टि तस्माल्लिंगमुदीरितम्।।[6]

वहीं, वैष्णव पुराणों में लिंग निर्माण का विस्तृत वर्णन नहीं है तथापि विष्णुधर्मोत्तर में लिंग निर्माण पर कुछ आदेश दिये गये हैं और शिव लिंग के तीन भाग हैं–

1. भोग–पीठ,
2. भद्र–पीठ, और
3. ब्रह्म–पीठ।

लिंग के ऊपर का भाग भोग कहलाता है। यह वृत्ताकार बनता है, इसके नीचे का भाग आठ कोणों वाला तथा इसके और नीचे का भाग चौकोर होता है। इस प्रकार के लिंग में बहुमूल्य रत्न लगे होने चाहिए–

भोगोऽस्यः वृत्तः कर्त्तव्यो भागमष्टास्रमेव तु।
चतुरस्रं तूथा भागं कर्त्तव्यं भूरिदक्षिणम्।।[7]

लिंग का निर्माण इस प्रकार से होना चाहिए कि इसका गोलाकार भाग दिखलाई पड़े। आठ कोण वाला भाग पिण्डिका में बना हो और चौकोर भाग ब्रह्म–पीठ में हो। ब्रह्म पीठ का निर्माण भद्र–पीठ के नीचे होता है। लिंग भाग ऊपर की ओर उठा होता है और इस पर बनी सुन्दर रेखाएँ ऊपर जाकर तिरछी हो जाती हैं। श्रीमद्भागवत में समस्त देव–गण शिव की स्तुति करते समय उनके लिंग रूप की ओर भी संकेत करते हैं और उसे पृथ्वी और आकाश तक व्याप्त बतलाते हैं।[8] वहीं शिल्प–ग्रन्थों में तीन प्रकार के लिंगों का वर्णन हुआ है जो क्रमशः निष्कल, सकल तथा मिश्र हैं। केवल लिंग–रूप में बना हुआ आकार निष्कल लिंग, प्रतिमा का रूप सकल तथा मुखलिंग रूप मिश्र होता है।

विष्णुधर्मोत्तर पुराण में जिस लिंग के निर्माण का आदेश दिया गया है, वह निष्कल–लिंग है। श्रीमद्भागवत तथा विष्णु आदि पुराणों में शिव के जिन अनेक रूपों का वर्णन हुआ है, वे शिव के सकल रूप हैं। सद्योजात, वामदेव, अघोर, तत्पुरूष तथा ईशान इन पाँच मुखों वाला लिंगरूप मिश्र का उदाहरण है।[9] शिव ही ऐसे देवता हैं जो यति तथा भोगी, राजा तथा रंक दोनों के आराध्य देव हैं।

लिंग दो [10] प्रकार के बतलाये हैं–

अ. चल, तथा

ब. अचल।

चल लिंग हल्के तथा एक स्थान से दूसरे स्थान पर ले जाये जा सकते हैं। पदार्थ के आधार पर यह छह प्रकार के बतलाये गये हैं[11]–

1. मृण्मय–मिट्टी का बना हुआ लिंग। यह पक्व तथा अपक्व दो प्रकार का होता है।
2. लौहज–लोहा, ताँबा, पीतल, चाँदी तथा सोने इत्यादि धातुओं को परस्पर मिश्रित कर बनता है।
3. रत्नज–इसमें मोती, वैदूर्य, नीलम, पुष्पराज, रूबी आदि बहुमूल्य रत्न जड़े रहते हैं। इसके साथ–साथ यह स्फटिक तथा सूर्यकान्त का भी बनता है।
4. दारूज–शमी, मधूक, कर्णिकर, तिन्दुक, अर्जुन, पिप्ल, उदुम्बर, खदिर, चन्दन, साल, बिल्व, बदर तथा देवदार वृक्षों की लकड़ी से बनता है।
5. शैलज–पाषाण पर बना हुआ लिंग जो एक मनुष्य के द्वारा एक स्थान से दूसरे स्थान पर ले जाया जा सके।
6. क्षणिक–वे लिंग जो पूजा के समय बनाये जायें तथा पूजा के समाप्त होने पर विसर्जित कर दिये जायें। ऐसे लिंग बालू, चावल, भात, नदी के किनारे की मिट्टी, मक्खन, रूद्राक्ष, चन्दन तथा कूर्च घास, पुष्प तथा आटे के बने होते हैं।[12]

मनुष्य के द्वारा बनाये जाने वाले लिंग मानुष कहलाते हैं।[13] इनके तीन भाग होते हैं–ब्रह्म–भाग, विष्णु–भाग और रूद्र–भाग। रूद्र–भाग ही पूजा अथवा भोग–भाग कहलाता है। इसी का जलाभिषेक किया जाता है और पुष्प, फल तथा अन्य पूजा की वस्तुएँ अर्पित की जाती हैं। रूद्र–भाग पर कुछ सुन्दर रेखाएँ बनी होती हैं, जिन्हें ब्रह्म–सूत्र कहते हैं। लिंग में पीठ का बनना अत्यन्तावश्यक है क्योंकि लिंग आधेय और पीठ आधार है। यह पीठ चौकोर, छह कोण, अष्टकोण किसी भी प्रकार का बनाया जा सकता है। जबकि विष्णुधर्मोत्तर ने भद्रपीठ को ही माना है।

मुखलिंग के अन्तर्गत एक मुख से पाँच मुख तक बनते हैं। पंचमुखी लिंग में चार मुख–लिंग के चारों ओर होते हैं और पाँचवा मुख चारों सिरों के ऊपर लिंग के सिरोभाग पर बने होते हैं।[14]

2 मानवीय प्रतिमाएँ–सामान्यतः शिव के जिन स्वरूपों का उल्लेख मिलता है उसके आधार पर उनकी प्रतिमाओं का विभाजन निम्नवत किया जा सकता है–

1. मंगलकारी शान्त–मूर्ति,
2. दक्षिण–मूर्ति,
3. नृत्य–मूर्ति, और
4. संहारक एवं अमंगलकारी मूर्ति।

उपरोक्त स्वरूपों का विभिन्नता के आधार पर वर्गीकरण निम्नलिखित है–

अ भुजाओं की विभिन्नता–शिव के भिन्न–भिन्न भुजा वाले अनेक रूप हैं। किसी में द्विभुजी, चतुर्भुजी और अष्टभुजी हैं, वहीं अन्य में दसभुजी हैं तो कभी–कभी वे सहस्र–भुजी भी हो जाते हैं।

ब सिरों की विभिन्नता– सामान्यतः स्वरूप में वे एक सिर वाले होते हैं तथापि किसी में पाँच सिर वाले हो जाते हैं।

स आयुधों की विभिन्नता–कभी शिव केवल त्रिशूल धारण करते हैं तो कभी डमरू, खड्ग, खेटक, पाश, सूर्यविम्ब रहता है तथापि किसी स्वरूप में खप्पर, चन्द्रबिम्ब, वज्र, रूद्राक्षमाला, तलवार, धनुष, खट्वांग, ढाल इत्यादि अनेकायुध धारण किये रहते हैं।[15]

द कार्यो की विभिन्नता– कभी शिव अपने वाहन वृषभ नन्दी पर पार्वती के साथ बैठते हैं, तो कभी नन्दी पर बैठ कर अपने गणों के साथ अकेले विचरण करते हैं। किसी स्वरूप में अनुग्रह करते हुए, किसी में नृत्यरत हैं कहीं योगेश्वर है तथा किसी में संहार करते हुए दिखाये जाते हैं।

1. मंगलकारी शान्त मूर्ति–इसके अर्न्तगत दो प्रकार की प्रतिमाएँ आती हैं–
   क. सौम्य अथवा शान्तमूर्ति और
   ख. अनुग्रह–मूर्ति।

क. सौम्य अथवा शान्तमूर्ति के अर्न्तगत निम्नलिखित प्रतिमाएँ आती हैं–

1. महादेव,
2. नीलकण्ठ,
3. महेश्वर,
4. वृषभवाहन,
5. उमा–महेश्वर,
6. कल्याणसुन्दर,
7. अर्धनारीश्वर, और
8. हरिहर

उपरोक्त वर्णित प्रकारों में केवल एलीफेंटा की गुफाओं में जिन चित्र–फलकों का अँकन है, उन्हीं प्रकारों का विस्तार से अध्ययन किया गया है। मुख्य गुफा के अंदर चारों ओर की दीवारों पर नौ मूर्ति–फलकों का अंकन है। यद्यपि इनमें से कुछ भग्नावस्था में है तथापि इनकी भव्य कलात्मकता देखते ही बनती है।

प्राचीन अर्थात् पूर्वी प्रवेशद्वार से घड़ी की दिशा में इनका वर्णन किया गया हैं–

1. चौपड़ खेलते शिव–पार्वती की प्रतिमा,
2. अर्धनारीश्वर प्रतिमा,
3. महेश अथवा सदाशिव प्रतिमा,
4. गंगाधर प्रतिमा,
5. शिव–पार्वती विवाह प्रतिमा,
6. अंधकासुर वध प्रतिमा,
7. ललितासन नटराज प्रतिमा
8. योगेश्वर प्रतिमा, और
9. रावणानुग्रह प्रतिमा।

चौपड़ खेलते शिव–पार्वती की प्रतिमा– इस प्रकार की प्रतिमाओं को उमा–महेश्वर प्रतिमा भी कहा जाता है। मूलतः विवाहोपरान्त आपसी झगड़ों को लेकर मन–मुटाव को ध्यान में रखते हुए, इस प्रकार का फलकों का अंकन किया गया है। चौपड़ खेलते हुए शिव–पार्वती को कैलाश पर्वत (चित्रफलक–24) पर दिखाया गया है। जिसमें शिव धोखे से खेल को जीत जाते है और इस चालबाजी से नाराज हो पार्वती सिर घुमा लेती हैं। शिव द्वारा धोखे से जीतने का पार्वती ने विरोध किया। जिससे शिव नाराज हो हिंसात्मक और विनाशक रूप धारण कर स्वर्ग को भी नाश करने की धमकी देते है और पार्वती द्वारा अपने विरोध को वापस लेने पर पुनः शान्ति स्थापित हो जाती है।

यह चित्रफलक बुरी तरह से खण्डित हो गया है। चतुर्भुज शिव को बायें पैर के बल पर मोड़कर बैठे हुए दिखाया गया है। सिर भंगित है तथापि सिर के पीछे प्रभामण्डल है। विभिन्न वस्त्राभूषणों से सज्जित है। नाराज पार्वती शिव के विपरीत दिशा में सिर किये हुए है। नंदी और विभिन्न गणधरों का अंकन है। पार्वती के पीछे दायीं ओर एक नारी परिचारिका एक छोटे बच्चे को गोद में उठाये हुए है जबकि बायीं ओर भी परिचारिका खड़ी है, हाथ खण्डित है। संभवतः इसके हाथ में चामर रहा होगा। दोनों किनारों में स्थानक मुद्रा में द्वारपाल हैं। इसके ऊपरी भाग में उड़ते हुए विद्याधरों का अंकन है। यहाँ पर एक दाड़ीयुक्त संत को कटोरा लिये हुये भी अंकित किया गया है। कैलाश पर्वत को शंकु आकार की आकृतियों के माध्यम से दिखाया गया है। फलक के दोनों ओर छल्लेदार बादलों का अंकन है।[16]

इस फलक में बौद्ध चैत्यों के विभिन्न स्वरूपों को देखा जा सकता है। इसके ऊपरी भाग में अंकन बाहर की ओर है जबकि आन्तरिक भाग का अँकन अन्दर की ओर है। इस प्रकार के विद्याधरों का अंकन कन्हेरी और कोण्डीवटे की बौद्ध गुफाओं में देखा जा सकता है (चित्रफलक–41)।

अर्धनारीश्वर प्रतिमा–शिव का यह ऐसा रूप है जो शिव तथा शाक्त धर्म में एकता स्थापित करता है। विष्णु पुराण में ऐसा प्रसंग प्राप्त होता है कि जब ब्रह्मा की टेढ़ी भृकुटि और क्रोध संतप्त ललाट से रुद्र की उत्पत्ति हुई तो उसका आधा शरीर पुरुष का था और आधा स्त्री की भाँति था। श्रीमद्भागवत में शिव के लिए कहा गया है कि उन्होंने प्रीतिवश अपना आधा शरीर पार्वती को समर्पित कर दिया –

प्रेम्णाऽऽमनो योऽर्धमदात्सतां प्रियः [17]

विष्णुधर्मोत्तर में वर्णित गौरीश्वर रूप ही शिव का अर्धनारीश्वर रूप है। इस रूप में शिव चतुर्भुज है और उनके आधे बाएँ शरीर में पार्वती का अंकन होता है–

वमार्धेपार्वती कार्या शिवः कार्यश्चंतुर्भुजः।।

शरीर का आधा दाहिना भाग पुरुष का तथा बायाँ आधा भाग स्त्री (चित्रफलक–25, 26) का होता है। अपनी दोनों दाहिनी भुजाओं में वे अक्षमाला तथा त्रिशूल धारण करते हैं, किन्तु दोनों बायीं भुजाओं में इन्दीवर (नीलकमल) तथा दर्पण रहता है, जैसा कि एलीफेंटा में हैं। उनका एक मुख रहता है। जिसमें आधा मुख शिव की भाँति, जटा, चन्द्रकला तथा कुण्डल आदि से भूषित होता है। आधा मुख जो स्त्री के समान होता है वह स्त्रियोचित सभी प्रकार के वस्त्राभूषणों से सुसज्जित रहता है। देव दो नेत्रों से युक्त हैं तथा यह प्रकृति और पुरुष का अभिन्न स्वरूप है, जिसको अर्धनारीश्वर के माध्यम से प्रकट किया गया है। एक अन्य स्थल पर अर्धनारीश्वर रूप का उल्लेख करते समय विस्तार से अंगों के निर्माण, अलंकार एवं चरणादि पर प्रकाश डाला गया है। आधे शरीर पर जटाजूट, चंद्रकला, भस्मलेप, नाग यज्ञोपवीत, सर्प, मेखला, त्रिशूल, अक्षमाला हो तथा आधे भाग में सुन्दर केश विन्यास, तिलक, हार, केयूर, स्तन, आलक्तक, दर्पण आदि होना चाहिए।

अर्धनारीश्वर रूप की कल्पना अत्यन्त प्राचीन है। जिस अण्ड से सृष्टि की उत्पत्ति हुई उसका भी आधा भाग पुरुषतत्त्व और आधा भाग स्त्रीतत्त्व था, ऐसा अथर्ववेद में कहा गया है।[4] ऋग्वेद प्रत्येक पुरुष में अर्धस्त्रीतत्त्व और प्रत्येक स्त्री में पुरुषतत्त्व स्वीकार करता है। अर्धनारीश्वर रूप की कथा कालिका पुराण में दी हुई है। एक दिन शिव के मरकतमणि के समान चमकते हुए वक्षःस्थल पर पार्वती ने अपनी प्रतिबिम्बत हुई छाया को देखा और किसी दूसरी स्त्री का प्रतिबिम्ब समझ कर शिव से रुष्ट हो गयी। तत्पश्चात् अपनी शंका का समाधान हो जाने की आकांक्षा प्रकट की। इसी के फलस्वरूप दोनों ने अपने शरीर को आधे–आधे रूप से मिला दिया। यही शिव का अर्धनारीश्वर रूप बन गया। मत्स्य पुराण में इस रूप के निर्माण करने की विधि का विस्तृत वर्णन हुआ है। जिसमें शिव का आधा शरीर जटा, त्रिशूल, सर्पयज्ञोपवीत, बाघाम्बर, सर्प–कुण्डल से शोभित रहता है। किन्तु बायीं ओर का अर्ध भाग, मुकुट, कुण्डल, सुन्दर वस्त्र, केयूर, कंगन आदि से शोभित रहता है। बायें चरण में आभूषण रहते है तथा आलक्तक लगा रहता है।

यहाँ चतुर्भुजी अर्धनारीश्वर को दिखाया गया है, जिसमें दाहिना भाग शिव का है। इसमें चौड़े सीने और चुस्त पेट का अंकन है। दाहिने हस्त की कुहनी नंदी के सिर पर रखी है। सिर में जटामुकुट है जबकि पार्वती के ऊपर के बाँये हस्त में दर्पण है, जो नारी सुलभ सुन्दरता का प्रतीक भी है और निचले हस्त नीचे की ओर है परन्तु खण्डितावस्था में है और एक स्तन का अंकन किया गया है।

बायीं ओर कार्तिकेय स्थानक मुद्रा में हैं, जिनके एक हस्त में भाला है (चित्रफलक 27)। चतुर्भुजी त्रिमुखी ब्रह्मा का अंकन है जो चार हंसों के वाहन पर आरूढ़ हैं। इनके बगल में इन्द्र को एरावत हाथी के साथ दिखाया गया है। इनके सामने भाग में चतुर्भुजी गदा और चक्र से युक्त विष्णु गरूड़ासीन है। निकट ही लक्ष्मी का भी अंकन है जिसमें वामन को जलपात्र पकड़े हुए दिखलाया गया है। हाँलाकि मानव स्वरूप में अंकित पंखों से युक्त गरूड़ की नाक खण्डित है। समुद्र के देवता वरूण अपने वाहन पर मकरासीन हैं।[18] इसके ऊपरी भाग में उड़ते हुए विद्याधरों का अंकन है जिसमें एक विद्याधर को दोनों हस्तों से एक माला को पकड़े हुए दिखाया गया है। इसके ठीक पीछे की ओर विद्याधरी है और इसके पश्चात भृंगी है, इनके बायें हस्त में कुछ रखा हुआ है जबकि दायाँ हस्त उठा हुआ है। फलक के दोनों ओर छल्लेदार बादलों का अंकन है। परिचारकों को चक्र इत्यादि को पकड़े हुए भी दिखाया गया है। पार्वती से संबंधित चामरवाहिनी नारी परिचारकों को दिखलाया गया है।

महेश प्रतिमा– सदाशिवमूर्ति (चित्रफलक–31,32) का संबंध शैव धर्म से माना जाता है। शैव धर्म के एक मतानुसार तीन तत्व हैं जिनमें शिव, सदाशिव तथा महेश है और ये निशकला, सकल निशकला तथा सकल क्रमशः उपरोक्त को निर्धारित करते हैं। संहार के कारण शुद्ध तत्व का निर्माण होता है और पाँच शक्तियों, पराशक्ति, आदिशक्ति, इच्छाशक्ति, ज्ञानशक्ति तथा क्रियाशक्ति के द्वारा निर्धारित होती है। क्रियाशक्ति ही निवृत्ति है। ये सभी मिलकर पाँच विभिन्न सदाशिव तत्व को बनाते हैं।

वहीं विष्णुधर्मोत्तर पुराण में शिव के पाँच मुख बताये गये हैं और ये हैं– ईशान, तत्पपुरूष, अघोर, वामदेव और सद्योजात। इनके मुख ईशान को छोड़कर चारों दिशाओं की ओर होते हैं। सामान्यतः इनके चार मुखों को उकेरा जाता है तथापि कभी–कभी एक, दो और तीन मुखों के अंकन का प्रावधान है। एलीफेंटा की गुफा में तीन मुखों का अंकन दिखलाई देता है। यहाँ की मध्यवर्ती सदाशिव की प्रतिमा मुख्य गुफा का सर्वप्रमुख आकर्षण है। यह सात मीटर ऊँची है, जिसमें परमात्मा के तीनों स्वरूपों, जैसे की सृजनकर्ता, संरक्षक और संहारक को समाहित किया गया हैं। यह उत्कृष्टतम कलाकृति है, जिसमें सदाशिव के तीन मुखों तत्पुरूष अथवा महादेव (मध्यवर्ती संपूर्ण मुखाकृति) अघोर अथवा भैरव (बायीं ओर) और वामदेव अथवा उमा (दांयी ओर) को दर्शाते है। चौथी मुखाकृति अदृश्य है, माना जाता है कि सद्योजात का प्रतीक है तथा आकाश की ओर के भाग को ईशान शिव माना जाता है।[19] दाहिनी ओर के सिर की आँखें उग्र है, घुमावदार मूँछे तथा दाढ़ी है और जटा–मुकुट कई सर्पो से मिलकर बना है तथा उसमें मानव कंकाल को आभूषण के रूप में दिखाया गया है। कानों में सर्प–कुण्डल है, बगल में कोबरा साँप का फण भी स्पष्ट दिखाई देता है। जो निश्चित रूप से अघोर मूर्ति है। केन्द्रीय मुख शांत तथा शानदार है। कानों में मकर–कुण्डल है, जो निश्चित रूप से सद्योजात का प्रतिनिधित्व करता है जबकि दाहिनी ओर का मुख भी शांत तथा प्रशांत है, कानों में शंख–पत्रनुमा कुण्डल है। छह हाथ है, इनके दाहिने हाथ में कोबरा, दूसरे में सर्प–मुद्रा, अभय मुद्रा अथवा अक्षमाला पकड़े हैं परंतु यह बुरी तरह क्षतिग्रस्त है। सामने के हाथ में मतुलिंग है, अस्पष्ट होने के कारण अन्य हाथों के आयुध अज्ञात है।[20]

गंगाधर प्रतिमा–शैव ग्रन्थों की मान्यताओं के अनुसार एक बार राजा सगर के दश सहस्र पुत्रों को महर्षि कपिल ने अपने श्राप से भस्मीभूत कर दिया था और प्रायश्चित के रूप में उन्होंने यह वरदान भी दिया कि वे गंगा जल के स्पर्श से पुनः जीवित हो सकते है और स्वर्ग के लिए प्रस्थान कर सकते है। कालान्तर में राजा सगर के वंशज भागीरथ ने ब्रह्मा की उपासना कर गंगा को स्वर्ग से वसुंधरा पर लाने का वरदान प्राप्त किया किन्तु गंगा के वेग के कारण धरती के टुकड़े–टुकड़े हो सकते थे। अतः गंगा के वेग को सहन करने के लिए भागीरथ ने शिव की घोर तपस्या की। फलस्वरूप तपस्या से प्रसन्न होकर शिव ने अपनी जटा में गंगा के वेग को बाँधने अथवा रोकने का वरदान दिया। गंगा स्वर्ग से धरती पर आती हैं और भागीरथ के पूर्वजों की भस्म को गंगा के जल के स्पर्श से अभिशाप से मुक्ति मिल जाती है और वे स्वर्ग में प्रस्थान कर जाते हैं।[21] इसके आधार पर निर्मित प्रतिमा गंगाधर (चित्रफलक–33) प्रतिमा कहलाती है।

शिव को चतुर्भुजी और द्विभंगावस्था में स्थानक–मुद्रा में प्रदर्शित किया गया है। इनके दाहिने हस्त ही बचे हैं और शेष खण्डितावस्था में है। इनका एक बायाँ हाथ सिर के जटाओं की ओर दिखलाई पड़ रहा है और प्रतीत होता है कि ये गंगा के भार को वहन करने के लिए तैयार हैं। इनके हस्तों में कड़ा और बाहों में बाजूबंद और केयूर देखा जा सकता है। इनके गले में कंठाहार और कानों में कर्णकुण्डल आदि हैं। शिव का सिर गंगा के भार के वहन करने के कारण हल्का सा दाहिनी ओर मुड़ गया है और यह इस तथ्य का संकेत है कि गंगा का वेग तीव्र है जिसे कलाकार ने बड़ी कुशलता से अंकित किया है। इनकी जटाओं के ऊपर तीन सिर वाली गंगा का अंकन है। **सरस्वती सरासी** ने इनको मंदाकिनी, सुराधनी तथा भागवती कहा जबकि प्रचलन में गंगा, यमुना और सरस्वती भी माना जाता है।

गंगाधर के दाहिनी ओर पार्वती स्थानक–मुद्रा में है और वस्त्राभूषणों से युक्त हैं। पार्वती के दाहिने कंधे को शिव का बायाँ हस्त द्वारा स्पर्श किया जा रहा है। इनके मुख को देखने से प्रतीत होता हैं कि गंगा को धारण करने के कारण गंगा इनकी प्रतियोगी के रूप में उभरती हुई दिख रही है। इनके निकट ही परिचारक वामन स्थानक मुद्रा में है। जिसके गले में घण्टीनुमा वस्तु का अंकन है। पार्वती का दाहिना हस्त वामन के दाहिनी स्कंध को स्पर्श कर रहा है जिससे प्रतीत होता है कि यह पार्वती का निजी सहायक है। शिव के चरणों के निकट वस्त्राभूषणों से युक्त भागीरथ घुटने के बल बैठे हुए प्रार्थनावस्था में है और पैर के पंजे को बड़ी कुशलता से दर्शाया गया है। इनके सिर में मुकुट है जिसमें पीछे की ओर सूर्य का अंकन है और यह प्रतीक हैं कि ये सूर्यवंशी थे। भागीरथ के ऊपर चतुर्भुजी त्रिमुखी

ब्रह्मा का अँकन है और चार हंसों के वाहन में आरूढ़ है। इनके बगल में इन्द्र को एरावत हाथी के साथ दिखाया गया है जबकि सामने भाग में चतुर्भुजी विष्णु गदा और चक्र लिये हुए है। फलक के दोनों ओर लच्छेदार बादलों का अंकन है। इनके ऊपर उड़ते हुए विभिन्न मुद्राओं में गन्धर्व और विद्याधरों को दिखाया गया है।

कल्याणसुन्दर–प्रतिमा शिव की कल्याणसुन्दर (चित्रफलक–34 अ ब) मूर्तियाँ वैवाहिक मूर्तियाँ भी कहलाती हैं। ये प्रतिमाएँ शिव तथा पार्वती के विवाह का चित्रण करती हैं। अनेक पुराणों में शिव तथा पार्वती के विवाह का वर्णन हुआ है किन्तु कुछ ऐसे प्रसंग अवश्य प्राप्त होते है जो इस रूप की ओर संकेत कर देते हैं। पार्वती ने दुःसह तपस्या के पश्चात् शिव को प्राप्त किया। शिव ने आनन्दमग्न होकर उनके साथ पाणिग्रहण किया। इससे सभी देवता प्रसन्न हुए, ऐसा विष्णु–पुराण में कहा गया है।[22] पार्वती अपने पिता हिमवन्त और माँ मेनका और भाई मिनाक के हाथों में जल अथवा शहद पात्र हैं, के साथ खड़ी हैं। चतुर्भुजी शिव स्थानक मुद्रा में प्रभामण्डल से युक्त पार्वती का हाथ पकड़े हुए हैं। ब्रह्मा को विवाह के सम्पन्न कराने के लिए पुरोहित के रूप में नियुक्त किया गया है जबकि विष्णु अपने वाहन गरूड़ के साथ अंकित है। फलक के दोनों ओर लच्छेदार बादलों का अंकन है। थोद निकले हुये विभिन्न गणों को तथा ऊपर की आरे उड़ते हुए विभिन्न मुद्राओं में गन्धर्व और विद्याधरों–विद्याधरियों को दिखाया गया है।

अंधकासुर–वध प्रतिमा निर्माण के आधार स्वरूप जो कथा है उसके अनुसार हिरण्याक्ष और हिरण्यकश्युप दोनों दैत्यों के वधोपरान्त, हिरण्यकश्पु के पुत्र प्रहलाद, पिता के राज्य को त्यागकर विष्णु भक्ति में तल्लीन हो गये। प्रहलाद के पश्चात अन्धकासुर का असुर राज्य प्रारम्भ हो गया। उसने अपनी तपश्चर्या से ब्रह्मा को प्रसन्न कर कई वरदान प्राप्त कर लिये और समस्त लोक को पीड़ित करने लगा। उसकी पीड़ाओं से पीड़ित होकर इन्द्र, शिव के पास पहुँचे ही थे कि अन्धकासुर भी पार्वती को लेने के लिए पहुँच गया। तुरन्त ही शिव ने उससे युद्ध करने के लिए वासुकि, धन्जय और तक्षक नामक नागों की रचना की। उसी समय नील नामक असुर गज रूप में शिव–वध के लिए पहुँचा किन्तु वीरभद्र ने नालासुर का वध कर उसके चर्म को शिव को प्रदान कर दिया। शिव ने इस चर्म को धारण कर वासुकि, धन्जय और तक्षक नामक नागों से अंलकृत होकर, त्रिशूल धारण कर अन्धकासुर के वध के लिए प्रस्थान किया। अन्धकासुर ने अपनी माया से अपने ही स्वरूप वाले अगणित असुरों की रचना की। उसके शरीर से गिरे प्रत्येक रक्त बूँद से एक असुर उत्पन्न हो जाता था। तब शिव ने मूल अन्धकासुर के वक्ष में त्रिशूल से प्रहार किया और उसके रक्त को धरती पर न गिरने देने के लिए अपनी ज्वाला की शक्ति से योगेश्वरी शक्ति की रचना की, जो अन्धकासुर के शरीर से रक्त निकलते ही पी जाती थी। अन्य देवताओं, जैसे ब्रह्मा, विष्णु, स्कंद, इन्द्र, यम इत्यादि, ने भी अपनी शक्तियाँ छोड़ीं।[23] इस प्रकार से, अन्धकासुरवध में शिव की योगेश्वरी महाशक्ति के साथ ब्राह्मणी, वाराही आदि सप्तमातृकाओं के सहयोग की कथा है।

अष्ठभुजी शिव (चित्रफलक–35, 36) को जटा से युक्त और उनके सिर के मध्य में खोपड़ी का अँकन है। मुख उग्र है और दाँत निकले हुए हैं और हाथों में कटोरा, तलवार इत्यादि धारण किये हुए हैं। इनके दायीं ओर हाथी का सिर के रूप में नील असुर को तथा इसके चर्म को शिव के पीछे की ओर दिखलाया गया है। फलक के ऊपरी भाग में बने चैत्य की लोग पूजा कर रहे हैं और साष्टांग अथवा लेटे हुई अवस्था में तो कुछ लोग दोनों हाथों को जोड़कर नमस्कार की मुद्रा में हैं। उड़ते हुए विद्याधरों का अँकन है जिसमें एक विद्याधर को दोनों हस्तों से एक माला पकड़े हुए दिखाया गया है। इसके ठीक पीछे की ओर विद्याधरी है। फलक के दोनों ओर घुमावदार बादलों का अंकन है।

ललितासन नटराज प्रतिमा–शिव को ताण्डव नृत्य करते हुए दिखलाया गया है जिसमें में वे हिंसात्मक और विनाशक स्वरूप धारण करते हैं, जिसकी साक्षी उनकी पत्नी पार्वती भी होती हैं। लेकिन यहाँ के अष्ठभुजी नटराज (चित्रफलक–37, 38) को ललितासन मुद्रा में तथा बहुभंगी अवस्था में दर्शाया गया है। यहाँ पर वे उन्हें ऊर्जा और शक्ति के केन्द्र के रूप में ब्रह्माण्ड की उत्पत्ति और विनाश का प्रतिनिधित्व करते हैं। इनके शरीर–सौष्ठव से प्रतीत होता है

कि वे स्वयं अवतरित हो रहे हैं और पूरे फलक को अपने में एवं दृश्य हलचलों और अदृश्य आवाजों को समाहित कर लिया है। इनके लम्बे परशु के दण्ड में सर्प लिपटा हुआ है।[24] इनका प्रथम दाहिना हस्त सीना को सीधे पार करता दिखलाई दे रहा है। इनके बायीं ओर पार्वती स्थानक–मुद्रा में हैं। नटराज के दाहिने भाग में कार्तिकेय स्थानक मुद्रा में हैं। इनके पीछे की ओर द्विभुजी गणपति को उड़ते हुए प्रतीत हो रहे हैं, जिनके दाहिने हाथ में परशु है। नीचे की ओर ढोल–वादकों का अंकन है तथापि खण्डितावस्था में है। ऊपर की ओर ब्रह्मा का अंकन है जिसमें उनके तीन सिर है और वह चार हंसों के वाहन में आरूढ़ है। इनके ठीक पीछे भृंगी का अंकन है। इनके सामने भाग में चतुर्भुजी विष्णु को गदा और चक्र से युक्त है। इनके बगल में इन्द्र को एरावत हाथी के साथ दिखाया गया है। फलक के दोनों ओर लच्छेदार बादलों का अंकन है। इनके ऊपर उड़ते हुए विभिन्न मुद्राओं में गन्धर्व और विद्याधरों को दिखाया गया है।

गुफा के पश्चिमी भाग में चतुर्भज नटराज की एक अन्य प्रतिमा का अंकन है। ये भी बहुभंगी हैं। इनके दाहिनी ओर यम, जिनका वाहन भैंसा है, का अंकन है जो कि मुत्यु के देवता माने जाते है और इनकी गिनती अष्टदिक्पालों में भी होती है। इनके ठीक सामने चतुर्भुजी विष्णु को चक्र के साथ तथा वाहन गरूड़ का अंकन है, जिनको सामान्यतः पालनकर्ता माना जाता है, का अंकन है। द्वारपालों अथवा गणधरों का भी अंकन किया गया है।

योगेश्वर प्रतिमा– शिव को महायोगी (चित्रफलक–39) के रूप पद्मासन मुद्रा में अंकित किया गया है और निचला भाग भग्नावस्था में है। ये कमलासीन है और नाग राजा–रानी कमल की नाल को संभाले हुए हैं जैसाकि बुद्ध का अंकन क्षेत्रीय गुफाओं में मिलता है। इनके हाथ दोनों पैरों के ऊपर रखे हुए प्रतीत होते है जैसा कि बुद्ध की अधिकांश प्रतिमाओं में दिखता है। शिव को मुकट को बहुत सुन्दरता एवं विस्तार से उकेरा गया है जबकि निचला पटल भाग भग्नावस्था में है।

योगेश्वर प्रशान्त–मुद्रा में ध्यानमग्न हैं। इनके शरीर की बनावट से प्रतीत होता है कि प्राण के दबाव से युक्त हैं, सांस ही जीवन है और इस पर नियंत्रण ही सब योगों का केन्द्रिय तत्त्व है। इनके फैले कंधे देव की ब्रह्माण्डीय शक्ति का प्रतीक है जबकि इनका मुख प्रशान्त और शानदार है।[25] इनके गोलाकार केश, कंधे को आच्छादित किये हुए हैं और ये मुकुट से बाहर की ओर निकलते हुए दिख रहे हैं। इस फलक को देखने से प्रतीत होता है कि इनका उत्खनन बहुत ही अन्दर की ओर किया गया है जबकि इसके ऊपरी भाग में विद्याधरों और अन्य आकृतियों का अंकन काफी बाहर की ओर किया गया है। संभव है कि इसमें कमलासीन बुद्ध रहे हो और नाग राजा–रानी कमल की नाल को संभाले हुए हैं, जैसाकि बुद्ध का अंकन क्षेत्रीय गुफाओं; यथा– कन्हेरी और कोण्डीवटे (चित्रफलक–41) की बौद्ध गुफाओं में वर्तमान में भी देखा जा सकता है।

गुफा के पश्चिमी भाग में योगेश्वर (चित्र–40) की एक अन्य प्रतिमा का अंकन है जिसमें दो हाथ है और ये पद्मासन–मुद्रा में है और जाँघ तथा पैर के बल टिके हुए हैं। इसमें ये मानव के रूप में अंकित हैं। इनके दोनों ओर (दायीं ओर खण्डित) के नीचे के कोनों में एक दाड़ीयुक्त मानव हाथ जोड़कर बैठे हुए दिख रहा है जिसके हाथ में संभवतः पुष्प है। इस प्रकार की एक अन्य प्रतिमा को डुमार लेणी (एलोरा) में भी दिखलाया गया है जबकि अधिष्ठान के ऊपर, दोनों ओर, संभवतः परिचारकों को अंकित किया गया है। ऊपर की ओर विद्याधरों इत्यादि का अंकन किया गया है। इस फलक का भाग सामान्य रूप से उकेरा गया है। वहीं, मण्डपेश्वर गुफा की अर्धनिर्मित मूर्ति (चित्रफलक–63) में कमलपुष्प को नागराजाओं द्वारा उठाने का कथानक बौद्ध गुफाओं संभवतः कन्हेरी और कोण्डिवटे से अनुप्राणित प्रतीत होता है। इसका व्यापक अंकन शैव कला में भी प्रचलित होते हुए दिखलाई देता है और अन्ततः बौद्ध कलाकारों द्वारा शैव कलाकृतियों को बनाने का प्रयास परिलक्षित होता है। अथवा बौद्ध गुफाओं के कथानकों को शैव धर्म से संबंधित कथानकों के परिवर्तन या परिवर्धन के रूप में भी परिभाषित किया जा सकता है। यह सब तत्कालीन समय में लाजमी रहा होगा।

रावणानुग्रह प्रतिमा–शैव ग्रन्थों की मान्यताओं के अनुसार कैलाशपति शिव द्वारा दशानन का मानमर्दित कर उस पर किये गये अनुग्रह का अत्यन्त रोचक विवरण दिया गया है–एक बार रावण अपने भाई कुबेर को पराजित कर विजय–मद में चूर सरवण क्षेत्र, जो कि षडानन कार्तिकेय की जन्म स्थल है, से गुजरा। वह विश्राम हेतु इस रमणीय स्थल पर अपने पुष्पक विमान से नीचे उतरा तथापि उसके आगे उसका विमान गतिविहीन हो गया। उसी समय दसानन एक शक्तिशाली वानर–मुख वाले गण नन्दिकेश्वर, जो शिव का अन्नय अनुचर था, से मिला। रावण ने विमान को गतिविहीन होने का कारण पूछा तो नन्दिकेश्वर ने बताया कि महादेव–पार्वती उस पर्वत पर विहार कर रहे हैं। अतः देवताओं को भी उस क्षेत्र में प्रविष्ट होना इस क्षण निषिद्ध है। दसानन अट्ठहास कर पूछा कि ये महादेव कौन हैं? और वानर स्वरूप वाले गण नन्दिकेश्वर का भी परिहास किया है। नन्दिकेश्वर, जो कि स्वयं शिव के ही अंश तथा स्वरूप थे। उपरोक्त परिहास से क्रोधित हो गये और उन्होंने दसानन को श्राप दिया कि वह उन्हीं के समान स्वरूप एवं शक्तिशाली वानरों द्वारा नष्ट किया जाएगा। आगे बढ़ने से विवश होने पर और नन्दिकेश्वर द्वारा श्रापित होने से क्रुद्ध दसानन ने कैलाश पर्वत को समूल उखाड़ देने को निश्चय किया और अपनी शक्तिशाली दस भुजाओं से पर्वत उठाने लगा। वह पर्वत को चलायमान करने में सफल हो गया। फलस्वरूप पर्वत में रहने वाले सभी जीव और देव प्राणी भयभीत हो गये। उमा भयातुर हो शिव से अलिंगनबद्ध हो गयीं। सर्वज्ञ शिव इस हलचल का कारण जान गये। अतः पर्वत को स्थिर करने के निमित्त अपने पैर के अंगूठे द्वारा दबा दिया। जिससे कैलाश पर्वत स्थिर हो गया और दसानन भी उसी के नीचे दब गया। दसानन अपनी दुर्दशा देखकर सहस्र वर्षों तक विलाप करता रहा एवं अपने अनुभवी मंत्रियों की सलाह पर शिव की स्तुति वन्दना करता रहा। स्तुति से प्रसन्न होकर महादेव ने उसे प्राणदान का अनुग्रह किया और उसे विशाल खड्ग प्रदान किया जिसके सहारे उसने पर्वत के भार को ऊपर उठाये लंका को प्रस्थान किया। वह लगातार सहस्र वर्षो तक इस पीड़ा से आहत हो चीत्कार करता रहा, अतः उसे रावण की संज्ञा दी गयी।[26]

प्राचीन भारतीय कला में उपरोक्त पौराणिक आख्यान का मूर्त स्वरूप प्रथमतः मथुरा के गुप्तयुगीन शिल्पी ने प्रस्तुत किया है। मथुरा के संग्रहालय में मूर्ति हाँलाकि खण्डित अवस्था में है तथापि अंकित दृश्य के मुख्य पात्र सुस्पष्ट हैं जिनमें शिव, पार्वती और रावण हैं। कैलाश पर्वत पर ललितासन–मुद्रा में आसीन शिव और उनके दक्षिण पार्श्व में उमा तिरछी मुद्रा में बैठी हुई हैं। शिव का दाहिना हस्त वरद अथवा अभय मुद्रा में उठा है और बाँया हस्त जाँघ पर है। जबकि उमा बाँये हस्त से शिव के दाहिने स्कंध के सहारे बैठी हुई है और दाहिना हस्त भंगित है। युगल की मुखाकृति खण्डित होने से उनके आभरण, मुख–मुद्रा इत्यादि अस्पष्ट है। इनके नीचे रावण की दबी हुई देह–यष्टि अत्यन्त दयनीय अवस्था में है। केवल विशाल मुण्ड और पर्वत का बोझ उठाते हुये दो विशाल भुजाओं से युक्त प्रदर्शित है। ध्यातव्य है कि इस प्रतिमा में कतिपय विशिष्टताएँ हैं जो अन्यत्र अनुपलब्ध हैं; यथा–उमा–शिव के दक्षिण पार्श्व में हैं, उनके बैठने की मुद्रा भी परवर्ती युग से भिन्न है क्योंकि वे अत्यन्त शालीनता पूर्वक शिव का सहारा लिये हुए हैं। शिव अपने दाहिने पाद द्वारा पर्वत को दबाये हैं न कि शास्त्रवर्णानुसार अंगुष्ठ द्वारा।

यह आश्चर्यजनक है कि जिस आख्यान को गुप्त काल में ही मूर्तरूप उत्तर भारत की कला में दिया गया, वही गुप्तोत्तर युग में उत्तर भारत के शिल्पियों को आकृष्ट न कर सका। इसके विपरीत पूर्वी और दक्षिण भारत में यह आख्यान अत्यन्त लोकप्रिय हुआ जिसके उदाहरण एलीफेंटा की गुफा, जोगेश्वरी गुफा, एलोरा की दशावतार और डूमारलेण गुफा, भुवनेश्वर के शत्रुघ्नेश्वर, परशुरामेश्वर के मंदिरों में तथा बेल्लुर स्थित चेन्नकेशव स्वामी के मंदिर की दक्षिणी भित्ति पर शिव के इस स्वरूप की प्रतिमाएँ उत्कीर्ण की गयी। इन अप्रतिम उदाहरणों में कालक्रम और मूर्तिशिल्प का विकास से अनुपम प्रतीत होता है।

मुख्य गुफा के उत्तर–पश्चिमी भाग में रावणानुग्रह मूर्ति (चित्रफलक–42 अ,ब) का अँकन किया गया है। शिव दाहिने पाद के बल पर बैठे हुए हैं और यह पाद मुड़ा हुआ है जबकि बायाँ पाद उठा हुआ प्रतीत हो रहा है। शिव

अष्टभुजाओं से युक्त हैं यद्यपि केवल दो भुजाएँ ही सुरक्षित है। इनमें से दाहिना आराम करते हुए गद्दी अथवा तकिए पर रखा हुआ है जबकि बायाँ हाथ बायाँ घुटने पर रखा है और प्रतीत हो रहा हैं कि हल्का–सा उठने की मुद्रा में हैं जिससे पार्वती और अन्य गणों को घबराना नहीं चाहिए, का संकेत है। शिव जटामुकुट से युक्त हैं, लटें कर्णों को अच्छादित किये हुए हैं, जिसमें चन्द्रमा का अँकन स्पष्ट है और आभूषणों में विशाल कर्ण–कुण्डल, हार, बाजूबन्द इत्यादि से भूषित हैं।[27] इनका तीसरा नेत्र स्पष्टतः दिखलाई देता है जो कि ज्ञान की असीम शक्ति का संकेत है। इनका धड़ बहुत ही अनुपातिक और सुन्दर है।[28] इनका ऊपरी भाग हलका सा दाहिनी ओर झुका हुआ है जिससे शिव की मूर्ति निश्चिन्तता से आराम करने की मुद्रा दिखलाई पड़ रही है।

शिव के दाहिनी ओर पार्वती बैठी हुई है यद्यपि इनका चित्र विरूपित हो गया है। जिनका धड़ और पाद ही शेष बचे हैं। इनका ऊपरी भाग शिव से चिपका है अथवा वह सटकर बैठी हुई हैं। इसके अतिरिक्त, अन्य विविध चित्रों का अंकन है, जिनमें कई देवी–देवता हैं और इनमें परिचर और उपासक भी अंकित है। वहीं विद्याधरों और उड़ते हुए गन्धर्व–किन्नरों को भी देखा जा सकता है। यह पूरे एलीफेंटा द्वीप की गुफाओं का सबसे अधिक चित्रों को अंकित किया हुआ, चित्र–फलक माना जाता है। शिव का दाहिनी ओर का एक हस्त, एक पुरूष के सिर पर रखा हुआ प्रतीत हो रहा है, संभवतः कार्तिकेय हैं।[29] भृंगीऋषि को गणेश के ऊपर देखा जा सकता है। फिर गणेश का अंकन है। इसके दाहिनी ओर विष्णु गरूड़ासीन हैं।[30]

जोगेश्वरी गुफा (तालुका–अन्धेरी, जिला–मुम्बई उपनगर) मुम्बई के उत्तर में 11 किलोमीटर दूर जोगेश्वरी में अवस्थित है। यह भारत की सबसे लम्बी और बड़ी गुफा है। यह बेसाल्ट की चट्टानों को काटकर बनायी गई है और धरातल से 3 से 6 मीटर नीचे उत्खनित की गयी है। यह गुफा ब्राह्मणीय शैलोत्कीर्ण स्थापत्य का सर्वोत्कृष्ट उदाहरण है। इस गुफा का साम्य एलिफेंटा की गुफा संख्या–1 एवं एलोरा की गुफा संख्या–29 (डुमारलेणी) से है। इस गुफा का उत्खनन छठवी सदी ईसवी में किया गया था। यह गुफा वाकाटक एवं वाकाटकोत्तर स्थापत्य शैली से प्रेरित है। यह अग्रमण्डप, मुखमण्डप और गर्भगृह से युक्त है। इसमें अनेक मूर्तियों का उत्कीर्णन किया गया है जिनमें लकुलीश, कल्याण–सुंदरमूर्ति, द्युत–क्रीड़ारत शिव–पार्वती, नटराज, रावणानुग्रह मूर्ति, आयुध–पुरूष, द्वारपाल (चित्रफलक 42 इ) इत्यादि प्रमुख हैं। इनमें से एक रावणानुग्रह मूर्ति पूर्वी प्रवेशद्वार की द्वार–शाखाओं के ऊपरी भाग में उत्कीर्णत किया गया है। यद्यपि यहाँ की चट्टान का मूल स्वरूप बहुत ही कमजोर है जिससे चट्टान क्षरित हो रही है और लवणीय समुद्री हवाओं ने अपक्षय को तीव्रता प्रदान की है। परिणामस्वरूप चट्टान रेत अथवा मिट्टी में धीरे–धीरे परिवर्तित हो रही है। हाँलाकि यहाँ की रावणानुग्रह मूर्ति में रावण की मूर्ति को स्पष्ट रूप से देखा जा सकता है, जिसको गतिशील रूप में प्रदर्शित किया गया है। उसके दोनों ओर के ऊपरी हाथों द्वारा कैलाश पर्वत को उठाये हुए दिखाया गया है। इसके लिए दाहिना पाद घुटने के बल है जबकि बायाँ पाद आगे की ओर दिखलाई पड़ रहा है। दाहिनी ओर के पाँच और बायीं ओर के चार हाथों को स्पष्ट रूप से देखा जा सकता है। इनके दोनों ओर परिचारक अथवा उपासकों का भी अंकन किया गया है, जो कि गतिवान अवस्था में प्रतीत हो रहे हैं।

एलोरा के दशावतार गुफा (संख्या–16) मंदिर में रावणानुग्रह (चित्रफलक–42 स) की विशाल प्रतिमा का उत्कीर्णन है। जिसमें कलाकार ने दृश्य के पात्रों के आनुपातिक स्वरूप, उनकी सजीवता एवं स्वाभाविकता को दर्शाने में अपनी पारखी तूलिकाओं का विलक्षण और अनुपम परिचय दिया है। शिव को उनके सौम्य स्वरूप में कैलाश पर्वत के शिलाखण्डों पर ललितासनासीन अंकित किया गया हैं। भयातुर पार्वती शिव की जांघ पर सटकर बैठी हुई दिखलाई गई हैं जबकि शिव का दाहिना हस्त एक जांघ पर है और वाम हस्त द्वारा पार्वती को आलिंगनबद्ध कर भयमुक्त करते प्रतीत हो रहे हैं। सुपुष्ट देहयष्टि लिए हुए शिव अपने दक्षिण पाद द्वारा अधःभाग में स्थित बहु–सिरों वाले रावण को दबाये हुए हैं और वह अपनी बहु–भुजाओं द्वारा कैलाश पर्वत को उखाड़ते हुए दिखलाई दे रहा है। शिव के दक्षिणी

पार्श्व में दो देवाकृतियाँ और उमा के पार्श्व में दो अलंकृत नारी मूर्तियाँ त्रिभंग मुद्रा में एवं इनके चरणों के समीपस्थ दो गण अंजलिबद्ध मुद्रा में अंकित हैं।[31]

द्वितीय प्रतिमा (चित्रफलक–42 द) इसी समूह में डुमारलेण गुफा (संख्या–21) में उत्कीर्ण है, जिसमें सम्पूर्ण अंकन उपरोक्त वर्णित प्रतिमा के जैसा ही है तथापि पार्श्व अंकन में पर्याप्त विकास दृष्टव्य है। यहाँ उर्ध्वभाग में अन्य देव अपनी शक्तियों के साथ शिव की स्तुति और प्रसूनवर्षा करते हुए अंकित हैं एवं गणों की संख्या भी दो से अधिक है। यद्यपि देवता की देहयष्टि उपरोक्त वर्णित प्रतिमा की तुलना में कला का अभाव भाषित होता है तथापि पार्श्व अंकन की दृष्टि से दृश्य का विशिष्ट महत्त्व है।[32]

रावणानुग्रह मूर्ति को प्रथम बार मथुरा के गुप्तयुगीन शिल्पी ने प्रस्तुत किया है, जिसमें केवल शिव, पार्वती और रावण को अंकित किया गया है। इसमें पार्वती को शिव के दक्षिण पार्श्व में तिरछी मुद्रा में बैठी हुई दिखलाई गयी हैं जिसका विकसित स्वरूप हमें एलीफेंटा में देखने को मिलता है। यहाँ रावणानुग्रह मूर्ति में भी पार्वती को शिव के दक्षिण पार्श्व में तिरछी मुद्रा में बैठी हुई दिखलाई गयी हैं तथापि यहाँ पर शिव परिवार के अन्य सदस्यों, यथा–गणेश, कार्तिकेय, नन्दी, और अन्य परिचर और उपासकों का अंकन किया गया है। इसके साथ ही अनुपातिक देह–यष्टि का अत्यन्त सजीवता से अँकन किया जाने लगा। जोगेश्वरी गुफा की रावणानुग्रह मूर्ति गतिशीलता लिए हुए है। स्पष्टतः एलीफेंटा रावणानुग्रह मूर्ति की अगली कड़ी के रूप में देखा जा सकता है। जबकि एलोरा की रावणानुग्रह मूर्तियों में पार्वती शिव के वाम पार्श्व में तिरछी मुद्रा में बैठी हुई दिखलाई गयी हैं। सुपुष्ट देहयष्टि लिए हुए शिव, पार्वती और रावण को अंकित किया गया है जबकि एलोरा की द्वितीय प्रतिमा डूमारलेण गुफा (संख्या–21) में देहयष्टि उपरोक्त वर्णित प्रतिमाओं की तुलना में कला का अभाव भाषित होता है तथापि पार्श्व अंकन की दृष्टि से दृश्य का विशिष्ट महत्त्व है क्योंकि यहाँ की अन्य देवाकृतियों के द्वारा स्तुति विजय और प्रसूनवर्षा के क्रियाकलापों को सुवर्धित किया गया है। इसके साथ ही विकास के क्रम में निरन्तर रावण की मूर्ति का अंकन अन्दर की ओर किया जाने लगा। जिसे बुरी शक्ति का प्रतीक माना जाता है अर्थात अन्धकार युक्त होना।

रावणानुग्रह आख्यान को गुप्त काल में उत्तर भारत की कला में मूर्तस्वरूप दिया जाता है। इसके मूल आख्यान को उत्तर भारत के शिल्पियों द्वारा गुप्तोत्तर काल में अपनाया नहीं जाता जबकि पूर्वी और दक्षिण भारत में यह आख्यान अत्यन्त लोकप्रिय हुआ। दक्षिण भारत के एकाधिक अभिलेखों में शिव के विभिन्न स्वरूपों और शैव धर्म के विभिन्न सम्प्रदायों को सांगोपांग करने को उल्लेख मिलता है। जिसका एक कारण लंकेश लंका का अधीश्वर था जो परम शौर्यवान और शिव का अटूट भक्त भी था। उसके शौर्य को प्रदर्शित करने वाले आख्यानों का अनेकशः अंकन दक्षिण भारतीय शिल्पियों की स्वाभाविक मनोवृत्ति का परिचायक भी हो सकता है। कालान्तर में विशेषकर कलिंग शैली के शिल्पियों ने शैव–परिवार के प्रमुख सदस्यों के साथ–साथ नारद तथा अन्य विविधि कैलाशवासियों को भी आख्यान के अनुरूप मनोहारी मुद्राओं में अंकित कर कलाकृतियों को नवीन आयामों से भरकर पूर्णविकसित किया। जिसका और विकसित स्वरूप बेल्लूर की कलाकृतियों में समावेशित है और होयसल कालीन कलाकारों ने अपनी तूलिकाओं का फलक और आगे बढ़ाते हुए कैलाश पर्वत पर निवास करने वाले समस्त पशु जगत से लेकर सरीसृप वर्ग तक को कुशलमूर्ति संयोजन से आबद्ध कर गतिमान कर दिया। इनके दृश्यों में ब्रह्माण्डीय अलौकिक शक्ति को भाषित किया गया है जो हमारे तन–मन को आज भी अहलादित करता है।

सप्तमातृकाएँ–मातृकाओं अथवा माताओं का भारतीय मूर्तिकला में प्राचीन समय से ही अंकन प्रारंभ हो गया था जिसके साक्ष्य हमें सिंधु–घाटी सभ्यता में बहुतायत में मिट्टी से निर्मित मातृदेवी तत्पश्चात् पार्वती की गोद में अथवा साथ में गणपति का तथा कभी–कभी कार्तिकेय का अंकन तो कहीं स्त्री के साथ शिशुओं का अंकन देखा जा सकता है।

धीरे–धीरे माताओं की संख्या बढ़कर सात हो जाती है, जिन्हें सप्तमातृकाएँ कहा जाने लगा। एलिफेंटा द्वीप की मुख्य गुफा के पूर्वी खण्ड में अष्ठमातृकाओं का अंकन किया गया है। जिसमें योगेश्वरी को जोड़ दिया जाता है।[33]

सप्तमातृकाओं की शक्ति योगेश्वरी का पुराणों तथा अन्य साहित्य में विवरण मिलता है जिसके अनुसार जिस समय शिव अन्धकासुर से युद्ध कर रहे थे, उस समय अन्धकासुर के शरीर से जितनी रक्त की बून्दें गिरतीं उतने ही नवीन अन्धकासुर उत्पन्न हो जाते। तभी शिव ने घबरा कर अपनी शक्ति छोड़ी। इसके साथ ही साथ ब्रह्मा, विष्णु, स्कंद, इन्द्र, यम इत्यादि देवों ने भी अपनी शक्तियाँ छोड़ीं। अन्धकासुर के रक्त की बून्दों को नीचे गिरने से पहले ही ये सभी मातृकाएँ पी लेती थीं। ये सभी शिव के सहयोगी के रूप में अंधकासुर के साथ युद्ध से सम्बद्ध हैं।[34] अतः इन्हें शिव की लीलाओं से ही सम्बद्ध माना जाता है। परिणामस्वरूप शिव अन्धकासुर का वध करने में आसानी से सफल होते हैं। इन अष्टमातृकाओं के नाम निम्न प्रकार से है–

ब्रह्मा की शक्ति ब्राह्मी कहलायीं,
विष्णु की शक्ति वैष्णवी कहलायीं,
शिव की शक्ति माहेश्वरी कहलायीं,
कुमार की शक्ति कौमारी कहलायीं,
वराह की शक्ति वराही कहलायीं,
इन्द्र की शक्ति इन्द्राणी कहलायीं,
यम की शक्ति चामुण्डा कहलायीं और
योगेश्वर की शक्ति योगेश्वरी कहलायीं ।

ब्राह्मी– ब्राह्मी ब्रह्मा के द्वारा छोड़ी हुई शक्ति हैं, अतः उसका रूप ब्रह्मा के समान है। विष्णुधर्मोत्तर इन्हें चार मुख और छह भुजाओं से युक्त बतलाता है। दाहिने हाथ में स्रुव, सूत्र इत्यादि और बायें में वे पुस्तक तथा कुण्डी धारण किये हुए है[35] जबकि शेष भुजाएँ अभय मुद्रा में रहती हैं–

तत्र ब्राह्मी चतुर्वक्त्रा षड्भुजा हंससंस्थिता।
वरं सुत्रं स्रुवं धत्तदक्षबाहुत्रये क्रमात।
वामे तु पुस्तकं कुण्डी विभ्रती चाभयप्रदा।[36]

वैष्णवी–विष्णु के द्वारा छोड़ी हुई शक्ति वैष्णवी के नाम से प्रसिद्ध हुई। विष्णुधर्मोत्तर इन्हें गरूढ़ासीन, श्याम वर्णा तथा छह भुजाओं से युक्त बतलाता है। दाहिने हस्थ में क्रमशः गदा, पद्म तथा एक हाथ अभय मुद्रा में रहता हैं जबकि बायें हस्त में क्रमशः शंख, चक्र तथा एक हाथ वरद मुद्रा में रहता है।[37]

माहेश्वरी– शिव की शक्ति का नाम माहेश्वरी है। इस रूप में इनका श्वेत वर्ण वाले महेश्वर से सम्बंध रहता हैं। विष्णुधर्मोत्तर में माहेश्वरी को पाँच मुख और त्रिनेत्री बताया गया है। वे वृषभारूढ़, श्वेत वर्णा तथा सिर पर जटा–जूट धारण करती हैं। छह भुजाओं से युक्त हैं। दाहिने दो हाथों में सूत्र तथा एक हाथ वरद मुद्रा में रहता है जबकि बायें हाथ में क्रमशः शूल, घण्टा तथा एक हाथ अभय मुद्रा में रहता है।[38]

कौमारी– कौमारी सभी कामनाओं की पूर्ति करने वाली हैं। रक्त वस्त्र धारण करती हैं। ये त्रिनेत्री तथा चर्तुभुजी हैं। दो भुजाओं में शक्ति, कुक्कट तथा दो भुजाएँ वरद तथा अभय मुद्रा में रहती हैं। इनका ध्वज मयूरध्वज है और वे गूलर के वृक्ष के नीचे बैठी दिखायी जाती है।[39]

वाराही– वाराही कृष्ण वर्ण की, विशाल उदर वाली हैं। उनका मुख वराह के सदृश है। इनके दाहिने हाथों में दण्ड, खड्ग है और एक वरद मुद्रा में है। जबकि बायें हाथों में खेट, पाश और एक हाथ अभय मुद्रा में रहता है।[40]

इन्द्राणी– इन्द्राणी स्वर्ण के समान आभा वाली, गजारूढ़ तथा सहस्र नेत्र वाली हैं। दाहिने हाथ में सूत्र, वज्र तथा बाएँ हाथ में कलश पात्र रहता है। शेष दोनों हाथ अभय तथा वरद मुद्रा में रहते हैं।[41]

चामुण्डा– चामुण्डा रक्त वर्ण की विकृत मुख वाली हैं। ये प्रेतों के साथ रहती हैं तथा सर्पों के आभूषण धारण करती हैं। इनका रूप बड़ा भयानक होता है। अपराजितपृच्छ ग्रन्थ चामुण्डा को शव पर आरूढ़ बतलाता है।[42]

योगेश्वरी–योगेश्वर की शक्ति योगेश्वरी को यहाँ पर जोड़ दिया गया है[43] जिससे मातृकाओं की संख्या आठ हो जाती है, अष्ठमातृकाएँ कहलाने लगती हैं। तकनीकी रूप से यहाँ पर योगेश्वर की दो प्रतिमाओं का अँकन भी किया गया है, जिससे उपरोक्त शक्ति की पुष्टि ही कही जा सकती है।

एलिफेंटा की अष्ठमातृकाओं का अंकन पूर्वी खण्ड के आयताकार कक्ष के दाहिने ओर के चित्र–फलक में है (चित्रफलक–21, 22)। इनका अंकन आधार से लगभग 0.75 मीटर ऊपर बनाया गया है जिससे दूर से ही भव्य प्रतीत होती है। इनके सिरों के पीछे प्रभामण्डल स्पष्ट रूप से दिखलाई दे रहा है जो कि दैवीय शक्ति का प्रतिनिधित्व करता हैं। ये सभी स्थानक–मुद्रा में हैं तथा द्विभंग अथवा लहरदार अवस्था में दिखलाई देती है। ये सभी द्विभुजी हैं जबकि साहित्य अथवा पुराणों में इन्हें चार अथवा छह और इनसे अधिक हाथों से युक्त वर्णित किया गया है। इनके एक–एक हाथ में या तो बच्चों को उठाये हुए है अथवा बच्चों के साथ दिखाया गया है। जबकि दूसरे हाथ में अपने–अपने चिन्ह अथवा झण्डें पकड़े हुए अंकित किया गया है और इनके वाहनों में पशु अथवा पक्षियों का अंकन भी है। दक्षिण में वीरभद्र के पश्चात् माता को दिखाया गया है जिनके दाहिने हाथ में त्रिशूल है। इसके बाद दूसरी प्रतिमा में **हाथी** को दिखलाया गया है जिनका प्रतीक इस माता से संबधित है। फिर **हंस** के साथ दिखलाया गया है जो कि तीसरी माता से संबधित प्रतीक चिन्ह प्रतीत होता है। इसके उपरान्त **गरूड़** को मानवस्वरूप में दिखलाया गया है जो कि चौथी माता से संबधित प्रतीक चिन्ह प्रतीत होता है। फिर **मोर** के अकंन को दिखलाया गया है जो कि पाँचवी माता से संबधित प्रतीक चिन्ह प्रतीत होता है तथा इसके बाद **वृषभ** को दिखलाया गया है जो कि छठवीं माता से संबधित प्रतीक चिन्ह प्रतीत होता है। इसके पश्चात् बदकनुमा प्राणी के साथ सातवीं माता को दिखलाया गया है जिसका यह प्रतीक चिन्ह प्रतीत हो रहा है और अन्त में आठवीं में माता को दिखलाया गया है संभवत यह चामुण्डा हो सकती है जो कि शव पर आरूढ़ होती है, यद्यपि इसका प्रतीक चिन्ह नष्ट हो गया है। अतः इनकी पहचान कर पाना कठिन है[44] जबकि इन मातृकाओं के दक्षिण में वीरभद्र और उत्तर में गणपति (चित्रफलक–20) का अंकन है।[45]

इस प्रकार से स्पष्ट है कि यहाँ पर ब्राह्मी को हँस के साथ, वैष्णवी को गरूड़ के साथ, माहेश्वरी को वृषभ के साथ, कौमारी को मोर के साथ, वाराही को संभवतः भैंस के साथ, इन्द्राणी को हाथी के साथ दिखलाया गया है। अगर यहाँ पर उत्कीर्ण प्रतीक चिन्ह बदक को सही माना जाता है तो यह योगेश्वरी से सम्बद्ध किया जा सकता हैं। वहीं पुराणों के अनुसार ये अष्ठमातृकाएँ मानव की आठ मानसिक प्रवृत्तियों का भी प्रतिनिधित्व करती है जैसे योगेश्वरी काम अथवा इच्छा का, माहेश्वरी क्रोध का, वैष्णवी लोभ का, ब्राह्मी मद (गर्व) का, कौमारी मोह का, इन्द्राणी मत्स्य (छिद्रानुवेषी भावना) का, चामुण्डा पाशुन्य (चुगलखोरी) का; इत्यादि।

यद्यपि एलिफेंटा की अष्ठमातृकाओं का चित्रफलक विरूपित हो गया है तथापि इसकी दिग्दर्शिता से कलात्मकता का बोध सहज ही भाषित होता है। ये सभी मातृकाएँ शिव के सहयोगी के रूप में अंधकासुर के साथ युद्ध से सम्बद्ध रही है। अतः इन्हें शिव की लीलाओं से ही सम्बद्ध माना जाता है और आज भी भारतीय परंपरा में इनकी पूजा का प्रचलन, इसकी निरंतरता को समाहित करते हुए आज भी देखा जा सकता है।

ब्रह्मा की प्रतिमा– हिन्दू त्रिमूर्ति के अन्तर्गत ब्रह्मा का सर्वप्रथम स्थान है। वे सृष्टि के निर्माता तथा सभी देवों के अगुआ हैं। यद्यपि वैष्णव तथा शैव सम्प्रदायों की भाँति उनका कोई पृथक सम्प्रदाय न बन सका और इन्हें विष्णु तथा

शिव के जैसे प्रायः मन्दिरों में इनकी प्रतिमाओं की स्थापना नहीं हो सकी तथापि इनकी प्रतिष्ठा एवं व्यापकता सर्वत्र दर्शनीय है।

वैदिक साहित्य में सृष्टि करने वाले देवता के लिए विश्वकर्मन, ब्रह्मणस्पति, हिरण्यगर्भ, ब्रह्मा तथा प्रजापति इत्यादि विशेषण प्रयुक्त हुए है। इनमें से प्रजापति का सम्बंध सृष्टि रचना के साथ–साथ यज्ञ से भी है। मैकडोनल का कथन है कि प्रजापति आकाश तथा पृथ्वी की रचना करने वाले हैं। उनकी आज्ञा सब देवता मानते हैं तथा परम ब्रह्म के रूप में स्वीकार किया गया हैं। इसी प्रकार, उपनिषद तथा ब्रह्माण–साहित्य में प्रजापति प्रमुख देवता के रूप में स्वीकार किये गये हैं तथा उनकी उत्पत्ति सभी देवों के पूर्व बतलायी गयी है। महाभारत में प्रजापति की तीन अवस्थाओं का वर्णन है, जिनका आश्रय लेकर वे सम्पूर्ण सृष्टि की रचना, पालन और संहार करते हैं। वे ही इन सब का कारण हैं।

पुराणों में ब्रह्मा को सृष्टि रचयिता, पालन और संहार करने वाला बतलाया गया है और धीरे–धीरे ब्रह्मा की प्रधानता एवं महत्ता समाज में कमतर हो रही थी। उपरोक्त पुराणों में ब्रह्मा को सृष्टि के रचयिता के रूप में, तथा इनका जन्म नारायण की नाभि से उत्पन्न कमल से हुआ माना गया है और ये उसी कमल के बीच में विराजमान रहते है। कर्मशक्ति को जाग्रत करने वाले काल के द्वारा शेषशायी विष्णु की नाभि से एक कमल सहसा ऊपर उठा। उसने अपने तेज से चारों ओर फैले अन्धकार को नष्ट कर दिया। उस कमल में स्वयं ही विष्णु अन्तर्यामी रूप से प्रविष्ट हो गये। तत्पश्चात् बिना पढ़ाये ही स्वयं सब वेदों को जानने वाले साक्षात वेद मूर्ति ब्रह्मा प्रकट हुए। स्वयं उत्पन्न होने के फलस्वरूप स्वयम्भू कहलाये।[46] कमल के ऊपर बैठे ब्रह्माजी अपने तथा कमल के विषय में कुछ भी ना जान सके। वे तल का आधार खोजने के लिए कमल नाल के सूक्ष्म छिद्रों से होकर जल में घुसे। उस अंधकार में भटकते हुए बहुत समय व्यतीत हो गया और अन्त में हारकर वे समाधिस्थ हो गये। भगवान ने उनके अन्तःकरण में अपने रूप को प्रकट कर दिया। तब ब्रह्मा ने उनकी स्तुति की और सृष्टि रचना के लिए पुनः कमल में विराजमान हो गये।[47]

पुराणों में दो भुजाओं के स्थान पर उन्हें चतुर्भुजी बतलाया गया है तथा हाथ में धारण किये जाने वाले दण्डकमण्डलु के साथ अक्षमाला, वेद, स्रुव, स्रुथ, कुश, आज्यस्थाली इत्यादि उपकरणों की वृद्धि हो गयी। इस विषय में विविध पुराणों के भिन्न–भिन्न मत हैं।

चर्तुमुखी ब्रह्मा (परिशिष्ट सं. क्र. 22 देखें) की एक प्रतिमा एलीफेंटा से प्राप्त हुई है जिसका आकार 1.10 मीटर लम्बाई, 0.57 मीटर चौड़ाई और मोटाई 0.45 मीटर है। इसके पास एक अधिष्ठान (पैडस्टल) भी मिला है, जो इसी प्रतिमा का भाग प्रतीत हो रहा है। चर्तुमुखी ब्रह्मा की प्रतिमा के पास के पंजे का अधिष्ठान में अंकन है और यह निश्चितरूप से हंस के पैर हैं, जो कि ब्रह्मा का वाहन है।[48] जिसमें एक कन्नरी अभिलेख है और 'बलदारी प्रतिष्ठा शिव... रसामीकामी' अर्थात् बलदारी द्वारा शिव को समर्पित किया हुआ अंकित है। इसकी लिपि और लिखावट से प्रतीत होता है कि यह छठीं–सातवीं शताब्दी ईसवी का है। ध्यातव्य है कि वर्तमान मुम्बई में छठवीं शताब्दी के आसपास परेल नामक स्थान पर भी एक मूर्तिकला का केन्द्र रहा था। जिनमें एलीफेंटा से प्राप्त शानदार कुछ प्रतिमाएँ इस स्थल से निर्मित मानी जाती हैं तथा शिवड़ी, परेल के पास एक छोटे मंदिर में बड़ा देव की मूर्ति को भी इसी कला केन्द्र में निर्मित हुई मानी जाती है।

गुफा–1 एलीफेंटा की मुख्य गुफा के लघु शिवालय में आठ द्वारपाल हैं। पूर्वी द्वारपाल में भगवान इन्द्र को राजकीय वस्त्राभूषणों सहित दर्शाया गया है, जबकि दक्षिण में यम को मानव कपाल लिये हुए प्रदर्शित किया गया है, पश्चिम में वरूण को, जो कि उर्वरता अथवा वर्षा के देवता के प्रतीक है, अंकित किया गया है और उत्तर में कुबेर को नरवाहन के द्वारा प्रदर्शित किया गया है अर्थात् चारों दिशाओं के दिक्पालों को स्थापत्य में समाहित किया गया है। इन विराट द्वारपालों को बहुत ही अलंकृत मुकुटों और वस्त्राभूषणों से सुसज्जित किया गया है।

पश्चिमी स्कंध के गर्भगृह में शिवलिंग के द्वार के दोनों ओर ब्रैकिटयुक्त भारवाहक सिंहों का अंकन है जैसाकि गुफा–3 में हैं। इसके दोनों ओर स्थानक–मुद्रा में द्वारपालों का अंकन है। इसके साथ ही निकट वामन भी स्थानक–मुद्रा में अंकित हैं।

पूर्वी स्कंध से मूलतः इस गुफा का प्रवेश द्वार था। इनकी दीवारों पर विभिन्न फलकों और द्वारपालों का अंकन है। इसके साथ ही निकट वामन स्थानक–मुद्रा में अंकित है। जिसमें गणपति ललितासना–मुद्रा में बैठे हुए हैं। इनके निकट ही इनके वाहन मूसकराज हैं। दोनों ओर विभिन्न मुद्राओं में विद्याधरों का अंकन है जबकि गणपति के सामने और दक्षिण में द्विभुजी कार्तिकेय का स्थानक मुद्रा में अंकन है, त्रिमुखी चतुर्भुजी ब्रह्मा का अपने वाहन हंस के साथ, विष्णु को इनके वाहन गरूड़ के साथ अंकन है। विभिन्न मुद्राओं में विद्याधरों का अंकन है। इनके दर्शन के पश्चात् ही अन्य भागों में दर्शानार्थी सभंवतः जाया करते रहे होंगे जैसाकि जोगेश्वरी की गुफा में वर्तमान में भी देखा जा सकता है।

गर्भगृह के द्वार के दोनों ओर विशाल सिंहों का अंकन है और ये पिछले पैरों की सहायता से ऊकरू बैठे हुए हैं और आगे के दोनों पैर के पंजे तथा नाखूनों को स्पष्टतः देखा जा सकता है। मूलतः ये सिंह सोपानों के दोनों ओर अवस्थित थे। इस प्रकार के शेरों का अंकन मण्डपेश्वर गुफा में भी है और ये भी सोपानों के दोनों ओर अवस्थित थे। हाँलाकि ये क्षतिग्रस्त हो गये है और सिंह के पीछे के भाग को देखकर प्रतीत होता है कि यह बहुत कुशलता से बनाया गया है जैसे कि इन सिंहों का अंकन है। वर्तमान में नन्दी के स्थान पर रखा गया है। इसमें पाँच सोपानों द्वारा पहुँचा जा सकता है और इसमें पाँच द्वाराशाखाओं का अंकन है, बीच की द्वाराशाखा में स्तंभों को बनाया गया है जिसमें यहाँ पर उकेरे गये स्तंभों की भाँति अनुकृति है तथापि ये शाखाएँ पूर्ण निर्मित प्रतीत नहीं हो रही हैं। ऐसी द्वाराशाखाओं का अंकन मण्डपेश्वर, जोगेश्वरी और कन्हेरी की गुफाओं में देखा जा सकता है जबकि ललाटभाग के ऊपरी भाग में बौद्ध चैत्य गवाक्षों को बनाया गया है।

इसके दोनों ओर विशाल द्वारपालों का अंकन है और इनके तीसरे नेत्र का अंकन किया गया है और चतुर्भुज दिखलाया गया है जैसा कि शिव को स्वयं दर्शाया गया है। जिनकी पहचान शिवद्वारपाल (चित्रफल–20 अ) के रूप में की जाती है। जबकि इनकी सहायता के लिए वामन द्वारपालों को भी अंकित किया गया है, जिसके दोनों ओर स्थानक मुद्रा में द्वारपालों का अंकन किया गया है।

गुफा–2 शैलोत्खनित अर्द्धनिर्मित गुफा है ।

गुफा–3 पूर्वमुखी है, जिसमें सोपानों द्वारा पहुँचा जा सकता है। इसके दाहिनी ओर सबसे ऊपर विभिन्न मुद्राओं में सात मानवाकृतियाँ हैं जबकि इस फलक के नीचे के फलक में एक दृष्टि से देखने पर नारी की आकृति प्रतीत होती है जिसके दो हाथ ऊपर की ओर हैं और इनसे कुछ पकड़े हुई है, बायीं ओर कर्णकुण्डल बड़ा और गोलाकार है, सिर के पीछे केशों का जूड़ा है और दायाँ पैर मुड़ा हुआ है। जबकि दूसरी दृष्टि से इसके निकले हुए दाँतों और आंखों से प्रतीत होता है, कि यह काल्पनिक सिर है, जिसके दो सींग भी है और इसके नाक, कान, आँख और दाँत स्पष्ट हैं।

इसमें तीन कक्षों की व्यवस्था है, जिसके दोनों कक्षों के द्वार सादे तथा खण्डितावस्था में हैं जिनमें संरक्षण कार्य किया गया हैं। गन्धर्वो को उड़ते हुए, विविध काल्पनिक पशुओं का अँकन, इन सभी को विभिन्न मनोहारी मुद्राओं में दर्शाया गया है। इनका अंकन कन्हेरी की बौद्ध गुफाओं में स्पष्टतः दिखलाई देता है (चित्रफलक–41)। यहाँ तक कि बुद्ध की प्रतिमाओं के ऊपरी भाग में इनका व्यापक अंकन मिलता है, जिसका प्रभाव एलीफेंटा के स्थापत्य में भी प्रदर्शित है। एक मानव आकृति को, इसके लिंटल में षठभुजी दिखलाया गया है। इसके दोनों ओर विशाल द्वारपाल स्थानक–मुद्रा में और पशुयुक्त ब्रेक्रेट अंकित हैं।

गुफा–4 पूर्वमुखी है जिसमें सोपानों द्वारा पहुँचा जा सकता है। इसके दोनों ओर विशाल द्वारपाल स्थानक–मुद्रा में सुसज्जित हैं और द्वारपाल अर्थात् वामन के हाथों में केयूर, कमरबंद और जाँघिया देखा जा सकता है।

गुफा–5 गुफा शैलोत्खनित अर्द्धनिर्मित गुफा है ।

गुफा–6 पूर्वाभिमुख है, जिसमें सोपानों द्वारा पहुँचा जा सकता है। इसमें चार स्तंभों और दो अर्द्धस्तंभों का प्रावधान है और संरक्षण कार्य द्वारा इन स्तभों को बनाया गया है। इसकी दीवारें सपाट हैं और विशाल प्रतिमाओं अथवा अलंकरणों का अभाव है।

गुफा–7 पूर्वाभिमुख है और अर्द्ध निर्मित है तथापि शैल की गुणवत्ता का अभाव होने के कारण अपूर्ण रही है।

गन्धर्व, किन्नर, विद्याधर एवं अपसराएँ– हमारे चौथे वेद अथर्ववेद में यक्षों के साथ गन्धर्वों की भी गणना हुई है। शतपथ ब्राह्मण में गन्धर्व को वरूण राजा की प्रजा कहा है। ये सोम के रक्षक हैं। यज्ञ में इन्द्र को सोम आहुति देने के लिए सोम गन्धर्वों से ही खरीदा जाता था। रामायण में गन्धर्वों को देवों का सहायक माना गया है। महाभारत में इन्हें संगीत तथा नृत्य में बड़ा कुशल कहा गया है। ये नाच–गाकर सबका मनोरंजन करते हैं। इन्हें सभी वाद्य बजाने आते हैं।[48अ] विष्णु पुराण में कहा गया है कि ब्रह्मा के गाते समय उनके शरीर से गन्धर्व उत्पन्न हुए। वाणी का उच्चारण करते हुए उत्पन्न होने के फलस्वरूप वे गन्धर्व कहलाये–

गायतोऽगांत्समुत्पन्ना गन्धर्वास्तस्य तत्क्षणात्।
पिबन्तो जज्ञिरे वाचं गन्धर्वास्तेन ते द्विज।।[49]

वैष्णव पुराणों में इन्हें नारद, हाहा, हूहू, विश्वावसु, अर्णायु, धुतराष्ट्र तथा चित्रकेतु इत्यादि नामों से उल्लेखित किया गया है। संगीत प्रेमी होने के कारण इनका चित्रण यशोगान करते हुए किया गया है। गन्धर्व रूप और धन से समृद्ध होते हैं और अपनी इच्छानुसार विहार करने वाले एवं रूप धारण करने वाले होते हैं–

आवाहयिष्ये गन्धर्वान् रूपद्रविणसंयुतान्।
आयान्तु सर्वगन्धर्वा वरदाः कातरूपिणः।। [50]

ये बड़े युद्धप्रिय भी होते हैं। चण्डवेग गन्धर्वराज के अधीन तीन सौ साठ महारथी गन्धर्व थे। इन्होंने मिलकर राजा पुरूंजन का नगर लूट लिया था। मानसार ग्रन्थ में कहा गया है–

गीतवीणाविधानैश्च गन्धर्वश्चेति कथ्यते। [51]

ये गान–विद्या के अतिरिक्त वाद्य–विद्या में भी निपुण होते हैं और वे मृदंग, वीणा, ढोल इत्यादि वाद्य को कुशलतापूर्वक बजा लेते हैं–

ननृतुस्तस्य पुरतः स्त्रियोऽथो गायका जगुः।
मृदंगवीणापणवैर्वाद्यं चक्रुर्मनोरमम्।।[52]

किन्नर– किन्नर भी संगीतप्रिय हैं। वे देवो का यशगान करते हैं। विष्णुधर्मोत्तर में किन्नरों का आवाहन करने का विधान दिया गया है, इससे स्पष्ट है कि किन्नर मधुर स्वरयुक्त संगीत का गायन करते थे और इनके नेत्र बड़े सुन्दर होते हैं। विष्णुधर्मोत्तर में किन्नरों के विषय में कहा गया है–किन्नराः द्विविधाः प्रोक्ता नृवक्त्रा हयविग्रहाः।[53]

अर्थात् किन्नर दो प्रकार के होते हैं–

1. मानव मुख वाले, तथा
2. अश्व मुख वाले।

इनको नृदेह तथा अश्ववक्त्र कहते हैं। अश्वमुख वाले किन्नरों का सभी आभूषणों से सुसज्जित बनाना चाहिए। गीत में चतुर–वाद्य लिए होने चाहिए।[54]

विद्याधर–विद्याधर भी बहुत सुन्दर होते हैं। विष्णुधर्मोत्तर में इनका उड़ता हुआ चित्रण हुआ हैं। विद्याधर अपनी स्त्रियों विद्याधारियों के साथ माला (चित्रफलक–25, 33, 35) लिए हुए प्रदर्शित किये जाने चाहिए। इनका शरीर सभी आभूषणों से सुसज्जित रहता है। इसके अतिरिक्त पृथ्वी अथवा आकाश में इन्हें खड्ग लिए भी चित्रण किया जाता है–

रूद्रप्रमाणाःकर्त्तव्यस्तथा विद्याधराः नृप।
सपत्नीकाश्च ते कार्या माल्यालंकारधारिणः।।
खड्गहस्ताश्च ते कार्या गगने वाथ वाभुवि। [55]

इनको पुष्पों तथा मालाओं से विशेष प्रेम रहता है। किसी कार्य की सफलता पर यही पुष्प वर्षा करते हैं। विष्णुपुराण में ऐसा उल्लेखित है कि एक बार दुर्वासा ऋषि ने एक सुन्दर विद्याधरी को सन्तानक पुष्पों की माला लिए हुए देखा, उस सुन्दर पुष्पों की माला की सुगन्ध से सम्पूर्ण वन सुगन्धित हो रहा था। वह विद्याधरी अत्यन्त सुन्दर बड़े–बड़े नेत्रों वाली एवं कृशांगी थी। ऋषि द्वारा याचना किये जाने पर माला उसने दे दी–

स ददर्श स्रजं दिव्यामृषिर्विद्याधरी करे।
सन्तानाकानामखिलं यस्या गन्धेन वासितम्।

याचिता तेन तन्वंगी मालां विद्याणरंगना।
ददौ तस्मै विशालाक्षीं सादरं प्रणिपत्यतम्।।[56]

विद्याधरों के राजा चित्रकेतु हैं। वे विमान पर चढ़कर सब स्थानों का भ्रमण करते है। विष्णु आदि प्रमुख देवों की प्रतिमाओं के समीप किन्नर वीणा लिए हुए स्तुति करते हुए उपस्थित रहते हैं और विद्याधर अपनी सुन्दरियों के साथ मालाएँ लिए हुए आकाश से पुष्प वर्षा करते हुए प्रदर्शित किये जाते हैं। वहीं, एलीफेंटा योगेश्वर के गंधर्वो और विद्याधरों की सभ्यता कन्हेरी की गुफा सं. 89 के गंधर्वों और विद्याधरों में बहुत हद तक मिलती जुलती है तथा इसके समकालीन प्रभाव को रेखांकित भी करती है (चित्रफलक–66, 67)।

गन्धर्वों की प्रतिमाएँ कला के अर्न्तगत अपना विशेष महत्त्व रखती है। साँची तथा भरहुत के स्तूप पर इनका सौन्दर्य अधिकांशतः अधिक प्रभावी दिखलायी पड़ता है। भगवान बुद्ध के दोनों ओर सुन्दर भावभंगिमा वाले गन्धर्व उत्कीर्ण हैं। उनके शरीर का निम्न भाग पक्षियों की भांति हैं और हाथों में पंख जुड़े हैं। शरीर के ऊपर का भाग मनुष्यों की भाँति हैं, सिर पर सुन्दर मुकुट होते है। कर्णो में कर्ण–कुण्डल और शरीर पर अन्य आभूषण सुशोभित रहते हैं। इनके हाथों में वीणादि वाद्य न होकर हार लटका रहता हैं।[57]

वस्त्र–आभूषण और केश सज्जा–मानव अपने सौन्दर्य के प्रति प्राचीन काल से ही जागरूक रहा है। संसार के अन्य प्राणी जहाँ अपनी शारीरिक आवश्यकताओं की पूर्ति मात्र से संतुष्ट हो जाते हैं, वही मानव अपनी आवश्यकताओं की पूर्ति के साथ ही अपनी सौन्दर्य भावना को भी अभिव्यक्त करने का प्रयास करता रहा है।[58] विभिन्न प्रकार के वस्त्रों, आभूषणों और केश शैलियों में इस प्रकार की अभिव्यक्ति देखी जा सकती है। किसी भी देश और काल के मूर्ति शिल्प में तत्कालीन संस्कृति के विविध पक्षों के साथ ही सौन्दर्य धारण तथा प्रचलित परम्पराओं की भी मूर्त अभिव्यक्ति हुई है। एलीफेंटा की मूर्तियों में वस्त्र विन्यास, आभूषण, केश सज्जा एवं परिष्कृत विविधता की दृष्टि से महत्त्वपूर्ण हैं।

किसी भी देश और काल में जनसमुदाय के दो ही वर्ग विशेष प्रभावी होते हैं, जिनमें पहला उच्च वर्ग और दूसरा सामान्य वर्ग होता है। देवी–देवताओं एवं अर्धदेवों की मूर्तियों के वस्त्राभूषण एवं केशसज्जा में प्रदर्शित तत्कालीन उच्च

वर्गीय जन–समुदाय की वेशभूषा झलकती है जबकि अनुचरों एवं द्वारपालों इत्यादि की आकृतियों में तत्कालीन सामान्य वर्ग के वस्त्राभूषण एवं केश शैली की अभिव्यक्ति के रूप में देखा जा सकता है।

उपरोक्त संदर्भ में यह प्रासंगिक होगा कि देव आकृतियों तथा द्वारपालों की आकृतियों में वस्त्राभूषण एवं सिरोभूषा के स्तर पर कभी–कभी अद्भुत समानता देखने को मिलती है, जो स्तर भेद के बहुत अप्रभावी होने का संकेत हो सकता है। सामान्यतः अनुचरों एवं द्वारपालों की आकृतियों में अलंकरण की प्रवृत्ति तथा उनकी विविधता देव–मूर्तियों की अपेक्षा अधिक आकर्षक हैं, जिसका एक संभावित कारण इन आकृतियों में लोकशैली की अभिव्यक्ति हो सकती है, जिसमें हमेशा विविधता की संभावना अधिक होती है।

वस्त्र–मानव की मूलभूत आवश्कताओं में वस्त्र का महत्वपूर्ण स्थान है। वस्त्र शरीर की सुरक्षा एवं लज्जा के निवारण के साथ ही व्यक्तित्व के सौन्दर्यवर्धन का भी माध्यम होते हैं। एलीफेंटा की स्त्री–पुरूष आकृतियों में मुख्यतः उत्तरीय, अन्तरीय अथवा धोती, कंचुकी, जांघिया एवं कमरबंध का प्रदर्शन हुआ है। स्त्री तथा पुरूष आकृतियों को उत्तरीय धारण किये हुये दर्शाया गया है। राजशेखर की कर्पूरमंजरी में उत्तरीय का उल्लेख है।[59] बाणभट्ट की कादम्बरी में उत्तरीय को अधिवास कहा गया है।[60] एलीफेंटा की मूर्तियों में विविध शैलियों में उत्तरीय को धारण किया गया है। उत्तरीय सामान्यतः पतला लम्बा वस्त्र होता हैं, जो शरीर के उर्ध्व भाग को ढँकने के लिए प्रयुक्त होता था।

सामान्यतः पुरूष आकृतियों में इसे मोड़कर वाम कन्धें पर रखे हुये दर्शाया गया है। कल्याण–सुन्दर मूर्ति के परिवार की साधु आकृति ने उत्तरीय को कमर में लपेट कर, कन्धें पर रखा है (चित्रफलक–34)। मुख्य सभागृह की पूर्वी दीवार पर उकेरी द्वारपाल आकृति में मोंती टँका (चित्रफलक–29) हुआ उत्तरीय धारण किये दिखाया गया है। ध्यातव्य है कि हर्षचरित में श्रीहर्ष द्वारा सितारा टँका दुपट्टा पहनने का उल्लेख आया है।[61]

स्त्री आकृतियों में नारी की देहयष्टि के सौन्दर्य की अभिव्यक्ति हेतु सांकेतिक स्वरूप में पारदर्शी तथा शरीर से चिपकी हुई कंचुकी दिखायी गयी है। नटराज मूर्ति के परिवार की पार्वती आकृति में इसका स्पष्ट अंकन दृष्टव्य है (चित्रफलक–37)। अन्तरीय को सकच्छ एवं विकच्छ दोनों ही शैलियों में बाँधे हुए दिखाया गया है। सकच्छ शैली में अन्तरीय को विशेषकर कर स्त्री और पुरूष दोनों ही आकृतियों द्वारा धारण किया हुआ दिखलाया गया है। विकच्छ शैली में अन्तरीय धारण करने की दो पद्यतियाँ सामान्यतः यहाँ पर दिखलाई देती है–एक में टखनों तक जबकि दूसरे में केवल घुटनों एवं जांघों तक अन्तरीय लटकी हुई दिखलाई गयी है। देवताओं और गणों की मूर्तियों में जाँघ तक लटकी हुई धोती को पहने हुये दिखलाया गया है। कहीं–कहीं दोनों छोरों के मध्य में तिकोना सिरा लटकता हुआ बनाया गया है। कल्याण–सुन्दर मूर्ति में पार्वती नाभिदर्शना (चित्रफलक–34) है, जिन्हें नाभि के नीचे से अन्तरीय पहने दिखलाया गया है। कालीदास तथा बाणभट्ट के साहित्य में ऐसे वस्त्र को "**चण्डातक**" कहा गया है।[62]

इस प्रकार का अधोवस्त्र अन्य स्त्री आकृतियों में भी दिखलाया गया है। उमा–महेश्वर प्रतिमा में पार्वती को कपड़े के कमरबन्ध (चित्रफलक–24) से बंधा हुआ तथा कल्याणसुन्दर प्रतिमा के परिवार की अनुचरी को मेखला से बंधा हुआ अन्तरीय पहने हुए दिखाया गया है (चित्रफलक–34)। एक स्त्री आकृति के शरीर पर भारी चुन्नटों वाला वस्त्र भी प्रदर्शित है, जिसे वह सिर पर डालकर धारण किये हुए है।

एलीफेंटा की पुरूष आकृतियों में कमर तथा जाँघ पर तह किया हुआ उत्तरीय जैसा वस्त्र है, जिसे तह करके अथवा छोटी–छोटी चुन्नटें बनाकर दोनों को आवृत करते हुए पैर के समीप गाँठ लगाकर अथवा उसका अन्तिम सिरा हाथ में लिये हुये दिखलाया गया है (चित्रफलक–60 तथा कन्हेरी की गुफा सं. 89 के द्वारपाल के हस्त की अवस्था की साम्यता चित्रफलक–61)। मुख्य गर्भगृह के पूर्वी दीवार में बने द्वारपाल की मूर्ति में ऐसे वस्त्र के मध्य अंलकृत पदक दिखलाई देता है, जो संभवतः वस्त्र के दोनों सिरों को जोड़ने के लिए प्रयुक्त होता रहा होगा।

कल्याण–सुन्दर मूर्ति में शिव के कटि पर कपड़े का कटिबंध है, जिसे लपेट कर शिव ने एक हाथ में पकड़ रखा है (चित्रफलक–34)। गण आकृतियों में लँगोट अथवा कौपीन प्रदर्शित है। कहीं लँगोट सिली हुई सी प्रतीत हो रही है, तो कहीं एक डोरी में वस्त्र की पतली पट्टिका को कौपीन/लँगोट की भाँति धारण किये हुए दिखलाया गया है।

शिरोभूषा में पुरूष–आकृति द्वारा धारण की हुई टोपी उल्लेखनीय है। मुख्य गुफा में गर्भगृह के मूर्ति वाले भाग में बनी द्वारपाल–आकृति के समीप की गण–आकृति को शीर्ष भाग में छिद्रयुक्त टोपी पहने हुये दिखलाया गया है। मुख्य गुफा की महेश प्रतिमा के बायें अर्द्धस्तंभ में बनी गण आकृति की टोपी (चित्रफलक–25) से लटकती पट्टिका का अलंकरण दुष्प्राय है।

आभूषण–प्राचीन काल से मानव आभूषणों के प्रति आशक्त रहा है। शरीर के विभिन्न अंगों को सजाने के लिए मानव फूल, पत्ती, पक्षियों के पंखों, हड्डी, मिट्टी, धातु, प्रस्तर एवं मणियों से बने आभूषणों का प्रयोग करता रहा है। भरत के नाट्यशास्त्र में आवेध्य, बन्धनीय, क्षेप्य तथा आरोप्य चार प्रकार के आभूषणों का वर्णन किया गया है। एलिफेण्टा की मूर्तियों में मुकूट, हार, कुण्डल, कंगन, मेखला के कई उदाहरण दिखाई देते हैं।

मुकुट के कुछ विशिष्ट प्रकार हैं, जिनमें किरीट, करण्ड, जटामुकुट सर्वाधिक लोकप्रिय है। किरीट मुकुट क्षेत्रीय विशेषताओं वाला है। इसका उर्ध्व भाग गोलाकार टोपनुमा अथवा चौड़ाई लिये हुए दिखलाया गया है। शिव, ब्रह्मा तथा द्वारपालों की मूर्तियों में जटामुकुट प्रदर्शित है (चित्रफलक–36, 37, 41)। महेश–प्रतिमा में मुकुट से मोतियों की लड़ियाँ निकलते दिखाई गयी हैं (चित्रफलक–32)। पार्वती को गंगावतरण मूर्ति में करण्ड–मुकुट तथा कल्याण–सुंदर मूर्ति में मौली एवं जाम्बुनदपट्ट धारण किये हुये दिखलाया गया है (चित्रफलक–33)। उमा–महेश्वर मूर्ति के परिकर में बनी एक स्त्री–आकृति को पदक–विहीन ललाटिका धारण किये हुये दिखाया गया है। नाट्यशास्त्र में भौहों पर धारण किये जाने वाले आभूषण को "तिलक" कहा गया है। नैषधमहाकाव्य में ललाटिका का उल्लेख है।[63] उमा–महेश्वर फलक के समीप की गण आकृति के सिर पर छोटी–छोटी गुरियों वाला टोपीनुमा मुकुट प्रदर्शित है। विविध मूर्तियों में पुरुष–स्त्री आकृतियों को छोटे–छोटे मुकुट पहने हुये सामान्यतः दिखलाया गया है।

कर्णाभूषण में गोलाकार, पुष्पाकार, ढोलकनुमा कुण्डल देखे जा सकते हैं। अर्धनारीश्वर फलक में बनी ब्रह्मा की आकृति को मणिकुण्डल (चित्रफलक–26) पहने हुये दिखलाया गया है। ब्रह्मा की एक अन्य मूर्ति में उन्हें सूर्यवत कुण्डल पहने हुये दिखलाया गया है, जो प्रिंस ऑफ वेल्स संग्रहालय, मुंबई में सुरक्षित है (परिशिष्ट–3, सं.क्र.–62 देखें)। महेश प्रतिमा में कुण्डल से निकलती लड़ियाँ उल्लेखनीय हैं (चित्रफलक–32)। गंगावतरण फलक में पार्वती आकृति को दायें कर्ण में मणि–कुण्डल तथा बायें कर्ण में नालिकादार बाला (चित्रफलक–33) पहने हुये दिखलाया गया है। अर्धनारीश्वर मूर्ति में पार्वती के अंश में कर्णलोलक में मणिजटित छोटी–सी बाली अंकित है (चित्रफलक–34)। एलिफेण्टा की मूर्तियों में गले में पहने जाने वाले दो प्रकार के आभूषण विशेष रूप सें दिखलाई देते हैं। प्रथम गले से चिपका मनकों से निर्मित या ठोस धातु से निर्मित आभूषण। कालिदास ने इसे "**हारशेखर**" कहा है[64] तथा भगवती सूत्र 12 में इसे "कंठ" कहा गया है।[65] इस प्रकार का आभूषण, यहाँ की सभी आकृतियों में दृष्टव्य है (चित्रफलक–25, 32)। कल्याणसुंदर मूर्ति में पार्वती के कण्ठसूत्र से पदकयुक्त लड़ी निकली है, जो नाभि तक जा रही है (चित्रफलक–35)। कण्ठाभूषण का दूसरा प्रकार ग्रैवेयक था। धातु–पत्र में खचित पद्धति से अलंकृत हैं तथा कहीं–कहीं मणि से जड़ित आभरण स्त्री–पुरुष दोनों आकृतियों में प्रदर्शित है। ग्रैवेयक से निकलती मोतियों की लड़ियों का संयोजन उत्कृष्ट कोटि का है। महायोगेश्वर प्रतिमा के परिकर में बनी विष्णु–आकृति को कई लड़ियों वाला मुक्ता हार धारण किये हुये दिखलाया गया है (चित्रफलक–39)। गुफा–1 के दायीं ओर बनी गण–आकृति को छोटे–छोटे पदकों वाला धातु से निर्मित प्रतीत होता हुआ ग्रैवेयक पहने दिखाया गया है। उमा–महेश्वर मूर्ति में पार्वती को मोतियों का स्तनहार (चित्रफलक–24) सज्जित किया हुआ दिखलाया गया है। कालीदास ने कुमारसम्भव में पार्वती के स्तनों पर मुक्ता कलाप होने की चर्चा की है।[66] अर्धनारीश्वर प्रतिमा के परिकर में बनी एक स्त्री की यज्ञोपवीत के समान लम्बी लड़ियों वाला स्तन सूत्र

(चित्रफलक–25,26) पहने दिखाया गया है, जिसमें गले में हार से निकली दो लड़ियाँ निकले कटि–भाग से जाकर पीछे पृष्ठभाग में मिल जाती हैं, पृष्ठभाग में उन दोनों लड़ियों में गाँठ लगाकर उसे सम्भाला गया है। विभिन्न आकृतियों की डोरी में पिरोकर गोल ताबीज जैसा आभूषण भी पहने दिखाया गया है।

पुरूष–आकृतियों की विशेषता यह है कि वे यज्ञोपवीत धारण किये हुए है। गंगावतरण के दृश्य में शिव को कपड़े की पतली पट्टिका में गाँठ लगाकर बायें कन्धे पर यज्ञोपवीत के समान धारण किये हुए दिखलाया गया है (चित्रफलक–32)। गणेश–फलक में गणेश (चित्रफलक–20) को डोरियों से निर्मित तथा महायोगेश्वर मूर्ति में विष्णु को मोती की (चित्रफलक–39) लड़ियों से बना यज्ञोपवीत धारण किये हुये दिखलाया गया है। करों के आभूषणों में अंगद, केयूर तथा वलय का अंकन है। कल्याणसुन्दर मूर्ति में शिव को सर्पपुच्छाकार केयूर पहने हुये दिखलाया गया है (चित्रफलक–35)। विभिन्न पुरूष–आकृतियों को खचित अलंकरण वाला तथा मणियों अथवा रत्नजड़ित केयूर पहने दिखाया गया है।

अंगद के भी कई प्रकार बताये गये हैं जिनमें से कुछ को यहाँ पर भी देखा जा सकता है जैसे–गंगावतरण दृश्य के परिकर में पार्वती तथा विद्याधरी दोनों के हाथ में धातु की बनी पट्टिका से बना सादा अंगद है (चित्रफलक–33)। अन्धकासुर फलक में शिव को मणि जड़ित अंगद पहने हुये दिखलाया गया है (चित्रफलक–35)। महायोगेश्वर फलक में विष्णु को रत्न जड़ित तथा मोतियों की लड़ियों वाला अंगद पहने हुये दिखलाया गया (चित्रफलक–39)। अर्धनारीश्वर फलक में बनी एक विद्याधरी की आकृति को अपनी बाँह में कई चूड़ियों के समान आभूषण पहने हुये दिखलाया गया है (चित्रफलक–26)। समस्त आकृतियों के हाथों में कंगन के समान गोल वलय हैं, जो जड़ाऊ अथवा खचित अलंकरणों से युक्त हैं। गुफा–4 की एक गण–आकृति के हाथों में धातु जैसा कसा हुआ वलय है। रघुवंश, मेघदूत, कादम्बरी में अलग–अलग प्रकार के विभिन्न वलयों का वर्णन मिलता है।

कटि आभूषण की श्रेणी में आने वाले आभूषण के अन्तर्गत एलिफेण्टा की मूर्तियों में पदकयुक्त मेखला तथा कड़ियों से बनी जंजीर जैसी मेखला विशेषरूप से दृष्टव्य है। सामान्यतः रत्नजड़ित पदकयुक्त सामान्य मेखला मूर्तियों की कटि में परिलक्षित होती है, जिसमें किसी भी प्रकार की लटकन नहीं है। यह एलिफेण्टा की स्त्री और पुरुषों की आकृतियों में सामान्य रूप से अंकित किया गया है। महायोगेश्वर मूर्ति में चौकोर लड़ियों वाली मेखला दृष्टव्य है (चित्रफलक–39)। गुफा–1 के पूर्वी और पश्चिमी भाग पर बने कार्तिकेय फलक में कार्तिकेय को मोतियों की लड़ियों वाली पुष्पाकार पदकयुक्त मेखला पहने हुये दिखलाया गया है।

एलिफेंटा की पुरुष आकृतियों के ऊदर पर पट्टिका (बेल्ट) जैसा आभूषण है। इसके दोनों सिरों को जोड़ने के लिए पदक लगा है। कमर पर वस्त्र सम्भालने के लिए कपड़े की पट्टिका से निर्मित पदकयुक्त मेखला का भी अंकन यहाँ मिलता है (चित्रफलक–60)।

यद्यपि एलिफेंटा की मूर्तियों में नूपुर या पाद–वलय का व्यापक अंकन रहा होगा तथापि नूपुर या पाद वलयों के अंकन को आज भी देखा जा सकता है, क्योंकि मूर्तियों के अधिकांशतः निचले भाग खण्डित है और रहे–सहे भाग अपक्षयित हो गये है। सुरक्षित मूर्तियों में गोल वलय के समान सामान्य पाद–वलय अथवा मोती या मणि–जड़ित पाद–वलय का अंकन हुआ है। गंगावतरण दृश्य में पार्वती गोल कड़े के समान पादाभूषण से सुसज्जित हैं (चित्रफलक–33)। एक स्त्री आकृति के पैर में रत्न–जड़ित नूपुर को धारण किये हुये दिखलाया गया है जबकि एक अन्य मूर्ति के पैर में बन्धनयुक्त चरण–पादुका का भी अंकन हुआ है।

केशसज्जा– प्राचीन काल से ही भारतीय अपनी केशसज्जा के प्रति जागरूक रहे हैं। सातवीं–आठवीं शताब्दी ईसवी के भारत में केशसज्जा की विभिन्न शैलियाँ प्रचलित थीं। जिनका संदर्भ पूर्व और तत्कालीन साहित्य में देखा

जा सकता है। कालिदास, वाणभट्ट, वात्सायन आदि के ग्रंथों में केशसज्जा की विविध शैलियों का व्यापक और विस्तृत रूप से वर्णन किया गया है।[67]

यद्यपि एलिफेंटा की मूर्ति–फलकों का अधिकांश भाग विखण्डित होने के कारण उनकी केश–शैलियों का अध्ययन पूर्णरूपेण करना बहुत जटिल कार्य है तथापि कुछ सुरक्षित मूर्तियों में केशसज्जा की सुन्दरता तथा उनकी कलात्मकता का अंकन हमें आज भी चकित करता है। मूर्तियों में विविध प्रकार के जूडों, खुले केश, चोटियों इत्यादि के अंकन की व्यापकता को देखा जा सकता है। पुरुष कलाकृतियों में श्मश्रु (दाड़ी) व मूछों का अँकन भी हुआ है। शिव की विभिन्न मूर्तियों जैसे अंधकारि तथा महेश प्रतिमाओं इत्यादि में उन्हें कंधे से झूलती हुई जटाओं वाला दिखलाया गया है। इसी प्रकार से, साधु–आकृतियों को भी जटायुक्त बनाया गया है। एक अन्य स्थल पर एक साधु–आकृति के सिर पर जूड़ा अंकित किया गया है। विद्याधर व गण–मूर्तियों में बालों को पीछे सँवार कर अच्छे ढंग से बनाया गया है। गंगावतरण दृश्य के परिकर में गण–आकृति उभरे अथवा फूले हुए केश से सज्जित किया गया है (चित्रफलक–33) ।

विद्याधर एवं भगीरथ की मूर्तियों की बहुस्तरीय केशशैली विशेषरूप से उल्लेखनीय है। विभिन्न देवाकृतियों के अर्धनारीश्वर परिकर में विष्णु (चित्रफलक–26), महेश प्रतिमा में स्वयं महेश–प्रतिमा (चित्रफलक–32) विशिष्ट है। केश के छल्ले जैसी रचना तथा विद्याधर की मूर्तियों में डलिया जैसी केश–शैली बहुत ही सुरूचिपूर्वक अंकित की कई है। कार्त्तिकेय की मूर्ति के परिकर में बनी विद्याधर–मूर्ति में विशिष्ट केश विन्यास है। पहले आधे बालों को इकट्ठा कर, सिर के शीर्ष पर जूड़ा बनाया गया है तथा शेष बचे हुये आधे केशों को उमेठ कर, एक कान के पीछे से लाकर, दूसरे कान के पीछे ले जाकर बांधा गया है। जिससे सिर पर नली के समान सज्जा दिखलाई देती है। साधु की विभिन्न मूर्तियों में सिर के शीर्ष भाग पर कभी–कभी जूड़ा का अंकन किया गया है।

अर्धनारीश्वर मूर्ति में नारी–अंशों में खुले केशों का निदर्शन भी दिखलाई देता है (चित्रफलक–26)। नारी मूर्तियों में कहीं–कहीं गोल तथा भारी जूड़ों का अंकन है तो कहीं ढीले जूड़े को फीते से बांधा गया प्रतीत होता है। उमा–महेश्वर मूर्ति के परिकर में बनी शिशु लिये नारी आकृति में दोहरे जूड़े को देखा जा सकता है (चित्रफलक–24)। इसी फलक में पार्वती मूर्ति को भी दोहरे जूड़े की संरचनाओं से युक्त किया गया है। गंगावतरण दृश्य के परिकर में पार्वती को विशेष आकार–प्रकार के तीन जूड़ों द्वारा दिखलाया गया हैं। बायें कान के पीछे सबसे बड़ा जूड़ा है, फिर थोड़ा छोटा और बाँयी ओर और छोटा जूड़ा अंकित हैं। अन्तिम जूड़ा इसी छोटे जूड़े पर व्यवस्थित किया गया है। नष्टप्राय मूर्तियों में एक स्त्री–आकृति को लम्बी चोटी किये हुये दिखलाया गया है। महेश–मूर्ति में अघोर–मुख सर्पाकार और लहरदार है (चित्रफलक–31, 32)। तपस्वी या साधु–आकृतियों की मूंछें घनी हैं, जिन्हें ढोड़ी तक श्मश्रु वाला बनाया गया है। अंधकारि फलक में गण–आकृति को नुकीली मूछों वाला बनाया हैं (चित्रफलक–35, 36) अधिकतर पुरुष–आकृतियाँ श्मश्रु एवं मूंछविहीन हैं। वहीं, पूर्वी भाग में बने शिवद्वारपाल के केश–विन्यास और कन्हेरी गुफा सं.–89 के द्वारपालों के केशों की साम्यता विचारणीय है (चित्रफल 64–65)।

एलिफेंटा की मूर्तियों में शैलकृत शिल्प होने के बावजूद इनमें कलात्मक भावनाओं की जीवन्तता को बनाये रखती है जिससे ये कलाकृतियाँ नितान्त परिपूर्णता का परिचायक कही जा सकती है। जिनमें मध्यकालीन मूर्तिशिल्प की यांत्रिकता तथा बोझिलता से परे दिखलाई देती हैं।

भारतीय चित्रकला–प्राचीन भारतीय चित्रकला विश्व की प्राचीनतम कलाओं में से एक है। प्रागैतिहासिक काल से लेकर ऐतिहासिक काल तक चित्रकला के प्रमाण अवश्य मिलते हैं तथापि चित्रकला की एक ऐसी अटूट श्रृंखला नहीं दिखलाई पड़ती है जिसकी विभिन्न कड़ियों को एकबद्धकर, हम प्राचीन चित्रकला के विकास का एक निरंतर तथा व्यवस्थित इतिहास प्रस्तुत कर सकें। हाँलाकि जहाँ भारतीय मूर्तिकला शताब्दियों के विकास का निरन्तर परिणाम है, वहीं चित्रकला के विकास के विभिन्न चरण अस्पष्ट तथा धुन्धमय हैं। प्रागैतिहासिक शैल–चित्रकला के अवशेषों के

प्रमाण उत्तर प्रदेश के विंध्यक्षेत्र के सोनभद्र तथा मिर्जापुर जिलों में और मध्यप्रदेश के रायसेन जिले में भीमबैठका और कटनी जिला में झिंझरी के शिलाश्रयों तथा गुफाओं में दिग्दर्शित हैं। शैलीगत विशेषताओं, तकनीक और विषयवस्तु के आधार पर भारतीय शैल–चित्रकला को सामान्यतः तीन प्रमुख विभागों में विभाजित किया गया है–

अ. प्रागैतिहासिक शैल–चित्रकला

ब. ताम्रपाषाणिक शैल–चित्रकला और

स. ऐतिहासिक शैल–चित्रकला।

प्रागैतिहासिक शैल–चित्रकला मध्य–पाषण काल से सम्बंधित है। जिसके अन्तर्गत जंगली पशुओं को जाल इत्यादि द्वारा शिकार तथा जंगली फल–पुष्पों इत्यादि का संचय के विभिन्न दृश्यों का अंकन इस वर्ग में शामिल किया जा सकता है।

ताम्रपाषाणिक शैल–चित्रकला में मानव द्वारा पालतू पशुओं, विशेषकर बैलों पर सवारी और लाल रंग के मृदभाण्ड़ पर काले, सफेद रंग से चित्रण अभिप्राय मिलते हैं।

आद्य–ऐतिहासिक काल की चित्रकला के उदाहरण सिन्धु–घाटी सभ्यता तथा इसके उत्तरकाल की समकालीन ताम्रपाषाणिक संस्कृतियों के मृदभाण्ड़ों पर प्राप्त चित्रकारी के रूप में मिलते हैं जिनमें हड़प्पा, मोहनजोदाड़ो, कालीबंगा, लोथल, धौलावीरा, राखीगढ़ी इत्यादि से प्राप्त गुलाबी रंग के मृदभाण्ड़ों पर काले रंग से अलंकरण–अभिप्राय, यदा–कदा हरे और सफेद रंगों में भी उत्कीर्णित हैं। इनमें ज्यामितीय आकृतियों जैसे हीरक, त्रिभुज, पेड़–पौधों में नीम, पीपल, पशु–पक्षियों में वृषभ, सियार, कौआ, कबूतर इत्यादि का चित्रण देखा जा सकता है।

ऐतिहासिक काल की शैल–चित्रकला के अन्तर्गत राजकीय जुलूस अथवा शोभा–यात्रा, जीन कसे हुए घोड़ों तथा झूल डाले हुए हाथियों का अंकन है। अजंता की चित्रकारी विश्वप्रसिद्ध है जिसके कतिपय चित्र शुंग–सातवाहन काल के हैं। वाकाटक–गुप्त काल की चित्रकला अत्यन्त विकसित अवस्था में प्राप्त होती है। इनका समय प्रथम शताब्दी ईसवी पूर्व से लेकर छठवीं शताब्दी ईसवी तक माना जाता है। सातवीं शताब्दी ईसवी में बदामी, सित्तलवासन और एलोरा एवं एलीफेंटा की गुफाओं में चित्रकला के साक्ष्य मिलते हैं। कालान्तर में मुगल शैली, राजपूत शैली तथा उन्नासवीं शताब्दी में आधुनिक शैली का विकास हुआ।

चित्रकला के विषय में प्राचीन साहित्यिक साक्ष्य–

भारत के प्राचीन साहित्य में चित्रकला के विषय में पाली और संस्कृत साहित्य के ग्रन्थों में चित्रकला के साक्ष्य प्राप्त होते हैं। व्यक्तिगत और भित्तिचित्रों के अतिरिक्त कई तरह की आलेखन कलाओं के भी उदाहरण भी मिलते हैं इनमें लेप्यचित्र, लेख्यचित्र और धूलिचित्र प्रमुख है। लेप्यचित्र वस्त्रखण्ड़ पर रेखाओं के भीतर रंग भरकर बनाये जाते थे जो परवर्ती पटचित्रों का ही पूर्वरूप था। शोभावृद्धि के उद्देश्य से केवल रेखाओं का अँकन लेख्यचित्रण कहलाता था जो उत्तरकालीन आलिम्पन, अल्पना, चौकपूरना और महावर लगाने जैसे आलेखन का यह पूर्व रूप था। धूलि–चित्रण में आलेखन तो लेप्य और लेख्य–चित्रण की भाँति किया जाता था, किन्तु रंग के स्थान पर सफेद या रंगीन चावलों के चूर्ण का व्यवहार किया जाता था।[68]

तदयुगीन समय में चित्रकला का ज्ञान सुसंस्कृत और सभ्य व्यक्ति के लिए आवश्यक गुणों में गिना जाता था।[69] महाभारत में उल्लेख है कि राजकुमारी उषा के राजमहल में एक चित्रशाला थी और उसकी दासी चित्रलेखा एक गुणी चित्रकार थी[70] भरतमुनि के नाट्यशास्त्र में रंग आदि के सिद्धान्तों के निरूपण मिलते हैं तो वहीं वात्सायन के कामसूत्र में जिन चौसठ कलाओं की उपादेयता नागरिक के सुरूचिपूर्ण संस्कारों के लिए आवश्यक बतलाई गई है, उसमें चित्रकला

भी एक है। संभवतः ईसा पूर्व पहली शताब्दी में छत्तीसगढ के सरगुजा जिले की रामगढ़ पहाड़ियों की जोगीमारा नामक गुफा में नारंगी और गेरूआ रंगों में आलेखित मानव–आकृतियों को माना जा सकता है।

चित्रकला मानव मन के चेतन–अचेतन मनोभावों को व्यक्त करने का एक सशक्त माध्यम थी। वास्तुकला और मूर्तिकला की अपेक्षा चित्रकला अधिक उत्कृष्ट कला थी क्योंकि इसका रूप, आकार, तथा रंग इत्यादि के समुचित संयोजन के आधार पर चित्रों की रचना की जाती थी। वात्सायन के कामसूत्र के टीकाकार यशोधर के अनुसार किसी भी चित्र के निरूपण में छह अंगों का होना आवश्यक है।[71] ये छह अंग निम्न प्रकार से हैं–

1. रूपभेद (आकृति के वैशिष्ट्य का ज्ञान,)
2. प्रमाण (उचित आवयवीय माप, अनुपात का भाव),
3. भाव (रस का उचित संचार जिससे चित्र को देखने में आनन्द की रसानुभुति हो सके),
4. लावण्य–योजना (सुन्दरता तथा आकर्षण का निरूपण),
5. सदृश्य (तद्रूपता, यथावत चित्र बनाना), और
6. वर्णिका–भंग (चित्र के अनुरूप उपयुक्त रंगों का चयन तथा रंगों का भरना)

रूपभेदाः, प्रमाणानि, भावलावण्य योजनम्।
सादृश्यं, वर्णिकाभंगम् इति चित्रं षड़गंम्।।

चित्र–निर्माण के लिए जिन वस्तुओं की आवश्यकता होती है उनमें विभिन्न प्रकार के रंगों तथा अनेक प्रकार की कूचियों को शामिल किया जा सकता है। रंगों में गेरू (लाल रंग), कुम्कुम (सिन्दूरिया) रंग, पीला, नीला, काला, सफेद और हरा रंग प्रमुख रूप से उपयोग में लाये जाते रहे हैं। इन्हीं के मिश्रण से अन्य रंगों का निर्माण किया जाता था। इन सभी रंगों का निर्माण स्थानीय खनिजों से तैयार किया जाता था। कूचियों को वर्तिक और तूलिका भी कहा जाता था। कभी–कभी खड़िया और गेरू से प्रारूप–चित्र बनाया जाता था। तूलिका की सहायता से रंग भरा जाता था। रंग और कूचियों को चित्रकार एक पेटी में रखते थे जिसे प्रतोलिका, वर्णिकारण्ड तथा वर्ण–मंजूषा कहा जाता था। भित्ति, प्रस्तर–फलक, काष्ठ, मृदभाण्ड़ (मिट्टी के बर्तन), ताड़पत्र, चर्मपत्र इत्यादि पर चित्र बनाए जाते थे।

ऐतिहासिक काल की प्राचीन भारतीय चित्रकला के प्रमुख उदाहरण अजंता और बाघ की गुफाओं की भित्तियों में दर्शित होते हैं तो वहीं बादामी नामक स्थान पर चालुक्य काल के गुफा मंदिरों में, एलोरा की गुफाओं के भित्तिचित्रों में एक स्थान पर कमल सरोवर में जल–क्रीड़ा करते हुए हाथियों का अत्यन्त सहज–स्वाभाविक चित्रण उल्लेखनीय है और ये भित्तिचित्र हिन्दू धर्म से सम्बधित हैं। वही एलोरा के इन्द्र सभा नामक गुफा में जैन धर्म से सम्बंधित मंदिर में नवीं शताब्दी के कुछ चित्रों के अवशेष है जिनमें अप्सराओं के सुन्दर चित्र बने हुए हैं। तमिलनाडु के तंजावुर जिले में अवस्थित सित्तलवासन के जैन गुफा–मंदिरों का निर्माण पल्लव कालीन है, जिनके भीतरी और बाहरी दीवारों पर जो चित्र बने हुए हैं, उनके रंग समयानुसार अधिकतर उड़ गये हैं तथापि जो कुछ बचे हुए हैं, उनसे यहाँ की उन्नत चित्रकला का आभास मिलता है। इनमें कमल सरोवर में जल विहार करते हुए हाथियों का अत्यन्त मनोहारी चित्रण है, इसके साथ ही अप्सराओं, हंस, तथा चक्रवाक को भी इसी सरोवर में विचरण करते हुए अंकित किया गया है। इनकी भाव–भंगिमाएँ और आकृतियाँ बहुत ही प्रभावपूर्ण हैं।

निर्माण की तकनीक

हम जानते है कि चित्र–निर्माण कला की फ्रेस्को, टेम्पेरा और एन्कास्टिक, तीन प्रमुख विधियाँ हैं। फ्रेस्को तकनीक में चित्रों का निर्माण गीला सतह पर किया जाता है। टेम्पेरा तकनीक में चित्रों का निर्माण सूखी सतह पर किया जाता है और एन्कास्टिक विधि में चित्र बनाने के पूर्व मोम का लेप किया जाता है।

अजंता में लेप लगाने के पूर्व गुफाओं की भीतरी दीवालों को तराश कर खुरदरा छोड़ दिया जाता था। तत्पश्चात् मिट्टी, लौहमिट्टी, भूसी, महीन बालू, गोबर तथा गोंद मिलाकर तैयार किया गया पतला लेप करके गुफाओं की भीतरी दीवालों और छतों को समतल बनाया जाता था। फिर मिट्टी, महीन बालू, लौहमय मिट्टी तथा भूसी को मिलाकर तैयार किया गये प्रलेप की दूसरी परत लगायी जाती थी तथा ऐसे प्रमाण एलीफेंटा में भी देखे जा सकते हैं (चित्रफलक 23)। इस लेप को ही संभवतः विष्णुधर्मोत्तर पुराण में **वज्रलेप** कहा गया है। दीवार के पलस्तर के गीला रहने पर ही उस पर चूने के पतले घोल को पोत दिया जाता था। इस लेप तथा घोल के सूखने के बाद चित्र बनाने के लिए भूमि तैयार हो जाने पर चित्रों का निर्माण आचार्यों तथा कुशल कारीगरों द्वारा किया जाता था। गैरिक रंग से खाका बनाया जाता और जहाँ आवश्यकता होती, वहाँ काले रंग से संशोधन किया जाता था। तत्पश्चात् चित्रों का निर्माण किया जाता था तथा तूलिकाओं की सहायता से विभिन्न रंगों को भरकर चित्रों में जीवन के स्पंदन का संचार किया जाता था।

अजंता के चित्रों के निर्माण में प्रयुक्त अधिकांश रंग आसपास की पहाड़ियों में ही उपलब्ध हैं। रंगों का निर्माण पीली मिट्टी, नील के पौधों, खड़िया तथा काजल इत्यादि से किया जाता था। अजंता के चित्रों में रंगों की संख्या कम है। परवर्ती काल के चित्रों में प्रयुक्त अधिकांश रंग चटख तथा चमकदार हैं। यहाँ के चित्रों में गैरिक, लाल, पीला, नीला, सफेद और हरा रंग मुख्यतः प्रयुक्त किये गये थे। इनमें से लाल और नीले रंगों का प्रयोग प्रमुख रूप से किया गया है। लाजवर्द को घिसकर बनाया गया गहरा नीला रंग अभी तक चटख है। इस रंग का प्रयोग प्रारंभिक काल के चित्रों में नहीं मिलता है।

शैली

अजंता की चित्रकला की अपनी शैली है जो विश्व की अन्य शैलियों से सर्वथा भिन्न है। शैली अत्यन्त सरल और चित्ताकर्षक है। चित्रों की रूपरेखा भावमय एवं सप्राणमय है। फूल–पत्तियों की सहज सुन्दरता को चित्रकार ने सजीव रूप में प्रस्तुत किया है तथापि एलीफेंटा की चित्रकला के अवशेष हैं, उनसें इनकी शैली का अनुमान ही लगाया जा सकता है कि यहाँ पर भी चित्रकला अन्य स्थलों की भाँति सुन्दर और सजीव रही होगी।

विषयवस्तु

अजंता की चित्रकला के तीन प्रधान विषय हैं–बुद्ध एवं बोधीसत्वों के चित्र, जातकों के वर्णनात्मक चित्र और चित्रों की पृष्ठभूमि अंलकार लिए बनायी गयी आकृतियाँ जैसे गन्धर्व, अप्सराएँ, यक्ष–किन्नर, पशु–पक्षी, वृक्ष लता, पुष्प इत्यादि। एलीफेंटा के विषय संभवतः प्रारम्भ में बौद्धों से सम्बंधित रही होगी और ये कालान्तर में ब्राह्माण धर्म से सम्बंधित रही होगी। जो चित्रकला के अवशेष वर्तमान में दिखलाई दे रहे हैं, उनसे प्रतीत होता है कि ये षडकोणीय अथवा पंचकोणीय आकृतियों का अँकन विभिन्न रंगों द्वारा किया जाता था यथा–गहरा लाल, सफेद, पीला। यह भित्ति के ऊपर बनाया जाता था, जिससे कक्ष का स्वरूप अंकरणों से युक्त हो प्रभावोत्पादकता को उत्पन्न करती होगी जैसे अजन्ता की चित्रकला वर्तमान में कर रही है।

एलीफेंटा की चित्रकला

पुर्तगाली इतिहासकार और भारत की यात्रा पर आये कुटो ने 1559 (ग्रंथ का प्रकाशन 1603) में सबसे पहले एलीफेंटा की मुख्य गुफा और इसके पूर्वी भाग की दीवारों, मूर्तियों और छतों में चित्रकला से युक्त बतलाया। इसके अनुसार पूरी गुफा सीमेंट, रंग और जलरंग से सज्जित थी। वर्तमान में जलरंग का अवशेष नहीं है। यदि इनको रंगा गया होगा तो ब्रह्मा को सफेद से, रूद्र को काले से और विष्णु को लाल रंग से। शतरंजी नमूने को जलरंगों से चित्रित किया गया था।[72] इस प्रकार के चित्रण को जुन्नर की गुफाओं में भी देखा जा सकता है।[73] जिसे वर्तमान में एलीफेंटा में भी देखा

जा सकता है। कुटो के अनुसार पर्वत धूसर रंग और पूरी गुफा के स्तंभ, मूर्तियाँ और सब कुछ चूने के साथ डामर अथवा शिलाजीत की परत और अन्य रचनाओं के होने से मंदिर बहुत ही सुन्दर दिखलाई दे रहा था। स्पष्टतः माना जाता है कि इन मूर्तियों को न केवल चाँदी से और न ही मोम के द्वारा ऐसी लालित्यपूर्ण और सुन्दरता से बनाया जा सकता है। इसके अतिरिक्त, ग्रोस ने 1750 में विशेषरूप से ध्यान दिया कि कुछ चित्रकला गोलाकार कोणों की बनावट में कुछ भी उत्सुकता नहीं थी परन्तु इसके रंगों में सुन्दरता और ताजगी थी।[74] एरिस्किन ने 1813 में कई संकेन्द्रित वृत्तों के मध्य में आकृतियों को प्रवेशद्वार के छत में हैं, उल्लेख किया है। इन संकेन्द्रित वृत्तों की शैली शिवनेरी की गुफाओं में वर्तमान में भी विद्यमान है।[75] 1825 में चित्रकला मूलतः लाल रंग से की गयी प्रतीत हो रही थी लेकिन यह कुछ स्थानों पर फीका बैंगनी नीला रंग हो गया था। सीमेंट के छाप और रंगों को विशेषरूप से मुख्य गुफा और मातृका कक्ष में देखा जा सकता है।[76] यदि बैंगनी नीला रंग की चित्रकारी वर्तमान में होती तो यह अजन्ता की गुफा–1 जैसी होती।

वर्तमान में कक्ष की चित्रकारी का रंग लाल और सफेद है (चित्रफलक–23) जबकि पूर्वी भाग की गुफा की छत की चित्रकारी का आकार अष्टकोणीय जैसा है। यहाँ पर इनके छह कोणों को देखा जा सकता है जिसमें एक के पश्चात एक लाल अथवा गहरा लाल और सफेद रंगों का अंकन है। इसके पश्चात पुनः एक अष्टकोणीय आकार की आकृति है जिसमें एक के पश्चात् एक दो लाल रेखा और एक सफेद रेखा है।[77]

एलीफेंटा की चित्रकला के नष्ट होने के कारण–

एलीफेंटा की चित्रकला में विशेष प्रकार के पदार्थो तथा भौतिक और रासायनिक गुणों के कारण इनके विभिन्न स्तरों का प्रयोग और चित्रकारी की तकनीकी विभिन्नता, प्राकृतिक कारकों तथा इसके स्तरों को सहन करने आपसी अनुकूलता पर निर्भर है। जिनमें से सामान्य कारण निम्न हो सकते हैं[78]–

- प्रकाश और ताप की क्रिया,
- धूल, पक्षियों और कीड़ों के मलमूत्र इत्यादि ,
- जैविक कारक जैसे फफूँद, और कीटों की गतिविधियाँ,
- स्तंभों और दीवारों के निचले भाग में मानवीय भूल और जानबूझकर नुकसान पहुँचाना,
- तापमान में तीव्र उतार–चढ़ाव,
- शैलों का मौसमी क्षरण,
- चित्रित सतह पर लवणों का जमाव,
- रंजकों का सतह से निकलना,
- वर्ष जल के कारण इनमें जैविक विकास के कारण हानि होना,
- उभरे हुए पलस्तर का घुमना,
- पलस्तर में दरारों का उभरना,

बचाव के उपाय–

इनके जो कारक है, उन्हीं को दूर करके इनका बचाया जा सकता है जैसे कि प्रकाश और ताप की क्रिया को पेड़–पौधे को लगाकर अवरोधित करना, धूल, पक्षियों और कीड़ों के मलमूत्र इत्यादि का रासायनिक उपचार करना, जैविक कारक जैसे फफूँद, और कीटों की गतिविधियाँ का भी रासायनिक उपचार करना, भौतिक क्षरण जैसे शलकीकरण, दरारों का उपचार करना, सक्रिय कोट को सामान्यतः टॉलुइन में पालीविलाइल ऐसीटेट द्वारा संरक्षित करना।[79] इसके अतिरिक्त, आमजन के मानस में इनके प्रति सजगता पैदा करना, शैलों का समय–समय पर भूवेत्ताओं द्वारा अध्ययन करना और

सुझावों को अमल में लाना, वर्षाजल को चित्रों में आने से अवरोधित करना तथा इनका समय–समय पर रासायनिक उपचार करना प्रमुख है।

संक्षेप में एलिफेंटा की शैलकृत गुफाओं को देखकर लगता है कि ये गुफाएँ मूलतः बौद्ध धर्म से सम्बंधित रही हैं क्योंकि मुख्य गुफा के चित्र–फलकों का उत्खनन अधिक अन्दर तक है जबकि अन्य क्षेत्रीय गुफाओं में इसका अभाव है जबकि गन्धर्वों का अंकन बाहर की ओर और मूलतः दिखलाई पड़ता है। चित्र–फलकों के ऊपरी भाग में विभिन्न प्रकार के चित्रों का अंकन है, जो बौद्ध धर्म से समानता रखते है।

यहाँ उकेरे गये विभिन्न चित्र–फलकों जैसे शिव–पार्वती विवाह, अर्धनारीश्वर, योगेश्वर, नटराज में ललित तथा ताण्डव–नृत्य, अंधकासुर वध, शाश्वत शिव तथा भीमकाय द्वारपालों का अंकन तथा संबधित देवियाँ जैसे पार्वती, गंगा, देवताओं जैसे बह्मा, विष्णु, इंद्र, गणेश, कार्तिकेय तथा इनके वाहनों जैसे नंदी, गरूड़, हाथी, हंस, आयुधों जैसे त्रिशूल, गदा, चक्र, पद्‌म, शंख, परशु, विभिन्न प्रकार के मुकुटों जैसे जटामुकुट, किरीटमुकुट इत्यादि के साथ विभिन्न सहायकों तथा अनुचरों का अंकन है। पश्चिमी द्वारमण्डप में गर्भगृह, शिवलिंग स्थापित है जिसकी दीवारों में विशाल द्वारपाल पहरा दे रहे है। इनमें शिव का दिव्य नटराज स्वरूप सृजन और विनाश का प्रतीक है। अंधकासुर–वध प्रतिमा अज्ञान पर विजय का प्रतीक है। अर्धनारीश्वर प्रतिमा प्रकृति और पुरूष के एकात्म को दर्शाती है। कल्याणसुंदर मूर्ति में बाह्य और आंतरिक समर्पण का मिश्रण देखने को मिलता है। गंगाधर मूर्ति में निरन्तर प्रयासरत होने का भाव–भाषित होता है, वहीं चौपड़ खेल रहे शिव–पार्वती में जीत–हार जीवन के अभिन्न पहलू है और रावण द्वारा कैलाश पर्वत को हिलाने जैसी विपत्तियों को सहजभाव से निपटने का संदेश देती है, वहीं योग के द्वारा स्वस्थ्य तन और मन को रखकर चहुमुखी विकास को परिलक्षित करने की उत्कंठा और अनुभूति प्रदान करता है।

एलिफेंटा की गुफाएँ निःसंकोच कन्हेरी के मुख्य चैत्यगृह में अंकित भीमकाय स्थानक–मुद्रा में बुद्ध प्रतिमाओं से प्रेरित रही होंगी। गुप्तकाल की कला के मंत्रों का प्रयोग, दक्कन की शैलकृत स्थापत्य तथा मूर्ति कला के सक्रिय स्वरूप का निखार यहाँ पर दिखता है तथापि इसका उत्खनन कार्य कोंकण के मौर्यो के संरक्षण में किया गया और एलिफेंटा की स्वयं की अपनी अनोखी अनुभवातीत शैली रही है।

कोंकण के समुद्रतटीय क्षेत्र तथा दक्कन के पठार की मूर्तिकला के बीच विशेष रूप से एलोरा की गुफा संख्या–29 से एलिफेंटा की कलात्मक संबद्धता दिखलाई पड़ती है। इसके साथ ही विभिन्न कला स्थलों जैसे गुप्त काल की सारनाथ शैली से भी प्रभावित है, वहीं महेशमूर्ति का विन्यास अजंता अथवा कन्हेरी स्थापत्य–विन्यास की प्रतिकृति नहीं है तथापि एलिफेंटा में पद्‌म–पोदिका युक्त स्तंभ है, जो कन्हेरी के स्तंभों से प्रेरित प्रतीत होते हैं।

विवेचनाधीन प्रतिमाओं और कलाओं के अवलोकन से उनकी निर्माण शैली में व्यवहृत विकासक्रम और क्षेत्रीयता के साथ–साथ ही स्थानीय विशेषताओं के उभार का सहज ही परिज्ञान होता है। ये सभी सुरोचक, अद्‌भुत, मनोहारी और सबसे बढ़कर ये हमारी विरासत की जीवन्त अनुपम कलाकृतियाँ है, जो आज हमें चकित करती हैं और कहीं न कहीं हमारे अचेतन मन और मस्तिष्क पर अमिट छाप छोड़ जाती हैं।

संदर्भ ग्रंथ–

1. *ऋ. वे.* 6/4/10, 4/12/16, 9/13/3।
2. जितेन्द्र नाथ, बैनर्जी, द डवलपमेंट ऑफ हिन्दू आइकोनोग्राफी, मुन्शीराम मनोहरलाल पब्लीशर्स् प्राइवेट लिमिटेड, नई दिल्ली, 1971, पृष्ठ–465।
3. *अष्टाध्यायी* 4/1/49।
4. कीलहार्न, *महाभाष्य* भाग 3, पृष्ठ–331।
5. तदैव, पृष्ठ–403।

6. गोपीनाथ, राव, *एलीमेंट ऑफ हिन्दू आइकोनोग्राफी,* 2 वाल्यूमस्, मद्रास, 1914, (रिप्रिन्ट, 1971), पृष्ठ–278।
7. वि. ध. 74/2–3।
8. *श्रीमद्भागवत* 424/18–23।
9. गोपीनाथ, राव, यथोक्त, पृष्ठ–278।
10. तदैव, पृष्ठ–74।
11. तदैव, पृष्ठ–78।
12. इन्दुमती, मिश्र, *प्रतिमा विज्ञान वैष्णव पुराणों के आधार पर,* मध्यप्रदेश ग्रन्थ आकादमी, भोपाल, 2009, पृष्ठ–252।
13. मानुषैः रचितं लिंगं मानुषं चेति कथ्यते। *मानसार,* पृष्ठ–48।
14. जितेन्द्र नाथ, बैनर्जी, *द डवलपमेंट ऑव हिन्दू आइकोनोग्राफी,* मुन्शीराम मनोहरलाल पब्लीशर्स् प्राइवेट लिमिटेड, नई दिल्ली, 1971, पृष्ठ–461–62।
15. सदाशिव, गोरक्षकर, द परेल महादेव रिसेसड एण्ड टू न्यूवली डिस्कवरड इमेज फ्राम परेल, *ललित कला,* न–20, बाम्बे, 1982, पृष्ठ–15–17।
16. जार्ज, मिचेल, *एलिफेंटा,* प्रकाशन–इंडिया बुक हाउस प्राइवेट लिमिटेड, मुम्बई, 2002, पृष्ठ–76–78।
17. इन्दुमती, मिश्र, यथोक्त, पृष्ठ–263।
18. जार्ज, मिचेल, यथोक्त, पृष्ठ–50–56।
19. स्टेला, कैमरिश, *एन्सिएन्ट इंडिया,* डायरेक्टर जनरल, आर्कियोलॉजीकल सर्वे ऑफ इण्डिया, नई दिल्ली, 1983, पृष्ठ–1–8।
20. तदैव, पृष्ठ–1–8।
21. जार्ज, मिचेल, तदैव, पृष्ठ–59–61।
22. इन्दुमती, मिश्र, यथोक्त, पृष्ठ–260।
23. तदैव, पृष्ठ–71–73।
24. तदैव, पृष्ठ–38–43।
25. तदैव, पृष्ठ–35–37।
26. गोपीनाथ, राव, यथोक्त, पृष्ठ–217–218।
27. मुल्कराज, आनंद, *केव ऑफ एलीफेंटा,* मार्ग, बाम्बे, वाल्यूम्स– XIII, न.–4, 1960, पृष्ठ–41।
28. एम. के., धवलीकर, *एलिफेंटा,* महानिदेशक, भारतीय पुरातत्त्व सर्वेक्षण, नई दिल्ली, 2007, पृष्ठ–32।
29. जार्ज, मिचेल, यथोक्त, पृष्ठ–80–81।
30. एम. के., धवलीकर, यथोक्त, पृष्ठ–32।
31. गोपीनाथ, राव, यथोक्त, पृष्ठ–217–220।
32. तदैव, पृष्ठ–217–220।
33. मुल्कराज, आनंद, यथोक्त, पृष्ठ–48।
34. एम. के., धवलीकर, यथोक्त, पृष्ठ–70।
35. इन्दुमती, मिश्र, यथोक्त, पृष्ठ–174।
36. *विष्णुधर्मोत्तर* 119/28–32।
37. इन्दुमती, मिश्र, यथोक्त, पृष्ठ–174।
38. तदैव, पृष्ठ–175।
39. तदैव, पृष्ठ–175।
40. *विष्णुधर्मोत्तर* 122–17।
41. तदैव, पृष्ठ–176।
42. तदैव, पृष्ठ–176।
43. मुल्कराज, आनंद, यथोक्त, पृष्ठ–48।
44. करमेल, ब्रेकसन्, *एलिफेंटा द केव ऑफ शिवा,* मोतीलाल बनारसी दास पब्लिशर्स् प्राइवेट लिमिटेड, दिल्ली, 1999, पृष्ठ–86।

45. मुल्कराज, आनंद, यथोक्त, पृष्ठ–48।
46. *श्रीमदभागवत,* 3/8/15।
47. *श्रीमदभागवत,* 3/8/16–33।
48. एस. एन., चक्रवर्ती, द इमेज ऑफ ब्रह्मा फ्राम एलीफेंटा, *ललित कला,* 1–2, नई दिल्ली, अप्रैल 1955 – मार्च 1956, पृष्ठ–87–89।

48अ. इन्दुमती, मिश्र, यथोक्त, पृष्ठ 323।

49. *वि. पु.* 1/5/46–47।
50. *वि. ध.* 103/14।
51. *मानसार* अ. 15/22।
52. *श्रीमद्भा.* 12/8/24।
53. *वि. ध.* 42/13।
54. *वि. ध.* 42/14–15।
55. *व. ध.* 42/9–10।
56. *वि. पु.* 1/9/2–5।
57. जितेन्द्र नाथ, बैनर्जी, यथोक्त, 1971, पृष्ठ–352।
58. कमल, गिरि, *भारतीय श्रृंगार,* मोतीलाल बनारसीदास पब्लिशर्स प्राइवेट लिमिटेड, वाराणसी, 1987, पृष्ठ–73।
59. राजशेखर, कर्पूरमंजरी, 3/22।
60. बाणभटट, कादम्बरी, पृष्ठ–104।
61. बाणभटट, हर्षचरित, पृष्ठ–124।
62. कमल, गिरि, यथोक्त, पृष्ठ–143।
63. *नैषध महाकाव्य*–15/53।
64. *ऋतुसंहार*–1/6, पृष्ठ 4।
65. *भगवती सूत्र*–9–33/3।
66. *कुमारसंभव*–1/41।
67. कमल, गिरि, यथोक्त, पृष्ठ–181।
68. रतनकुमार, जैन, *अजंता और एलोरा,* विश्व भारती प्रकाशन, नागपुर, 1978, पृष्ठ– 56।
69. जयनारायण, पाण्डेय, *भारतीय कला प्रथम भाग,* प्राच्य विद्या संस्थान, इलाहाबाद, 2013, पृष्ठ–182–190।
70. रतनकुमार, जैन, यथोक्त, पृष्ठ–57।
71. जयनारायण, पाण्डेय, यथोक्त, पृष्ठ–182–190।
72. हीरानंद, शास्त्री, *ए गाइड टू एलीफेंटा,* मेनेजर ऑफ पब्लिकेशन्स, दिल्ली, 1934, पृष्ठ–55।
73. मनीष, राय, लेसर नोन पेंटिंग्स फ्राम द रॉक कट केव्स ऑफ वेस्टर्न इंडिया, *हेरीटेज एण्ड अस, कन्सर्व इट फार फ्यूचर,* क्वाटरली ई–जनरल, नई दिल्ली, 2015, पृष्ठ 21–30।
74. हीरानंद, शास्त्री, यथोक्त, पृष्ठ–55।
75. मनीष, राय, यथोक्त, पृष्ठ 21–30।
76. हीरानंद, शास्त्री, यथोक्त, पृष्ठ–55।
77. मनीष, राय, यथोक्त, पृष्ठ 21–30।
78. ए. एस., बिष्ट, (संपादक), *स्टडी इन आर्ट एण्ड आर्कियोलॉजीकल कन्जर्वेसन्,* अगम कला प्रकाशन, दिल्ली, 2004, पृष्ठ–27।
79. ए. एस., बिष्ट, *कन्जर्वेसन ऑफ कल्चर प्रोपर्टीज इन इंडिया,* अगम कला प्रकाशन, दिल्ली, 2000, पृष्ठ–5–6, 27–33 और 91–100।

अध्याय–4

स्थापत्य

एलीफेंटा द्वीप में ईट निर्मित एक प्राचीन महास्तूप है, जिसका संकेत पूर्व में किया जा चुका है।

गुफा–1 एलीफेंटा की मुख्य गुफा (18° 57' 48.8" उत्तरी अक्षांश तथा 72° 55' 53.2" पूर्वी देशान्तर) 39 मीटर वर्गाकार (चित्रफलक–28, 43, 99–102) विशाल कक्ष है, जिसमें तीन ओर से प्रवेश की व्यवस्था है। इसकी ऊँचाई 5 मीटर है। यद्यपि इसका प्राचीन प्रवेश द्वार पूर्व में (चित्रफलक–16ब, 17) था तथापि वर्तमान में उत्तर से प्रवेश की व्यवस्था है (चित्रफलक–16स)। यह एक विशाल कक्ष है जिसमें छह स्तंभो की छह पंक्तियां है। अर्थात कुल छत्तीस स्तंभों द्वारा मुख्य गुफा आधारित है। प्रत्येक स्तंभ आधार भाग पर वर्गाकार अथवा आयताकार है। इनके चारों कोनों में चार देवताओं अथवा काल्पनिक जानवरों की आकृतियों को बनाया गया है। वर्गाकार के पश्चात बत्तीस गहरी नालिकाओं से युक्त 0.17 मीटर ऊँचा अष्टकोणीय भाग है, इनमें आकृतियों के साथ–साथ सभी दिशाओं में पुष्पाकृतियों का अंकन है। यहाँ से 0.90 मीटर स्तंभ की ऊँचाई है। 0.92 से 0.80 मीटर तरंगपोदिका की मोटाई 0.17 मीटर है। यह देखने में आमलकनुमा प्रतीत होता है, जिसमें चौसठ गहरी अवनालिकाएँ है जबकि 0.40 मीटर स्तंभ का मुख्य पृष्ठ भाग है। इसके मध्य में एक सौ अट्ठाइस गहरी अवनालिकाएँ है। इसका ऊपरी भाग 0.075 मीटर गहरा और 0.020 मीटर वर्गाकार अधिष्ठान है। ब्रेकेट की सहायता से अन्दरूनी छत से मिला दिया गया है। इस प्रकार से, स्तंभ की ऊँचाई 4.50 से 5.10 मीटर तक है। ये देखने में भव्य और तरंगमय प्रतीत हो रही है।

वृत्तों तथा वर्गो का आपसी संबंध, वर्गो एवं अक्ष रेखाओं का अध्यारोपित करना, पूर्व–पश्चिम अक्ष रेखाओं का शिवलिंग की ओर होना, उत्तर–दक्षिण अक्ष–रेखाओं का शाश्वत शिव की ओर अग्रेषित किया गया है। ज्यामितीय, गणतीय आकलन करते हुए बताया गया है कि बहुत संभव है कि अक्ष रेखाएँ वास्तविक स्थापत्य विन्यास की मूल विशेषता रही हों। वहीं, भू–विन्यास के अंतर्गत कुल 12 कोने, 36 खुले खण्ड है तथा एक छोटे मंदिर सहित 37 खण्ड है। ये सभी ज्यामितीय रूप से जुड़े हुए है तथा एक निश्चित विन्यास का निर्धारण करते है जिससे यह विशाल कक्ष अद्भुत तथा अनोखा दिखलाई देता है।[1]

विशाल मण्डप के उपरांत इस स्थापत्य शैली के प्रमुख तत्वों में से एक इसके पश्चिम में सान्धार प्रकार का वर्गाकार एक गर्भगृह (चित्रफलक–29, 30) है जिसकी लम्बाई 6.90 मीटर और चौड़ाई 6.90 मीटर है। यह पूर्वाभिमुखी है। जिसमें चार द्वारशाखाएँ हैं और ये सभी सादी हैं, द्वार की ऊँचाई 2.90 मीटर है। इसमें एक शैलकृत वर्गाकार अधिष्ठान है और इसके बीच में विशाल शिवलिंग स्थापित है जिसमें सोपानों द्वारा चारों ओर से ऊपर पहुँचा जा सकता है। इस शिवलिंग की ऊँचाई 0.90 मीटर, चौड़ाई 0.80 मीटर और व्यास 2.70 मीटर है जबकि अधिष्ठान नीचे से 3.20 मीटर लम्बा और 3.10 मीटर चौड़ा है और ऊपरी ओर 3.00 मीटर लम्बा, 2.80 मीटर चौड़ा है। इसका ऊपरी भाग समतल है। इसमें प्रनाल का अभाव है (चित्रफल–87)। हाँलाकि इसके चारों कोणों में चार छिद्र हैं और ये सभी आपस में नाली द्वारा जुड़े हुये हैं जिससे इस संकल्पना को भी बल मिलता है कि यहाँ पर मूलतः शिवलिंग स्थापित न रहा हो क्योंकि यहाँ पर शास्त्र–सम्मत प्रनाल के प्रावधान का अभाव है जैसा कि गुफा संख्या एक की पूर्वी भाग की गुफा और गुफा छह में प्रदर्शित है। लेकिन इनकी दिशा भी उत्तर में नहीं है। इसके चारों द्वार में संभवतः सुरक्षा के लिए पटों का प्रावधान रहा है क्योंकि इसके प्रत्येक द्वार में दोनों ओर दो–दो छिद्र ऊपर और नीचे भी है जिसकी सहायता से द्वारपटों को फंसाया जाता था। गुफा संख्या एक के पास से ब्रह्मा की एक प्रतिमा मिली है और यह चर्तुमुखी है और यह भव्य अलंकरण से युक्त है। जिसकी ऊँचाई 1.10 मीटर, लम्बाई 0.57 मीटर और चौड़ाई 0.45 मीटर है। संभव हैं कि यह प्रतिमा यहाँ प्रतिष्ठापित रही हो क्योंकि जैसा कि राष्ट्रकूट शासक दन्तिदुर्ग अपने मनोर अभिलेख में दावा करते हैं कि उसने श्रीपुरा में ब्रह्मा के मंदिर को दान में एक ग्राम दिया और अभिलेख का काल 749 ईसवी है। इसका तात्पर्य यह है कि यह प्रतिमा निश्चित रूप से मुख्य गुफा में प्रतिष्ठापित रही होगी। चर्तुमुखी ब्रह्मा की प्रतिमा के अधिष्ठान में पंजे का अंकन है और यह निश्चित रूप से हंस के पैर हैं, जो कि ब्रह्मा का वाहन है।[2] इसकी सपाट दिवारों पर चारों ओर से प्रवेशद्वार बनाये गये हैं, जिसके प्रत्येक द्वार पर दो–दो द्वारपाल रक्षा करते हुए स्थानक–मुद्रा में प्रदर्शित है अर्थात आठ द्वारपाल हैं। पूर्वी द्वारपाल में भगवान इन्द्र को राजकीय वस्त्राभूषणों सहित दर्शाया गया है, जबकि दक्षिण में यम को मानव कपाल लिये हुए प्रदर्शित किया गया है, पश्चिम में वरूण को, जो कि उर्वरता अथवा वर्षा के देवता के प्रतीक है, अंकित किया गया है, और उत्तर में कुबेर को नरवाहन के द्वारा प्रदर्शित किया गया है। अर्थात् चारों दिशाओं के दिक्पालों को स्थापत्य में समाहित किया गया है। इन विराट द्वारपालों को बहुत सुन्दर ढंग से इनकी मुकुटों और वस्त्राभूषणों से युक्त किया गया है।

मुख्य गुफा में पूर्वी (चित्रफलक–18, 43अ, 68) और पश्चिमी (चित्रफलक–40) ओर से सोपानों द्वारा पहुँचा जा सकता है। विशेषकर इसका भूविन्यास, सोपान, स्तंभ और गर्भगृह की द्वारशाखाओं से अद्भुत साम्यता दिखलाई देती है (चित्रफलक–78, 79)। स्तंभों और कुछ अर्द्ध–स्तंभों की सहायता से विशाल कक्ष में प्रकाश का आवागमन होता है जिससे गुफाओं में अंकित फलकों को देखने में आसानी होती है तथा सूर्य के ढलने की प्रक्रिया के साथ ही यहाँ पर प्रकाश तीव्र से कमतर होता जाता है। फलस्वरूप दैवीय आभास की अनुभूति होती है। गर्भगृह के चारों ओर प्रदक्षिणा पथ की व्यवस्था है। दक्षिणी दीवार (महेश–मूर्ति) के दोनों ओर कक्षों का प्रावधान हैं। संभवतः तत्कालीन समय में यहाँ के पुजारी अथवा प्रमुख सन्त के रहने के उद्देश्य से बनाया गया हो। जैसा कि इससे पहले कन्हेरी इत्यादि गुफाओं में देखा जा सकता है और जोगेश्वरी गुफा (अन्धेरी, मुम्बई) में वर्तमान में भी देखा जा सकता है। मुख्य गुफा के पश्चिम में एकमात्र विशालतम जलकुण्ड (चित्रफलक–44) है, जिसको चट्टान में उत्खनित किया गया है और जलवहन करने की क्षमता बीस लाख लीटर है। यह दो वर्गाकार स्तंभों पर भारित है। जिसकी लम्बाई 22.60 मीटर, चौड़ाई 15.70 मीटर और गहराई 5.70 मीटर है।[3] यद्यपि इसके ठीक सामने भी एक जलकुण्ड है तथापि यह अर्द्धनिर्मित और अनियमित आकार का है।

पश्चिमी स्कंध में दो स्तंभों और एक अर्द्धस्तंभ सहित वाराण्डा है, जिसकी लम्बाई 8.10 मीटर और चौड़ाई 4.60 मीटर है। शिवलिंग का अधिष्ठान धरातल से 0.10 से 0.15 मीटर की ऊँचाई में अवस्थित है। शिवलिंग नीचे से वर्गाकार है, जिसका आकार 0.46 मीटर लम्बा और 0.46 मीटर चौड़ा है और वर्गाकार भाग की ऊँचाई 0.44 मीटर है (चित्रफलक–86) तथा कुल ऊँचाई 0.94 मीटर है और व्यास 1.50 मीटर है। इसमें प्रनाल का अभाव है। द्वार के दोनों ओर ब्रैकिटयुक्त भारवाहक सिंहों का अंकन है जैसा कि गुफा–3 में है। इसके दोनों ओर स्थानक–मुद्रा में द्वारपालों का अंकन किया गया है।

मूलतः इस गुफा का प्रवेश द्वार पूर्वी विंग से था। यहाँ पर नन्दी वेदी बनी है जिसका आधार 0.05 से 0.08 मीटर ऊँचा है और व्यास 4.90 मीटर है और इसमें तीन वृत्त बने हुए हैं और बाहरी वृत्त उभार लिये हुए उलटा कमल की भाँति प्रतीत होता है। इसके सामने एक मण्डप है, जिसमें सोपानों द्वारा पहुँचा जा सकता है। यह चार स्तंभों और दो अर्द्धस्तंभों से युक्त है। इन सभी स्तभों को संरक्षण कार्य द्वारा नये बनाये गये हैं। इनमें भी पूर्व–वर्णित स्तंभों की ही भाँति विशेषताएँ रही होंगी। मण्डप का आकार 18.70 लम्बा मीटर और 7.80 मीटर चौड़ा है। इसका स्थल–विन्यास एलोरा की गुफा–21 रामेश्वरम् से ठीक मिलता है।[4] मण्डप के दोनों ओर छोटे–छोटे कक्षों अथवा बरामदों की व्यवस्था है जिसमें सोपानों द्वारा पहुँचा जा सकता है और इनमें दो स्तंभों और दो अर्द्धस्तंभों का प्रावधान है। इनकी दीवारों पर विभिन्न मूर्ति फलकों और द्वारपालों का अंकन है (चित्रफलक–18, 19, 20)। जिसमें गणपति का अंकन है और इनके दर्शन के पश्चात् ही अन्य भागों में दर्शानार्थी सभंवतः जाया करते होगें जैसा कि जोगेश्वरी की गुफा में वर्तमान में भी देखा जा सकता है।

गर्भगृह के द्वार के दोनों ओर विशाल सिंहों का अंकन है और ये पिछले पैरों की सहायता से ऊकरू बैठे हुए हैं और आगे के दोनों पैर के पंजे तथा नाखूनों को स्पष्टतः देखा जा सकता है। मूलतः ये सिंह सोपानों के दोनों ओर अवस्थित थे और इन्हें पुराने छायाचित्रों में स्पष्टतः देखा जा सकता है। इस प्रकार के सिंहों का अंकन मण्डपेश्वर गुफा में भी है और ये भी सोपानों के दोनों ओर अवस्थित थे। हाँलाकि ये क्षतिग्रस्त हो गये है और सिंह के पीछे के भाग को देखकर प्रतीत होता हैं कि यह बहुत कुशलता से बनाया गया है जैसे कि इन सिंहों का अंकन है। इसमें पाँच सोपानों द्वारा पहुँचा जा सकता है और इसमें पाँच द्वारशाखाओं का अंकन है, बीच की द्वारशाखा में स्तंभों को बनाया गया है जिसमें यहाँ पर उकेरे गये स्तंभों की भाँति अनुकृति है तथापि ये शाखाएँ पूर्ण निर्मित प्रतीत नहीं हो रही है (चित्रफलक–70)। ऐसी द्वारशाखाओं का अंकन मण्डपेश्वर (चित्रफलक–73), जोगेश्वरी और कन्हेरी की गुफाओं में देखा जा सकता है (चित्रफलक–71)। जबकि ललाटभाग के ऊपरी भाग में बौद्ध चैत्य–गवाक्षों को बनाया गया है और तीनों किनारों पर कुछ आकृति बनी हैं जिसमें आयताकार खण्डों से युक्त होकर ऊपर की ओर दस और दोनों किनारों में ग्यारह–ग्यारह है। हाँलाकि इनका प्रारम्भ एक किनारे से होकर सीधे दूसरे किनारे तक जाता है। द्वारपट्ट की व्यवस्था थी क्योंकि ऊपर और नीचे छिद्रों का प्रावधान है।

यहाँ के गर्भगृह में शिवलिंग के अधिष्ठान (चित्रफलक–19) के ऊपर अधिष्ठापित किया गया है और प्रनाल की दिशा उत्तर के स्थान पर पूर्व में है। शिवलिंग के अधिष्ठान का उत्तर–पश्चिम भाग क्षतिग्रस्त है। जिसका आकार 2.80 मीटर लम्बा और 2.80 मीटर चौड़ा है। शिवलिंग की ऊँचाई 1.03 मीटर है। प्रनाल का मुख सिंह के समान प्रतीत होता है और इसके सिर में छिद्र है तथा दाँतों के बीच में जीभ के बल से बाहर की ओर छिद्र निकलता है। 2.40 मीटर चौड़ी प्रदक्षिणा पथ की व्यवस्था है। इसके दोनों ओर विशाल द्वारपालों का अंकन है और इनमें तीसरे नेत्रों का अंकन किया गया है और चतुर्भुज दिखलाया गया है जैसा कि शिव को स्वयं दर्शाया गया है, जिनकी पहचान शिवद्वारपाल के रूप में की जाती है जबकि इनकी सहायता के लिए वामन द्वारपालों को भी अंकित किया गया है।

गुफा–2 (18^0 57' 47.0" उत्तरी अक्षांश तथा 72^0 55' 55.1" पूर्वी देशान्तर) पूर्वामुखी है जिसमें सोपानों (चित्रफलक–45, 103) द्वारा पहुँचा जा सकता है। इसमें चार स्तंभों और दो अर्द्धस्तंभों का प्रावधान है परन्तु संरक्षण कार्य द्वारा इन स्तंभों को बनाया गया है। इनकी दीवारें सादी है। इसमें तीन कक्षों को बनाने का प्रयास किया गया था तथापि शैल की गुणवत्ता का अभाव होने के कारण अपूर्ण रही। गुफा के दोनों ओर दो शैलोत्खनित अर्द्धनिर्मित जलकुण्ड है जिनकी क्षमता बावन हजार लीटर जलवहन करने की है। बायीं ओर के जलकुण्ड की लम्बाई 3.85 मीटर, चौड़ाई 1.75 मीटर और गहराई 2.00 मीटर है जबकि दायीं ओर की लम्बाई 4.50 मीटर, चौड़ाई 3.80 मीटर और गहराई 2.30 मीटर है।[5]

गुफा–3 (18^0 57' 45.9" उत्तरी अक्षांश तथा 72^0 55' 54.2" पूर्वी देशान्तर) पूर्वामुखी है, जिसमें सोपानों (चित्रफलक–46, 104–106) द्वारा पहुँचा जा सकता है। इसमें छह स्तंभों और दो अर्द्धस्तंभों का प्रावधान है, इसके दाहिनी ओर सबसे ऊपर की ओर विभिन्न मुद्राओं में सात मानवाकृतियाँ हैं जबकि इस फलक के नीचे के फलक में एक दृष्टि से देखने पर नारी की आकृति प्रतीत होती है जिसके दो हाथ ऊपर की ओर हैं और इनसे कुछ पकड़े हुई हैं, बायीं ओर कर्णकुण्डल बड़ा और गोलाकार है, सिर के पीछे केशों का जूड़ा है और दायाँ पैर मुड़ा हुआ है। जबकि वहीं दूसरी दृष्टि से इसके निकले हुए दाँतों और आंखों से प्रतीत होता है कि यह काल्पनिक सिर है जिसके दो सींग भी हैं और इसके नाक, कान, आंख और दाँत स्पष्ट हैं। परन्तु संरक्षण कार्य द्वारा इन स्तभों को बनाया गया है और इसके आगे का भाग (फसाड) 1980 में जवाहरलाल नेहरू बन्दरगाह के निर्माण करने के दौरान मशीनों से उत्खनन करने कारण उत्पन्न कम्पन्न से गिर गया था, जिसे संरक्षण कार्य द्वारा ताम्रपट्टी इत्यादि को लगाकर वर्षा जल को बाहर करने का प्रावधान किया गया है। मण्डप के दायीं ओर एक वारामदा है और चार अष्टभुजी स्तंभों से युक्त है जिसमें पाँच सोपानों द्वारा पहुँचा जा सकता है। चार स्तंभों और दो अर्द्धस्तंभो का प्रावधान है। जबकि इनकी दीवारें सादी हैं और उन पर संरक्षण कार्य किया गया है।

इसमें तीन कक्षों की व्यवस्था है, जिसके दोनों कक्षों के द्वार सादे तथा खण्डितावस्था में हैं जिनमें संरक्षण कार्य किया गया है। मध्य के कक्ष अथवा गर्भगृह की द्वार शाखाओं को उच्च स्तर पर अलंकृत किया गया है। तीन द्वार शाखाओं का अंकन है और ये क्षतिग्रस्त है लेकिन अंतिम द्वारशाखा अलंकरण युक्त है। इसमें पत्रशाखाओं को ऊपर तथा दायीं ओर के भाग में देखा जा सकता है। द्वारशाखाओं के दोनों किनारों में अंकित स्तंभ वर्गाकार फिर चकोर और ऊपर जाकर चपटे होकर आयताकार हो जाते हैं। अर्थात् इस कक्ष का अंकन भी प्रारम्भिक रूप में किया गया था। गन्धर्वों को उड़ते हुए, विविध काल्पनिक पशुओं का अंकन, इन सभी को विभिन्न मनोहारी मुद्राओं में दर्शाया गया है (चित्रफलक–81)। इनका अंकन कन्हेरी की बौद्ध गुफाओं में स्पष्टतः दिखलाई देता है (चित्रफलक–67)। यहाँ तक कि बुद्ध की प्रतिमाओं के ऊपरी भाग में इनका अंकन व्यापक रूप से मिलता है, जिसका प्रभाव एलीफेंटा के स्थापत्य में भी प्रदर्शित है। अधिष्ठान की व्यवस्था है जिसमें भी संभवतः शिवलिंग रहा होगा। इसमें प्रनाल है और इसकी दिशा पूर्व की ओर है। हाँलाकि अधिष्ठान क्षरितावस्था में है और इसका आकार 1.78 मीटर लम्बा और 1.78 मीटर चौड़ा है (चित्रफलक–46) और इसमें गड्डा है जिसका आकार अंग्रेजी के ''टी'' अक्षर के जैसा है और जिसमें संभवतः शिवलिंग रहा होगा। शिवलिंग के अधिष्ठान की ऊँचाई 1.14 मीटर है। एक मानव आकृति को इसके लिंटल में षठभुजी दिखलाया गया है। इसके दोनों ओर विशाल द्वारपाल स्थानक मुद्रा में और पशुयुक्त ब्रैक्रेट अंकित है। यहाँ के स्तभों को संरक्षण द्वारा पुनर्निर्मित किया गया है। जिसमें भी पूर्ववर्णित स्तंभों की ही भाँति विशेषताएँ रही होगीं। इसका मण्डप 9 मीटर लम्बा है।

गुफा के दायीं ओर शैलोत्खनित विशाल जलकुण्ड है जिनकी जलवहनीय क्षमता पाँच लाख लीटर है। इसकी लम्बाई 12.82 मीटर, चौड़ाई 12.00 मीटर और गहराई 3.25 मीटर है। यह वर्गाकार दो मुँही है[6] और गुफा के नीचे

अन्दर की ओर तक जाता है। गुफा के दाहिनी ओर भी खण्डित स्तंभों को देखा जा सकता है और संभवतः शैल की गुणवत्ता का अभाव होने से अपूर्ण रह गयी होगीं।

गुफा–4 (18^{0} 57' 44.7" उत्तरी अक्षांश तथा 72^{0} 53' 54.8" पूर्वी देशान्तर) पूर्वामुखी है जिसमें सोपानों (चित्रफलक–47, 107) द्वारा पहुँचा जा सकता है। मण्डप के दायीं और बायीं ओर एक–एक वारामदा है, जो स्तंभों पर आधारित है, हाँलाकि स्तंभ खण्डित है। जो अपने मूलस्वरूप में अनुपम दिखलाई देता रहा होगा। इससे सटे हुए एक–एक कक्ष की व्यवस्था है। जबकि मुख्य भाग में तीन कक्षों की व्यवस्था है, मध्य के कक्ष में शिवलिंग स्थापित है (चित्रफलक–89)। इसकी द्वार शाखाएँ अनालंकृत हैं। तीनद्वार शाखाएँ हैं और ये क्षतिग्रस्त हो गईं हैं। संरक्षण द्वारा पुनर्निर्मित हैं। अधिष्ठान की व्यवस्था है जिसमें भी संभवतः शिवलिंग स्थापित रहा है और अधिष्ठान क्षरितावस्था में है। इसका आकार 2.30 मीटर लम्बा और 2.20 मीटर चौड़ा है और ऊपर का भाग समतल है। शिवलिंग के अधिष्ठान की ऊँचाई 0.60 मीटर है। शिवलिंग नीचे से वर्गाकार है, जिसका आकार 0.69 मीटर लम्बा और 0.69 मीटर चौड़ा है और वर्गाकार भाग की ऊँचाई 0.15 से 0.20 मीटर तक है जबकि गोलाकार भाग की ऊँचाई 0.85 मीटर है। यहाँ पर प्रनाल के स्थान पर उत्तर दिशा में एक गड्डा है जिसका व्यास 1.00 मीटर है और गहराई 0.45 मीटर तक है। गर्भगृह के दोनों ओर सिंहों का अकंन रहा है तथापि वर्तमान में क्षतिग्रस्त हो गये हैं। इसके दोनों ओर विशाल द्वारपाल स्थानक मुद्रा में सुसज्जित हैं और द्वारपाल अर्थात् वामन के हाथों में केयूर, कमरबंद और जाँघिया को देखा जा सकता है। स्तभों को संरक्षण द्वारा पुनर्निर्मित किया गया है। जिसमें भी पूर्ववर्णित स्तंभों की ही भाँति विशेषताएँ रही होंगी।

बायीं ओर के कक्ष में दो द्वारशाखाओं की योजना है जिसमें से अन्तिम शाखा में स्तंभों को देखा जा सकता है जिसके अन्तर्गत प्रारंभिक स्तंभ के भाग सादे हैं और ये चार फलकीय आधार लिये हुए है। पुनः वर्गाकार है और ऊपर अष्ठफलकीय हो जाते है। जिसमें बत्तीस फलकीय भाग आधारित है और पुनः अष्ठफलकीय है, पुनः वर्गाकार और बत्तीस फलकीय हो जाता है जिसके ऊपर गोलाकार और फलकीय भाग पर भारित है। इसके ऊपरी ओर का भाग कटोरानुमा है और यह द्वारशाखा से जुड़ जाता है, इसके सम्पूर्ण भाग के भार को वहन करता प्रतीत हो रहा है। यहाँ पर उकेरे गये स्तंभों की भाँति अनुकृति है तथापि ललाट भाग के ऊपर दोनों कोनों और मध्य में चैत्य गवाक्षानुकृति है और इस पट्टी के ऊपर बेलनाकार भाग है जिसमें दो चैत्याकृतियाँ हैं जिनमें से दायीं ओर की क्षरितावस्था में है (चित्रफलक–82)। इसके ऊपर एक विशाल चैत्याकृति रही है और यह अब नहीं है और यह ऊपर की ओर जाती प्रतीत हो रही है जैसे कि अजन्ता की प्रारंभिक गुफाओं में मिलता है तथा महाकाली गुफा–2 में भी इंगित होता है (चित्रफलक–83, 85)। कुल मिलाकर, इस कक्ष में छह चैत्याकृतियों को निर्मित किया गया था।

इसके बायीं ओर एक छोटा मण्डप है जिसमें सोपानों की व्यवस्था रही है। इसमें एक स्तंभ तथा एक अर्द्धस्तंभ को देखा जा सकता है। मूलतः दो स्तंभ और दो अर्द्धस्तंभ रहे होगें। मण्डप के पश्चात कक्ष की व्यवस्था है और यह अर्द्धनिर्मित है, संभवतः शैल की गुणवत्ता का अभाव है। हाँलाकि संरक्षण द्वारा इन्हें पुनर्निर्मित किया गया है।

दायीं ओर के कक्ष में दो द्वारशाखाओं की योजना है जिसमें से अन्तिम शाखा में स्तंभों को देखा जा सकता है, जिसके अन्तर्गत स्तंभ सादे हैं और ये चार फलकीय आधार लिये हुए हैं। पुनः वर्गाकार होकर बेलनाकार हो जाते है और आयताकार कटोरेनुमा भाग द्वारा भारवहनीय दिखते हैं। ये ऊपर की ओर अष्टफलकीय हो जाते हैं और द्वारशाखा की प्रथम रेखा के भार को अपने ऊपर लिये हुये प्रतीत होते हैं। इसमें तीन चैत्य गवाक्षानुकृति बनी हैं जिनका आधार, भाग गोलाकार मेहराब से युक्त है। ऊपरी द्वारशाखा में भी तीन चैत्य गवाक्षानुकृति बनी है जिसमें मध्य वाली दोनों की तुलना में बड़ी है तथापि क्षरितावास्था में है (चित्रफलक–84)। ऊपर गोलाकार मेहराब है और अर्द्धचन्द्रमानुकार भाग से युक्त है और यह ऊपर की ओर जाती प्रतीत हो रही है जैसे कि अजन्ता की प्रारंभिक गुफाओं में मिलता है तथा

यह कोण्डीवटे गुफा–2 से भी इंगित होता है (चित्रफलक–83,84)। कुल मिलाकर, इस कक्ष में भी छह चैत्याकृतियों को निर्मित किया गया था।

इसके दायीं ओर छोटा मण्डप है, जिसमें सोपानों की व्यवस्था रही हैं। इसमें दो स्तंभ भंगितावस्था में है जबकि एक अर्द्धस्तंभ को देखा जा सकता है। मूलतः दो स्तंभ और दो अर्द्धस्तंभ रहे होगें। मण्डप के पश्चात् कक्ष की व्यवस्था है और संरक्षण कार्य द्वारा पुनर्निर्मित किया गया है।

गुफा–5 (18^{0} 57' 41.8" उत्तरी अक्षांश तथा 72^{0} 55' 52.8" पूर्वी देशान्तर) पूर्वाभिमुख है और अर्द्ध–निर्मित (चित्रफलक–48) है। देखने से प्रतीत होता है कि इसकी शैल की गुणवत्ता का अभाव होने के कारण अपूर्ण रही। जिसमें चार स्तंभों के अवशेष और विशाल कक्ष बनाने का प्रयास किया गया था। जहाँ मध्य के कक्ष में शिवलिंग स्थापित है। अधिष्ठान का अभाव है। शिवलिंग, धरातल से 0.89 मीटर की ऊँचाई में है। शिवलिंग नीचे से आयताकार है, जिसका आकार 0.39 मीटर लम्बा और 0.36 मीटर चौड़ा है और इस भाग की ऊँचाई 0.46 मीटर है तथा कुल ऊँचाई 0.89 मीटर है (चित्रफलक–90)। शैल का फलकीकरण हो रहा है और कई स्थानों पर दरारों को देखा जा सकता है। कक्षों के अर्द्धनिर्मित भागों को देखा जा सकता हैं। गुफा के अन्दर एक और शिवलिंग स्थापित है।

गुफा–6 पूर्वाभिमुख है, जिसमें सोपानों द्वारा पहुँचा जा सकता है। इसमें चार स्तंभों और दो अर्द्धस्तंभों का प्रावधान (चित्रफलक–5–7, 72, 74, 108) है और संरक्षण कार्य द्वारा इन स्तभों को पुनर्निर्मित किया गया है। इसकी दीवारें सपाट है और विशाल प्रतिमाओं एवं अलंकरणों का अभाव है। दोनों कक्षों में द्वार के ऊपर और नीचे गोलाकार छिद्र हैं जिसमें लकड़ी के पटों का प्रावधान रहा होगा। इनमें सोने अथवा बैठने के लिए शयनपट्टों (बैंचों) का अभाव है जैसा कि कन्हेरी और कोण्डिवटे की प्रारम्भिक हीनयान गुफाओं में है।

इसमें तीन कक्षों की व्यवस्था है, बीच का कक्ष गर्भगृह है। गर्भगृह के दोनों ओर सिंहों का अंकन है तथापि अब क्षतिग्रस्त हो गये हैं। प्रदक्षिणा–पथ का अभाव है । इसके गर्भगृह के द्वार पर चन्द्रशिला बनी हुई है जिसकी ऊँचाई 0.05 मीटर है तथा लम्बाई 4.30 मीटर है और इस प्रकार की चन्द्रशिलाओं को कन्हेरी और कोण्डिवटे की बौद्ध गुफाओं में बहुतायत से देखा जा सकता है (चित्रफलक 69, 80)। जिसकी द्वार–शाखाओं पर अलंकरण हैं और बीच की द्वार–शाखा में स्तंभों को बनाया गया है। इन स्तंभों का आधार भाग आयताकार फिर वर्गाकार है। इसके ऊपर अष्ठफलकीय हो जाता है। जिसमें बत्तीस फलकीय भाग आधारित है और पुनः अष्ठफलकीय है, पुनः वर्गाकार और बत्तीस फलकीय हो जाता है जिसके ऊपर यह फलकीय गोलाकार भाग पर भारित है ओर इसका ऊपर का भाग कटोरानुमा है। यह द्वार–शाखा से जुड़ कर भार को वहन करता प्रतीत हो रहा है, जिसमें यहाँ पर उकेरे गये स्तंभों की भाँति अनुकृति है तथापि ललाट भाग के ऊपर दोनों कोनों में चैत्य गवाक्षानुकृति है और इन दोनों के बीच पट्ट भाग को कलाकार ने अपूर्ण छोड़ दिया है। ऐसी द्वार–शाखाओं का अंकन मण्डपेश्वर (चित्रफलक–75, 76) कोण्डीवटे (चित्रफलक–79) और कन्हेरी (चित्रफलक–77) की बौद्ध गुफाओं में देखा जा सकता है। इसके द्वार की लम्बाई 1.23 मीटर है और चौड़ाई 1.20 मीटर है। यहाँ के गर्भगृह में एक अधिष्ठान है। जिसका आधार चौकोर है। इसके ऊपर प्रमुख अधिष्ठान है। अधिष्ठान के आधार की ऊँचाई 0.10 मीटर और इसकी ऊँचाई 1.10 मीटर है। जिसमें पाँच खण्ड बने हैं जिनकी नीचे से लम्बाई क्रमशः 1.35 मीटर, 1.30 मीटर, 1.09 मीटर, 1.30 मीटर, 1.25 मीटर, और 1.04 मीटर है जबकि प्रनाल के मुख सहित लम्बाई 1.20 मीटर और चौड़ाई 0.70 मीटर है और यह नीचे से ऊपर की ओर पतला होता जाता है और सबसे ऊपरी भाग में प्रनाल की व्यवस्था है (चित्रफलक–7)। प्रनाल दक्षिणभिमुखी है। अर्थात् शिवलिंग यदि अधिष्ठापित रहा होगा तो इसका जलाभिषेक करने पर जल उत्तर की ओर न जाकर दक्षिण की ओर जाता रहा होगा।

संभवतः इस गुफा का उत्खनन सबसे पहले किया गया हो क्योंकि यह सादी है, और अलंकरणों का अभाव है। बहुत संभव है कि इसका प्रयोग भिक्षुओं अथवा बाद में सन्तों के रहने के लिए उपयोग किया गया हो क्योंकि इसके

बहुत ही निकट स्तूप है और जो दैनिक आवश्यकताओं की पूर्ति के लिए सुगम रहा होगा। बाद में इसका पुनरोत्खनन होने के फलस्वरूप इसमें कलात्मक अवयवों जैसे मुख्य कक्ष अथवा वर्तमान गर्भगृह के दोनों ओर सिंहों का अंकन और नन्दी वेदी का अंकन बाद में किया गया प्रतीत हो रहा है। इसकी नन्दी वेदी की ऊँचाई 0.01 मीटर है जबकि इसका व्यास 2.20 मीटर है। हाँलाकि मुख्य गुफा की भाँति यहाँ पर भी नन्दी का अभाव है। वहीं इसके मूल स्तंभ भी कन्हेरी की गुफा–1 और कोण्डिवटे की गुफा–13 से मेल खाते है और इनमें समानता है और इनमें तरंगपोदिका का अभाव भी है। द्वार–शाखाएँ साधारण हैं और चैत्य गवाक्षों का अंकन है। जबकि बायीं और दायीं ओर के कक्षों की द्वार–शाखाएँ भी साधारण हैं जिसके विकसित स्वरूप को हम यहाँ की मुख्य गुफा में देख पाते हैं। चौड़ी पट्टियों का अंकन किया गया है जैसा कि मण्डपेश्वर और कन्हेरी की बौद्ध गुफाओं में दिखलाई देता है।

इसके बायीं ओर के प्रथम कक्ष में प्रवेश के लिए एक सोपान है जिसकी लम्बाई 0.81 मीटर, चौड़ाई 0.38 मीटर और ऊँचाई 0.24 मीटर है। द्वारशाखा सामान्यतः अलंकरणरहित है। जबकि तीनों किनारों पर कुछ आकृति बनी है जिसमें आयताकार खण्डों से युक्त होकर ऊपर की ओर पाँच तथा दोनों किनारों की संख्या छह–छह है। हाँलाकि इनका प्रारम्भ एक किनारे से दो रेखाओं के गोलाकार स्वरूप होकर सीधे होने पर अलग–अलग विभक्त होकर दूसरे किनारे तक जाता है। द्वारपट की व्यवस्था थी क्योंकि ऊपर और नीचे छिद्रों का प्रावधान है। इसमें बेंच का अभाव है।

इसी प्रकार से, दायें कक्ष में प्रवेश के लिए एक सोपान है जिसकी लम्बाई 0.81 मीटर, चौड़ाई 0.36 मीटर और ऊँचाई 0.21 मीटर है। द्वारशाखा सामान्यतः अलंकरणरहित है, जबकि तीनों किनारों पर कुछ आकृति बनी है और ये आयताकार खण्डों से युक्त होकर ऊपर की ओर पाँच तथा दोनों किनारों की ओर संख्या छह–छह है। हाँलाकि इनका प्रारम्भ एक किनारे से दो रेखाओं के गोलाकार स्वरूप होकर सीधे होने पर अलग–अलग विभक्त होकर दूसरे किनारे तक जाता है। द्वारपट की व्यवस्था थी क्योंकि ऊपर और नीचे छिद्रों का प्रावधान है। इसमें भी बेंच का अभाव है।

गुफा के बायीं ओर शैलोत्खनित अर्द्धनिर्मित जलकुण्ड है, जिनकी जलवहनीय क्षमता छह हजार लीटर है। इसकी लम्बाई 3.5 मीटर, चौड़ाई 1.70 मीटर और गहराई 1.00 मीटर है।[7] पुर्तगालियों द्वारा इसे गिरजाघर (चर्च) में परिवर्तित कर दिया गया।[8] इस गुफा का विन्यास चर्च के विन्यास के समान है। इसका वाराण्डा एक क्षैतिज रेखा के रूप में तथा गर्भगृह से लेकर आँगन तक का लम्बा स्थान एक उर्ध्वाधर रेखा के रूप में होने के फलस्वरूप क्रास आकृति के विन्यास को प्रदर्शित करने में सक्षम रहा, जिससे ये आसानी से चर्च के रूप में परिवर्तित कर दिया गया।

गुफा –7 पूर्वाभिमुखी है और अर्द्ध–निर्मित है (चित्रफलक–8, 109) तथापि शैल की गुणवत्ता का अभाव होने के कारण अपूर्ण रही। जिसमें तीन कक्षों को बनाने के प्रयास और प्रमाण दिखलाई दे रहे हैं।

यहाँ की शैलकृत गुफाओं को देखकर लगता है कि ये गुफाएँ मूलतः बौद्ध धर्म से सम्बंधित रही हैं क्योंकि मुख्य गुफा के चित्र–फलकों का उत्खनन अधिक अन्दर तक है जबकि अन्य क्षेत्रीय गुफाओं में इसका अभाव है जबकि गन्धर्वों का अंकन बाहर की ओर दिखलाई पड़ता है। चित्र–फलकों के ऊपरी भाग में विभिन्न प्रकार के चित्रों का अंकन है, जो बौद्ध धर्म से विशेष समानता रखते हैं।

एलीफेंटा द्वीप अरब सागर से घिरे होने के बावजूद सागरीय जल पीने के लिए अनुपयुक्त रहा है। परिणामस्वरूप इन गुफाओं के निकटस्थ ही शैलात्खनित जलकुण्डों का प्रावधान किया गया है जो तद्युगीन निवासियों और पर्यटकों को पीने योग्य स्वच्छ जल की उपलब्धता प्यास को तृप्त करती रही होंगी। इसके अतिरिक्त अन्य आवश्यक दैनिक गतिविधियों के उपयोग के लिए उपलब्ध होता रहा होगा। द्वीप में दस जलकुण्डों तथा एक कूप के मापन के विस्तृत अध्ययन से ज्ञात होता कि इन सभी जलकुण्डों की जल धारक क्षमता लगभग 30 लाख लीटर से भी अधिक रहा है।[9]

एलीफेंटा द्वीप में गुफा अभिलेखीय साक्ष्यों का अभाव है तथापि क्षेत्रीय गुफाओं जैसे कन्हेरी की बौद्ध गुफाओं के अभिलेखों में जलकुण्डों के प्रकारों और उनके दान–दाताओं का विशद उल्लेख है[10] जैसे पोढ़ी, नान्हा पोढ़ी, अथवा स्नान

पोढ़ी, अर्थात स्नान के लिए निर्मित जलकुण्ड है।[11] जलकुण्डों के उत्खनन और इनके निर्माण में प्राचीन अभियन्ताओं की कुशलता और उनकी वैज्ञानिक निपुणता झलकती है।

क्षेत्रीयता के आधार पर जलीय स्थापत्य शब्दावलियों का बृहत वर्गीकरण किया जा सकता है–पोढ़ी सामान्यतः दो प्रकार की होती हैं–पनिया पोढ़ी और स्नान पोढ़ी।[12] स्नान पोढ़ी जैसा कि इसके नाम से ही प्रतीत हो रहा है कि इसका प्रयोग स्नान के लिए किया जाता रहा है। जिनका आकार बड़ा होता है और इनकी सामान्यतः लम्बाई और चौड़ाई पाँच से दस मीटर और गहराई एक से दो मीटर होती है तथापि एलीफेंटा द्वीप के जलकुण्डों की लम्बाई और चौड़ाई पन्द्रह से बाइस मीटर और गहराई तीन से बारह मीटर तक है।

पनिया पोढ़ी से तात्पर्य पीने योग्य जल को संचयित करने से है। ये दो प्रकार की होती हैं–चट्टान की सतह पर बराबर और इसका मुँह साधारण वर्गाकार होता है। जबकि दूसरे प्रकार में चट्टान की सतह पर बराबर परन्तु इसका मुँह आयताकार होता है। संभव है कि प्रारम्भिक पनिया पोढ़ी वर्गाकार अथवा आयताकार रही हो और इसमें छोटी जलीय धाराएँ पहाड़ी के नीचे आकर इनसे मिलती रही हों। द्वीप में दस शैलकृत जलकुण्ड हैं जबकि एक कुँआ है। इनमें से छह पूर्वी पहाड़ी में दो अर्द्धनिर्मित, एवं पाँच पश्चिमी पहाड़ी में हैं और इनमें से भी तीन अर्द्धनिर्मित है। इनका उत्खनन उन स्थानों पर किया गया, जहाँ पर जल का अभाव है अर्थात जल की सामान्यरूप से अनुपलब्धता है। इनके सँकरे मुँह बनाने के पीछे का प्रमुख लक्ष्य यह रहा है कि इससे जल का वाष्पीकरण कम होगा और अधिक से अधिक अधिक समय तक जल संचयित रह सकेगा। वहीं स्वच्छता की दृष्टि से इनको लकड़ी के ढक्कन/पट्टी से ढक दिया जाता था क्योंकि इनके मुख का आकार छोटा 1.25 मीटर लम्बा और 1.25 मीटर चौड़ा होने से आसानी से ढका जा सकता था जैसा कि कन्हेरी में देखा जा सकता है।[13] जिससे स्वच्छ जल की आपूर्ति होती थी और स्वास्थ्य की दृष्टि से भी लाभप्रद और गुणकारी होता रहा होगा। जलकुण्डों को पुनः वर्गीकृत किया जा सकता है जिसके अन्तर्गत बारहमासी अथवा सदाबहार और मौसमी जलकुण्ड हैं। यहाँ पर कुँए को छोड़कर सभी मौसमी जलकुण्ड हैं तथापि इन जलकुण्डों का जल वर्ष भर के लिए पर्याप्त था जैसा कि वर्तमान में भी 1200 लोगों की दैनिक जलापूर्ति करते हैं।

परिशिष्ट क्रमांक–4 में एलीफेंटा द्वीप में बिखरे हुए स्थापत्यात्मक अवयवों का अभिलेखीकरण दिया गया है।

परिशिष्ट क्रमांक–5 जलकुण्डों के मुँखद्वारों का विवरण है।

परिशिष्ट क्रमांक–6 दोनों पहाड़ियों पर उपलब्ध जलकुण्डों तथा कूप की जल धारक क्षमता के वितरण का विवरण है।

परिशिष्ट क्रमांक–7 में प्रत्येक शैलोत्खनित जलकुण्डों का सविस्तार विवरण है।

संदर्भ

1. एस.एन., जार्ज, मिचेल, *एलिफेंटा,* प्रकाशन–इंडिया बुक हाउस प्राइवेट लिमिटेड, मुम्बई, 2002, पृष्ठ–10–20।
2. एस. एन., चक्रवर्ती, द इमेज ऑफ ब्रह्मा फ्राम एलीफेंटा, *ललित कला,* 1–2, नई दिल्ली, अपैल 1955–मार्च 1956, पृष्ठ–87–89।
3. मनीष, राय, एन्सीएंट एक्वेटिक आर्किटेक्चर ऑफ इंडिया विथ स्पेशल रिफरेन्स टू द घारापुरी आईलैण्ड, *हेरीटेज जनरल ऑफ मल्टीडिसीपीलेनरी स्टडीज इन आर्कियोलॉजी,* वाल्यूमस्–2, डिपार्टमेंट ऑफ आर्कियोलॉजी यूनीवर्सिटी ऑफ केरल, त्रिवन्थापुरम्, 2014, पृष्ठ–690।
4. एम. के., धवलीकर, एलीफेंटा, द डायरेक्टर जनरल, आर्कियोलॉजीकल सर्वे ऑफ इंडिया, नई दिल्ली–2007, पृष्ठ–15।
5. मनीष, राय, यथोक्त, पृष्ठ–690।
6. तदैव, पृष्ठ–690।
7. तदैव, पृष्ठ–690।
8. एम. के., धौवलीकर, यथोक्त, पृष्ठ–75।

9. मनीष, राय, एन्सीएंट वाटर मैनेजमंट सिस्टम ऑफ घारापुरी आईलैण्डः ए केस स्टडी, *जनरल ऑफ इण्डियन ओसियन आर्कियोलॉजी,* ए ज्वाइन्ट पब्लीकेशन ऑफ सेन्टर फार रिसर्च एण्ड ट्रनिंग इन हिस्ट्री, आर्कियोलॉजी एण्ड पैलियो–एन्वायरमेंट एण्ड इन्द्रप्रस्थ म्यूजियम ऑफ आर्ट एण्ड आर्कियोलॉजी, नई दिल्ली, 2013, पृष्ठ–202–209।
10. शोभना, गोखले, *कन्हेरी इन्स्क्रिपसन्स्,* दक्कन कॉलेज पोस्ट ग्रजूयेट एण्ड रिसर्च इन्सटि्टयूट, पुणे, 1991, पृष्ठ–16।
11. एम. के., धवलीकर, *लेट हीनयान केव्स ऑफ वेस्टर्न इंडिया,* डेक्कन कॉलेज पोस्टग्रेजुएट एण्ड रिसर्च इन्स्टीट्यूट, पुणे, 1984, पृष्ठ–67।
12. एस., नागाराजू, *बुद्धिस्ट आर्किटेक्चर ऑफ वेस्टर्न इंडिया,* आगम कला प्रकाशन, दिल्ली, 1981, पृष्ठ–323।
13. मनीष, राय, एन्सीएंट एक्वेटिक आर्क्टिेक्चर ऑफ इंडिया विथ स्पेशल रिफरेन्स टू द बुद्धिष्ट केव एट कन्हेरी, वाल्यूम–2, बी. आर. पब्लिसिंग, दिल्ली, 2015, पृष्ठ–551–556।

अध्याय–5

रक्षण एवं परिरक्षण

हमारी सांस्कृतिक धरोहर को संरक्षित करने के लिए प्राचीन भारतीय साहित्य में इसका विशद वर्णन मिलता है, जिनमें कई प्रकार की शब्दालियाँ मिलती हैं, जैसे "खण्ड स्फुटित जीर्णोद्धार" शब्द का उल्लेख मिलता है तात्पर्य, स्मारकों पर लगी कालिख, काई, शैवाल इत्यादि को निकालने से है। दूसरे शब्दों में इसका आशय स्मारकों की मरम्मत और पुनरुद्धार से है। "खण्ड स्फुटित नवकर्म" का आशय स्मारक के टूटे भाग, जो विखण्डित हो रहे हैं, की मरम्मत और जीर्णोद्धार करने से था अर्थात् वह भाग जो अपना मूल स्थान छोड़ चुका है। "स्फुटित निराकरण" का आशय स्मारक पर बाहर से आकर पड़े अथवा जमें तत्त्वों का उन्मूलन करने से है। "स्फुहात स्फुटित" का आशय स्मारक के वे अंग अथवा भाग जो स्मारक के मूल आकार से बाहर निकल गये हैं, अर्थात् टेढ़े–मेढ़े हो गये हैं, की मरम्मत कर उनको स्मारक के मूल स्वरूप में पुनः लाना था। [1]

स्मारक पर नये ढंग से सफेदी और रंग–रोगन करने के कार्य को प्राचीन भारतीय साहित्य में नवशुद्ध **कर्म** कहा गया है। इसी कार्य को दक्षिण भारत में **सोदे सुन्न** से जाना जाता है जिसका तात्पर्य सोदे याने सफेदी और सुन्न का अर्थ चूने से था। स्मारक पर उगी वनस्पतियों के उन्मूलन के कार्य को **तरू गुल्म–निरमलीकरण** नाम से जाना जाता था जिसे शिल्पकार एवं कारीगर स्मारकों के अनुरक्षण का कार्य करवाते थे, उसे विश्वकर्मा कहा जाता था। वर्तमान में इन्हें अभियंता के नाम से अभीग्रहीत किया जाता है। वे ही कार्य का पर्यवेक्षण करते थे। जो मूर्ति और शिल्प है की रचना करते थे उन्हें **रूवारी** और जो शिलालेखों का उत्कीर्णनन करते थे उन्हें **वोजा** के नाम से जाना जाता था। दक्षिण भारत में मध्यकालीन मंदिरों के रख–रखाव के अंग के रूप में वास्तुकार को नियुक्त किया जाता था जिनको तक्षक, महातक्षक, तच्चचार्या, पेरून्तच्चम, तच्चन इत्यादि नामों का उल्लेख मिलता है।[2] जैसे–जैसे प्रौद्योगिकी और तकनीकी का विकास होता गया वैसे–वैसे राजस्व के साधनों में भी विकास होता चला गया। प्राचीन काल में स्मारकों के अनुरक्षण से संबधित कार्यों के वित्तीय भार के वहन के लिए कई स्रोत थे जिनमें से प्रमुख हैं–

अ. व्यक्तिगत एवं राजकीय दान द्वारा,

ब. स्मारकों से संबंधित भूमि एवं अन्य परिसंपत्तियों की आय द्वारा, तथा

स. समितियों के धर्मदान द्वारा। [3]

उपरोक्त संबंध में हमारे पास अनेक अभिलेखीय साक्ष्य उपलब्ध हैं जिससे उक्त तथ्यों की पुष्टि भी होती है। प्रसंगवश अनेक उदाहरण मिलते हैं जहाँ अतीत में स्मारकों का जीर्णोद्धार, मरम्मत एवं बचाव कार्य, जनता से ऋण लेकर तथा राजस्व कर में छूट देकर कराया जाता था। इस विशाल भू–भाग वाले देश में इस सांस्कृतिक विरासत को संरक्षित और परिवर्धित करने की एक निरन्तर परम्परा रही है, जिसका उद्देश्य परोपकार और मानवता की भावना से प्रेरित होकर ही इन विरासतों से सम्बंधित भूमि के भाग, उद्यान, ग्राम इत्यादि दान में दिये जाते रहे हैं। परिणामस्वरूप, इनकी आय से स्मारकों की दैनिक सामान्य व्यवस्था और मरम्मत कार्यों का सम्पादन होता था और मंदिर इत्यादि में पुजारी की व्यवस्था भी रहती थी जिससे उसकी जीविका चलती और पूजा–अर्चना पर होने वाला व्यय भी सुचारू रूप से चलता रहता था। जिसमें से कुछ महत्त्वपूर्ण उदाहरण निम्नप्रकार से हैं–

मौर्य सम्राट अशोक (तृतीय शताब्दी ईसवी पूर्व) ने साँची के स्तूप का मूलरूप से निर्माण कराया था जिसमें प्रारम्भ में ईंटों से बना था जिसके ऊपर लकड़ी की वेदिका थी। इसे शुंग काल में विस्तारित किया गया और इन ईंटों की संरचना के ऊपर पाषाण लगाकर, प्रस्तर वेदिका को प्रस्थापित कर, स्तूप के चारों ओर चबूतरे बना दिये गये। लगभग पचास वर्षो के अन्तराल के पश्चात् सातवाहन काल में स्तूप की चारों दिशाओं में चार भव्य और विशाल तोरण–द्वारों का निर्माण किया गया, जिन्हें वर्तमान में भी देखा जा सकता है।

खारवेल (प्रथम शताब्दी ईसवी पूर्व) नामक शासक के हाथीगुम्फा अभिलेख में भी गोपुरों, प्राकारों, भवनों इत्यादि का प्रतिसंस्कार (मरम्मत) कराने का उल्लेख मिलता हैं।[4] शक–क्षत्रप रूद्रदामन के जूनागढ़ (गुजरात) के संस्कृत भाषा के एक अभिलेख में सुदर्शन नामक झील का पूरा इतिहास मिलता है जिसमें उल्लेख है कि इस झील का निर्माण चन्द्रगुप्त मौर्य के समय हुआ, राजा अशोक और रूद्रदामन ने इसका जीर्णोद्धार कराया। जिसे कालान्तर में गुप्त शासक स्कंदगुप्त ने भी इसका जीर्णोद्धार कराया था। पुलकेशिन द्वितीय (610–642 ईसवी) के बादामी अभिलेख से ज्ञात होता है कि उसने अपनी प्रजा के कल्याण के लिए वातापी की पहाड़ी को ऊपर तक सुदृढ़ किया था।[5]

पल्लव शासक परमेश्वर प्रथम (675 ईसवी) ने काँचीपुरम् के पास स्थित कुरम ग्राम में एक शिव मंदिर बनवाकर, उसके साथ भूमि देवकर्म और नवकर्म के लिए दान किया था और जिसकी नियमित आय के स्रोत का प्रावधान भी किया गया। पल्लव शासक नन्दिवर्मन द्वितीय (लगभग 730–800 ईसवी) के तिरूवल्लम अभिलेखानुसार बडगाली स्थित वनपुरम् मंदिर का उसने जीर्णोद्धार कराया था जबकि इसी शासक के किलसन्–तमंगलम नामक अन्य अभिलेख में एक मण्डप का निर्माण, पाली देवालय का जीर्णोद्धार तथा मटारी यक्षी के मंदिर का निर्माण भी कदणदीयार अयैर की पत्नी माँ देवी ने कराया था।[6] तमिलनाडु के पुडुक्कोट्टई जनपद में स्थित नथमलई में मूल चोल मंदिर, जिसका निर्माण 850 ईसवी के आसपास विजयालय चोलीस्वरम ने कराया था, निर्माण के एक वर्ष के अन्दर ही अतिवर्षा और आकाशीय विद्युत गिरने से क्षतिग्रस्त हो गया था, जीर्णोद्धार का कार्य इतनी कुशलता और चतुराई से किया गया था कि इस का पता कर पाना मुश्किल था। इसी प्रकार, तमिलनाडु के पुडुक्कोट्टई जनपद से लगभग 16 किलोमीटर दूर सित्तनवसल में प्रथम शताब्दी ईसवी पूर्व के जैन शैलकृत मंदिर है जिनमें चित्रकला बनी है, की मरम्मत और पुनः चित्रित करने का कार्य मदुरई के एक जैनभिक्षु अमगौतमन द्वारा पाण्डय शासक श्री वल्लभ (835–862 ईसवी) के शासन काल में नवीं शताब्दी में कराया गया था।

नालंदा (बिहार) में स्थित प्राचीन बौद्ध अवशेषों के कम से कम सात बार पुनःनिर्माण के साक्ष्य स्थल पर देखे जा सकते हैं। कुमारगुप्त (415–455 ईसवी) और बन्धुवर्मन (473–74 ईसवी) के मंदसौर (मध्यप्रदेश) के ताम्रलेख से ज्ञात होता है कि उन्होंने वहाँ उपेक्षित पड़े सूर्य मंदिर का निर्माण कराया था।[7]

पाल शासक देवपाल (815–854 ईसवी) के नालंदा ताम्रलेखों के अनुसार स्वर्णद्वीप के शैलेन्द्र वंशावली के शासक बालप्रभदेव ने अपने राजदूत बलवर्मन के माध्यम से पाल शासक देवपाल से अनुरोध किया कि उनके द्वारा पूर्व में

निर्मित बौद्ध विहार के रख–रखाव, धार्मिक ग्रंथों के लेखन और देश–विदेश से शिक्षा ग्रहण करने के लिए आने वाले बौद्ध भिक्षुओं की चिकित्सा, इत्यादि कार्यो के लिए राजगृह के चार ग्राम–नंदीवनाक, मशाटक, नाटिका और हस्तिग्राम एवं गया जनपद के पालमक ग्राम को दान में देने की कृपा करें, जिसे स्वीकार कर देवपाल ने अपने शासन के 39वें वर्ष में उक्त ताम्रदानपत्र को जारी किया था।[8]

महमूद गजनवीं द्वारा 1025 ईसवी में सोमनाथ मंदिर का विध्वंस किया गया था जिसका जीर्णोद्धार सोंलकी राजा भीमदेव प्रथम (1027–1035 ईसवी) और कालान्तर में सिद्धराज द्वारा ग्यारहवीं शताब्दी में कराया गया। कुतुबमीनार का ऊपरी भाग दो बार गिर गया था जिसे पहले 1326 में मुहम्मद बिन तुगलक ने मरम्मत करवाई और तत्पश्चात् फिर फीरोजशाह तुगलक द्वारा 1368 में न केवल मरम्मत कराई अपितु इसको चार मंजिल से बढ़ाकर पाँच मंजिला बना दिया गया।[9]

उपरोक्त विवरण से स्पष्ट है कि स्मारकों की मरम्मत और संरक्षण का कार्य प्राचीन काल से निरन्तर चला आ रहा है। शुरूआती दौर में इसका वित्तीय भार का वहन स्थानीय शासक अथवा व्यक्तिगत दानों अथवा स्मारकों से सम्बद्ध परिसम्पतियों की आय के स्रोतों से किया जाता रहा, जिसका दायित्व अब हमारी केन्द्रीय और राज्य सरकारों के पुरातत्त्व विभाग उठा रहे हैं। बढ़ती जागरूकता और स्मारकों की महत्ता और मानव की सांस्कृतिक समृद्धि की विरासत के जीवन्त प्रमाणों को संरक्षण और संवर्धन के लिए कई अन्तर्राष्ट्रीय संस्थाएँ जैसे जापान का बैंक, यूनेस्को इत्यादि आगे आ रही हैं, जो स्वागत योग्य कदम है। प्राचीन मरम्मत (संरक्षण) कार्य स्मारक को किसी भी प्रकार से बचाये रखने तक ही सीमित होता था जबकि वर्तमान संरक्षण और संवर्धन कार्य वैज्ञानिक तथ्यों पर आधारित और प्रयोगशालाओं की कड़ी जाँच परीक्षण से निकले विश्लेषण–परिणामों की सहायता से और नई प्रौद्योगिकी तथा तकनीक के उपयोग से उनकी मौलिकता को अक्षुण बनाये रखकर किया जाता है। वहीं स्मारकों के आसपास के वातावरण और पर्यावरण संतुलित रहने से इन स्मारकों में नई जीवन शक्ति का संचार करने में मदद मिलती है।

यद्यपि कई आक्रमणकारी और विदेशियों ने भारतीय क्षेत्रों में समय–समय पर शासन किया और अधिकांश भारतीय गंगा–जामुनी संस्कृतियों को समृद्ध कर, अपने आप को समामेलित कर लिया और भारतीय संस्कृति के अंग बन गये तथापि जिन्होंने इस देश की संस्कृति को अपनाने से मना कर दिया, वे अंग्रेज थे। प्रारम्भ में ये अपनी शक्ति को भारत में मजबूत करने के उपरान्त व्यापारी से अपने आप को स्वतन्त्र शासक के रूप में अपने को प्रतिस्थापित कर लिया। जैसे ही प्रबुद्ध समाज के लोगों का भारत के प्रति अनुराग बढ़ता है भले ही उनकी नियत शासन करने की रही हो। भारतीय क्षेत्र की पुरासम्पदा की सुरक्षा और संरक्षण करने में जहाँ प्रारंभिक प्रयास गैर सरकारी लोगों के व्यक्तिगत अनुदानों से हुई, वहीं किसी स्थायी संस्था के स्वरूप को लेकर पड़ताल और बहस प्रारम्भ होती है। बंगाल के गर्वनर जनरल वारेन हेस्टिंग (1772–85) के काल में, जिसकी परिणिति हमें कलकत्ता में 15 जनवरी, 1784 में रायल एशियाटिक सोसायटी की स्थापना के रूप में दिखलाई देती है, जिसका उद्देश्य–एशिया महाद्वीप के पुरावशेषों, कला, विज्ञान तथा साहित्य के इतिहास[10] के सम्बंध में अनुसंधान कर उनको संरक्षित करने से प्रेरित होती है। साथ ही अनुसंधानों की खोजों को प्रकाशित करने के लिए सन् 1788 में **एशियाटिक रिसर्चेज** नामक पत्रिका का प्रकाशन प्रारम्भ हुआ है। सन् 1814 में सोसायटी के सदस्यों द्वारा संग्रहित सामग्री को सुरक्षित रखने के उद्देश्य से संग्रहालय की स्थापना भी की गयी है। उपरोक्त सोसायटी की स्थापना से अनुप्रेरित होकर 1804 में बम्बई और 1818 में मद्रास में साहित्यिक सभाओं (Literary Societies) की स्थापना हुई है।[11]

बंगाल सरकार ने 1810 में प्राचीन भारतीय सांस्कृतिक विरासत को संरक्षित करने के अपने प्रथम प्रयास के रूप में बंगाल कोड सं. XIX (Bangal Code) और उसके अनुसरण में सन् 1817 में मद्रास कोड सं. VII (Madras Code) को लागू किया, माना जाता है। इन कोड्स को लागू करने का उद्देश्य लोगों द्वारा व्यक्तिगत स्तर पर प्राचीन स्मारकों के

दुरूपयोग को रोकने सम्बंधी अधिकारों से सरकार को शक्ति दी गयी। यद्यपि प्राचीन स्मारकों के अनुरक्षण का कार्य तथा इससे सम्बंधी किसी कार्य विशेष के लिए अधिकार गठित प्रबंधन बोर्ड के पास रहा इससे संबधित मरम्मत तथा रख–रखाव के कार्य के व्यय का वहन स्मारकों से सम्बद्ध भूमि एवं अन्य स्रोतों की आय से किया जाता रहा।

सन् 1861 में वर्तमान भारतीय पुरातत्त्व सर्वेक्षण का गठन किया गया और मेजर जनरल अलेक्जेंडर कनिंघम को पुरातत्त्व सर्वेयर के रूप में इसका प्रमुख नियुक्त किया गया है। तत्कालीन गर्वनर जनरल लार्ड कैनिंग के समक्ष भारत की विपुल पुरासम्पदा के सुव्यवस्थित ढंग से अध्ययन करने के लिए एक स्मरण–पत्र भेजा। जिसे गर्वनर जनरल ने स्वीकृति प्रदान कर दी और इसका दायित्व भी कनिंघम महोदय को सौंपा गया और ये कार्य थे–ऐसे अवशेष जो ध्यान देने योग्य हैं, का यथार्थ वर्णन जो मानचित्रों, मापन, रेखाचित्रों अथवा छायाचित्रों और अभिलेखों की अनुकृतियों द्वारा समर्थित हो, उसका इतिहास जहाँ तक प्राप्य हो, और उससे सम्बंधित परम्पराएँ जो अब तक जारी हैं, का उल्लेख होना चाहिए।[12] कनिंघम ने भारत के विभिन्न क्षेत्रों की विशद यात्रा की और विदेशी यात्रियों के यात्रावृतांत के सहारे कई गुमनाम स्थलों की पुनः खोज की। सन् 1863 में अधिनियम संख्या XX द्वारा देश के ऐतिहासिक और पुरातात्त्विक दृष्टिकोण से महत्त्वपूर्ण भवनों का हानि पहुँचाने से रोकने और उनको सुरक्षित रखने का दायित्व सरकार ने अपने ऊपर ले लिया परन्तु सन् 1866 में सरकार ने भारतीय पुरातत्त्व सर्वेक्षण को अचानक समाप्त कर दिया। भारतीय पुरातत्त्व सर्वेक्षण की गतिविधियाँ शिथिल पड़ गयी। लार्ड लारेंस की सरकार ने 29 अगस्त, 1867 को सभी स्थानीय सरकारों को एक परिपत्र जारी कर उनसे कहा गया कि वह अपने कार्य क्षेत्र में आने वाले सभी महत्त्वपूर्ण स्मारकों की सूची बनाये और उनका छायांकन भी करावें।

तत्कालीन गृह सचिव ई. सी. बेली ने 11 जनवरी, 1870 में एक परिपत्र जारी कर परामर्श दिया कि पुरावशेषों को यदि उनके मूलस्थान पर ही सुरक्षित किया जाए तभी उनका महत्व है। उन्होंने पुरावशेषों के अनुरक्षण पर विशेष जोर देते हुए कहा कि सरकार का यह परम कर्तव्य है कि वह अपने नौकरशाहों को इन पुरानिधियों को नष्ट करने को बढ़ावा देने के कार्य को रोके।[13] 1870 में लॉर्ड मेयो ने 1 जनवरी, 1871 से मेजर जनरल अलेक्जेंडर कनिंघम को भारतीय पुरातत्त्व सर्वेक्षण का प्रथम महानिदेशक बनाया गया। इस दौरान इन्होंने भारत के विभिन्न भागों का सर्वेक्षण कर अपनी चौबीस अख्याओं को पुस्तकबद्ध किया। साथ ही कार्पस इंस्क्रिप्सनम् इंडिकारम् (1877), का प्रथम खण्ड जिसमें अशोक के अभिलेख की प्रतियाँ, भरहुत का स्तूप (1879), भारतीय युगों की पुस्तक (1883), जिसमें भारतीय प्राचीन वस्तुओं की तिथि–निर्धारण की अनुमति दी थी, प्रकाशित की गई।[13अ]

भारतीय पुरातत्त्व सर्वेक्षण के सृजन के पश्चात भी प्राचीन भारतीय स्मारकों और पुरानिधियों के परिरक्षण का कार्य महानिदेशक के अधिकार क्षेत्र से बाहर रखा गया और यह प्रारम्भ से गैर सरकारी संगठनों के अधीन ही रहा तथापि 13 फरवरी, 1873 में केन्द्रीय सरकार ने एक परिपत्र जारी कर प्रादेशिक सरकारों को ऐतिहासिक दृष्टि से महत्त्वपूर्ण एवं वास्तुशिल्प की दृष्टि से विशिष्ट स्मारकों के परिरक्षण अथवा संरक्षण का दायित्व सौंपा गया।[14] सन् 1878 **भारतीय निखात अधिनियम** को पारित किया गया, जिसके अनुसार 10 रूपये ये अधिक मूल्य की कोई भी वस्तु जमीन के अन्दर से प्राप्त होने की दशा में उसका स्वामित्व केन्द्रीय सरकार को प्राप्त हो गया।[15] साथ ही उस व्यक्ति का दायित्व है कि वह इसकी सूचना तत्काल सम्बंधित जिले के जिलाधिकारी को दे। यदि ... उसे छिपाता है तो ऐसी स्थिति में उसे एक वर्ष की सजा या जुर्माना अथवा दोनों हो सकते हैं।[16]

1872 में जेम्स बर्जेस ने **इंडियन एन्टीक्वेरी** नामक पत्रिका का प्रकाशन प्रारम्भ किया। 1885 में कनिंघम के बाद जेम्स बर्जेस 25 मार्च, 1886 में महानिदेशक बने। जेम्स बर्जेस का स्पष्ट मत था कि पुरावशेषों का उत्खनन विशेषज्ञों की देखरेख में ही होना चाहिए। भारतीय पुरातत्त्व सर्वेक्षण की अनुमति के बिना किये गये उत्खननों को अवैध घोषित कर दिया गया और विभाग के दबाव डालने पर तत्कालीन सरकार ने अधिकारियों द्वारा पुरावशेषों के लेन–देन पर

रोक भी लगा दी।[17] सरकार द्वारा एक प्रस्ताव सन् 1879 में पारित किया गया कि पुरानिधियों के अनुरक्षण के लिए प्रान्तीय सरकारों को कुछ राशि प्रदान की जाए। स्पष्टतः सरकार ने आर्थिक प्रावधान करके अपने दायित्वों को प्राचीन वस्तुओं के संरक्षण के लिए स्वीकार किया। प्रान्तीय सरकारों द्वारा बनाये गये प्रस्तावों को केन्द्रीय सरकार के पास भेजने की व्यवस्था की गई। धार्मिक स्मारक जो प्रान्तीय सरकारों के धर्मदाय दान से चल रहे थे उन्हें राष्ट्रीय सम्पत्ति मान लिया गया। परिणामस्वरूप तत्कालीन भारत सरकार द्वारा सभी प्रकार के स्मारकों को अधोलिखित तीन श्रेणियों में विभक्त कर दिया गया–

(अ) वे स्मारक जो भारत सरकार के नियन्त्रण में थे,

(ब) वे स्मारक जो स्थानीय लोगों की सम्पत्ति थे, अथवा जो पूजा/इबादत के अधीन थे,

(स) वे स्मारक जो प्रान्तीय सरकार के नियन्त्रण में थे।

इस प्रकार का स्मारकों का वर्गीकरण भारत में नया था और स्वतंत्र भारत में इसी को आधार बनाकर स्मारकों की विभिन्न श्रेणियों को मूर्तरूप दिया गया है।

इस बीच भारतीय पुरातत्त्व सर्वेक्षण की गतिविधियाँ पुनः शिथिल होने लगी जो 1898 तक रही। सन् 1899 में चहुँमुखी व्यक्तित्व के धनी जार्ज नथानील कर्जन भारत के नए वायसराय बने[18] और इन्होंने 23 सितम्बर, 1899 को अपने कार्यवृत्त विवरण में भारत में पुरातत्त्व के क्षेत्र में व्याप्त अव्यवस्था और विसंगतियों के बारे में अपनी तीव्र प्रतिक्रिया व्यक्त की। 20 दिसम्बर, 1899 को भारत सचिव के समक्ष कुछ अत्यंत ठोस और रचनात्मक सुझाव रखे। जिसके अर्न्तगत पुरातत्त्व के क्षेत्र में तत्कालीन गैरजिम्मेदारी और अव्यवस्था को समाप्त करने के अलावा भारतीय पुरातत्त्व सर्वेक्षण के महानिदेशक के पद को पुनः नियुक्त किया जाए। सरकार ने 29 नवम्बर, 1901 में अपनी स्वीकृति प्रदान की। पाँच वर्षो के लिए जॉन मार्शल को महानिदेशक नियुक्त किया गया और 22 फरवरी, 1902 को 26 वर्ष की आयु में प्रथम व्यवसायिक (प्रोफेशनल) व्यक्ति के रूप में भारतीय पुरातत्त्व सर्वेक्षण के तृतीय महानिदेशक का पदभार ग्रहण किया।[19] एक वर्ष के अन्दर ही इन्होंने उत्खनन और संरक्षण–जीर्णोद्धार के सम्बंध में स्पष्ट नीति और सिद्धान्तों का निर्धारण किया, वे अवैज्ञानिक उत्खनन कार्यों के बिलकुल विरूद्ध थे। मार्शल का स्पष्ट मानना था कि प्राचीन स्मारकों की मरम्मत का कार्य आधुनिक मरम्मत कार्य से भिन्न है। उनका यह भी अभिमत था कि यदि स्मारक की मरम्मत से उसकी मौलिकता नष्ट होती है तो उसका ऐतिहासिक महत्त्व अपने आप समाप्त हो जाता है। अतः हमारा प्रमुख कर्तव्य उसका पुनर्निर्माण करना नहीं है बल्कि जो भाग विनष्ट होने से बच गया है उसे सुरक्षित करना है।[20] मार्शल आगे अपने मत को स्पष्ट करते हैं कि जब कभी मरम्मत का कार्य प्रारम्भ किया जाए तो उस विनष्ट हो रहे स्मारक के बच रहे अधिक से अधिक भाग को सुरक्षित किया जाना चाहिए। स्मारक का बच रहा मूलभाग ही महत्त्वपूर्ण है। मरम्मत किया गया भाग तो मूल भाग को बचाने का एक माध्यम है।[21]

मार्शल ने 1903 में संरक्षण के सिद्धान्त नाम से भारतीय पुरातत्त्व सर्वेक्षण में भविष्य में किये जाने वाले संरक्षण कार्यों के मार्गदर्शन के लिए एक टिप्पणी (नोट) तैयार किया, जिसे भारत सरकार द्वारा स्वीकृत कर जुलाई, 1903 के परिपत्र में सम्मिलित कर लिया गया। बीस वर्षो के पश्चात मार्शल कृत कन्जरवेशन **मैनुअल** को पुस्तक के रूप में प्रकाशित किया गया। मार्शल ने इसमें संरक्षण शब्द को परिभाषित किया है जिसका तात्पर्य है जो भाग नष्ट अथवा विकृत हो गया हो उसे पुनः बनाना नहीं बल्कि जो विनष्ट होने से बच गया है उसे अनुरक्षण द्वारा आगे नष्ट होने से बचाना हैं।

मार्शल कृत कन्जरवेशन मैनुअल के प्राचीन स्मारकों के संरक्षण सम्बंधी मूलभूत तथ्य अधोलिखित हैं–

1. काल्पनिक जीर्णोद्धार अनाधिकृत माने जायेंगे, जब तक सुरक्षा के लिए अपरिहार्य न हों।

2. स्मारक के समस्त मूलभागों/अंगों को अक्षुण्ण रखा जाए, जब तक कि किसी स्मारक अथवा भवन को सुरक्षित रखने के लिए अन्य कोई विकल्प न हो, उसको न तो गिराया जाए और न ही उसको पुनर्निर्मित किया जाए।
3. उत्कीर्ण पत्थरों, काष्ठ अथवा मोल्डिंग का जीर्णोद्धार तब तक न किया जाए जब तक कि प्राचीन कलाकृति की अनुकृति बनाने की क्षमता वाले कुशल कारीगर उपलब्ध न हों।
4. पौराणिक और अन्य चित्रों की अनुकृति तैयार न की जाए।

स्मारकों का नियमित और व्यवस्थित ढंग से निरीक्षण करना लोक निर्माण विभाग का सर्वप्रमुख कर्तव्य है। इसी विभाग के कार्यकारी अभियन्ताओं को वार्षिक तथा अन्य नियमित निरीक्षणों की व्यवस्था मंडलों के अनुसार की जानी चाहिए। ध्यातव्य है कि इस समय तक पाँच मण्डल कार्यरत थे।[22] लोक निर्माण विभाग के कार्यकारी और अधीक्षण अभियन्ताओं का यह कर्तव्य है कि वे स्मारकों, चाहे वे सार्वजनिक हों अथवा निजी सम्पत्ति हों, की दशा के बारे में सरकार को अवगत कराते रहें और अनुरक्षण से सम्बंधित आकलन लोक–निर्माण विभाग के कोड वाल्यूम एक, पैरा 314 के अनुसार तैयार करें और पुरातत्त्व अधिकारी एवं महानिदेशक, भारतीय पुरातत्त्व सर्वेक्षण से स्वीकृत कराकर कार्य करें। महानिदेशक को वार्षिक तथा अन्य नियमित निरीक्षणों की व्यवस्था मंडलों के अनुसार की जानी चाहिए।[23] मार्शल के 28 वर्षों के दौरान असीम सफलता मिली। 1904 के प्राचीन संस्मारक परिरक्षण अधिनियम पारित किया गया जो वर्तमान में भी लागू है। इसके द्वारा शासन को प्राचीन स्मारकों के परिरक्षण, पुरावशेषों के व्यापार तथा कुछ विशेष प्राचीन स्थलों के उत्खनन पर नियंत्रण के साथ ही आवश्यकता पड़ने पर पुरातत्त्व, इतिहास तथा कला की दृष्टि से महत्त्वपूर्ण पुरावस्तुओं और स्मारकों की सुरक्षा और अधिग्रहण का अधिकार भी प्राप्त हो गया। अप्रैल, 1906 में भारतीय पुरातत्त्व सर्वेक्षण विभाग को स्थायी विभाग बना दिया गया।[24] इसके साथ ही देशी रियासतों ने भी पुरातत्त्व के प्रति अपनी अभिरूचि दिखाई। परिणामस्वरूप मैसूर, त्रावणकोर (1908) जयपुर, बड़ौदा, कोच्ची, काश्मीर (1912), ग्वालियर (1913) और हैदराबाद (1914) इत्यादि में स्वतंत्र पुरातत्त्व विभाग स्थापित किये गये।[25] मान्टेग्यू–चेम्सफोर्ड सुधार के अर्न्तगत 1919 में पुरातत्त्व को पहली बार केन्द्रीय विषय के रूप में वर्गीकृत कर शामिल किया गया।[26] 1932 में प्राचीन स्मारक संरक्षण अधिनियम, 1904 में संशोधन कर विभाग को स्मारकों के पास खनन को नियंत्रित करने की शक्तियाँ दी गयीं। इसके साथ ही स्मारकों के चारों ओर संरक्षित क्षेत्र का प्रावधान भी किया गया और संरक्षण कार्य को नियमित किया गया। यद्यपि स्मारकों के संरक्षण का दायित्व अभी प्रान्तीय सरकारों पर ही निरन्तर जारी रहा।[27] भारत सरकार के अधिनियम, 1935 के अन्तर्गत पुरातत्त्व को केन्द्रीय सूची में रखा गया।

मार्शल के पश्चात एच. हरग्रीव्स (6 सितम्बर, 1928 से 28 जुलाई, 1931) महानिदेशक बने। वह नई नीति के अन्तर्गत भर्ती किये गये। 1931 में रायबहादुर दयाराम साहनी (29 जुलाई 1931 से 30 मई 1935)। भारतीय पुरातत्त्व सर्वेक्षण के पाँचवे तथा प्रथम भारतीय महानिदेशक नियुक्त किये गये [28] जे. एफ. ब्लैकिस्टन (1 जून, 1935 से 20 मार्च 1937) एवं रायबहादुर के. एन. दीक्षित (21 मार्च, 1937 से 1944) भी महानिदेशक रहे।

इसके पश्चात डॉ आर. ई. व्हीलर (1944 से 29 अप्रैल, 1948) को युद्ध क्षेत्र से बुलाकर चार वर्षों के लिए भारतीय पुरातत्त्व सर्वेक्षण का महानिदेशक नियुक्त किया गया। वह वैज्ञानिक विधियों के प्रबल पक्षधर और समर्थक थे। उन्होंने भारतीय उत्खनन में स्तरीकरण और त्रिविमीय मापन पद्धति को लागू किया।[29] इनके कार्यकाल के पूर्व भारतीय पुरातत्त्व सर्वेक्षण को पुरातत्त्व विभाग नाम से जाना जाता था। तत्कालीन समय में समुचित बजट प्रावधानों और प्रशिक्षित संरक्षकों के अभाव में प्राचीन स्मारकों की मरम्मत, रखरखाव और दैनिक देखरेख का कार्य लोक निर्माण विभाग के द्वारा किया जाता था। अब यह कार्य विभागीय अधिकारियों और कर्मचारियों को पुरातत्त्वीय कार्यो के लिए प्रशिक्षित किया और लोक निर्माण विभाग से प्राचीन स्मारकों के संरक्षण का कार्य भारतीय पुरातत्त्व सर्वेक्षण द्वारा किये जाने लगा। कुछ

समय पश्चात् एक अलग संरक्षण अनुभाग बना दिया गया और इसके प्रधान के रूप में कार्यकारी अभियन्ता का पद सृजित किया गया जिसे बाद में प्रमुख अभियन्ता (Chief Engineer) और इसके पश्चात वर्तमान में इसे निदेशक संरक्षण (Director Conservation) कहा जाता है। व्हीलर ने विभागीय अधिकारियों को संरक्षण कार्य का प्रशिक्षण देने के उद्देश्य से संरक्षण–प्रशिक्षण पाठ्यक्रम (कोर्स) प्रारम्भ किया जिसमें विभागीय और गैर–विभागीय इच्छुक व्यक्तियों को सम्मिलित किया जाता था। साथ ही, इसका उद्देश्य यह भी था कि विभाग के अधिकारियों को नियमित रूप से विदेशों में भेजकर अन्तर्राष्ट्रीय स्तर पर हो रही प्रगति और परिवर्तनों से अवगत कराया जाये। इस बीच 1945 में भारत सरकार ने एक आदेश जारी कर स्मारकों के संरक्षण का कार्य पूर्णतः भारतीय पुरातत्त्व सर्वेक्षण को सौंपकर भारतीय पुरातत्त्व सर्वेक्षण के आय–व्यय में अतिरिक्त धन आबंटन का प्रावधान किया गया और इसी वर्ष केन्द्रीय पुरातत्त्व सलाहकार परिषद (काबा) का गठन किया गया जिसका उद्देश्य पुरातत्त्व सम्बंधी आवश्यकताओं और भावी योजनाओं के विषय में केन्द्रीय शासन को परामर्श देना था। यह अभी भी कार्यरत है। व्हीलर के पश्चात श्री एन. पी. चक्रवर्ती (30 अप्रैल, 1948 से 30 अप्रैल, 1950) भारतीय पुरातत्त्व सर्वेक्षण के महानिदेशक नियुक्त हुए। 26 जनवरी, 1950 को स्वतंत्र भारत का संविधान लागू होने पर केन्द्रीय और प्रान्तीय सरकारों के बीच दायित्वों का विभाजन हुआ और इससे सम्बंधित मामलों को केन्द्र, राज्य और समवर्ती सूची में शामिल किया गया।[30] अतः यह निर्धारित किया गया कि राष्ट्रीय महत्त्व के स्मारकों की देखभाल तथा उनका संरक्षण केन्द्र सरकार की ओर से भारतीय पुरातत्त्व सर्वेक्षण करेगा और राज्यों की ओर से राज्य पुरातत्त्व विभाग, राज्य अथवा स्थानीय महत्त्व के स्मारकों / स्थलों की देखभाल तथा उनका संरक्षण का कार्य करेंगे।

चक्रवर्ती के पश्चात श्री माधोस्वरूप वत्स (अप्रैल, 1950 से मार्च, 1953) भारतीय पुरातत्त्व सर्वेक्षण के महानिदेशक बने जिनके समय में 1951 में भारतीय संसद द्वारा प्राचीन और ऐतिहासिक स्मारक तथा पुरास्थल एवं ध्वंसावशेष अधिनियम पारित किया गया। वत्स के पश्चात श्री अमलानंदघोष (मार्च, 1953 से मार्च, 1968) भारतीय पुरातत्त्व सर्वेक्षण के महानिदेशक नियुक्त किये गये, जिनके कार्यकाल में ग्राम–ग्राम अन्वेषण योजना कार्यान्वित हुई। इन्हीं के समय भारतीय संसद द्वारा प्राचीन स्मारक और पुरातत्त्वीय स्थल एवं अवशेष अधिनियम, 1958 और इससे सम्बंधित नियम को क्रियान्वयन तथा **इंडियन आर्कियोलॉजी– ए रिव्यू** और **एंशियन्ट इंडिया** का वार्षिक प्रकाशन उल्लेखनीय है, के साथ–साथ 1961 में भारतीय पुरातत्त्व सर्वेक्षण की स्थापना की शताब्दी मनायी गई। इसके पश्चात महानिदेशक प्रोफेसर बी. बी. लाल 1968 से 1972 और श्री मधुसूदन नरहरि देशपाण्डे 1972 से 1979 तक रहे और तत्पश्चात 1979 से 1981 तक श्री बी. के. थापर महानिदेशक रहे। 1981 से 1983 तक डॉ देबलामित्रा महानिदेशक रही। 1983 से 1986 तक श्री एम. एस. नागराजराव महानिदेशक रहे जबकि श्री आर. सी. त्रिपाठी संस्कृति मंत्रालय के सचिव ने पदेन महानिदेशक के रूप में कार्य किया। इनके पश्चात श्री जगतपति जोशी और श्री मुनीशचन्द्र जोशी महानिदेशक हुए[31] और 31 मार्च, 1993 को सेवामुक्त हुए। श्रीमती अचला मौलिक, भा.प्र.से., 20 अप्रैल, 1993 को प्रभारी महानिदेशक बनाया गया और जिनका कार्यकाल 3 नवम्बर, 1994 तक रहा, श्री एस. के. महापात्रा 4 नवम्बर, 1994 से 30 सितम्बर, 1995 तक, श्री बी. पी. सिंह, 1 अक्टूबर, 1995 से 9 सितम्बर, 1996 तक, श्री अजय शंकर, भा.प्र.से., 10 सितम्बर, 1996 से 14 फरवरी, 2000 तक (सेवाकाल के दौरान मृत्यु), श्री एस. बी. माथुर, श्रीमति कोमल आन्नद, भा.प्र.से. 19 अप्रैल, 2000 से 6 जून, 2001 तक, श्रीमती कस्तूरी मेनन गुप्ता, भा.प्र.से., 8 जून, 2001 से 2 मार्च, 2003 तक, श्रीमती गौरी चटर्जी, भा.प्र.से., 3 मार्च, 2003 से 21 फरवरी, 2004, श्री सी. बाबू राजीव, भा.प्र.से., 10 अगस्त, 2004 से 31 मई, 2007 तक, श्रीमती अन्शू वैश्य, भा.प्र.से., 20 जून, 2007 से 30 जनवरी, 2009 तक, श्री कैलाशनाथ श्रीवास्तव, भा.प्र.से., 30 जनवरी, 2009 से 18 जनवरी, 2010 तक। श्री गौतम सेनगुप्ता, 19 जनवरी, 2010 से 18 जनवरी, 2013 तक मूलतः पुरातत्त्वविद रहे जिनके कार्यकाल के दौरान भारतीय पुरातत्त्व सर्वेक्षण ने 2011–12 में 150 वीं स्थापना वर्ष को मनाया। तत्पश्चात श्री प्रवीण श्रीवास्तव, भा.प्र.से., 18 जनवरी, 2013 से तक महानिदेशक रहे। डॉ. राकेश तिवारी मूलतः पुरातत्त्वविद थे,

महानिदेशक 2013 से 21 जुलाई, 2017 तक रहे हैं। श्रीमती उषा शर्मा, भा.प्र.से., 22 जुलाई, 2017 से 12 मई, 2020 तथा इनके कार्यकाल के दौरान भारतीय पुरातत्त्व सर्वेक्षण का मुख्यालय जनपथ, नई दिल्ली से 24, तिलक मार्ग, नई दिल्ली में नवनिर्मित धरोहर भवन में स्थानांतरित किया गया। जिसका उद्घाटन माननीय प्रधानमंत्री श्री नरेन्द्र दमोदरदास मोदी के करकमलों द्वारा 12 जुलाई, 2018 को किया गया। सम्प्रति वर्तमान में श्रीमती वी. विद्यावती, भा.प्र.से., 12 मई, 2020 से महानिदेशक हैं।

उपरोक्त अधिनियमों और नियमों के अन्तर्गत भारत के सभी राष्ट्रीय महत्त्व के केन्द्रीय संरक्षित स्मारकों और स्थलों का संरक्षण और संवर्धन कार्य किया जाता है। भारतीय पुरातत्त्व सर्वेक्षण द्वारा एलीफेंटा की गुफाओं को 1909 में केन्द्रीय संरक्षित स्मारक राजपत्र में क्रमांक संख्या है–बी. एम–2704–अ द्वारा घोषित किया गया। तब से लेकर अब तक भारतीय पुरातत्त्व सर्वेक्षण, इसके संरक्षण तथा परिरक्षण कार्य को बड़ी सफलतापूर्वक करता आ रहा है। संरक्षण कार्य के बारे में उल्लेख करने से पहले हमें एलीफेंटा द्वीप की शैलों के बारे में जानना आवश्यक है क्योंकि इससे यहाँ की शैलों की संरचना के बारे में जानकारी मिलने से इनकी व्याधियों अथवा कमजोरियों का पता चल जाएगा जिससे इनकी समस्याओं के समाधान में मदद मिलेगी।

माना जाता है कि डेक्कन ट्रेप क्रिटेशियस कल्प के अन्तिम चरण में ऊपरी गोण्डवाना, वाग और लमेटा संस्तरों के निक्षेपण के पश्चात ज्वालामुखी उद्गार हुए थे। इन उद्गारों के परिणामस्वरूप मुम्बई, काठियावाड़, कच्छ, मध्यप्रदेश और दक्षिण के लगभग बीस लाख वर्गमील क्षेत्र में क्षैतिज रूप से प्रवृत्त लावा प्रवाहों का उद्भव हुआ। ये लावा प्रवाह अधिकान्शतः लमेटा, वाग, अवट्रैपी गोण्डवाना और विंध्य आद्यमहाकल्पों की शैलों पर अवस्थित है। मुख्यतः बैसाल्टी होने के कारण इन्हें पठारी बैसाल्ट तथा अपक्षय के पश्चात इनसे निर्मित पाटों के सीढ़िदार भू–आकृति तथा दक्षिण क्षेत्रों में विकसित होने के कारण इन्हें डेक्कन ट्रैप के नाम से पुकारा जाता है। यह भारत में सबसे अधिक व्यापक शैल समूह है। इनके शैलदृश्यांशों को सतत रूप से मुम्बई से लेकर अमरकन्टक तक तथा बेलगाम से लेकर मध्यप्रदेश के गुना तक विस्तृत हैं, को देखा जा सकता है। डेक्कन ट्रैप लगभग क्षैतिज है, जिसका घनत्व 2.9 है। अधिकाशंतः यह धूसर हरे रंग का है तथापि काले, गहरे भूरे रंग अथवा पीला रंग के ट्रैप भी होते हैं। ज्यादातर स्फोट–गर्तमय (Vesicular) एवं स्कोरिया युक्त वातामिकी गुहिकाएँ (Amggdalcidal cavities) कैल्साइट, क्वार्टज एवं जियोलाइट जैसे द्वितीयक खनिजों से युक्त है। मुम्बई और कच्छ के बीच ज्वालामुखी अधिवितलीय एवं वितलीय अवस्था में अत्यंत शिलकीय शैल पाये जाते हैं। सूक्ष्म अध्ययन से पता चलता हैं कि ट्रैप शैल का अधिकान्श आगाइट (क्लाइनों पाइराक्जीन) एवं लैब्रेडोराइट (फ्लेजिओलेन), फेल्सपार के सूक्ष्म कणिक आधात्री (Matrix) का बना होता है। ट्रैप की पहाड़ियों को काटकर अलंकृत गुफाओं को बनाने का कार्य ईसा पूर्व तृतीय शताब्दी से सोलहवीं शताब्दी ईसवी तक भारत में कहीं न कहीं होता रहा है।[32] रासायनिक क्रिया के साथ–साथ भौतिक क्रिया ने भी इन गुफाओं में दरार पड़ने में महती योगदान दिया। ताप की तपन से गुफा की चट्टानें विदरने लगती हैं, जिससे उनमें छिद्र बन जाते हैं। इस प्रक्रिया से एलीफेंटा की गुफाओं में अपक्षय की गति अपेक्षाकृत बढ़ जाती है।

इन गुफाओं की अपक्षय रहित और क्षतिग्रस्त चट्टानों की संरचना के रासायनिक विश्लेषण से ज्ञात होता है कि पत्थर के खनिजों के अपघटन के साथ–साथ, ऑक्सीकरण, जलयोजन और कुछ सिलिका, चूना, मैग्निशियम और एल्कलीन विलेपन ने शैल के गठनीय संरचना को बहुत ही कमजोर बना दिया है। इसके साथ ही समुद्री क्षार ने भी चट्टानों में कणों के माध्यम से प्रवेश कर उनमें अपक्षय की गति को तीव्र कर दिया है। इन चट्टानों में जहाँ–जहाँ विदरन है, दरार है और छिद्र बन गये है, वहाँ–वहाँ बरसाती जल अन्दर पहुँचकर चट्टानों को रासायनिक दृष्टि से विघटित कर रहा है। यहाँ की वार्षिक औसत वर्षा 1500 मिमी है। यहाँ साल के नौ महीने तक न्यूनतम तापमान 13 से 16 डिग्री सेल्सियस और अधिकतम तापमान 20 से 28 डिग्री सेल्सियस के मध्य रहता है।

संरक्षण के लिए विभाग द्वारा किये गये प्रयास–

लोक निर्माण विभाग द्वारा 1890 से एलिफेंटा गुफा के प्रति निरन्तर प्रगतिशील रहा हैं। 1909 में तत्कालिन ब्रिटिश सरकार द्वारा इसे संरक्षित स्मारक घोषित किया गया है। लोक निर्माण विभाग ने जॉन मार्शल और हेनरी कजिन के सफल निर्देशन में स्तंभों और मुख्य गुफा के अग्रभाग का जीर्णाद्धार करने में प्रशन्सनीय कार्य किया। इसके अतिरिक्त अन्य गुफाओं के प्रवेश द्वार से वृक्षों को हटाया गया और गिरे हुए मलबे को भी निकाला गया।

1910–11 पश्चिमी मण्डल के बाम्बे प्रसीडेंसी में द्वारा संरक्षण कार्य के अन्तर्गत रख–रखाव और मरम्मत कार्य किये गये हैं जिनमें से विलुप्त स्तंभों का निर्माण किया और वर्ष के अन्त तक यह कार्य जारी रहा।[33] 1919–20 में संरक्षण का कार्य चला, जिसके अन्तर्गत गुफा–1 के दोनों ओर के भाग के मलबे को हटाया गया और प्राचीन आँगन को प्रकाश में लाया गया जिसमें ग्यारह हजार रूपये खर्च हुए थे।[34]

1921–22 में तत्कालीन पश्चिमी मण्डल के अधीक्षक पुरातत्त्वविद श्री राखलदास बनर्जी ने यहाँ की मुख्य गुफा में विशेष मरम्मत कार्य करवाया। इन्होंने मुख्य गुफा के नन्दी–वेदी के बायीं ओर का भाग और इस गुफा के दाहिनी ओर की प्राचीन वास्तविक नाली को प्रकाश में लाया। इन्होंने सीढ़ियों को पुनः बनवाया। जिन्हें पहले लोक निर्माण विभाग ने बनवाया था क्योंकि इस गुफा के वास्तविक चरित्र/रंग से सामंजस्य नहीं खा रही थी। मुख्य गुफा के शिवलिंग के चारों ओर की चार–चार सीढ़ियों को, जो 1921 में बनी थी, महानिदेशक के विरोध करने के पश्चात तोड़कर पुनर्निर्मित की गयी। गुफा संख्या–2 और 4 की सफाई के दौरान कुछ मूर्तियों के भाग तथा गुफा संख्या–4 के पास एक अन्य गुफा की खोज हुई। इसी वर्ष गुफा संख्या–1 से 4 तक का पथ–निर्माण किया गया और गुफा संख्या–5 और 6 के लिए रास्ते का निर्माण किया गया। गुफा–5 जिसे अब 6 कहते है, के मलबे को हटाया गया जिससे इसकी स्तंभ के नीचे के रेखा भाग को प्रकाश में लाया गया। इसे पुर्तगाली गिरजाघर के रूप में प्रयोग किया गया था। इसके एकत्रित जल को नाली द्वारा बाहर कर दिया गया और आन्तरिक भाग को साफ कर दिया गया। उपरोक्त कार्य में चौदह हजार रूपये खर्च हुए।[35]

1922–23 में एलीफेंटा में छह गुफाओं के मलबे इत्यादि को हटा प्रकाश में लाकर आम जनता के लिए आसानी से देखने योग्य बना दिया गया। उचित मार्ग गुफा 1 से लेकर 4 तक बना दिया गया। वर्षा के जल के निकलने के लिए उचित नाली द्वारा सुरक्षित कर दिया गया। जिसमें चार हजार दो सौ अस्सी रूपये खर्च हुए।[36]

1923–24 में गुफाओं की शैल को टूटने से बचाने के लिए तथा गुफाओं की परिसर से लगे और सड़क के पास तक के क्षेत्र में रिटेनिंग दीवार का निर्माण किया गया। सीढ़ियों के द्वारा जल के बहाव की दिशा को बदला गया। मुख्य गुफा के ऊपरी भाग और पूर्वी तथा पश्चिमी विंग की शैलों को आगे गिरने से अवरोधित किया गया। जेट्टी की सीढ़ियों के पास में सीमेंन्ट से बने 113 खण्डों में से 60 खण्डों का मरम्मत कार्य किया गया क्योंकि इसमें फिसलन हो रही थी। जिसे 1854 में बनाया गया था। जिसमें दो हजार रूपये खर्च हुए।[37]

इसके अगले वर्ष (1924–1925) पश्चिमी मण्डल के अधीक्षक पुरातत्त्वविद श्री के. एन. दीक्षित के नेतृत्व में कई महत्वपूर्ण कार्य किये गये जिसके अन्तर्गत गुफा–एक के ऊपर सहारा देने वाली दीवार का निर्माण कराया गया जिससे वर्षा के जल को मुख्य गुफा के अग्रभाग से अन्यत्र गिरे। लोक निर्माण विभाग ने मुख्य गुफा पश्चिमी भाग के जलकुण्ड की सफाई करवाई और यहाँ से कुछ वस्तुएँ और मृदभाण्ड मिले जिनमें सबसे महत्त्वपूर्ण ताँबे का एक पात्र था जिसमें 1086 ईसवी का काल दिया हुआ है, जिसे प्रिन्स ऑफ वेल्स म्युजियम (वर्तमान नाम छत्रपति शिवाजी महाराज संग्रहालय, मुम्बई) को दे दिया गया (चित्रफलक–49 अ, ब, स)। बाद में स्वास्थ्य विभाग द्वारा सफाई की गई क्योंकि जल की स्वच्छता का अभाव था जिसका मलबा काफी मात्रा में, सैकड़ों वर्षो से जमी गाद जिसकी मोटाई तीन मीटर

तक कई स्थानों पर रही। मुख्य गुफा में वर्षाजल जो कि गुफा के आधार पर पहुँचता था, को अवरूद्ध कर दिया गया। जिसमें तीन हजार चार सौ तीस रूपये खर्च हुए।[38]

पश्चिमी मण्डल के अधीक्षक पुरातत्त्वविद श्री एम. एस. वत्स द्वारा, वर्ष 1935–1936 में एलीफेंटा में प्राकृतिक कारकों के कारण समुद्रीय लवण और जल में मिलने के कारण यहाँ की मूर्तियों और शैलों को बुरी तरह प्रभावित कर रही थी। जिसके कारण बहुत सी दरारें पड़ गई थीं, इनमें से एक दरार त्रिमूर्ति के चेहरे पर दिख रही थी जो अचानक 14 जनवरी 1935 को बढ़ गई। जिससे इसका बड़ा भाग गिर गया और तीन टुकड़े में बँट गया। यह विश्व प्रसिद्ध मूर्ति कुरूप दिखने लगी, तुरन्त बाम्बे से एक मूर्तिकार को बुलाकर इसको पूर्ववत कर दिया गया। गुफाओं की सुरक्षा के लिए एक समिति भी बनाई गई ताकि इसके क्षरण को रोक कर आगे संरक्षित किया जा सके। इसमें चार सौ अठत्तर रूपये खर्च हुए।[39]

1939 में जॉन फ्लेम एण्ड कंपनी ने गुफाओं के जल रिसाव को रोकने के लिए गुनाइटिंग, जमीन को खिसकने से रोकने के लिये प्रेशर ग्राउटिंग, स्तंभो की मरम्मत जैसे प्रयास किये, जिन्हें छायाचित्रों (चित्रफलक–43 अ, ब, स, द) में देखा जा सकता है। इसमें बाइस हजार रूपये खर्च हुए। [40]

1956–57 में गुफा संख्या–1 की छत की ढीली परतों को निकाला गया। साथ ही जो शैल के भाग नष्ट हो गये थे उन्हें भी निकाला गया। इसके पश्चात कठोर शैल के भाग को दबाव गुनाइटिंग की गई जिससे जो उपमिट्टी के कणों की संरचनाओं को (जो दिखलाई नहीं देते थे) तनाव के माध्यम से संकुचित कर अथवा इसकी मदद से बंद कर दिया गया।

1959–67 में गुफा संख्या–1 और 4 के स्तंभों का पाषाण के स्तंभों द्वारा संरक्षण (निर्माण) कार्य किया गया था, उनको आर. सी. सी. स्तंभों द्वारा बदल दिया गया। 1955–60 इसी प्रकार से गुफा संख्या–1 के पूर्वी भाग की गुफा को भी आर. सी. सी. स्तंभों द्वारा बदल दिया गया।

1975–80 गुफा संख्या–1 से 4 तक की रीटेनिंग दीवार को पूरा किया गया और स्तंभों, बीम, छत की गुनाइटिंग और दबाव सहित गुनाइटिंग इत्यादि कार्य भी किये गये। इस बीच विभाग को सीमेंट का प्रयोग करने के कारण आलोचनाओं का सामना करना पड़ा। सामान्यरूप से माना जाता है कि संरक्षण कार्य में प्रयुक्त सीमेंट उत्क्रमणीय है और मूल शैल के बाहर का अवयव है जो कि अन्तर्राष्ट्रीय नियमों के विरूद्ध है। किसी विकल्प के उपलब्ध न होने के बावजूद यह प्राविधि चर्चा का विषय बनी रही क्योंकि ईंट राजगीरी (मेसनरी) का कार्य शैलकृत गुफाओं में शैल काई/शैवाल के कारण सफल नहीं रहा।

1980–90 गुफा संख्या–2 से 4 तक की टेरेस दीवार को पूरा किया गया जबकि गुफा संख्या–3 के छह स्तंभों और अर्द्धस्तभों का पुनर्निर्माण और मरम्मत कार्य किया गया (चित्रफलक–46 अ,ब,स,द एवं इ) । बीम, छत की गुनाइटिंग के कार्य को मूलस्वरूप प्रदान किया गया। गुफा संख्या–3 से 4 की नालियों को कन्क्रीट से बनाया गया।

1990–2000 गुफा संख्या–2 के स्तंभों और अर्द्धस्तभों का पुनर्निर्माण किया गया। गुफा संख्या–1 से 4 के सामने की रैलिंग को बनाया गया। गिरी हुई प्रतिरोधक (रीटेनिंग वाल) दीवार का पुनर्निर्माण किया गया।

वर्ष 2000–2010 में प्राचीन सीढ़ियों का पुनर्निर्माण तथा बगल की दीवारों में अनगढ़े पत्थरों की चिनाई की गई जो गुफा की ओर जाती है। गुफा–1 के निकट उत्तर–पश्चिम दिशा की ओर के परिदृश्य को अनगढ़ (यू. सी. आर.) राजगीरी द्वारा प्रतिरोधक दीवार का निर्माण, वृक्षों के चारों ओर तथा नालियों का पुनर्निर्माण गुफा–1 से लगे ऊपरी भाग में तथा अनगढ़ पत्थर की चिनाई से बनी दीवार, जो कर्मचारी आवास को अलग करती है, का निर्माण किया गया। शारीरिक रूप से विकलांग व्यक्तियों के लिए एक अलग से चिकने पत्थर के पथ द्वारा मुख्य गुफा से लगे लकड़ी की सहायता से ढलाननुमा आकार (रैंप) का निर्माण किया गया है। तत्पश्चात पर्यटकों के लिए नये प्रसाधन खण्ड के

निर्माण के साथ–साथ पाषाण निर्मित पथ–मार्ग जो कि गुफा–2 से गुफा–5 की ओर तक का कार्य पूरा किया गया।[42] पर्यटकों के लिए पीने के स्वच्छ जल की व्यवस्था है। पाइपलाइन को बिछाने का कार्य पूर्वी (स्तूप) पहाड़ी से मुख्य गुफा तक चल रहा था परंतु वन विभाग के विरोध के कारण बंद कर दिया गया।

मुम्बई मण्डल द्वारा क्षतिग्रस्त स्तंभों का मरम्मत करके सुदृढ़ीकरण किया गया तथा मुख्य गुफा के प्रवेशद्वार के ऊपरी भाग में (प्रांगण के अग्रभाग) अक्षयकारी इस्पात की छड़ों के द्वारा इसको और मजबूत किया गया है। इनके अतिरिक्त, दर्शकों के लिए कुछ सुविधाएँ जैसे–पीने का जल (विशाल जल कुण्ड) तथा विद्यमान प्रसाधन, जल–कुण्ड की मरम्मत, पथ तथा चिन्हों को लगाना आदि उपलब्ध कराया गया है।

भारतीय पुरातत्व सर्वेक्षण ने बहुत–सी प्राथमिक सुविधाएँ उपलब्ध कराई हैं जैसे प्रसाधन–खण्ड का निर्माण, पीने के पानी की पाईप बिछाकर जलकुण्डों से सप्लाई सुनिश्चित करना, सौर उर्जा से संचालित प्रकाशकीय व्यवस्था गुफाओं तथा संग्रहालय दोनों के लिए उपलब्ध करवाई थी। वर्तमान में प्रकाश की व्यवस्था द्वीप में उपलब्ध है।

उपरोक्त के अतिरिक्त हमें चाहिये कि विश्वस्तरीय जो भी सुविधाएँ अथवा चार्टर अथवा कन्वेन्सन उपलब्ध हैं, उन्हें भारतीय संस्मारकों के अनुसार ढालकर उनकी प्रकृत्यानुसार भविष्योन्मुखी उपयोग किया जा सकता है। यूनेस्को की एक शाखा इन्टरनेशनल काउंसिल आन मान्यूमेंन्टस (आइकोमास) की फरवरी,1981 में आस्ट्रेलिया में हुई बैठक में जो प्रस्ताव पारित हुये थे वे बर्रा चार्टर के नाम से जाने जाते हैं। इस चार्टर में संरक्षण, परिरक्षण, जीर्णोद्धार (रेस्टोरेशन), उत्खनन इत्यादि अनेक पुरातत्त्व के शब्दों को नये परिवेश में परिभाषित किया गया है। इस चार्टर में संरक्षण और परिरक्षण को निम्नप्रकार से परिभाषित किया गया है[43]–

अनुच्छेद–1– चार्टर में संरक्षण से तात्पर्य उन सभी प्रक्रियाओं से है, जो किसी स्थल के रख–रखाव एवं उसके सांस्कृतिक महत्त्व को संरक्षित रखने के लिए परिस्थितिवश अनुरक्षण, पुनरूद्धार, पुनर्निर्माण, सुधार विधियों को एक साथ अथवा अलग–अलग प्रयोग में लाया जा सकता है।

अनुच्छेद–2– संरक्षण का उद्देश्य किसी स्थल के सांस्कृतिक महत्त्व को सुरक्षित रखना अथवा वापस लाना और इसकी सुरक्षा, रख–रखाव और भविष्य के लिए प्रावधान अवश्य रखा जाना चाहिए।

(टिप्पणी–संरक्षण का कार्य तब तक प्रारम्भ न किया जाए जब तक कि इसके लिए यथेष्ट संसाधन उपलब्ध न हो, जिसमें संरचना को भद्दी अवस्था में न छोड़ना पड़े और स्थान के सांस्कृतिक महत्त्व को क्षति पहुँचने की संभावना न रहे। यद्यपि इस बात का भी ध्यान दिया जाना चाहिए कि अच्छे संरक्षण में प्रायः न्यूनतम कार्य मितव्ययी हो सकता है।)

अनुच्छेद–3– संरक्षण का आधार संरचना के वर्तमान स्वरूप का सम्मान करने पर आधारित होना चाहिए और न्यूनतम भौतिक हस्ताक्षेप होना चाहिए तथा संरचना के साक्ष्यों को विकृत नहीं किया जाना चाहिए।

(टिप्पणी–किसी स्थल में पूर्व से जोड़ी गई संरचना, परिर्वतन और अन्य उपचार के साक्ष्य उसकी संरचना में पाये जाते हैं जो उसके इतिहास और उपयोग के प्रमाण होते हैं। संरक्षण का कार्य संरचना को पुष्ट करना है न कि उसमें व्यवधान उत्पन्न करना।)

अनुच्छेद–4– किसी स्थल के संरक्षण कार्य में उन सभी विषयों का सहयोग लिया जाना चाहिए जिससे उस स्थल के शोध और सुरक्षा में योगदान हो सकता है। संरक्षण की तकनीक परम्परागत होनी चाहिए तथापि कुछ परिस्थिति में आधुनिक तकनीक का भी सहयोग लिया जा सकता है। परन्तु उसका पुष्ट वैज्ञानिक आधार होना चाहिए, जिसका अनुमोदन अनुभवी जनों द्वारा किया गया हो।

अनुच्छेद–5– किसी स्थान के संरक्षण के लिए उसके सांस्कृतिक महत्त्व के प्रत्येक पहलू पर ध्यान दिया जाना चाहिए न कि किसी एक के मूल्य पर अनाधिकृत रूप से दूसरे पहलू को महत्त्व दिया जाये।

अनुच्छेद–6– किसी एक स्थल के लिए उपयुक्त संरक्षण नीति का सर्वप्रथम उसके सांस्कृतिक परिवेश और उसकी भौतिक दशा के संदर्भ में समझा जाना चाहिए।

अनुच्छेद–7– संरक्षण नीति से तय होता है कि उसका किस प्रकार उपयोग सुसंगत है।

अनुच्छेद–8 संरक्षण कार्य में एक उपयुक्त दृश्य व्यवस्था अर्थात स्वरूप, मानक, रंग, बनावट और सामग्री की आवश्यकता होती है। कोई नया निर्माण, ध्वस्तीकरण अथवा रूपान्तरण जो स्थल की व्यवस्था पर विपरीत प्रभाव डाले अनुमान्य नहीं होना चाहिए। वातावरणीय अतिक्रमण जो उसके खुशहाल परिवेश पर विपरीत प्रभाव डालता हो, को अलग कर देना चाहिए।

(टिप्पणी–नवनिर्माण कार्य जिसमें अपूर्णन और योग भी सम्मिलित है, को स्वीकार किया जा सकता है। यदि स्थल के सांस्कृतिक महत्त्व में न्यूनता नहीं आती अथवा बाधित नहीं होता तो अनुच्छेद–8 के अनुसार कार्यवाई की जा सकती है।)

अनुच्छेद–9 भवन अथवा संरचना को उसके ऐतिहासिक स्थल पर रहने देना चाहिए। उस (भवन) के सभी भागों अथवा कार्य का स्थानान्तरण स्वीकार नहीं हैं यदि उसके बचाव का मुख्य विकल्प नहीं है।

(टिप्पणी–कुछ संरचनाओं का इस प्रकार से डिजाइन किया जाता है कि उन्हें आसानी से विखण्डित किया जा सके, अथवा जिनका इस प्रकार का इतिहास रहा है। उदाहरण के लिए पूर्व विरचित घर और कठपुतलियों के शीर्ष, इत्यादि। यदि इन संरचनाओं का स्थल से कोई घनिष्ठ सम्बंध नहीं है तो उसके हटाये जाने पर विचार किया जा सकता है। अगर कोई संरचना हटाई जाती है तो उसे एक उपयुक्त वातावरण के साथ हटाना चाहिए और उसको समुचित व्यवहार में लाना चाहिए। इस क्रिया से किसी स्थल के सांस्कृतिक महत्त्व पर विपरीत प्रभाव नहीं पड़ना चाहिए।)

अनुच्छेद–10 किसी स्थल के वे मूल तत्त्व जो उसके सांस्कृतिक महत्त्व के अंग हैं, का हटाया जाना अनुमन्य नहीं है, यदि यह उसकी सुरक्षा और परिरक्षण सुनिश्चित करने के लिए ऐसा किया जाना अपरिहार्य है।

बर्रा चार्टर में परिरक्षण को परिभाषित करते हुए कहा गया है कि परिरक्षण का अर्थ है कि किसी स्मारक को उसके वर्तमान स्वरूप में अर्थात जिस अवस्था में है, उसी अवस्था में रखना और विनिष्टीकरण को रोकना है।

अनुच्छेद–11 परिरक्षण वहीं उपयुक्त है जहाँ (स्मारक) के वर्तमान स्वरूप में ही उसके विशेष सांस्कृतिक महत्त्व के साक्ष्य निहित होते हैं, अथवा जहाँ किसी स्मारक के संरक्षण से सम्बंधित बहुत ही अल्प साक्ष्य उपलब्ध होते है।

(टिप्पणी– परिरक्षण स्मारक की संरचना को संरक्षित करता है और निर्माण तथा उसके उपयोग के साक्ष्यों को बिना आवृत किये हुये)

उपर्यक्त तथ्यों के आलोक में यह कहा जा सकता है कि संरक्षण, परिरक्षण और पुनरूद्धार किसी संरचना/ स्मारक/ भवन/ वस्तु के उपचार, रख–रखाव की विभिन्न अवस्थाएँ होती है जिनकी परिस्थितिवश किसी एक स्मारक अथवा अलग–अलग स्मारकों पर उनकी आवश्कतानुसार उपयोग में लाया जा सकता है। स्पष्टतः प्राचीन स्मारकों की मौलिकता और उसके मूलस्वरूप को सुरक्षित रखना चाहिए जब तक कि कोई अन्य विकल्प शेष न रह जाये।

समस्याएं–गुफाएँ निम्नप्रकार की समस्याओं का सामना कर रही है –

1) गुफा के अग्रभाग की चट्टानों का गिरना तथा उनमें काई का उगना,
2) दृढ संरचनाएँ और उनकी तीव्र ढलान,
3) यह भारी वर्षा (वार्षिक औसत वर्षा 1500 मिलीमीटर) क्षेत्र में अवस्थित है, और लगभग पाँच महीने निरन्तर वर्षा क्षेत्र में स्थित होने के कारण मौसमी प्रक्रिया,
4) समुद्रीय जलवायु द्वारा रेतीली, नमकीन/लवणीय प्रक्रिया,
5) वर्षा के जल का रिसाव होना,

6) यांत्रिकीकरण के कारण प्रभावित,
7) वनस्पतियों का उगना,
8) भूकम्पीय क्षेत्र तीन में अवस्थित है, और
9) मानवनिर्मित कारक जैसे
    अ) जवाहरलाल नेहरू बंदरगाह इत्यादि में जलपोतों का निरन्तर आवगमन,
    ब) भाभा परमाणु अनुसंधान केन्द्र की यहाँ से दूरी लगभग 6 किलोमीटर है,
    स) हाल के तेल रिसाव से द्वीप को नुकसान,
    द) मेंग्रोव वृक्षों का निरन्तर ह्रास चिंतनीय है और
    य) पर्यटकों द्वारा आसपास गंदगी इत्यादि फैलाना विचारणीय है।

भारतीय भूगर्भ सर्वेक्षण ने एलीफेंटा गुफाओं का अध्ययन और तकनीकी अनुसंधान 1975 तथा 1990–91 में किया और समस्याओं से निपटने के लिए अधोलिखित सुझाव दिये हैं–

1. राक बोल्टिंग के द्वारा शैल के खिसकने से रोकना तथा शैलों को गिरने से रोकना और इनको मजबूती प्रदान करना, इसके लिए स्थल की त्रिविमीय छायाचित्रों द्वारा इस क्षेत्र का अध्ययन करना।
2. शॉटक्रेटिंग और गुनाइटिंग के द्वारा शैल के क्षरण को रोकना।
3. कन्टूर नालियों की मदद से वर्षा जल की निकासी करना।
4. गुफा के अन्दर ड्रिप लाइन की व्यवस्था करना और गुफा के अग्रभाग में बहते जल को रोकना।
5. गिरे और क्षतिग्रस्त स्तंभों का संरक्षण, मजबूत और जंग प्रतिरोधक शक्तिशाली स्टील का प्रयोग करना चाहिए न कि हल्के स्टील का जो कि जंग तथा दरारों को बढ़ाता हो।

यद्यपि कन्टूर नालियाँ गुफा के ऊपरी भाग में प्रदान करने से वर्षाजल के बहने की दिशा को अब बदल दिया गया है जबकि उपरोक्त अन्य सुझावों को अभी क्रियान्वित करना शेष है।

सुझाव

द्वीप के आसपास के वातावरण को प्राकृतिक स्वरूप देने का प्रयास करना चाहिए इसके लिए मैंग्रोव वृक्षों का पौधारोपण करना तथा जो विद्यमान हैं, उनको संरक्षित करना। नाव्हा–शेवा बंदरगाह के आसपास तेल का रिसाव न हो सुनिश्चित करना और इसके लिए भारत के प्रधानमंत्री की अध्यक्षता में समिति बनाई जाए और केबिनेट स्तर के मंत्री द्वारा इसकी नियमित अन्तराल पर समीक्षा की जाए।

भारतीय मौसम विभाग द्वारा समय–समय पर इस क्षेत्र का विशेष अध्ययन किया जाना चाहिए और तूफान, सूनामी अथवा चक्रवात आने की स्थिति पर आपदा प्रबंधन समिति को तुरन्त सूचित किया जाए। आपदा, जो विकास की प्रक्रिया को अवरूद्ध करती है तथा मानव जीवन को आकस्मिक संकट में डालती हैं इनमें भू–गार्भिक आपदा–भूकम्प, सुनामी, ज्वालामुखी विस्फोट, जलवायुविक आपदा–तूफान, बाढ़ अन्य आपदाओं में जंगल में आग लगना, भवन में आग लगना इत्यादि है। इसरो के सहयोग से यहाँ के उपग्रह द्वारा प्राप्त मानचित्रों की सहायता ली जाए और इसरो के वैज्ञानिको को उपरोक्त समितियों के सदस्यों के रूप में नामित किया जाए।

जवाहरलाल नेहरू बंदरगाह के अध्यक्ष और महानिदेशक, भारतीय पुरातत्त्व सर्वेक्षण और अन्य आवश्यक ऐजेन्सियों की मदद से एक कार्यदल गठित किया जाए जिनकी निगरानी में वर्तमान में हो रही गतिविधियों पर पैनी नजर रखी जाएँ और इसके लिए सकारात्मक आवश्यक कदम उठाये जाएँ। 26/11 की आतंकवादी गतिविधियों की पुनरावृत्ति न

हो इसके लिए भी सागरीय पुलिस, स्थानीय पुलिस और ग्राम पंचायत के सदस्यों को मिलाकर एक समिति गठित की जाए और आवश्यक सूचनाओं को आदान–प्रदान किया जाए।

मानवनिर्मित कारकों की भी एक महत्वपूर्ण भूमिका है जैसे जवाहरलाल नेहरू बंदरगाह, नाव्हा–शेवा के निर्माण के दौरान विस्फोट के प्रयोग से उत्पन्न कंपन ने पूरे द्वीप को हिला दिया और गुफा–3 के सामने का अग्रभाग (फसाड) गिर गया।

जल के रिसाव को अवरूध्द करना तथा जलरोधन के कार्य को एक विस्तृत देखरेख तथा अध्ययन (अजंता के अवरोधन की प्रविधि के समान) भारतीय भूगर्भिक सर्वेक्षण द्वारा करवाना और इनकी निश्चित अनुशंसाओं को तुरन्त कार्यान्वित करना। सतही जल निकास को निरंतर निर्देशित करने की आवश्यकता है तथा इसका अध्ययन भारतीय भूगर्भिक सर्वेक्षण सम्मोच्च स्तरों (कंटूर) की तैयारी भारतीय भूगर्भिक सर्वेक्षण जैसे विशिष्ट अभिकरण की सहायता लेकर गुफाओं को समय के साथ और सुस्थिर तथा मजबूत बनाया जाए।

क्षतिग्रस्त स्तंभों का जीर्णोध्दार करने के लिए विशेषज्ञों जैसे स्थापत्यकार, संरक्षण स्थापत्यकार, वैज्ञानिक इत्यादि की समिति का प्रावधान कर विभिन्न क्षेत्र के विद्वानों द्वारा सुझाये गये तथ्यों का अनुमोदन करके और आवश्यक होने पर कंकरीट के प्रयोग को (नियंत्रित गुणों, संरचना तथा रंगों के साथ करना) उपयोग में लाना।

किसी भी प्रकार के विस्फोट अथवा डायनामाइट के प्रयोग को कम से कम 10 किलो मीटर की पारिधि के अन्दर प्रतिबंधित किया जाए। साथ ही–

1 यहाँ के मौसमी क्षेत्र का अनुसंधान करना जिससे गुफा से सटे तथा द्वीप के भूमिगत जल का मानचित्र तैयार करना तथा इसके निकास तंत्र का वैज्ञानिक विधि से भूमिगत तथा सतही चट्टानों की संरचना की रूपरेखा तैयार कर, उसका अध्ययन करना।

2 भारतीय भूगर्भिक सर्वेक्षण ने महाराष्ट्र तथा उसे लगे प्रदेशों में विस्तृत बसाल्ट क्षेत्र का तुलनात्मक अध्ययन पूर्ण किया है। अब यह कार्य विशिष्ट रूप से इस द्वीप में अवस्थित गुफाओं को देने के लिए छायाचित्रों या थ्रीडी–लेजर स्केनर की नवीनतम प्रविधि के द्वारा कर सकते हैं, जिसका मापन योग फिल्म का प्रयोग कर वांछित स्थान का अध्ययन–विश्लेषण करने से संरचनात्मक निवारण के हस्तक्षेप करने में निर्णायक भूमिका निभा सकता है। जैसे कि उपरोक्त वर्णित कुछ कार्य अजंता–एलोरा परियोजना के भाग भी रहे हैं। जिसके अध्ययन का उपयोग एलिफेंटा स्मारकों में भी किया जा सकता है।

एलीफेंटा में श्रृद्धालुओं/पर्यटकों की संख्या 1880–1881 में 5400 थी और फरवरी 1882 में महाशिवरात्रि के समय श्रृद्धालुओं की संख्या 900 थी जिनमें से आधे लोग प्रवेश–शुल्क देकर गुफा की मूर्ति के निकट तक गये।[44] श्रृद्धालुओं में अधिकान्शतः मराठा, सोनार, कसार, कामाठह और भण्डारी थे और ये लोग बाम्बे, सालसीट और पनवेल के रहने वाले थे। वर्तमान में यहाँ पर श्रृद्धालुओं/पर्यटकों की संख्या में व्यापक वृद्धि देखी जा सकती है और जन–सुविधाओं को अधिक से अधिक बढ़ाने का प्रयास केन्द्र सरकार के संस्थान जैसे भारतीय पुरातत्त्व सर्वेक्षण विभाग की ओर से किया जा रहा है। वहीं स्थानीय सरकार द्वारा विभिन्न प्रकार के आवागमन के मार्गो जैसे रोपवे इत्यादि द्वारा बढ़ावा देने का प्रयास किया जा रहा है और घारापुरी ग्राम पंचायत के द्वारा तालाब के पास उद्यान इत्यादि विकसित कर देशी–विदेशी पर्यटकों को आकृष्ट करने की कोशिशें भी की जा रही है। परिणामस्वरूप एलीफेंटा गुफा परिसर तथा इसके आसपास के क्षेत्र को सुन्दर और स्वच्छ बनाया जा सका है और इसे पालीथीन मुक्त विश्व विरासत स्मारक भी घोषित किया जा चुका है।

संदर्भ

1. एस. एल., नागर, *प्रोटेक्शन, कन्जर्वेशन एण्ड प्रिजर्वरेशन आफ इंडियन मान्युमेंटस्,* 2000, पृष्ठ–5।
2. तदैव, पृष्ठ–6।
3. एन. एल., बत्रा, *हेरिटेज कन्जर्वेशन, प्रीजर्वेशन एण्ड रेस्टोरेशन ऑफ मानूमेंटस,* आर्यन बुक इंटरनेशनलस, नई दिल्ली, 1996, पृष्ठ–1।
4. परमेश्वरी लाल, गुप्त, *प्राचीन भारत के प्रमुख अभिलेख,* विश्वविद्यालय प्रकाशन, वाराणसी, 2011, पृष्ठ–94–99।
5. एन. एल., बत्रा, यथोक्त, पृष्ठ–1।
6. ए. के., शेषाद्री, *कन्जर्वेशन ऑफ मान्युमेन्टस इन इंडिया,* दिल्ली बुक इण्डिया पब्लिशिंग, दिल्ली, 1997, पृष्ठ–29।
7. एन. एल., बत्रा, यथोक्त, पृष्ठ–2।
8. *इपीग्राफिका इंडिका,* वाल्यूम XVII, हीरानंद शास्त्री, नांलदा कापरप्लेट आफ देवपाल, द डायरेक्टर जनरल, आर्कियोलॉजीकल सर्वे ऑफ इंडिया, नई दिल्ली, 1983, पृष्ठ–310–327।
9. *मान्यूमेन्ट्स ऑफ दिल्ही,* द डायरेक्टर जनरल, आर्कियोलॉजीकल सर्वे आफ इंडिया, नई दिल्ही, 2010, पृष्ठ–156।
10. सौरिन्द्रनाथ, रॉय, *द स्टोरी ऑफ इंडियन आर्कियोलॉजी 1784–1947,* द डायरेक्टर जनरल, आर्कियोलॉजीकल सर्वे आफ इंडिया, नई दिल्ली, 2011, पृष्ठ–8–10।
11. तदैव, पृष्ठ–11।
12. तदैव, पृष्ठ–36–37।
13. तदैव, पृष्ठ–43–44।

13अ J. S. Cotton, ; Lunt, James (revised) (2004). "Cunningham, Sir Alexander (1814–1893)". *Oxford Dictionary of National Biography* (online ed.). Oxford University Press. Cotton, J. S.; Lunt, James (revised) (2004). "Cunningham, Sir Alexander (1814–1893)". *Oxford Dictionary of National Biography* (online ed.). Oxford University Press.

14. जयनारायण, पाण्डेय, *पुरातत्त्व विमर्श,* प्राच्य विद्या संस्थान, इलाहाबाद, 2013, पृष्ठ–37।
15. सौरिन्द्रनाथ, रॉय, यथोक्त, 2011, पृष्ठ–53।
16. जयनारायण, पाण्डेय, यथोक्त, पृष्ठ–54।
17. सौरिन्द्रनाथ, रॉय, यथोक्त, पृष्ठ–67।
18. जॉन, कीन, *टू चेरिश एण्ड कन्जर्व द अर्ली इयर्स ऑफ द आर्कियोलॉजीकल सर्वे ऑफ इंडिया,* आर्कियोलॉजीकल सर्वे ऑफ इंडिया, न्यू दिल्ली, पृष्ठ–106।
19. सौरिन्द्रनाथ, रॉय, यथोक्त, पृष्ठ–80–83।
20. जॉन, मार्शल, *कन्जरवेशन मैनुअल,* बी.आर. पब्लिसिंग कार्पोरेशन, दिल्ली, रिप्रिंट 2014 (1922), पृष्ठ–10।
21. तदैव, पृष्ठ–10।
22. जॉन, कीन, यथोक्त, पृष्ठ 108।
23. जॉन, मार्शल, यथोक्त, पृष्ठ–105।
24. जॉन, कीन, यथोक्त, पृष्ठ–111।
25. सौरिन्द्रनाथ, रॉय, यथोक्त, पृष्ठ–101।
26. तदैव, पृष्ठ–94।
27. जॉन, कीन, यथोक्त, पृष्ठ–108।
28. तदैव, पृष्ठ–110।
29. सौरिन्द्रनाथ, रॉय, यथोक्त, पृष्ठ–123।
30. जयनारायण, पाण्डेय, यथोक्त, पृष्ठ–48।
31. जयनारायण, पाण्डेय, यथोक्त, पृष्ठ–53।
32. वीरेन्द्र कुमार, तिवारी, *प्राचीन भारतीय स्मारकों का संरक्षण,* तकनीक एवं प्रविधियाँ, सविता शक्ति प्रकाशन, लखनऊ, 2011, पृष्ठ–101–102।

33. *एन्युल रिर्पोट 1910–11,* पार्ट–1, द डायरेक्टर जनरल, आर्कियोलॉजीकल सर्वे ऑफ इंडिया, नई दिल्ली, 2003, पृष्ठ–2।
34. *एन्युल रिर्पोट 1919–20,* पार्ट–1, द डायरेक्टर जनरल, आर्कियोलॉजीकल सर्वे ऑफ इंडिया, नई दिल्ली, 2002, पृष्ठ–10।
35. *एन्युल रिर्पोट 1921–22,* द डायरेक्टर जनरल, आर्कियोलॉजीकल सर्वे ऑफ इंडिया, नई दिल्ली, 2002, पृष्ठ 12–13।
36. *एन्युल रिर्पोट 1922–23,* द डायरेक्टर जनरल, आर्कियोलॉजीकल सर्वे ऑफ इंडिया, नई दिल्ली, 2003, पृष्ठ 22–23।
37. *एन्युल रिर्पोट 1923–24,* द डायरेक्टर जनरल, आर्कियोलॉजीकल सर्वे ऑफ इंडिया, नई दिल्ली, 2002, पृष्ठ 17–18।
38. *एन्युल रिर्पोट 1924–25,* द डायरेक्टर जनरल, आर्कियोलॉजीकल सर्वे ऑफ इंडिया, नई दिल्ली, 2002, पृष्ठ–17।
39. *एन्युल रिर्पोट 1924–25,* द डायरेक्टर जनरल, आर्कियोलॉजीकल सर्वे ऑफ इंडिया, नई दिल्ली, 2002, पृष्ठ 19–20, 131।
40. *एन्युल रिर्पोट 1938–39,* अपेनडिक्स–3, द डायरेक्टर जनरल, आर्कियोलॉजीकल सर्वे ऑफ इंडिया, नई दिल्ली, 2003, पृष्ठ 29–30।
41. *मान्यूमेन्टस् ऑफ इंडिया,* डायरेक्टर जनरल, आर्कियोलॉजीकल सर्वे ऑफ इण्डिया, नई दिल्ली, 2008, पृष्ठ–47–52।
42. गौतम, सेनगुप्ता, (ईटीडी), *कस्टोडियनस् ऑफ द पास्ट,* 150 ईयर ऑफ द आर्कियोलॉजीकल सर्वे ऑफ इण्डिया, डायरेक्टर जनरल, आर्कियोलॉजीकल सर्वे ऑफ इण्डिया, नई दिल्ली, 2012, पृष्ठ–130।
43. यूनेस्को वबसाइट http://whc.unesco.org/-
44. गजेटियर http://saigod.nic.in/dg/1964/places elephana.html

अध्याय–6

एलीफेंटा का तत्कालीन समय में महत्व

प्राचीन विशाल स्तूप एवं ईटों से निर्मित अन्य संरचनाओं के प्रमाण सिद्ध करते हैं कि एलीफेंटा द्वीप में प्राचीन काल से ही बसावट थी। लोगों और श्रृद्धालुओं का आवागमन निश्चित रूप से हो रहा था। चूँकि द्वीप में जाने के लिए नाव की आवश्यकता पड़ती है इसलिए यहाँ के स्थापत्यकार ने सबसे पहले जेट्टी का निर्माण किया होगा तथा आवश्यक सामग्रियों को अन्य स्थान से यहाँ पर लाया गया होगा। यद्यपि यहाँ का पत्तन क्रमशः विकसित होने लगा तथापि प्रारम्भिक समय में केवल स्थानीय और धार्मिक आवश्यकताओं की पूर्ति हेतु ही इसका प्रयोग होता रहा होगा। यही कारण है कि प्रथम शताब्दी ईसवी के समय पश्चिमी भारत की यात्रा में पेरीप्लस ऑफ एरीथियन सी (लाल सागर का नाविक) के लेखक ने एलीफेंटा द्वीप के बन्दरगाह होने का संभवतः विवरण अथवा उल्लेख नहीं किया। हाँलाकि उत्खनन से इसका व्यापारिक सम्बंध रोमन साम्राज्य से था, प्रमाणित होता है। सोपारा बन्दरगाह तृतीय शताब्दी ईसवी पूर्व से लेकर प्रथम शताब्दी के उत्तरार्ध तक पश्चिम भारत के प्रसिद्ध बन्दरगाहों में से एक था, जिसके महत्त्व एवं प्रयोग के पुरात्ताविक प्रमाण, अशोक महान के समय के अभिलेखों की प्राप्ति से पुष्टि होती है।

स्तूप की अवस्थिति और दिशा पर ध्यान दिया जाए तो एक तथ्य स्पष्ट होता है कि इस द्वीप की पूर्वी पहाड़ी की ऊँचाई समुद्रतल से अधिकतम 173 मीटर है और आसपास इस ऊँचाई की कोई पहाड़ी नहीं है। अर्थात उच्चतम बिन्दु, जिसका धार्मिक और रणनीतिक महत्त्व भी रहा होगा। इसके साथ ही व्यापारिक जगत के लिए आकर्षण का केन्द्र भी रहा है जो सुदूर से आते जलयानों को स्पष्ट और भव्य दिखाई देता रहा होगा और तदयुगीन प्रकाश–स्तंभ के रूप में नाविकों द्वारा पहचान लिया जाता रहा होगा और बौद्धधर्म की भव्यता को बढ़ाने में सहयोग किया होगा। इसमें दक्षिणी दिशा में सोपानों द्वारा उतरने व चढ़ने की व्यवस्था है जैसा कि साँची स्तूप में है। इसके बाहरी ओर सभी दिशाओं में विशाल पत्थरों का घेरा हैं। वर्तमान में स्तूप के शिखर का व्यास आठ मीटर है। विशाल वृक्षों ने इसको आकारहीन कर दिया है। भारतीय पुरातत्त्व सर्वेक्षण द्वारा 1999 में इसका अन्वेषण किया गया। अन्वेषण के दौरान स्तूप के आसपास की ईटों में साँचे से निर्मित (मोल्डिंग) ईटों की उपस्थिति तथा दक्षिण दिशा में सोपान की व्यवस्था है जबकि इसके उत्तरी

दिशा में ईंट निर्मित संरचना को नाले के दक्षिणी किनारे में देखा जा सकता है। ईटों का आकार वाकाटक काल के जैसा है। इससे आगे नीचे की ओर जाने पर मृदभाडों की प्रचुरता दिखलाई देती है।

हॉलाकि इस जलमार्ग का प्रयोग इससे पहले व्यापारिक गतिविधियों के लिए किया जाता रहा है। लेकिन इस बन्दरगाह का प्रथम शताब्दी के उत्तरार्ध के आते–आते, रेत का जमाव आरम्भ होने लगा। फलस्वरूप सोपारा बन्दरगाह अवरूद्ध हो गया और इसका प्रयोग बन्द होने के कारण एलीफेंटा द्वीप के बन्दरगाह को प्रमुखता मिली और इसका विकास भी किया जाने लगा परिणाम यह हुआ कि धीरे–धीरे सामुद्रिक व्यापारिक गतिविधियों का केन्द्र सोपारा कि जगह अब एलीफेंटा द्वीप होने लगा। पुरातात्त्विक प्रमाण उपरोक्त तथ्य की पुष्टि भी करते हैं। साथ ही, इस तथ्य की भी पुष्टि होती है कि अगर बन्दरगाह यातायात, व्यापार एवं सुरक्षा की दृष्टि से अनुकूल रहेगा तो राजस्व की प्राप्ति के साथ–साथ और प्रशासन को चुस्त तथा सैनिकों को सजग रखने में मदद मिलती रही होगी। साथ ही इसकी अवस्थिति भारत के मानचित्र में मुम्बई के निकट परन्तु उत्तर–पश्चिमी दिशा में अन्दर की ओर है, होने से कोई भी प्राकृतिक आपदा जैसे तूफान अथवा सुनामी जैसी आपदाओं को झेलने की क्षमता इस द्वीप में थी क्योंकि इन आपदाओं की तीव्रता का असर यहाँ तक पहुँचते–पहुँचते मन्द पड़ जाता है। इसका प्रमाण यह है कि 2004 में आयी सुनामी का प्रकोप इस क्षेत्र को अत्यल्प रूप से झेलना पड़ा है। फलस्वरूप क्षति की संभावना भी कम हो जाती है। इसके अतिरिक्त, अन्य कारणों में बौद्ध–धर्म का केन्द्र सोपारा कि जगह नये स्थलों ने भी धीरे–धीरे लेना प्रारम्भ कर दिया जैसे कन्हेरी, कोण्डिवटे मण्डपेश्वर, और मागाथाणे की गुफाओं को प्रश्रय दिये जाने लगा जिससे सोपारा की प्रसिद्धि को क्षति पहुँची होगी और सोपारा इतिहास के पन्नों में सातवीं शताब्दी के आने तक विस्मृत हो गया। क्षेत्रीय स्तर पर बौद्ध–धर्म का बोलवाला हो गया है। चहुँमुखी बौद्ध–धर्म की गतिविधियों से यह क्षेत्र गुन्जायमान हो गया है। एलीफेन्टा द्वीप प्रथम शताब्दी ईसवी पूर्व से समुद्रीय व्यापार की गतिविधियों में संलग्न था है तथापि प्रभुत्व द्वितीय शताब्दी ईसवी से लेकर सातवीं शताब्दी तक बनाये रखा जब तक कि सोपारा बन्दरगाह के रूप में पुनः नहीं उभरा। हॉलाकि यह 16 वीं शताब्दी तक यह बंदरगाह रहा।

एलीफेंटा द्वीप प्रथम शताब्दी ईसवी पूर्व तथा 16 वीं शताब्दी ईसवी के बीच बंदरगाह रहा। सातवाहन शासकों के समय मोराबन्दर सबसे प्रारंभिक बंदरगाह था और इसका नामकरण कोंकण के मौर्यों के नाम पर रखा गया है। वर्तमाान में इस नाम से एलीफेंटा द्वीप के उत्तर–पूर्व में स्थित एक छोटा गाँव हैं जबकि राजबंदर रोमन साम्राज्य के दौरान और शेतबंदर पुर्तगालियों के दौरान बंदरगाह के रूप में प्रयोग में लाया गया।

1973 में महाराष्ट्र सरकार द्वारा राजबंदर पर बाँध के निर्माण के दौरान ईंट से निर्मित संरचना प्रकाश में आयी जिसे भारतीय पुरातत्त्व सर्वेक्षण द्वारा इसे जेट्टी के साथ–साथ गोदी के रूप में पहचाना गया। इस गोदी की ऊँचाई 4 मीटर और लम्बाई 15 मीटर है तथा अन्दर से बाहर की ओर ढलानयुक्त है जैसा कि लोथल में मिला है।[1] यहाँ से ताँबे के सिक्के (काकिणी), क्षत्रपों के चाँदी के सिक्के, रोमन शासकों के सिक्के जिनका समय प्रथम से चतुर्थ शताब्दी ईसवी के मध्य के प्राप्त हुये हैं। एम्फोरा मृदभाण्ड के टुकड़े जिनमें लाल चमकीले पालिश, मृदभाण्ड (आर. पी. डब्लू.), इत्यादि प्रांरभिक स्तर से प्राप्त हुए है। स्पष्टतः राजबंदर एक बंदरगाह था जिसका व्यापारिक सम्बंध रोमन जगत से था।[2] घारापुरी कोंकण के मौर्यों की राजधानी रही और जिसे पुलकेशिन द्वितीय के एहोल अभिलेख में इसे पश्चिमी समुद्र की सौभाग्य देवी कहा गया है। उत्तरकालीन (लेट) एम्फोरा मृदभाण्डों की बहुतायता से यह स्पष्ट हो जाता है कि यह बन्दरगाह रोमन साम्राज्य के पतन के पश्चात भी अपनी व्यापारिक गतिविधियों को गतिशील बनाये रखा और एलीफेंटा के जैसे एम्फोरा मृदभाण्ड काना (लेबनान) से प्राप्त हुए है[3] और इसके साथ ही अफ्रीका महाद्वीप से भी व्यापारिक सम्बंध बने रहे। एलीफेंटा का बन्दरगाह पश्चिमी भारतीय समुद्र में समृद्धतम और व्यस्तम बन्दरगाह बना रहा और इस समृद्धि की सम्पन्नता से एलीफेंटा की गुफाओं का उत्खनन किया गया।

भारतीय पुरातत्त्व सर्वेक्षण द्वारा सीमित उत्खनन से कई प्रकार की ईंटों जैसे हीरकनुमा, त्रिकोणनुमा, अर्द्धचाँद्रिक इत्यादि मिली। अर्द्ध फर्शनुमा जैसी संरचना मिली। वर्तमान स्तूप का स्वरूप मूल स्तूप के आकार से विशाल रहा होगा। इसके व्यास को देखकर अनुमान है कि इसकी ऊँचाई लगभग 50 मीटर रही होगी। अभी तक प्रकाश में आये विश्व के विशाल स्तूपों में से सबसे बड़ा स्तूप है जिसका व्यास 182 मीटर है। इसके निकट ही पूजार्थ अथवा मन्नत के लिए सात छोटे–छोटे ईंट से निर्मित स्तूप हैं । विशाल स्तूप के उत्तरी दिशा में स्तूप के आधार के निकट चट्टानों को उत्खनित कर चार जलकुण्डों का उत्खनन किया गया है, जिनमें से कुछ वर्गाकार और आयताकार मुख के है। जिनकी जलवहन क्षमता लगभग तीन लाख लीटर है।

राजबन्दर जिसका प्राचीन नाम राजघाट था, में प्राचीन बन्दरगाह शहर के ईंट से निर्मित संरचना के अवशेष मिले हैं। यहाँ उत्खनन से प्राचीन जेट्टी और गोदी की संरचना मिली है जिसका समय प्रथम शताब्दी ईसवी पूर्व निर्धारित किया जाता है। अन्य पुरावस्तुओं में कार्नेलियन का मनका, घिसे और अनघिसे मृदभाण्ड, चीनी मृदभाण्ड का एक टुकड़ा, ताँबे के सिक्के, क्षत्रपों के चाँदी के सिक्के, रोमन शासकों के सिक्के, एम्फोरा मृदभाण्ड के टुकड़े प्रमाणित करते हैं कि राजबंदर एक बंदरगाह था जिसका व्यापारिक सम्बंध रोमन साम्राज्य से था।

मोराबंदर द्वीप के उत्तर–पूर्व में छोटी सी बसाहत है। जहाँ मौर्यों का बंदरगाह और यहाँ से पुरावशेषों के बहुसंख्या में वृत्ताकार और वर्गाकार ताँबे के सिक्के मिले हैं। जिनमें शिखरयुक्त पहाड़ी, पहिये और जहाजों का अँकन, मृदभाण्डों में कटोरा, बर्तन, पत्थर का एक लोढ़ा, एक अन्य ईंट निर्मित दीवार है जिसकी लम्बाई पन्द्रह मीटर से अधिक है तथा जिसकी ऊँचाई एक मीटर है, यह गुप्तकाल के समय की बसाहत है। इस द्वीप का सबसे प्रारंभिक बंदरगाह भी मोराबन्दर था।

शेतबन्दर का तात्पर्य श्रेष्ठियों अथवा सेठों का बन्दरगाह से है जिससे प्रतीत होता है कि यह बंदरगाह व्यापारियों द्वारा प्रयोग में लाया जाता था। यहीं प्राचीन बाजार था। यहाँ के पुरावशेषों में लाल रंग प्रलेपित मृदभाण्ड है जो आरंभिक गुप्तकाल के हैं, छोटे कटोरे, टोंटिदार मृदभाण्डों के टुकड़े इत्यादि, चट्टान उत्खनित कुआँ है। सातवाहन कालीन बड़ी ईटों से निर्मित संरचना है और यह समुद्र की ओर अग्रसर है। पुर्तगालियों के समय बंदरगाह के रूप में प्रयोग में लाया गया।

कार्नेलियन की एक अण्डाकार मुहर में नारायण लिखा है जिसकी लिपि पाँचवी–छठी शताब्दी ईसवी है जबकि मुख्य गुफा के जलकुण्ड से मिले ताँब्रपात्र की बारी में एक अभिलेख है, जिसमें श्रीपुरी का उल्लेख है जिसका तादात्मय घारापुरी से है। एक अन्य प्रतिमा के अधिष्ठान में कन्नड़ भाषा में अभिलेख है। यह एलीफेंटा की मुख्य गुफा से मिला है। इसे बलदारी द्वारा शिव को समर्पित किया गया है और यह छठीं–सातवीं शताब्दी ईसवी का है।

पुलकेशिन द्वितीय (610–642 ईसवीं) के 634 ईसवी के मेगुती मंदिर के कन्नड़ अभिलेख में इसके द्वारा मौर्यों की राजधानी पुरी पर आक्रमण कर, अधिकार करने का उल्लेख है। उसने इसे पश्चिमी समुद्र की भाग्यलक्ष्मी से भी अभीहित किया। एलीफेंटा द्वीप प्राचीन भारत के समुद्रीय व्यापार जगत में एक विशिष्ठ स्थान है। यह द्वीप महत्त्वपूर्ण सैनिक केन्द्र के रूप में प्रसिद्ध रहा है जैसा कि पुलकेशिन द्वितीय के एहोल अभिलेख में कहा गया है कि नाविक युद्ध यहाँ पर लड़ा गया था।

दन्तिदुर्ग (735–756 ईसवी) के मनोर अभिलेख (पत्र) सन् 749–50 ईसवी से ज्ञात होता है कि इसके द्वारा पुरी (घारापुरी) के ब्रह्मा मंदिर की तीर्थयात्रा की तथा श्रीपुरा के मंदिर के लिए ताम्बासहिका को दान में दिया। वर्तमान में श्रीपुरा ही पुरी अथवा घारापुरी है।

पुर्तगालियों के द्वारा यहाँ पर वाच टावर और गिरजाघर (चर्च) का निर्माण किया, जिसके अवशेषों को यहाँ देखा जा सकता है। अग्रेंजों द्वारा यहाँ पर तोपों को विश्व युद्ध के दौरान स्थापित किया गया। ये विशाल तोपें 360 अंश में

घूम सकती हैं। जिसके लिए गियर सिस्टम का प्रयोग किया गया है और इसके आधार भाग पर एक विशाल कक्ष से युक्त किया गया हैं, जिससे दुश्मन देख ना सके तथापि अब अनुरक्षण एवं प्रबंधन के अभाव में ये तोपें बन्द पड़ी है।

धार्मिक (हिन्दू तथा बौद्ध) महत्व–एलीफेंटा के पुरातात्त्विक अवशेषों के अवलोक में कहा जा सकता है कि इस द्वीप पर प्रथमतः बौद्ध सम्प्रदाय के लोगों ने इसको निवास के रूप में चुना और बौद्ध सम्प्रदाय से सम्बंधित गतिविधियों के प्रमाण के रूप में ईंटों से निर्मित प्राचीन स्तूप के अवशेष तथा इसके निकट ही शैलोत्खनित जलकुण्ड तथा समीप ही एक सदाबहार कूप है। मोरा गाँव के समीप काफी बड़े भाग में ईट से निर्मित संरचना के अवशेषों को देखा जा सकता है जो कि सम्भवतः विशाल विहार के अवशेष हो सकते हैं। जैसे कि साँची स्मारक परिसर में दिखलाई पड़ता है। बौद्ध सम्प्रदाय के प्रचलन का इस क्षेत्र में व्यापक प्रभाव द्वितीय शताब्दी ईसवी पूर्व से लेकर ग्यारहवीं शताब्दी ईसवी तक देखा जा सकता हैं। इनमें से सर्व–प्रमुख हैं–सूर्पारक अथवा सोपारा जो कि आधुनिक नालासोपारा के नाम से विख्यात है, कन्हेरी की शैलोत्खनित बौद्ध गुफाएँ, कोण्डीवटे की शैलोत्खनित बौद्ध गुफाएँ, मण्डपेश्वर की शैलोत्खनित बौद्ध गुफाएँ, मागाथाणे की शैलोत्खनित बौद्ध गुफाओं को आज भी हजारों वर्ष के पश्चात देखकर बौद्धानुभुति का भाव संचरित होने लगता है।

एलीफेंटा का द्वीप और उपरोक्त सभी स्थलों की निकटता तथा सहजता और इनका आपस में सहसम्बधित होना लाजमी प्रतीत होता है। जिनके बीच कम से कम छह सौ वर्षों तक निरन्तर आदान–प्रदान चलता रहा है और इसका कारण यह रहा है कि यह क्षेत्र सागर के तटों में तथा कुछ तो द्वीपों के रूप में थे। जो कि निसंदेह छोटी–छोटी नौकाओं द्वारा एक द्वीप से दूसरे द्वीप में आवागमन के लिए प्रयोग में लाते रहे होगें। उपरोक्त कई स्थल विदेशों से आये माल को मण्डी के रूप में प्रसिद्ध हुये तथा यहाँ से विदेशी माल को भारत के थल सीमा के अन्दर भेजा जाता था और भारतीय निर्मित माल को इन स्थानों से विदेशों में भेजा जाता था। जैसा कि वर्तमान में भी देखा जा सकता है। फलस्वरूप स्थानीय शासकों को राजस्व की प्राप्ति हुई और इस राजस्व के द्वारा सेना तथा प्रशासन को कारगार बनाने में इसकी महती भूमिका रही हैं। जिससे शान्ति के वातावरण में धार्मिक तथा इससे इतर की गतिविधियों में लोगों की पारखी तूलिकाओं का कला–कौशल इनकी कृतियों में आज भी वही भाव से भाषित होती हैं।

बौद्ध सम्प्रदाय के पश्चात हिन्दू सम्प्रदाय की कलाकृतियों के अवशेषों को इस क्षेत्र में देखा जा सकता है। हाँलाकि बौद्ध सम्प्रदाय से सम्बंधित स्थल जैसे कन्हेरी की शैलोत्खनित बौद्ध गुफाएँ में बौद्धधर्म के अनुयायी द्वारा अभी भी प्रयोग में लाया जा रहा था तथापि हिन्दू सम्प्रदाय से सम्बधित शैव धर्म की एक शाखा के कई स्थलों का जन्म होता है जिनमें जोगेश्वरी, मण्डपेश्वर और शिवड़ी का नाम प्रमुख रूप से लिया जा सकता है। शिवड़ी मूर्तिकला का प्रमुख कार्यस्थल रहा है, जहाँ विभिन्न प्रकार की प्रतिमाओं तथा मूर्तियों का निर्माण किया जाता था और इन निर्मित मूर्तियों को अन्यत्र भेजा जाता था।[4]

एलीफेंटा में शिव परिवार और सम्बधित चमत्कार, अनुग्रह इत्यादि स्वरूपों से सम्बधित सभी देवी–देवताओं का अँकन हैं जिनमें शिव, पार्वती, इनके पुत्रों में कार्तिकेय, गणपति, इनके वाहन क्रमशः नन्दी को मानव तथा पशु के रूप में, मयूर और मूसकराज का प्रमुखता से उत्कीर्णन किया गया है। इसके साथ ही वरूण का मकर के साथ (अर्धनारीश्वर पटल में) घोड़े पर सवार घुड़सवार (योगेश्वर पटल में) इसके अलावा ब्रह्मा, विष्णु, इन्द्र के साथ–साथ इनके वाहनों क्रमशः हंस, गरूड़ और हाथी का अकंन भी किया गया है।

तात्पर्य यह है कि एलीफेंटा में शिव को प्रमुख देवता के रूप में अकंन किया गया है। जिसमें उन्हें संसार के रचयिता के रूप में, संसार के पालक के रूप में तथा संसार के संहारक के रूप में दिखलाया गया है। इन स्वरूपों के माध्यम से सृष्टि में शिव को सर्वेसर्वा बना देता है। जिसकी प्रसिद्धि यहाँ से अन्यत्र फैलते हुए समकालीन शासकों तथा इनकी प्रजाजनों द्वारा इस क्षेत्र का लालन–पालन होता रहा जिसके कुछ अंश हमें शिलाभिलेखों में दिखलाई

पड़ते हैं। जैसे कि राष्ट्रकुट शासक दन्तिदुर्ग के मनोर अभिलेख में उल्लेख है कि पुरी में ब्रह्मा का मंदिर जो कि बड़ा महत्त्वपूर्ण तथा पवित्र तीर्थस्थलों में से एक था, उसमें से एक था। इस अभिलेख में एक ग्राम तम्बासहिका (आधुनिक तामसाही मनोर के निकटस्थ) को दान में श्रीपुरा के मंदिर को दी गयी थी, से है। विद्ववानों द्वारा श्रीपुरा मनोर के निकटस्थ है, को पुरी अथवा घारापुरी के रूप में पहचाना गया है।[5] पुर्तगालियों के द्वारा गुफा–6 को गिरजाघर (चर्च) में परिवर्तित कर दिया[6] और वो अपने नियमों के आधार पर प्रार्थना इत्यादि करते रहे हैं। सर्वधर्म समभाव की हमारी प्राचीन धाराओं के प्रवाह को निरन्तर बहते हुए यहाँ पर भी देखा जा सकता है और यही भारतीयता का मूलाधार है।

पौराणिक तथा लौकिक कथानकों का महत्व–भारतीय जनमानस में सात स्वर्ग लोकों की कल्पना की गई है। जिस पर पहुँचने के लिए सात समुद्रों को पार करना होता है। उसी परिकल्पना को संभवतः यहाँ पर वास्तविक स्वरूप में भरा गया है। वर्तमान मुम्बई सात द्वीपों से मिलकर बनी है और वर्तमान स्वरूप आने के पूर्व आसपास के क्षेत्रों में सात द्वीप थे। इन द्वीपों को पार करने के लिए भवसागर से पार लगाने के लिए नौकाओं द्वारा एक के पश्चात् दूसरे को पार करते हुए और बड़ी कठिनाई के साथ पार कर एलीफेंटा द्वीप पर पहुँचा जाता होगा। तत्पश्चात स्तूप में अथवा गुफाओं में पहुँचाते हैं, तब जाकर भगवान के दर्शन होते रहे होंगे।

स्थानीय लोगों की मान्यता है कि इन गुफाओं का निर्माण महाभारत के पाण्डवों द्वारा किया गया है जैसा कि अन्य गुफाओं में भी यही परम्परागत प्रथा का प्रचलन है। वहीं दूसरी ओर एलीफेंटा की मुख्य गुफा का निर्माण एक पूर्व योजना के साथ इस प्रकार से किया गया है कि सूर्य की अवस्थिति और इसके प्रकाश के तीव्रता और मध्यमता के साथ ही यहाँ पर आलौकिक शक्ति का न केवल आभास होता है अपितु दर्शक और श्रृद्धालुगण भी भावविभोर हो उठते हैं।

यहाँ की एक दन्त कथा के अनुसार बाणासुर नामक राजा शासन करता था और इसके समय यहाँ पर सोने की वर्षा हुआ करती थी। इसलिए इसे स्वर्ण द्वीप के नाम से पुकारा जाता है।[7] इतना तो निश्चित है कि इसकी समृद्धि और सम्पन्नता के कारण ही इसे स्वर्ण द्वीप, श्रीपुरी और पश्चिमी भारत की भाग्य लक्ष्मी जैसे नामों से पुकारा गया है और यह हिन्द महासागर रिम में पश्चिमी देशों के साथ भव्यता के साथ उभरता है।

शिवलिंग की वैज्ञानिकता–शिवलिंग के ऊपर का भाग भोग कहलाता है । यह सृजनकर्ता का प्रतीक। लिंग भाग गोलाकार होकर ऊपर की ओर उठा रहता है। यह पृथ्वी और आकाश तक व्याप्त हैं। शास्त्रों में तीन प्रकार के लिगों–निष्कल, सकल तथा मिश्र का वर्णन है। केवल लिंग रूप में बना हुआ आकार निष्कल, लिंग प्रतिमा का रूप सकल तथा मुखलिंग रूप मिश्र होता है। विष्णुधर्मोत्तर पुराण में जिस लिंग के निर्माण का आदेश दिया गया है वह निष्कल लिंग हैं। श्रीमद्भागवत तथा विष्णु आदि पुराणों में शिव के जिन अनेक रूपों का वर्णन हुआ है, वे शिव के सकल रूप हैं।[8] सद्योजात, वामदेव, अघोर, तत्पुरूष तथा ईशान इन पाँच मुखों वाला लिंगरूप मिश्र का उदाहरण है[9] लिंग दो[10] प्रकार के होते हैं–चल तथा अचल। चल लिंग हल्के तथा ये एक स्थान से दूसरे स्थान पर ले जाये जा सकते हैं। पदार्थ के आधार पर इन्हें छह[11] प्रकार के कहे गये तथा मृण्मय, धातु, रत्न, शैलज, दारूज तथा बालू इत्यादि से बने होते हैं। एलीफेंटा में शैलज प्रकार के शिवलिगों को व्यापकता के साथ देखा जा सकता है।

मनुष्य के द्वारा बनाये जाने वाले लिंग मानुष कहलाते हैं। इनके तीन भाग होते हैं–ब्रह्म भाग, विष्णु भाग और रूद्र भाग। रूद्र भाग ही पूजा भाग अथवा भोग भाग कहलाता है। इसी पर जल डाला जाता है और पुष्प, फल तथा अन्य पूजा की वस्तुएँ अर्पित की जाती हैं। रूद्र भाग पर कुछ सुन्दर रेखाएँ बनती हैं जिन्हें ब्रह्म सूत्र कहते हैं। लिंग में पीठ का बनना अत्यन्तावश्यक है क्योंकि लिंग आधेय और पीठ आधार है। यह पीठ चौकोर, छह कोण, अष्टकोण किसी भी प्रकार का बनाया जा सकता है। गोल तथा ऊपर की ओर उठते हुए लिंग भाग को विष्णुधर्मोत्तर अधिक श्रेष्ठ मानता है और उसी को बनाने का आदेश भी देता है और शंकर नाम कल्याणकारी हैं।

आज भी शिव के लिंग रूप की उपासना सम्पूर्ण भारतवर्ष में प्रचलित है। प्रत्येक नगर, ग्राम, सड़क, जंगल, पर्वत आदि पर स्थापित हुए शिव के लिंग रूप की उपासना होती है। शिव ही ऐसे देवता हैं जो यति तथा भोगी, राजा तथा रंक दोनों के आराध्य देव बन सकें। एलीफेंटा में इनकी पीठ चौकोर है जिसमें चारों ओर से अलंकरण समरूप जैसी रेखाओं का अँकन है। कहीं सादी भी हैं। ये लगभग नीचे से कहीं ऊपर उठी हुई हैं तो कहीं समतल पर है। पीठ का भाग किसी–किसी में एक मीटर से भी अधिक ऊँचा है। आधार भाग चौकोर अथवा वर्गाकार है। गोल तथा ऊपर की ओर उठते हुए सभी लिंगों को यहाँ देखा जा सकता है और ये आकार में सामान्य रूप से बड़े हैं और इनका वजन सौ से हजार किलो तक हैं। ये जितने ऊपर दिखते हैं, उससे अधिक नीचे हैं। ये सभी बेसाल्ट शैल से बने हैं और एकाश्म हैं (चित्रफलक–86–98)। शिवरात्री के दिन यहाँ हर वर्ष स्थानीय लोगों द्वारा पूजा की जाती है और विशाल मेले का आयोजन भी किया जाता है। हजारों की संख्या में श्रृद्धालुओं का ताँता लगा रहता है। महाराष्ट्र सरकार द्वारा एलीफेंटा फेस्टीवल (त्योहार) का आयोजन किया जाता है, जिसमें देश–विदेश से लोग इसे देखने आते हैं, जिसमें सांस्कृतिक कार्यक्रमों का आयोजन भी शामिल रहता है।

वहीं दूसरी ओर भारत के रेडियोएक्टिव मानचित्र पर दृष्टिपात करने से स्पष्ट होता है कि भारत सरकार के परमाणु रियेक्टर के आलावा सभी ज्योतिर्लिंग के स्थानों पर सबसे ज्यादा विकिरण (रेडियेशन) पाया जाता है। ऐसा विश्वास किया जाता है कि शिवलिंग कुछ और नहीं बल्कि एक प्रकार का परमाणु रियेक्टर हैं और इनको शान्त करने के लिए जलाभिषेक किया जाता है। महादेव के सभी प्रिय पदार्थ जैसे कि बिल्व–पत्र, आक, धतूरा, कनेर इत्यादि सभी परमाणु ऊर्जा को सोखने वाले हैं क्योंकि शिवलिंग पर चढ़ा जल भी रियेक्टिव हो जाता है। परिणाम स्वरूप प्रनाल को लांघा अथवा पार नहीं किया जाता जिसका सविस्तार विवरण हमें पौराणिक ग्रन्थों में मिलता हैं।

वर्तमान भाभा परमाणु रियेक्टर, मुम्बई की रूपरेखा भी शिवलिंग की तरह दिखलाई देती है और इसकी अवस्थिति एलीफेंटा से लगी हुई है। शिवलिंग पर चढ़ाया हुआ जल नदी के बहते हुए जल के साथ मिलकर औषधि का रूप धारण कर लेता है। हमारे पूर्वजों को यह कहते हुए सुना है कि महादेव नाराज हो जाएगें तो प्रलय आ जाएगी। जिसकी व्याख्या पुरातात्त्विक अवशेषों के माध्यम से यहाँ होती है। जहाँ पर विशाल शिवलिंगों से लेकर छोटे–छोटे शिवलिंगों को बड़ी संख्या में देखा जा सकता है और यह सब आनायास नहीं कहा जा सकता है। ध्यातव्य है कि हमारी परम्पराओं में कितना गहन वैज्ञानिक दृष्टिकोण छिपा है, उपरोक्त तथ्य से स्वतः स्पष्ट होता है।

सन्दर्भ–

1. एस. आर., राव, *साइन्स टुडे,* 1983, पृष्ठ–19–20।
2. यथोक्त, पृष्ठ–19–20।
3. व्ही. एस., शिन्दे, ईटीडी,एन आर्कियोलॉजीकल रिकोन्नइसेन्स ऑफ दी कोंकण कोस्ट फ्राम भरूच टू जन्जीरा, *मैन एण्ड एन्वायरमेन्ट,* XXVII (1), पुणे, 2002, पृष्ठ–73–82।
4. कल्पना, देसाई, *ज्वेल्स ऑफ द क्रीसेन्ट,* छत्रपति शिवाजी महाराज वास्तु संग्रहालय, मुम्बई, 2002, पृष्ठ–235।
5. तदैव, पृष्ठ–235।
6. एम. के., धवलीकर, *एलिफेंटा,* डायरेक्टर जनरल, आर्कियोलॉजीकल सर्वे ऑफ इण्डिया, नई दिल्ली, 2007, पृष्ठ–85।
7. *गजेटियर ऑफ इंडिया, महाराष्ट्र स्टेट,* भाग–1, एंसिएंट पीरियड, बाम्बे, 1967।
8. इन्दुमती, मिश्र, *प्रतिमा विज्ञान वैष्णव पुराणों के आधार पर,* मध्यप्रदेश ग्रन्थ अकादमी, भोपाल, 2009, पृष्ठ–250–252।
9. गोपीनाथ, टी. ए., राव, *एलीमेंट ऑफ हिन्दू आइकोनोग्राफी, वा. 1 भा. 2,* मद्रास, 1914, पृष्ठ–278।
10. गोपीनाथ, टी. ए., राव, *एलीमेंट ऑफ हिन्दू आइकोनोग्राफी, वा. 2 भा. 1,* 1914, पृष्ठ–74।
11. गोपीनाथ, टी. ए., राव, उपरोक्त, पृष्ठ–78।

अध्याय–7

उपसंहार

एलीफेंटा द्वीप की प्राकृतिक सुषमा और सुन्दरता ने भिक्षुओं की एकाग्रता तथा ध्यानमग्नता को केन्द्रित करने के लिए आकृष्ट किया और पारिस्थितिक जनित उपलब्ध पुरातात्त्विक प्रमाणों के आधार पर द्वीप में ईंट निर्मित प्राचीन स्तूप के प्रमाणों से जिसकी पुष्टि भी होती है। यह स्तूप भारत का ही नहीं अपितु विश्व का विशालतम वृत्ताकार स्तूप है जिसका व्यास 182 मीटर और इसकी मूलतः ऊँचाई लगभग 50 मीटर रही होगी। जिसका समय द्वितीय शताब्दी ईसा पूर्व है। इस क्षेत्र में स्तूप निर्माण की प्रक्रिया राजा अशोक के समय में प्रारम्भ हुई थी जैसे सोपारा का बौद्ध स्तूप है। इसका स्थल विन्यास साँची के स्तूप से मिलता हुआ प्रतीत हो रहा है। संभवतः वैशाली और लौरिया–नंदनगढ़ के मौर्य कालीन सिंह–स्तंभ की भांति यहाँ पर भी स्तूप के निकट एक सिंह–स्तंभ को स्थापित किया गया होगा और यह मौर्यकालीन सिंह–स्तंभ का विकृत रूप है तथा इस स्तंभविहीन सिंह को आज भी द्वीप पर देखा जा सकता हैं। साथ ही, यहाँ से गांधार मूर्तिकला जैसी शैली पर निर्मित महाकाय यक्ष की स्थानक मुद्रा में निर्मित भारीभरकम और मांसपेशियों की बलिष्ठता और दृढ़ता इस मूर्ति में दिखलाई देती है। इसकी मोटी छितरी तहों वाली धोती, सामने की ओर चौकोरनुमा पाश (लूप) का अकंन है और यह इस क्षेत्र की मूर्तिकला का एक विशिष्ट लक्षण है जिसका परिष्कृत रूप पांचवीं–छठवीं ईसवी में विशेषकर एकाश्म सप्तशिव प्रतिमा, परेल (मुम्बई) में दिखलाई देता है, और यह न केवल पश्चिमी भारत के अन्य यक्षों जैसे पीतलखोरा अथवा कराड से अलग है अपितु मथुरा और पटना से भी। इन दोनों का काल सामान्यतः द्वितीय–प्रथम शताब्दी ईसवी पूर्व का माना गया है। इसके अतिरिक्त, घारापुरी से प्राप्त हाथी एवं अश्व की मूर्तियाँ भी इसी चरण (बौद्ध) से सम्बद्धता की ओर इंगित करती है। यद्यपि इस अवधि में आदमकद हाथी की मूर्ति को पीतलखोरा की गुफाओं में और इसके कुछ समय पश्चात् कार्ला की गुफा–8 के वाराण्डा के दोनों ओर तथा कूड़ा की गुफाओं में दिखलाई देती हैं तथापि ये स्थापत्य–कला के रूप में ही देखा जा सकता है। इसके साथ ही, महास्तूप के निकट रहने के लिए विहार (गुफा–6) के रूप में उपयोग किया गया होगा तथा बसावट के रूप में मोराबन्दर के आसपास के क्षेत्र के प्रयोग में लाया गया, जहाँ पर ईंटों की संरचना के अवशेष हैं। जिससे तत्कालीन बौद्ध परिवेश के समेकित विकास

की झलक दिखती है। जिसका विकास भारत के तत्कालीन बौद्ध केन्द्रों में हुआ जैसे सोपारा, कन्हेरी और जुन्नर के समान शिक्षा–संस्थाओं की भाँति सक्रिय और सफल होने से इंकार नहीं किया जा सकता।

एलीफेंटा द्वीप के पुरातात्त्विक प्रमाणों के द्वारा यह प्रतिपादित होता है कि यहाँ पर भी बौद्ध धर्म के साथ हिन्दू धर्म पुष्पित और पल्लवित होता रहा है। हिन्दू धर्म के प्रमुख देवताओं शिव, विष्णु और ब्रह्मा का उल्लेख तदयुगीन अभिलेखों में मिलता है, वहीं इनकी प्रतिमाओं का अंकन विभिन्न फलकों में आज भी देखा जा सकता है। पुर्तगालियों द्वारा निर्मित गिरजाघर से ईसाई धर्म पुष्पित हुआ। विश्व के बड़े धर्म एक साथ अथवा एक स्थान पर सहसम्बंधित हुए और समन्वियत होकर धार्मिक सहिष्णुता का प्रसार किया। जिसका प्रभाव न केवल आसपास के क्षेत्रों में शान्ति और प्रगति के मूल तत्वों के बल पर धार्मिक सौहार्द्रता को बढ़ते हुए देखा जा सकता है; अपितु भारत की गंगा–जामुनी संस्कृति की धारा की निरन्तर विद्यमानता के साथ यहाँ पर इसे गतिशील और अक्षुण्य स्वरूप में देखा जा सकता है।

एलिफेंटा की पहचान विश्व तथा भारत में इसकी मूर्तिकला तथा गृहवास्तुकला के रूप में ही प्रसिद्ध है। इसके अन्य पुरातात्त्विक एवं ऐतिहासिक महत्त्व के विषय में आमजन मानस ही नहीं अपितु भिज्ञ जगत भी अपरिचित है। प्रस्तुत कृति में एलिफेंटा की मूर्तिकला तथा गुहावास्तुकला के अतिरिक्त इसके पुरातात्त्विक एवं ऐतिहासिक स्वरूप को प्रकट करने में अनेक उपादानों एवं प्रमाणों को विश्लेषित किया गया है। जिसके परिणामस्वरूप एलिफेंटा के इतिहास के नये आयामों को प्रकाश में लाया गया है। यथा 1973 में उत्खनित तथा अप्रकाशित इत्यादि ऐतिहासिक काल की पकी ईटों से निर्मित गोदी तथा अन्य संरचनाओं के अतिरिक्त एलिफेंटा से अत्याधिक मात्रा में रोमन मृदभाण्डों की उपलब्धता तत्कालीन विश्व जगत में एक महत्त्वपूर्ण सामुद्रीय व्यापारिक केन्द्र होने की पुष्टि करते हैं।

विश्व के चुनिन्दा पुरातात्त्विक उत्खनन स्थलों से प्राचीन गोदियों के प्रमाण मिले हैं और भारत में जैसे सबसे प्राचीनतम गोदी लोथल (गुजरात) से प्राप्त हुई। उसी प्रकार से पश्चिमी भारत में एलिफेंटा द्वीप के राजबन्दर से प्राचीन गोदी के पुरातात्त्विक प्रमाण मिले हैं और इसको राजघाट के नाम से जाना जाता रहा है।

एलीफेंटा द्वीप से प्रकाश में आये पुरातत्त्विक अवशेषों से प्रमाणित होता है कि यहाँ पर मानवीय गतिविधियाँ द्वितीय शताब्दी ईसवी पूर्व प्रारम्भ से हुई। सातवाहन काल में इस बन्दरगाह का आविर्भाव हुआ और शूरपारक बन्दरगाह के अवरूद्ध होने के परिणामस्वरूप इसके विकसित होने के अवसर ने इसकी चहुँमुखी विशेषताओं जैसे प्राकृतिक आपदा से सुरक्षा, समुद्रीय छिछले तल में अवस्थिति और सोपारा के निकट अवस्थिति इत्यादि ने इसको सक्रिय रूप से पश्चिमी भारतीय समुद्र की शरणस्थली के रूप में नये केन्द्र के रूप में उभारा। हिप्पालस की मानसूनी हवाओं से नाविकों का पसंदीदा बन्दरगाह बन गया। जिसकी पुष्टि रोमन भृदभाण्डों से होती है और एक विशेष प्रकार के एम्फोरा भृदभाण्डों की बहुतायत मात्रा में एलीफेंटा में उपलब्धता इसे एक प्रमुख समुद्रीय व्यापारिक केन्द्र तथा बन्दरगाह के रूप में तद्युगीन विश्व में इसकी महत्ता को प्रकट करती है। जिसकी बदौलत इसके राजस्व में वृद्धि हुई और शिक्षित–प्रशिक्षित नाविकों और सैनिक बलों द्वारा जलदस्युओं का सफलतापूर्वक दमन किया गया। सागरावलोकन के माध्यम से जहाजों और व्यापारियों की समृद्धि को प्रचारित किया और द्वीप की श्रीलक्ष्मी की चर्चा बादामी के चालुक्यों के पास पहुँच गयी और यह उनकी भाग्यलक्ष्मी बन गई।

बादामी के चालुक्य शासक पुलकेशिन द्वितीय ने 534 ईसवी में इस पर आक्रमण किया परन्तु आश्चर्य का विषय है कि पुलकेशिन द्वितीय को इतने छोटे से द्वीप में आक्रमण करने की आवश्कता क्यों पड़ी? यहाँ की प्रचलित एक दन्त कथा के अनुसार यहाँ पर सोने की वर्षा हुआ करती थी जिसके कारण इसे स्वर्ण द्वीप, श्रीपुरी और पश्चिमी भारत की भाग्यलक्ष्मी जैसे नामों से अभिहित किया गया है अर्थात विदेशी व्यापार और वाणिज्य के चलते ही इसकी समृद्धि (सोने की वर्षा) और सम्पन्नता आयी। फलस्वरूप यह फलता और फूलता रहा है। यह स्थान पश्चिम भारत में जलपोतों के लिए आश्रयस्थली के रूप में उभरा क्योंकि लम्बी और थकान भरी समुद्रीय यात्रा के पश्चात इस स्थान पर पहुँचा जाता

था। यहाँ लंगर डालने से नाविकों और पोतों को विश्राम के लिए समय भी मिलता रहा है। जैसा कि आज भी यहाँ देखा जा सकता है। एलीफेंटा द्वीप से पश्चिम भारत के समुद्रीय व्यापार के इतिहास में एम्फोरा में बहुत ही समृद्ध रहा है और हिन्द महासागर से घिरे (रिम) पश्चिमी देशों के साथ समुद्रीय व्यापारिक गतिविधियों में समकक्षता के साथ उभरता है।

इस कृति में इस तथ्य की भी पुष्टि होती हैं कि यह द्वीप रोमन साम्राज्य के समापन के पश्चात भी रोम से व्यापार और वाणिज्य में सक्रिय रहा और इस काल के विशेष प्रकार के एम्फोरा मृदभाण्डों की विशाल (लेट एम्फोरा) संख्या भारत में ज्ञात, प्रथम बार एलीफेंटा से मिली है। यह भारतीय इतिहास में और विशेषतः समुद्रीय व्यापारिक इतिहास में एक नये तथ्य को जोड़कर पूर्वी और पश्चिमी सभ्यताओं के सतत और निरन्तर गतिशील सम्बंधों को प्रगाढ़ करने का साक्ष्य भी माना जा सकता है। जिसकी निरन्तरता को वर्तमान में भी देखा जा सकता है।

सोपारा अथवा शूरपारक का बन्दरगाह के रूप में उल्लेख अभिलेखों, जातकों तथा विदेशी यात्रा–वृतान्तों में मिलता है लेकिन अभी तक यहाँ से इसके पुरातात्त्विक प्रमाण प्रकाश में नहीं आये जबकि प्रारम्भिक ऐतिहासिक काल के अभिलेखों, जातकों तथा विदेशी यात्रा–वृतान्तों में एलिफेंटा द्वीप का बन्दरगाह के रूप में कहीं भी प्राचीन उल्लेख नहीं मिलता है। लेकिन यहाँ के उत्खनन से एक महत्त्वपूर्ण एवं प्राचीन बन्दरगाह होने का अकाट्य पुरातात्त्विक प्रमाण मिलते हैं। जिसके अर्न्तगत बन्दरगाह और भण्डार कक्ष जैसी बड़ी भवन संरचनाएँ प्रकाश में आयी हैं।

तत्कालीन अभियन्ताओं और वैज्ञानिकों ने इसे बन्दरगाह के रूप में चुना और इसका विकास किया। वहीं भौगोलिक तथा प्रकृति द्वारा प्रदत्त वरदानों जैसे छिछले समुद्रीय तल इत्यादि के उपलब्धता ने उनकी सहायता की जिससे सोपारा का व्यापारिक बन्दरगाह केन्द्र का एलीफेंटा द्वीप के व्यापारिक बन्दरगाह केन्द्र में स्थानान्तरण हो गया।

गोदी के सबसे निचला तल प्रारम्भिक ऐतिहासिक काल के लाल चमकीले मृदभाण्डों तथा प्राचीन ताँबे के सिक्के (काकिणी) से तथा ईटों की माप से इस गोदी के निर्माण काल को प्रथम शताब्दी ईसवी पूर्व तक आसानी से प्रकट करती है। अतः यह सिद्ध होता हैं कि प्रथम शताब्दी ईसवी पूर्व में यह एक फलता–फूलता बन्दरगाह था। जिसका महत्त्व आने वाले कम से कम चार सौ से सात सौ वर्षों तक बना रहा।

यह द्वीप मध्यकाल (ग्यारहवीं शताब्दी) में श्रीपुरी के नाम से गतिशील रहा और यादव कालीन समय में छोटे बन्दरगाह के रूप में कार्य करता रहा होगा क्योंकि बोरीवली से वीरागल मिले हैं जिनमें समुद्रीय नाविक युद्ध को अंकित किया गया हैं और पुनः पुर्तगालियों के समय शेतबन्दर के रूप में उभरता है और यूरोपीय गतिविधियों में पुनःसंलिप्त हो जाता है। जिसकी परिणति भारत की स्वतंत्रता के पश्चात अन्तिम रूप से इसके निकट नवनिर्मित जवाहरलाल नेहरू बन्दरगाह के रूप में होती है।

अभी तक ऐसा माना जाता था कि एलीफेंटा द्वीप से न तो अभिलेख मिले और न ही उसका कहीं उल्लेख हुआ है लेकिन शोध के दौरान विविध प्रकार के छोटे और बड़े अभिलेखों के बारे में जानकारी मिलती है। जिनके माध्यम से द्वीप के इतिहास का फलक विस्तृत और पुरातात्त्विक प्रमाणों से पुष्ट होता है। जैसे छठवीं शताब्दी की मुहर में अंकित लेख जिसमें "नारायण" लिखा हैं, छठवीं–सातवीं शताब्दी के चतुर्भुज ब्रह्मा के अधिष्ठान में अंकित लेख, सातवीं शताब्दी के पुलकेशिन द्वितीय के मेगुती मंदिर का अभिलेख, आठवीं शताब्दी के दन्तिदुर्ग का मनोर अभिलेख, ग्यारहवीं शताब्दी के ताँम्रपात्र का अभिलेख और पुर्तगालियों द्वारा भारत से लिस्बन भेजे गये अभिलेखों से स्पष्ट होता हैं कि द्वीप में अथवा इसके आसपास के अभिलेखों में एलीफेंटा द्वीप का प्राचीन नाम और उसकी महत्ता के साथ समृद्धता को भी रेखांकित करती है।

यद्यपि विद्वानों द्वारा एलीफेंटा द्वीप की गुफाओं को ब्राह्मण धर्म से सम्बंधित माना गया है। जिसका समय छठी शताब्दी ईसवी है, कृति के माध्यम से यह प्रकट होता है कि प्रारम्भ में इन गुफाओं का निर्माण बौद्ध धर्मावलम्बियों ने किया था। इसकी पुष्टि इस तथ्य से होती हैं कि स्तंभों का विकास, शिवलिंगों की प्रनाल का उत्तर दिशा में अभाव है

अथवा प्रनालों का ही अभाव है, द्वारशाखाओं का सादे से अलंकरणित होना, व्यापक मात्रा में चैत्य गवाक्षों और चैत्यों का प्रवेश द्वारों में अंकन, चित्र–फलकों का सामान्य जैसा कि कन्हेरी और कोण्डिवटे में है, से अधिक अन्दर की ओर गहराई से उत्खनन और उनके अलंकरणों का पूर्वावस्था में होना और उन्हीं के अनुरूप नया चित्रण करना अथवा उन्हें वैसे ही छोड़कर नये संदर्भों के साथ ताल–मेल बैठाया गया है, जिसका समय महास्तूप के समकालीन माना जा सकता है अर्थात प्रथम शताब्दी ईसवी पूर्व से द्वितीय शताब्दी ईसवी के मध्य सामान्यतः माना जा सकता है।

प्राचीन समय से ही एलीफेंटा द्वीप की लोकप्रियता न केवल भारतीयों में रही बल्कि यूरोपीय, अफ्रीका और अमेरिकी महाद्वीपों के लोगों के जहन में इसकी भव्य कलात्मकता समाहित रही है बल्कि पूर्व और पश्चिम का एक युग्मन स्थल रहा है। जहाँ पर बौद्धों के त्रिरत्न दिखते है, हिन्दूओं के त्रिदेव की संकल्पना समाहित है। जहाँ शिव के विभिन्न स्वरूपों को तथा शिव को एक नये स्वरूप सदाशिव अथवा महेश के रूप में व्युत्पन्न किया जाता है। जिसमें जीवन का सृजन होता है, जीवन पुष्पित और पल्लिवित होता है और सकार से निराकार होकर उसी में विलीन हो जाता है। जीवनचक्र की संकल्पना को समझने के लिए यह स्थान अनुपम है, अद्‌भुत है। ऐसी संकल्पना की व्यापकता, व्यवहार्यता और वैभवता को विश्व समुदाय ने जाना और समझा। परिणामस्वरूप यूनेस्को द्वारा विश्व धरोहर की सूची में विश्व के एक मात्र द्वीप एलीफेंटा को जिसके प्राचीनतम और वैविध्यपूर्ण पुरातात्त्विक पुरावशेषों की महत्ता को प्रकट करता है, को शामिल किया गया है।

देव आकृतियों तथा द्वारपालों की आकृतियों में वस्त्राभूषण एवं सिरोभूषा के स्तर पर कभी–कभी अद्‌भुत समानता देखने को मिलती हैं, जो स्तर भेद के बहुत अप्रभावी होने का संकेत हो सकता है। सामान्यतः अनुचरों एवं द्वारपालों की आकृतियों में अलंकरण की प्रवृत्ति तथा उनकी विविधता देव–मूर्तियों की अपेक्षा अधिक आकर्षक है, जिसका एक संभावित कारण इन आकृतियों में लोकशैली की अभिव्यक्ति हो सकती है, जिसमें हमेशा विविधता की संभावना अधिक प्रतीत होती है। जैसा कि वर्तमाान में भी भाषित होता है।

एलीफेंटा द्वीप के जल संरक्षण और जल–प्रबंधन के पुरातात्त्विक प्रमाणों से प्रकट होता है कि इस द्वीप के लोगों को भू–विज्ञान, मृदा–विश्लेषण विज्ञान के द्वारा संरचनात्मक अभियन्ताओं की कुशलता और निपुणता के बल द्वारा शैलोत्खनित जलकुण्डों को बनाया। जिनकी प्रविधियों को अन्य तकनीकों के माध्यम से हम वर्तमान में भी अपना रहे है। एलीफेंटा द्वीप की अपनी स्वयं की जल संरक्षण और जल–प्रबंधन व्यवस्था रही है। जिसको अपनाकर हम आसन्न जलसंकट से विश्वजगत को निजात दिला सकते हैं।

सृजन और विनाश प्रकृति का शाश्वत नियम है और इसकी परिसीमा में सब कुछ समा जाता है और इसको विनष्ट होने से बचाया नहीं जा सकता तथापि विनाश की गति को समुचित और सामयिक देख–रेख, और मरम्मत कार्य द्वारा मन्द कर, सांस्कृतिक विरासत को दीर्घजीवी बनाया जा सकता है। हमें पुरातात्त्विक अवशेषों की मौलिकता, सुचिता और उनकी ऐतिहासिकता के महत्त्व को सुनिश्चित करना है। भारतीय पुरातत्त्व सर्वेक्षण ख्यात–विख्यात पुराविरासतों का अभिरक्षक है और यह भारत सरकार का सबसे बड़ा केन्द्रीय अभिकरण भी है जिसकी सहायता के लिए राज्यों के पुरातत्त्व विभाग, विश्वविद्यालयों, संग्रहालयों इत्यादि द्वारा सराहनीय सहयोग की आवश्यकता को रेखांकित किया जा सकता है। रक्षण तथा परिरक्षण के माध्यम से जहाँ एक ओर भावी पीढ़ी को अपनी गौरवशाली विरासत को जानने तथा समझने में सहायता मिलेगी, वहीं दूसरी ओर विद्यार्थियों, शोधार्थियों एवं विद्वानों को अध्ययन–अध्यापन के लिए सहज मार्ग प्रशस्त करेगा। प्राचीन विरासत हमारी सांझी सम्पत्ति है और इसको सुरक्षित करना हमारा परम कर्तव्य भी है जैसा कि हमारे भारतीय संविधान के अनुछेच्द 51 (च) में वर्णित है कि ''प्रत्येक भारतीय नागरिक का यह कर्तव्य होगा कि वह हमारी सामासिक संस्कृति की गौरवशाली परम्परा का महत्त्व समझे और उसका परिरक्षण करे।''

बौद्ध चैत्य–विहारों से विकसित होते स्थापत्य और कलात्मक विचारों को तथा कुछ नया सोचने एवं करने की जिज्ञासा ने एलीफेंटा के कलाकारों द्वारा स्वयं की अनुसंधान और अन्वेषण की प्रक्रिया से सृजित और कसौटी के माध्यम से परिकल्पना को समावेशित किया। जिसमें उनकी स्वयं की आवश्यकता और आविष्कार की नम्य रचनात्मक प्रेरणा द्वारा इसे और विकसित कर समृद्ध किया गया। यहाँ की गुफाओं में पर्वत, उड़ते हुए बादल, केश सज्जा इत्यादि गुप्त कला के प्रभाव को इंगित करती है। वहीं, कार्ला और कन्हेरी की गुफाओं में उत्कीर्ण भारी भरकम मिथुन–मूर्तियों को संतुलित कर और गुप्त कलाओं की सज्जा को अपनाकर इन्हें गौरवशाली तथा सादगी से भरकर सुंदरता से परिपूर्ण कर दिया है। परिणामस्वरूप इस भव्य स्थापत्यकला में मूर्तिशिल्प के माध्यम से तत्कालीन कलाकारों ने जीवन्तता प्रदान कर, सजीव बना दिया।

विशाल स्तूप, अद्भुत शिल्पकला और प्राचीन बन्दरगाह के पुरातात्त्विक प्रमाण यहाँ उपलब्ध है लेकिन तत्कालीन लौकिक ग्रन्थों एवं यात्रा–वृतान्तों में इसके कला केन्द्र, धार्मिक केन्द्र, समुद्रीय व्यापारिक और वाणिज्यिक केन्द्र होने के विषय में मौन क्यों है? जो कि एक आश्चर्य का विषय है। प्रस्तुत लेखनी के माध्यम से एलीफेंटा के ऐतिहासिक, सामरिक, धार्मिक और वाणिज्यिक केन्द्र को प्रमाणित करने का विन्रम प्रयास किया गया है।

ऐसा कहा और माना जाता है कि वृक्ष लगाने, कुएँ, तालाब, मंदिर और भवनों इत्यादि को बनवाने से मनुष्य को स्वर्गलोक की प्राप्ति होती है। पता नहीं इन कलाकारों को स्वर्गलोक मिला अथवा नहीं, तथापि उनको अमरत्व की प्राप्ति अवश्य हो गयी है। पारखी और संयत तुलिकाओं के साधक अपनी कलाकृतियों को बनाकर पुरातत्त्व और मूर्तिशिल्प के इतिहास में अमरात्वालीन हो गये।

संदर्भ ग्रंथ सूची

मूल ग्रन्थ

- *अष्टाध्यायी,* पाणिनीकृत, निर्णय सागर प्रेस, 1929।
- *भागवत गीता,* गीता प्रेस गोरखपुर, 1956।
- *भागवत पुराण,* गीता प्रेस गोरखपुर, संवत 2018।
- *दीपवंश,* संपादक ओल्डेबर्ग, लंदन, 1879।
- *हर्षचरित,* बाणभट्ट, वाराणसी, 1958।
- *कर्पूरमंजरी,* राजशेखर, सम्पादक महामहोपध्याय पं. दुर्गाप्रसाद और वासुदेव लक्ष्मण शास्त्री पंसीकर, पाण्डुरंग जावाजी, प्रोप. निर्णय–सागर प्रेस, बांबे, 1927।
- *कुमारसंभव,* महाकवि कालिदासकृत, विराज, राजपाल एण्ड सन्स, दिल्ली, 2008।
- *कादम्बरी,* बाणभटट, डॉ. राजेश मिश्र, अक्षयवट प्रकाशक, इलाहाबाद, 1985।
- *मानसार,* संपादक प्रसन्न कुमार, आचार्य, प्रकाशक आक्सफोर्ड यूनीवर्सिटी, 1933।
- *मेघदूत,* महाकवि कालिदासकृत, डॉ. के. एन काटजू, कलकत्ता, 1951।
- *महावंश,* संपादक गणपति शास्त्री, गवर्मेंट प्रेस, त्रिवेन्द्रम, 1919।
- *महाभाष्य,* पतंजलिकृत, संपादक कीलहार्न, खण्ड.–3, बम्बई, 1892।
- *नाट्यशास्त्र,* भरतमुनि, मनोहर घोष एसीयाटिक सोसायटी ऑफ बंगाल, कोलकत्ता, 1951।
- *नैषध महाकाव्य,* पं. हरगोविन्द शास्त्री, चौखम्बा संस्कृत सीरीज आफिस, वाराणसी, 1967।
- *ऋतुसंहार,* महाकवि कालिदासकृत, सम्पादक वासुदेव लक्ष्मण शास्त्री पंसीकर, पाण्डुरंग जावाजी, प्रोप. निर्णय–सागर प्रेस, बांबे, 1972।
- *रघुवंश,* महाकवि कालिदासकृत पण्डित ज्वालाप्रसादमिश्रजी, श्रीवेंकटश्वर स्ट्रीट प्रेस, बंबई, संवत 1964।
- *विष्णुधर्मोत्तर,* भाग 3 गायकवाड ओरियन्टल सीरीज नं. 130, बड़ौदा, 1958।
- *विष्णुधर्मोत्तर,* भाग 3 स्टेला क्रेमरिश, कलकत्ता विश्वविद्यालय प्रेस, कलकत्ता, 1928।

सहायक ग्रन्थ

- अग्रवाल, वासुदेवशरण, *इंडिण्यन आर्ट,* विश्वविद्यालय प्रकाशन, वाराणसी, 1905।
- अग्रवाल, वासुदेवशरण, *कादम्बरी एक–सांस्कृतिक अध्ययन,* बनारस, 1970।

- अल्तेकर, ए. एस., *"मातृका रिलिफस् इन आर्ली इंडियन आर्ट"* ई. डब्ल्., वोल. 21, नं0 1–2, 1971।
- इन्द्रजी, भगवानलाल, एण्टीक्वेरियन रिमेन्स एट सोपारा एण्ड पडान, *जर्नल ऑफ बाम्बे ब्रान्च रायल एसियाटिक सोसायटी,* 15, बाम्बे, 1882।
- उपाध्याय, वासुदेव, *प्राचीन भारतीय स्तूप,* गुफा एवं मंदिर, पटना, 1972।
- उपाध्याय, वासुदेव, *प्राचीन भारतीय मूर्तिविज्ञान,* वाराणसी, 1982।
- कुमारस्वामी, आनन्द, *हिस्ट्री ऑफ इंडियन आर्ट एण्ड इन्डोनेशियन आर्ट,* मुन्शीराम मनोहरलाल, नई दिल्ली, 1972
- कनिंघम, अलेक्जेंडर, *द भिल्सा टोपस्, मुन्शीराम मनोहरलाल,* नई दिल्ली, 1997।
- कनिंघम, अलेक्जेंडर, *द स्तूप ऑफ भरहुत,* वाराणसी, 1962।
- कीलहॉर्न, *इपीग्राफिका इंडिका,* 1900–01, वाल्यम–VI डायरेक्टर जनरल, आर्कियोलॉजी सर्वे ऑफ इण्डिया, नई दिल्ली, 1981।
- कुरैशी, दुलारी, *रॉक कट टेम्पल्स ऑफ वेस्टर्न इंडिया,* नेहा पब्लिशर्स एण्ड डिस्ट्रीब्यूटर्स, नई दिल्ली, 2010।
- कैमरिश, स्टेला, *द हिन्दू टेंपल,* मोतीलाल बनारसी दास पब्लिशर्स प्राइवेट लिमिटेड, नई दिल्ली, रिप्रिन्ट, 1986।
- कैमरिश, स्टेला, *द प्रिजेन्स ऑफ शिवा,* मोतीलाल बनारसी दास पब्लिशर्स प्राइवेट लिमिटेड, नई दिल्ली, रिप्रिन्ट, 1988।
- कैमरिश, स्टेला, 1954. *द आर्ट ऑफ इंडिया,* फाइडॉन पब्लिशर्स, लंदन, 1954।
- कैल, ओवन सी., *एलिफेंटा द आइलेण्ड ऑफ मिस्ट्री,* डी. बी. तारापोवाला सन्स एण्ड कंपनी प्राइवेट प्राइवेट लिमिटेड, बाम्बे, 1984।
- कॉलिन, सी. डी., *द आइकोनोग्राफी एण्ड रिचुअल ऑफ शिवा एट एलिफेंटा,* प्रकाशन–हिन्दुस्तान पब्लिशर्स एण्ड डिस्ट्रीब्यूटर्स, न्यूयार्क, 1988।
- खण्डालावाला, कार्ल, *रॉक कट टेंपलस्, महाराष्ट्र,* मार्ग प्रकाशन, बाम्बे, 1965।
- खण्डालावाला, कार्ल, *द आइलेण्ड श्राइन एलिफेंटा इट्स डेट एण्ड डायनेस्टी एफलिऐशन,* आंध्रप्रदेश सरकार, हैदराबाद, 1990।
- खन्ना, अमरनाथ, *आर्कियोलॉजी ऑफ इण्डिया,* क्लेरीआन बुक्स्, नई दिल्ली, 1992।
- गिरि, कमल, *भारतीय श्रृंगार,* मोतीलाल बनारसी दास पब्लिशर्स् प्राइवेट लिमिटेड, वाराणसी, 1987।
- गुप्त, परमेश्वरी लाल, *भारत के प्रमुख अभिलेख,* खण्ड–1, विश्वविद्यालय प्रकाशन, वाराणसी, 2011।
- गुप्ते, आर. एस., *द डेटिंग ऑफ द एलिफेंटा केवस्, जर्नल ऑफ इंडियन हिस्ट्री,* वाल्यूम्स–XLIII भाग–2, लन्दन, 1965।
- गोखले, शोभना, एलीफेंटा होर्ड ऑफ कॉपर क्वाइनस् ऑफ कृष्णाराज, ज*र्नल ऑफ द न्यूमिस्मिटिक सोसायटी ऑफ इंडिया,* वाल्यूम्स–XXXVIII, भाग–2, बनारस, 1976।
- गोखले शोभना, *कन्हेरी इन्सक्रिप्सन्,* डेक्कन कॉलेज पोस्टग्रेजुएट एण्ड रिसर्च इन्स्टीट्यूट, पुणे, 1991।
- गोरक्षकर, सदाशिव, द परेल महादेव रिसेसड एण्ड टू न्यूवली डिस्कवरड इमेज फ्राम परेल, *ललित कला,* न–20 बाम्बे, 1982।
- गोरक्षकर, सदाशिव, *सोपाराः एडोब ऑफ द बुद्धास् सेवन सुप्रीम,* जर्नल ऑफ द एशियाटिक सोसायटी ऑफ बाम्बे, पब्लिसड बाए द एशियाटिक सोसायटी ऑफ बाम्बे, बाम्बे, 1986।
- घोष, ए., *एन इनसाइक्लोपीडिया ऑफ इंडियन ऑक्योलाजी,* वाल्यूम–1 एण्ड 2, मुन्शीराम मनोहरलाल, नई दिल्ली, 1989।
- चन्द्र, मोती, *ट्रेड एण्ड ट्रेड रूटस् इन एन्सीएन्ट इंडिया,* अभिनव प्रकाशन, दिल्ली, 1977।

- चन्द्र, प्रमोद, *ए गाइड टू द एलिफेंटा केवस्,* भूलाभाई मेमोरियल इन्सटिट्यूट, बाम्बे, 1957।
- चक्रवर्ती, एस. एन., द इमेज आफ ब्रह्मा फ्राम एलीफेंटा, *ललित कला,* वाल्यूम 1–2, नई दिल्ली, अप्रैल 1955–मार्च 1956।
- चौहान, एम. एस., *मॉन्युमेंटस् ऑफ मुम्बई सर्किल,* अधीक्षण पुरातत्वविद, आर्कियोलॉजी सर्वे ऑफ इण्डिया, मुम्बई मण्डल, मुम्बई, 2012।
- तिवारी, मारूतिनन्दन प्रसाद, एवं गिरि, कमल, *मध्यकालीन भारतीय मूर्तिकला,* वाराणसी, 1991।
- तिवारी, मारूतिनन्दन प्रसाद, एवं गिरि, कमल, *मध्यकालीन भारतीय प्रतिमा लक्षण,* वाराणसी,1997।
- देसाई, कल्पना, *जेवल्स ओन द क्रिसेन्टः मास्टरपीसेस आफ छत्रपति शिवाजी महाराज वास्तुसंग्रहालय,* मुम्बई, 2002।
- धवलीकर, एम. के., *लेट हीनयान केव्स ऑफ वेस्टर्न इंडिया,* डेक्कन कॉलेज पोस्टग्रेजुएट एण्ड रिसर्च इन्स्टीट्यूट, पुणे, 1984।
- धवलीकर, एम. के., *एलिफेंटा,* डायरेक्टर जनरल, आर्कियोलॉजी सर्वे ऑफ इण्डिया, नई दिल्ली, 2007।
- पंडित ए. सूरज, *रिलिजियस डवल्पमेंट ऑफ बुद्धिज्म एस अन्डरस्टूड थ्रो द आर्ट ऑफ कन्हेरी,* पीएच. डी थीसिस, मुम्बई यूनीवर्सिटी, मुम्बई, 2004।
- पाण्डे, जयनारायण, *पुरातत्त्व विमर्श,* प्राच्य विद्या संस्थान, इलाहाबाद, 2013।
- पाण्डे, जयनारायण, *भारतीय कला,* प्राच्य विद्या संस्थान, इलाहाबाद, 2013।
- फर्ग्यूसन्, जेम्स और जेम्स बर्गेस, *द केव टेंपलस् ऑफ इंडिया,* लंदन, 1880।
- बैनर्जी, जितेन्द्र नाथ, *द डवलपमेंट ऑव हिन्दू आइकोनोग्राफी,* मुन्शीराम मनोहरलाल पब्लिशर्स् प्राइवेट लिमिटेड, नई दिल्ली, 1971।
- बैनर्जी, जितेन्द्र नाथ, 'द सोकाल्ड त्रिमूर्ति ऑफ एलीफेंटा', *आर्ट एशियाटिकस्,* 2, कलकत्ता, 1955।
- ब्रेकसन्, करमेल, एलिफेंटा–द केव ऑफ शिवा, मोतीलाल बनारसी दास पब्लिशर्स प्राइवेट लिमिटेड, दिल्ली, 1999।
- बर्जेस, जेम्स, *द रॉक टेंपलस् ऑफ एलिफेंटा ऑर घारापुरी विथ फोटोग्राफिक इलुसट्रेसन्,* डी एच स्यकास् एंड कंपनी, 1871।
- बर्जेस, जेम्स, (रीवाइज्ड एण्ड एडीटेड), *हिस्ट्री ऑफ इंडियन एण्ड ईस्टर्न ऑर्कीटक्चर,* मुन्शीराम मनोहरलाल पब्लिशर्स, दिल्ली, 1967।
- बर्जेस, जेम्स, *रिर्पोट ऑन द एलुरा केव टेंपलस् एण्ड द ब्रह्मनिकल एण्ड जैन केव इन वेर्स्टन इंडिया,* ऑर्कियोलॉजिकल सर्वे ऑफ इण्डिया, नई दिल्ली, 1883, रिप्रिन्ट, 1994।
- बिष्ट, ए. एस., *कन्जर्वेसन् ऑफ कल्चर प्रोपर्टीज इन इंडिया,* अगम कला प्रकाशन, दिल्ली, 2000।
- बिष्ट, ए. एस., (संपादक), *स्टडी इन आर्ट एण्ड आर्कियोलॉजी कन्जर्वेसन,* अगम कला प्रकाशन, दिल्ली, 2004।
- बिष्ट, रविन्द्र सिंह, *धौलावीरा,* डायरेक्टर जनरल, आर्कियोलॉजी सर्वे ऑफ इण्डिया, नई दिल्ली, 2015।
- मजूमदार, आर. सी., *द ऐज ऑफ इम्पीरियल यूनिटी,* भारतीय विद्या भवन, बाम्बे, फोर्थ एडीशन, 1968।
- मजूमदार, आर. सी., *द क्लासिकल ऐज,* भारतीय विद्या भवन, थर्ड एडीशन, बाम्बे, 1970।
- मंगलम, एस. जे., 'शिप टाइप क्वाइंस फ्राम एलीफेंटा', *जर्नल ऑफ न्यूमिस्मेटिक सोसायटी ऑफ इण्डिया,* वाल्यूम–LIV, बनारस, 1992।
- मंगलम, एस. जे., शिप टाइप क्वाइंस फ्राम एलीफेंटा, *बुलेटिन ऑफ दक्कन कॉलेज रिसर्च इंस्टीट्यूट,* वाल्यूम–LIII, पुणे, 1993।

- मित्रा, देवला, *साँची,* द डायरेक्टर जनरल, आर्कियोलॉजी सर्वे ऑफ इंडिया, नई दिल्ही, 2003।
- मिचेल, जार्ज, *एलिफेंटा,* प्रकाशन–इंडिया बुक हाउस प्राइवेट लिमिटेड, मुम्बई, 2002।
- मिश्र, इन्दुमती, *प्रतिमा विज्ञान वैष्णव पुराणों के आधार पर,* मध्यप्रदेश ग्रन्थ आकादमी, भोपाल, 2009।
- मिश्र, जयशंकर, *प्राचीन भारत का सामाजिक इतिहास,* बिहार हिन्दी ग्रन्थ अकादमी, पटना, 2006।
- मिश्र, रमानाथ, *भारतीय मूर्तिकला,* दिल्ली, 1978।
- मिश्र, एस. एन., *गुप्त आर्ट एण्ड आर्किटेक्चर,* दिल्ली, 1992।
- मिश्र, एस. एन., *पुरातत्त्व तकनीक,* जबलपुर, 2003।
- मिश्र, एस. एन. एवं मिश्रा, *नीरजा प्रायोगिक पुरातत्त्व,* जबलपुर, 2003।
- नागाराजू, एस., *बुद्धिस्ट आर्किटेक्चर ऑफ वेस्टर्न इंडिया,* अगम कला प्रकाशन, दिल्ली, 1981।
- राय, मनीष, एन्सीएंट वाटर मैनेजमंट सिस्टम ऑफ घारापुरी आईलैण्डः ए केस स्टडी, *जनरल ऑफ इण्डियन ओसियन आर्कियोलॉजी, ए ज्वाइन्ट पब्लिकेशन्स् ऑफ सेन्टर फार रिसर्च एण्ड ट्रेनिंग इन हिस्ट्री, आर्कियोलॉजी एण्ड पैलियो–एन्वायरमेंट एण्ड इन्द्रप्रस्थ म्यूजियम ऑफ आर्ट एण्ड आर्कियोलॉजी,* नई दिल्ली, 2013।
- राय, मनीष, आर्कियोलॉजी ऑफ एलीफेंटा आसलैण्ड फ्राम इनस्क्रइब्ड एण्ड रिटन रिकार्डस्, *हेरीटेज एण्ड अस, कन्सर्व इट फार फ्यूचर,* क्वाटरली ई–जनरल, ईयर थ्री, इसू थ्री, नई दिल्ली, 2014।
- राय, मनीष, एन्सीएंट एक्वेटिक आर्क्टिेक्चर ऑफ इंडिया विद स्पेशल रिफरेन्स टू द घारापुरी आईलैण्ड, *हेरीटेज जनरल आफ मल्टीडिसीपीलेनरी स्टडीज इन* आर्कियोलॉजी, वाल्यूमस्–2, डिपार्टमेंट ऑफ आर्कियोलॉजी, यूनीवर्सिटी ऑफ केरल, त्रिवन्थापुरम्, 2014।
- राय, मनीष, एन्सीएंट एक्वेटिक आर्क्टिेक्चर ऑफ इंडिया विद स्पेशल रिफरेन्स टू द बुद्धिष्ट केव एट कन्हेरी, मणी–सुषमा आर्कियोलॉजी एण्ड हेरीटेज, वाल्यूम–2, बी. आर. पब्लिशिंग, दिल्ली, 2015।
- राय, मनीष, लेसर नोन पेंटिंग्स फ्राम द रॉक कट केव्स आफ वेस्टर्न इंडिया, *हेरीटेज एण्ड अस, कन्सर्व इट फार फ्यूचर,* क्वाटरली ई–जनरल, नई दिल्ली, अगस्त, 2015।
- राव, गोपीनाथ, टी. ए., *एलीमेंट ऑफ हिन्दू आइकोनोग्राफी,* 2 वाल्यूमस्, मद्रास, 1914, रिप्रिन्ट, 1971
- रोलैण्ड, बैंजामिन, *द आर्ट एण्ड आर्कीटेक्चर ऑफ इंडिया,* बुद्धिष्ट, हिन्दू, जैन, पेंग्विन बुक्स्, थर्ड एडीशन, बांगे सुफोक, ग्रेट ब्रिटेन, 1967।
- राव, एस. आर., लोथल ए हरप्पन पोर्ट टाउन (1955–62), *मेमोयर्स ऑफ दि आर्कियोलॉजी सर्वे ऑफ इण्डिया,* डायरेक्टर जनरल, आर्कियोलॉजीकल सर्वे ऑफ इण्डिया, नई दिल्ली, 1979।
- राव, एस. आर. संकेन शिपस् एण्ड सबमर्जड पोर्टस्, वाल्यूम–17, नं.7, साइन्स टूडे, 18, 1983।
- राव, एस. आर., *प्रोग्रेस एण्ड प्रास्पेक्ट ऑफ मेरीन आर्कियोलॉजी इन इण्डिया,* एन. आई. ओ., गोवा, 1987।
- राव, एस. आर., *हेमाकूट–रिसेन्ट रिसर्च इन आर्कियोलॉजी एण्ड म्यूजिओलॉजी,* सी. टी. कोट्रियाह फेलीसिटेशन वाल्यूम, नई दिल्ली, 2001।
- वानी, व्ही. एम., *गाइड टू एलीफेंटा,* श्रीमति के. व्ही. वानी, मुम्बई, 2007।
- व्हीलर, आर. ई. एम., *एन्सिएन्ट इंडिया, नं. 2,* डायरेक्टर जनरल, *आर्कियोलॉजी* सर्वे ऑफ इण्डिया, नई दिल्ली, 1983।
- शर्मा, बी. एन., *आइकोनोग्राफी ऑफ सदाशिव,* नई दिल्ली, 1976।
- शास्त्री, हीरानंद, *ए गाइड टू एलीफेंटा,* मेनेजर ऑफ पब्लिकेशन, दिल्ली, 1934।
- शिवराममूर्ति, सी., *सतरूद्रीया–विभूति ऑफ शिवास् आइकोनोग्राफी,* नई दिल्ली, 1976।

- सरस्वती, एस. के., *ए सर्वे ऑफ इंडियन स्कल्पचर,* मुन्शीराम मनोहरलाल, नई दिल्ली, 1975।
- सहाय, सच्चिदानन्द, *मंदिर स्थापत्य का इतिहास,* बिहार हिन्दी ग्रन्थ अकादमी, पटना, 1981।
- सौन्दरराजन, के. वी., *केव टेंपलस ऑफ द दक्कन,* ए.एस.आई., प्रकाशन, नई दिल्ली, 1981।
- स्टेवेनसन्, जे., द थ्योरी ऑफ द ग्रेट एलीफेंटा केव, *जर्नल ऑफ बाम्बे ब्रांच ऑफ दी रायल ऐसियाटिक सोसायटी,* वाल्यूम्स–XVI, 1850–52।
- स्पिंक, वाल्टर एम., *मान्यूमेंटस् ऑफ द आर्ली कल्चुरी पीरियड,* जर्नल ऑव इंडियन हिस्ट्री, वाल्यूम्स–XLVI भाग–2, त्रिवेन्द्रम, 1968।
- स्पिंक, वाल्टर एम., *जोगेश्वरी–ए ब्रिज एनालिसिस,* जर्नल ऑफ इंडिया सोसायटी ऑफ ओरियंटल आर्ट, हिस्ट्री, त्रिवेन्द्रम, 1978।
- स्पिंक, वाल्टर एम., द ग्रेट केव एट एलिफेंटा–ए स्टडी ऑफ सोर्सेस्, *ऐसे ऑफ गुप्ता कल्चर,* मोतीलाल बनारसी दास पब्लिशर्स् प्राइवेट लिमिटेड, दिल्ली, 1983।
- सेनगुप्ता, गौतम, *कस्टोडियनस् ऑफ द पास्ट,* 150 ईयर ऑफ द आर्कियोलॉजी सर्वे ऑफ इण्डिया, डायरेक्टर जनरल, आर्कियोलॉजीकल सर्वे ऑफ इण्डिया, नई दिल्ली, 2012।
- श्रीनिवासन, पी. आर., *एलोरा टेंपलस्,* डायरेक्टर जनरल, आर्कियोलॉजी सर्वे ऑफ इण्डिया, नई दिल्ली, 2007।
- श्रीवास्तव, के. सी., *प्राचीन भारत का इतिहास तथा संस्कृति,* यूनाइटेड बुक डिपो, इलाहाबाद, 1989।
- त्रिपाठी, आलोक, *ओन शोर एण्ड ऑफशोर एक्सप्लोरेशन इन एलीफेंटा आईलैण्डः एवीडेंस ऑफ इण्डो–मेडीटेरियन ट्रेड, एम्फोरा फ्राम एलीफेंटा आयलैण्डः फ्रैश एवीडेस ऑफ वेस्टर्ली ट्रड, यावनिका,* नम्बर–3, जर्नल ऑफ द इण्डियन सोसायटी फार ग्रीक एण्ड रोमन स्टडीज, 1993।
- त्रिपाठी, आलोक, *जनरल ऑफ इण्डियन ओसियन आर्कियोलॉजी, ए ज्वाइन्ट पब्लीकेशन ऑफ सेन्टर फार रिसर्च एण्ड ट्रेनिंग इन हिस्ट्री, आर्कियोलॉजी एण्ड पैलियो–एन्वायरमेंट एण्ड इन्द्रप्रस्थ म्यूजियम ऑफ आर्ट एण्ड आर्कियोलॉजी,* नम्बर–1, नई दिल्ली, 2004।
- त्रिपति, शीला एण्ड गौर, ए. एस., ओन शोर एण्ड नियर शोर एक्सप्लोरेशनस् एलांग द महाराष्ट्रा कोस्टः विद ए व्यू टू लोकेटिंग एनसियंट पोर्ट एण्ड सबमर्ज साइटस्, *मैन एण्ड एनवायरॉनमेंट,* वाल्यूम XII(2), पुणे, 1997।
- त्रिपति, शीला, चौलः डिक्लाइनिंग पोर्ट ऑफ कोंकण, *जर्नल ऑफ मैराइन आर्कियोलॉजी*–3 ,गोवा, 1992।

रिपोर्टस /मैनेजमेन्ट प्लान

- *एन्युल रिर्पोट* 1910–11, द डायरेक्टर जनरल, आर्कियोलॉजीकल सर्वे ऑफ इंडिया, पार्ट–1, नई दिल्ही, 2003।
- *एन्युल रिर्पोट* 1919–20, द डायरेक्टर जनरल, आर्कियोलॉजीकल सर्वे ऑफ इंडिया, पार्ट–1, नई दिल्ही, 2002।
- *एन्युल रिर्पोट* 1921–22, द डायरेक्टर जनरल, आर्कियोलॉजीकल सर्वे ऑफ इंडिया, नई दिल्ही।
- *एन्युल रिर्पोट* 1922–23, द डायरेक्टर जनरल, आर्कियोलॉजीकल सर्वे ऑफ इंडिया, नई दिल्ही, 2003।
- *एन्युल रिर्पोट* 1923–24, द डायरेक्टर जनरल, आर्कियोलॉजीकल सर्वे ऑफ इंडिया, नई दिल्ही, 2002।
- *एन्युल रिर्पोट* 1924–25, द डायरेक्टर जनरल, आर्कियोलॉजीकल सर्वे ऑफ इंडिया, नई दिल्ही, 2002।
- *एन्युल रिर्पोट* 1938–39, अपेनडिक्स–3, द डायरेक्टर जनरल, आर्कियोलॉजीकल सर्वे आफ इंडिया, नई दिल्ली, 2003।
- *इंडियन आर्कियोलॉजी–1953–54 ए रिव्यू,* डायरेक्टर जनरल, आर्कियोलॉजीकल सर्वे ऑफ इण्डिया, नई दिल्ली, 1954, रिप्रिन्ट, 1993।

- *इंडियन आर्कियोलॉजी–1954–55 ए रिव्यू*, डायरेक्टर जनरल, आर्कियोलॉजीकल सर्वे ऑफ इण्डिया, नई दिल्ली, 1955, रिप्रिन्ट, 1993।
- *इंडियन आर्कियोलॉजी–1956–57 ए रिव्यू*, डायरेक्टर जनरल, आर्कियोलॉजीकल सर्वे ऑफ इण्डिया, नई दिल्ली, 1957।
- *इंडियन आर्कियोलॉजी–1957–58 ए रिव्यू*, 1958. डायरेक्टर जनरल, आर्कियोलॉजीकल सर्वे ऑफ इण्डिया, नई दिल्ली, 1958, रिप्रिन्ट 1993।
- *इंडियन आर्कियोलॉजी–1961–62 ए रिव्यू*, डायरेक्टर जनरल, आर्कियोलॉजीकल सर्वे ऑफ इण्डिया, नई दिल्ली, 1964।
- *इंडियन आर्कियोलॉजी–1962–63 ए रिव्यू*, डायरेक्टर जनरल, आर्कियोलॉजीकल सर्वे ऑफ इण्डिया, नई दिल्ली, 1965।
- *इंडियन आर्कियोलॉजी–1963–64 ए रिव्यू*, डायरेक्टर जनरल, आर्कियोलॉजीकल सर्वे ऑफ इण्डिया, नई दिल्ली, 1967।
- *इंडियन आर्कियोलॉजी–1964–65 ए रिव्यू*, डायरेक्टर जनरल, आर्कियोलॉजीकल सर्वे ऑफ इण्डिया, नई दिल्ली, 1969।
- *इंडियन आर्कियोलॉजी–1965–66 ए रिव्यू*, डायरेक्टर जनरल, आर्कियोलॉजीकल सर्वे ऑफ इण्डिया, नई दिल्ली, 1973।
- *इंडियन आर्कियोलॉजी–1969–70 ए रिव्यू*, डायरेक्टर जनरल, आर्कियोलॉजीकल सर्वे ऑफ इण्डिया, नई दिल्ली, 1973।
- *इंडियन आर्कियोलॉजी–1975–76 ए रिव्यू*, डायरेक्टर जनरल, आर्कियोलॉजीकल सर्वे ऑफ इण्डिया, नई दिल्ली, 1979।
- *इंडियन आर्कियोलॉजी–1976–77 ए रिव्यू*, डायरेक्टर जनरल, आर्कियोलॉजीकली सर्वे ऑफ इण्डिया, नई दिल्ली, 1980।
- *इंडियन आर्कियोलॉजी–1977–78 ए रिव्यू*, डायरेक्टर जनरल, आर्कियोलॉजीकल सर्वे ऑफ इण्डिया, नई दिल्ली, 1980
- *इंडियन आर्कियोलॉजी–1978–79 ए रिव्यू*, डायरेक्टर जनरल, आर्कियोलॉजीकल सर्वे ऑफ इण्डिया, नई दिल्ली, 1981।
- *इंडियन आर्कियोलॉजी–1979–80 ए रिव्यू*, डायरेक्टर जनरल, आर्कियोलॉजीकल सर्वे ऑफ इण्डिया, नई दिल्ली, 1983।
- *इंडियन आर्कियोलॉजी–1984–85 ए रिव्यू*, डायरेक्टर जनरल, आर्कियोलॉजीकल सर्वे ऑफ इण्डिया, नई दिल्ली, 1987।
- *इंडियन आर्कियोलॉजी–1987–88 ए रिव्यू*, डायरेक्टर जनरल, आर्कियोलॉजीकल सर्वे ऑफ इण्डिया, नई दिल्ली, 1993।
- *इंडियन आर्कियोलॉजी–1988–89 ए रिव्यू*, डायरेक्टर जनरल, आर्कियोलॉजीकल सर्वे ऑफ इण्डिया, नई दिल्ली, 1993।
- *इंडियन आर्कियोलॉजी–1991–92 ए रिव्यू*, डायरेक्टर जनरल, आर्कियोलॉजीकल सर्वे ऑफ इण्डिया, नई दिल्ली, 1996।

- *इंडियन आर्कियोलॉजी–1993–94 ए रिव्यू,* डायरेक्टर जनरल, आर्कियोलॉजीकल सर्वे ऑफ इण्डिया, नई दिल्ली, 2000।
- *इंडियन आर्कियोलॉजी–1994–95 ए रिव्यू,* डायरेक्टर जनरल, आर्कियोलॉजीकल सर्वे ऑफ इण्डिया, नई दिल्ली, 2000।
- *इंडियन आर्कियोलॉजी–1995–96 ए रिव्यू,* डायरेक्टर जनरल, आर्कियोलॉजीकल सर्वे ऑफ इण्डिया, नई दिल्ली, 2000।
- *इंडियन आर्कियोलॉजी–1997–98 ए रिव्यू, डायरेक्टर जनरल,* आर्कियोलॉजीकल सर्वे ऑफ इण्डिया, नई दिल्ली, 2003।
- *इंडियन आर्कियोलॉजी–1998–99 ए रिव्यू,* डायरेक्टर जनरल, आर्कियोलॉजीकल सर्वे ऑफ इण्डिया, नई दिल्ली, 2004।
- *कम्प्रीहेन्सिव कन्जरवेसन मैनेजमेन्ट एण्ड सस्टेनेबल डवलपमेंट प्लान,* एलीफेंन्टा आयलैण्ड, प्रीपेसर्ड बाय इनटैक, 2004।
- *इंडियन ऑर्कियोलॉजी–1999–2000 ए रिव्यू, डायरेक्टर जनरल,* आर्कियोलॉजीकल सर्वे ऑफ इण्डिया, नई दिल्ली, 2006।
- *इंडियन ऑर्कियोलॉजी–2000–01–ए रिव्यू, डायरेक्टर जनरल,* आर्कियोलॉजीकल सर्वे ऑफ इण्डिया, नई दिल्ली, 2006।
- *भारत–2015,* प्रकाशन विभाग, सूचना एवं प्रसाारण मंत्रालय, भारत सरकार, नई दिल्ली, 2015।

अन्य जर्नल/समाचार पत्र/पत्रिकाएँ

- केव ऑफ ऐलीफेंटा, *मार्ग,* वाल्यूम्स– XIII, नं–4, बाम्बे, 1960।
- *मान्यूमेन्टस् ऑफ इंडिया,* डायरेक्टर जनरल, आर्कियोलॉजीकल सर्वे ऑफ इण्डिया, नई दिल्ली, 2008।
- *रिवाइज्ड लिस्ट ऑफ एंटीक्वेरियन रिमेंस इन द बाम्बे प्रसीडेंसी,* वाल्यमस्–VIII, डायरेक्टर जनरल, आर्कियोलॉजीकल सर्वे ऑफ इण्डिया, नई दिल्ली, 2000।
- *टाइम्स ऑफ इंडिया,* मुम्बई एडीशन।
- *द इंडियन एक्सप्रेस,* मुम्बई एडीशन।
- *सकाल मराठी* दैनिक समाचार पत्र, मुम्बई एडीशन।

गजेटियर

- *गजेटियर ऑफ इंडिया,* महाराष्ट्र स्टेट, भाग–1, एंसिएंट पीरियड, बाम्बे, 1967।
- *गजेटियर ऑफ द बाम्बे प्रसीडेंसी,* वाल्यूम्स–I, भाग–I, बाम्बे, 1896।
- *गजेटियर ऑफ बाम्बे प्रेसीडेंसी,* ठाणे, ओरिजनली पब्लिशड इन 1882, वाल्यूम–XIII, पार्ट II गर्वमेंट फोटोजोनिकोग्राफिक्स, पुणे, 1986।
- *गजेटियर ऑफ बाम्बे प्रेसीडेंसी,* कोलाबा डिस्ट्रिक्ट।
- (गजेटियर http://raigad.nic.in/DG/1964/places_Elephanta.html)।

परिशिष्ट–1

एलीफेंटा स्तूप के समकालीन भारत के प्राचीन स्तूपों की संक्षिप्त जानकारी–

1. साँची स्तूप, साँची (जिला–विदिशा, मध्यप्रदेश) साँची के बड़े स्तूप का प्राचीनतम भाग मौर्य काल अथवा उससे कुछ पहले के माना जाता हैं जिसकी ऊँचाई 15.5 मीटर तथा जिसका व्यास 30.5 मीटर है। कालान्तर में इसके आकार को पाषाण के तोरण और वेदिका द्वारा बढ़ा दिया गया, जिसका व्यास 36 मीटर तथा ऊँचाई 16.5 मीटर है। इसमें प्रदक्षिणापथ तथा सोपानों की व्यवस्था है।

2. भरहुत स्तूप (भारमुक्ति), (जिला–सतना, मध्यप्रदेश) का व्यास 20 मीटर तथा घेरा 65 मीटर था। स्तूप के बाहर लगभग 3 मीटर चौड़ा प्रदक्षिणापथ है, जिसके बाहर पाषाण की वेदिका थी और इस प्रकार वेदिका के बीच की भूमि का व्यास 27 मीटर था।

3. नागार्जुनाकोण्डा स्तूप, नागार्जुनाकोण्डा (जिला–गुन्टूर, आन्ध्रप्रदेश) का व्यास धरातल पर 53 मीटर तथा ऊँचाई 28–30 मीटर रही होगी। इसमें प्रदक्षिणापथ की व्यवस्था थी।

4. अमरावती स्तूप, अमरावती (जिला–गुन्टूर, आन्ध्रप्रदेश) का निर्माण मूलतः ईसापूर्व दूसरी शताब्दी ईसवी में हुआ था। कालान्तर में परिवर्तन और परिवर्धन होता गया और अन्तिम स्वरूप 150–200 ईसवी में आया होगा। जिसका व्यास धरातल पर 53 मीटर तथा ऊँचाई 28–30 मीटर रही होगी। इसमें प्रदक्षिणापथ की व्यवस्था थी।

5. नालासोपारा अथवा सूर्पारक अथवा सोपारा स्तूप (जिला–पालघर, महाराष्ट्र) का व्यास 27 मीटर, परिधि–85 मीटर और धरातल से औसत ऊँचाई–6 मीटर है। जिसकी ऊँचाई वर्तमान ऊँचाई से भी अधिक रही होगी। संभवतः इसमें भी प्रदक्षिणापथ की व्यवस्था रही होगी क्योंकि इसकी ईंटों का आकार 0.47 मीटर x 0.25 मीटर x 0.08 मीटर तथा 0.42 मीटर x 0.25 मीटर x 0.08 मीटर, 0.33 मीटर x 0.35 मीटर x 0.08 मीटर, और 0.30 मीटर x 0.20 मीटर x 0.075 मीटर है, जो कुछ शुंग–सातवाहन कालीन प्रतीत होती है और इस काल के तद्‌युगीन साँची के स्तूप में यह व्यवस्था वर्तमान में देखी जा सकती है। समकालीन शैलकृत–गुफा मंदिरों के चैत्यगृहों में भी प्रदक्षिणापथ जैसे भाजा, कोण्डाने, पीतलखोरा, कोण्डीवटे, नासिक, अजंता, कान्हेरी इत्यादि में देखा जा सकता है और ये सभी पश्चिम भारत में अवस्थित है। निःसंदेह तत्कालीन पारखी कलाकारों की पैनी दृष्टि से अछूते नहीं रहे होगें। (लेखक द्वारा स्वयं यहाँ के विशाल तथा छोटे स्तूपों का वैज्ञानिक उत्खनन वर्ष 2007–08 से 2008–09 किया गया)

6. केशरिया स्तूप, वैशाली के पास (जिला–पूर्वी चम्पारण, बिहार) जिसका व्यास 122 मीटर है। जिसकी ईंटों का आकार 0.36 मीटर x 0.21 मीटर x 0.06 मीटर तथा 0.32 मीटर x 0.16 मीटर x 0.05 मीटर, शुंग–कुषाणकाल में अलंकरण रहित था और इसे गुप्तकाल में विस्तारित कर अलंकरण से संयोजित किया गया है। (*पुरासम्पदा,* स्मारिका, 2012. भारतीय पुरातत्त्व सर्वेक्षण, नई दिल्ली पृष्ठ–81–83।)

परिशिष्ट–2

एलीफेंटा की मुख्य गुफा के अन्तर्गत मूर्तिफलकों के विभिन्न स्वरूपों तथा उनकी अवस्थिति ।

क्रमांक	गुफा संख्या	मूर्ति का नाम	गुफा में अवस्थिति
1	1	शिव महायोगी मूर्ति / योगेश्वर के रूप में कमलासीन	उत्तर–पूर्व में
2	1	रावणानुग्रहमूर्ति / कैलाश पर्वत को उठा रहे रावण,	उत्तर–पूर्व में
3	1	चौपड़ खेलते शिव–पार्वती मूर्ति	दक्षिण–पूर्व में
4	1	अर्धनारीश्वर मूर्ति	दक्षिण में
5	1	महेश मूर्ति	दक्षिण में
6	1	गंगाधर मूर्ति	दक्षिण में
7	1	कल्याण–सुन्दर मूर्ति	दक्षिण–पश्चिम में
8	1	अंधकासुर–वध मूर्ति	उत्तर–पश्चिम में
9	1	शिव की दिव्य नटराज मूर्ति	उत्तर–पश्चिम में
10	1	संधार शिवलिंग मंदिर	पश्चिम में
11	1	प्रदक्षिणा पथयुक्त शिवलिंग मंदिर	पूर्व में
12	1	शिवलिंग मंदिर	पश्चिम में

परिशिष्ट–3

द्वीप पर बिखरे तथा भण्डार कक्ष में संग्रहित सुरक्षित रखे हुए विभिन्न प्रकार के कलात्मक अवयवों का अभिलेखीकरण किया गया है।

जिसकी अवस्थिति –ऐलीफेंटा गुफाएँ, सामग्री–बेसाल्ट तथा माप मीटर में दर्शायी गयी है–

सं. क्र.	वस्तु	विवरण	काल	मपन				छायाचित्र
				अवस्था	लम्बाई	चौड़ाई / मोटाई	ऊँचाई	
1.	नारी का सिर	नारी का सिर जिसकी आँखें, नाक और मुख अपक्षयित हो गये है तथापि केश–विन्यास बहुत की सुन्दर ढंग से किया गया है। दाहिने कान के ऊपर से केशों की तीन लड़ियाँ जबकि बायीं ओर से भी तीन लड़ियाँ है, जो कि सिर के मध्य भाग से पीछे की ओर जा रही है। पीछे की ओर के केशों की सज्जा स्पष्ट है जबकि आगे की ओर बिंदिया है। कानों में कर्णकुण्डल को धारण किये हुए है।	छठवीं शताब्दी ईसवी	ऋतुक्षरित	0.185	0.165	0.125	
2.	स्थानक–मूर्ति का निचला भाग	मूर्ति का निचला भाग है और स्थानक–मुद्रा में है। जिसके दोनों पैरों की दसों अँगुलियों को देखा जा सकता है। दोनों पैरों में कड़ों को धारण किये हुए है।	छठवीं शताब्दी ईसवी	अच्छी	0.21	0.115	0.12	

3.	द्विभंगावस्था में पुरूष मूर्ति	द्विभंगावस्था में पुरूष मूर्ति है जिसकी तोंद निकली हुई है और कपड़ों को धारण किये हुए है। साथ ही बायीं ओर अंगवस्त्र को देखा जा सकता है।	छठवीं शताब्दी ईसवी	अच्छी	0.22	0.175	0.13	
4.	नारी मूर्ति	यह नारी मूर्ति कड़ा और कमरबंद को धारण किये हुए है जबकि दाहिना भाग खण्डित है।	छठवीं शताब्दी ईसवी	ऋतुक्षरित	0.40	0.17	0.18	
5.	सिंह का पंजा	सिंह का पंजा जिसमें नाखूनों को स्पष्ट रूप से देखा जा सकता है।	छठवीं शताब्दी ईसवी	अच्छी	0.43	.	0.32	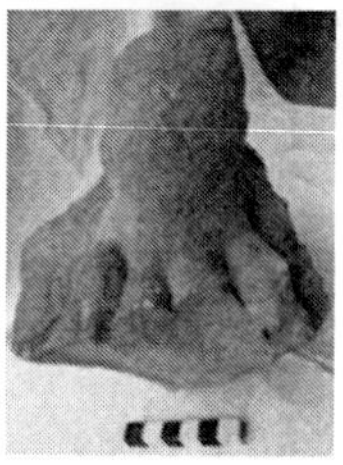
6.	खण्डित मूर्ति	खण्डित मूर्ति के दाहिनी ओर की एक आँख, कर्णकुण्डल, गले में हार है जबकि दाहिना भाग क्षतिग्रस्त है।	छठवीं शताब्दी ईसवी	अच्छी	0.23	0.08	0.14	
7.	मूर्ति का हाथ	मूर्ति के हाथ की सभी अँगुलियों के नाखून वाले भाग खण्डित है। जबकि गदेली वाले भाग में कुछ पकड़े हुए प्रतीत हो रहा है। हाथ में अंलकृत कड़ा है।	छठवीं शताब्दी ईसवी	अच्छी	0.22	0.06	0.12	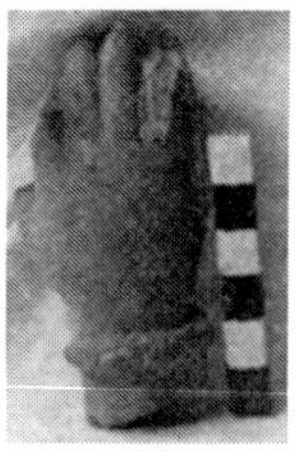
8.	नारी मूर्ति	नारी मूर्ति का मुख क्षरित हो गया है तथापि केशों की सज्जा, कर्ण कुण्डल, हार धारण किये हुए है जबकि वक्षस्थल आगे की ओर निकला हुआ है।	छठवीं शताब्दी ईसवी	ऋतुक्षरित	0.33	0.21	0.15	
9.	हाथ का पंजा	हाथ का पंजा जिसको देख कर लगता हैं कि यह आराम की मुद्रा में और यह जाँघ अथवा कमर में रखा हुआ था और कड़ा को धारण किये हुए है। अँगुलियाँ स्पष्ट दिखाई दे रही है।	छठवीं शताब्दी ईसवी	सुन्दर	0.165	0.22	0.17	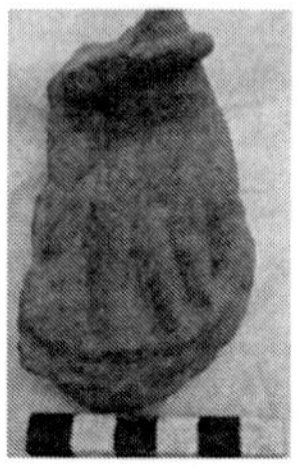

10.	स्थानक–मुद्रा में चर्तुभुजी प्रतिमा	स्थानक–मुद्रा में चर्तुभुजी प्रतिमा जिसके ऊपरी बायें हाथ में कुछ वस्तु पकड़े हुए हैं जबकि अन्य तीन हाथ अस्पष्ट है। पीछे की ओर प्रभामण्डल भी है।	छठवीं शताब्दी ईसवी	ऋतुक्षरित	0.45	0.12	0.27	
11.	जनेऊ का खण्डित भाग	जनेऊ का खण्डित भाग जिसमें अधिकतम 13 बिन्दुओं को दिखाया गया है जो कि किसी विशाल प्रतिमा का भाग रहा होगा और विशेषकर द्वारपालों का।	छठवीं शताब्दी ईसवी	सुन्दर	0.21	0.07	0.10	
12.	दाहिनी भुजा का खण्डित भाग	दाहिनी भुजा का खण्डित भाग, बाजूबंद में हीरक आकृतियों का अंकन है, हाथ अन्दर की ओर समकोण लिए हुए है, जबकि अंगवस्त्र दाये से बायीं ओर अन्दर की दिशा में जा रहा है जिसमें वस्त्र को पांच तह (मोड़) लिए हुए दिखाया गया है।	छठवीं शताब्दी ईसवी	सुन्दर	0.18	0.07	0.11	
13.	खण्डित मानव वक्ष	खण्डित मानव वक्ष जिसके हाथ खण्डित है और गले में चांद्रिका हार धारण किये हुए है, जबकि पीछे की ओर एक कपड़ानुमा गठानयुक्त भाग ऊपर से नीचे की ओर आ रहा है और यह भाग चांद्रिका हार को बाँधने में प्रयुक्त रेशम अथवा धागा जैसा ही है।	छठवीं शताब्दी ईसवी	अच्छी	0.175	0.126	0.255	 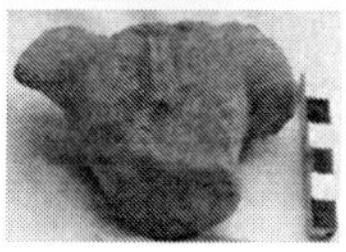
14.	सिर रहित पुरूष–आकृति	सिर रहित पुरूष–आकृति जो कि संभवतः वामन की है और द्वि–भंगावस्था में, स्थानक मुद्रा में है, जिसका दाहिना हाथ खण्डित है जबकि बायाँ हाथ दीवार से सटा हुआ है। कमर में वस्त्र हैं। पेट बाहर की ओर निकला है। दाहिना पैर खण्डित है जबकि बायाँ पैर गतिशीलावस्था में प्रतीत हो रहा है।	छठवीं शताब्दी ईसवी	अच्छी	0.28	0.135	0.27	
15.	गणपति	गणपति ललितासन मुद्रा में इनका दाहिना भाग खण्डित है जबकि बाईं ओर का पैर, सूड़, सिर और कर्णों को स्पष्टतः देखा जा सकता हैं।	छठवीं शताब्दी ईसवी	ऋतुक्षरित	0.32	0.16	0.21	

16.	हाथ का पंजा	हाथ का पंजा जिसकी मुद्रा अभय प्रकार की है और अन्तिम तीन अँगुलियाँ ही सुरक्षित है तथापि गदेली भरी हुई है और अँगुलियों के पोर स्पष्ट दिखलाई दे रहे है।	छठवीं शताब्दी ईसवी	ऋतुक्षरित सुन्दर अच्छी	0.36	0.28	0.32	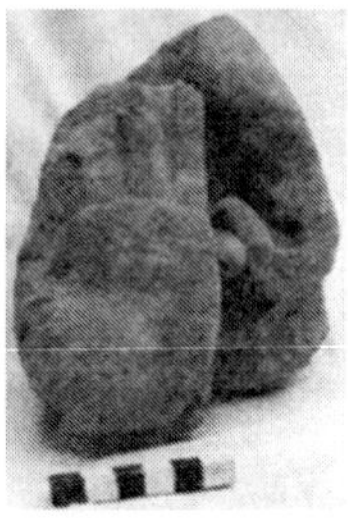
17.	हवन–कुण्ड	वर्गाकार हवन–कुण्ड है जिसके एक भाग को त्रिकोना बनाया गया है और यह खण्डित हो गया है। जबकि नीचे की ओर का मध्य भाग अंलकृत है।	छठवीं–आठवीं शताब्दी ईसवी	ऋतुक्षरित सुन्दर अच्छी	0.25	0.24	0.24	
18.	चक्की	चक्की नीचे का भाग, पीसने के चिन्ह दिखाई दे रहे है जबकि बीच का भाग खण्डित हैं।	छठवीं–आठवीं शताब्दी ईसवी	अच्छी	0.33	0.19	0.06	
19.	चक्की	चक्की, ऊपरी भाग जिसके केन्द्र में वृत्ताकार छिद्र है। साथ ही पास में लकड़ी का दण्ड लगाने के लिए भी छिद्र है, जिसकी सहायता से इसको घुमाया जाता था।	छठवीं–आठवीं शताब्दी ईसवी	अच्छी	0.35	0.17	0.08	 
20.	खण्डित चक्की	खण्डित चक्की जिसका आकार अधिक बड़ा था। इसके छिद्र में दण्ड के सहारे इसको घुमाया जाता रहा होगा।	छठवीं–आठवीं शताब्दी ईसवी	अच्छी	0.19	0.09	0.15	
21.	खण्डित शिवलिंग	खण्डित शिवलिंग का भाग प्रतीत होता है।	छठवीं–आठवीं शताब्दी ईसवी	अच्छी	1.15	0.38	0.35	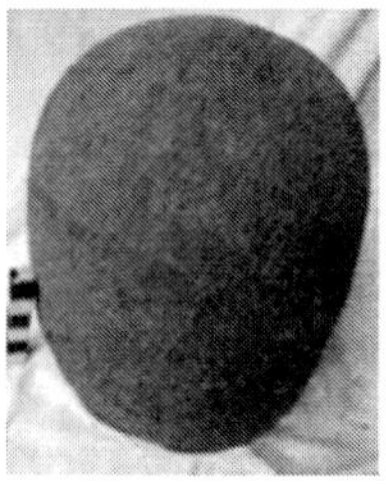

22.	सिर रहित नारी	स्थानक–मुद्रा में सिर रहित नारी है जिसके दोनों हाथों में कड़ा, और दोनों हाथों से कुछ पकड़े हुए है जबकी दाहिनी ओर का अंगूठा नहीं है। गले में कण्ठाहार है, पारदर्शी वस्त्र धारण किये हुए है। अंगवस्त्र हाथ के नीचे से निकलकर दोनों जांघो से छूते हुए कटि को स्पर्श कर रहा है। बाये हाथ में बाजूबंद है जिसमें पुष्पाकृतिनुमा आकृति है। दक्षिणी हाथ की ओर पीछे ऊपर से नीचे होते हुए पीछे की ओर जाती है जिसमें चार धारियों का अंकन है। कानों में कर्ण–कुंडल पहने हुए है जिसका कुछ भाग दोनों कंधो की ओर से दिखाई दे रहा है। नारी–सुलभ गुणों का बड़ी सजीवता से अंकन किया गया है।	छठवीं शताब्दी ईसवी	सुन्दर	0.98	0.34	–	 
23.	विष्णु का सिर	विष्णु का सिर, किरीट मुकुट धारण किये हुए हैं। दोनों आँखे स्पष्ट है जबकि नाक और कान क्षतिग्रस्त है। घुँघराले केशों का अंकन स्पष्ट दिखलाई दे रहा है।	छठवीं शताब्दी ईसवी	अच्छी	0.37	0.24	–	
24.	नारी सिर	नारी–सिर, जिसकी केश–सज्जा स्पष्ट दिखलाई दे रही है एवं जिसके दोनों ओर से चार–चार लड़ियों द्वारा केशों को पीछे ले जाया गया गया है और फिर केशों को साथ बाँधकर जूड़ा बनाया गया है। यद्यपि कान, नाक, मुँह अस्पष्ट है, तथापि कानों के गोलाकार कर्णकुंडलों को स्पष्टतः देखा जा सकता है।	छठवी शताब्दी ईसवी	अच्छी	0.17	0.16	0.20	
25.	चतुर्भुज–विष्णु स्थानक मुद्रा में	चतुर्भुज–विष्णु, जिनके बायें हाथों में चक्र और गदा है जबकि दक्षिण हाथों में ऊपर का हाथ खण्डित है और नीचे का हाथ वरद–मुद्रा में है। वस्त्राभूषणों सहित, यथा हाथों में कड़ा है, गले में हार है, कानों में कर्ण–कुंडल इत्यादि हैं। इनके दाहिने ओर हाथ जोड़े गरूड़ का भी अंकन है।	अठारहवीं शताब्दी ईसवी	अच्छी	0.39	0.15	0.24	

26.	पार्वती	पद्मासना पार्वती नमस्कार मुद्रा में पीछे की ओर प्रभामण्डल का अंकन है। कानों में गोलाकार कर्णकुंडल है, नाक पतली है, वस्त्र धारण किये हुये, दोनों कंधो के ऊपर से और दोनों हाथों के नीचे से अंगवस्त्र निकलकर पीछे की ओर जा रहा हैं। हाथों में कड़ा, बाजूबंद, पैरो में कड़ा है, दोनों वक्षों के बीच से होते हुए हार नाभि तक जाता है। दाहनी पैर का पंजा और बायीं जांघ खण्डित है, और बायाँ पंजा स्पष्ट है परन्तु अंगुलियाँ अस्पष्ट है।	अठारहवीं शताब्दी ईसवी	अच्छी	0.35	0.25	0.14	
27.	पंजा और कलाई का भाग	यह विशाल प्रतिमा का हाथ प्रतीत हो रहा हैं। इसकी कलाई में मोतियों की माला का कड़ा है। जिसकी गदेली स्पष्ट दिख रही है	छठवीं शताब्दी ईसवी	पंजा और कलाई के नीचे दरार है।	0.38	0.26	0.17	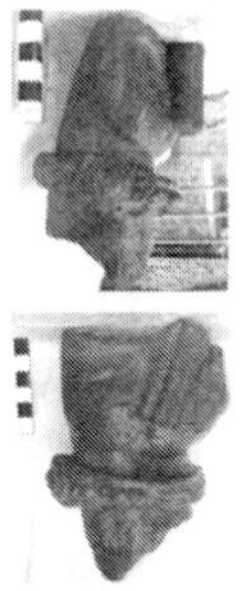
28.	शिवलिंग	नीचे से वर्गाकार/आयताकार ऊपर की ओर गोलाकार शिवलिंग है। चौकोर और गोल भाग के बीच में एक वृत्त बना हुआ है। 1924–25 मुख्य गुफा के जलकुण्ड से प्राप्त हुआ।	छठवीं–आठवीं शताब्दी ईसवी	अच्छी	0.45	0.11	0.10	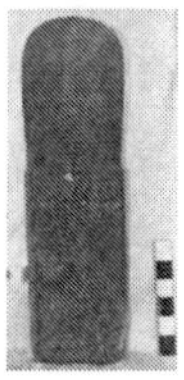
29.	सिंह का सिर	सिंह का सिर जिसकी आँख, नाक क्षतिग्रस्त है। मुँह का ऊपरी भाग और दाहिनी ओर का दाँत स्पष्ट है जबकि निचला भाग टूट गया है। बायीं ओर की भौंहे खण्डित है ।	छठवीं शताब्दी ईसवी	अच्छी	0.42	0.35	0.26	
30.	चक्की	चक्की के नीचे का भाग, पीसने के चिन्ह दिखाई दे रहे है और बीच का भाग 0.08 मीटर ऊपर उठा हुआ हैं।	छठवीं–आठवीं शताब्दी ईसवी	अच्छी	0.18	0.10	व्यास 0.26	
31.	चक्की	चक्की के नीचे का भाग, जिसका ऊपरी भाग 0.07 मीटर हैं।	छठवीं–आठवीं शताब्दी ईसवी	ऋतुक्षरित	0.17	0.10	व्यास 0.25	

32.	चक्की	चक्की के नीचे का भाग, जिसका ऊपरी भाग 0.05 मीटर हैं।	छठवीं–आठवीं शताब्दी ईसवी	अच्छी	0.13	0.24	0.26	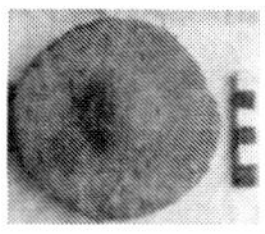
33.	चक्की	चक्की के नीचे का भाग, जिसका ऊपरी भाग 0.07 मीटर हैं।	छठवीं–आठवीं शताब्दी ईसवी	अच्छी	0.12	0.28	0.25	
34.	चक्की	चक्की के नीचे का भाग, अच्छी अवस्था में तथापि खण्डित है। जिसका ऊपरी भाग 0.08 मीटर हैं।	छठवीं–आठवीं शताब्दी ईसवी	ऋतुक्षरित	0.10	0.08	0.30	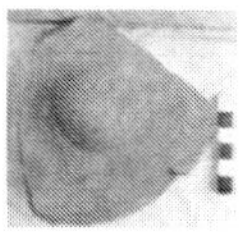
35.	चक्की	चक्की के नीचे का भाग, अच्छी अवस्था में है लेकिन इसका आधार भाग खण्डित है। जिसका ऊपरी भाग 0.08 मीटर हैं।	छठवीं–आठवीं शताब्दी ईसवी	ऋतुक्षरित	0.15	0.23	0.26	
36.	चक्की	चक्की का ऊपरी भाग, जिसके केन्द्र में छिद्र है, क्षरितावस्था में है।	छठवीं–आठवीं शताब्दी ईसवी	ऋतुक्षरित	0.36	0.13	0.36	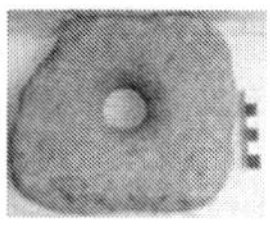
37.	ओखली	ओखली गोलाकार अथवा अंडाकार है और बाह्य भाग और चौड़ा है।	छठवीं–आठवीं शताब्दी ईसवी		0.29	–	0.12	
38.	कलात्मक अवयव.	आयताकार कलात्मक अवयव।	छठवीं–आठवीं शताब्दी ईसवी	ऋतुक्षरित	0.25	0.40	0.10	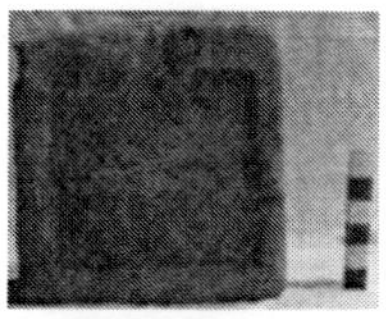
39.	कलात्मक अवयव	आयताकार खण्डित कलात्मक अवयव।	छठवीं–आठवीं शताब्दी ईसवी	ऋतुक्षरित	0.25	0.16	0.05	
40.	नारी मूर्ति	नारी का मध्य भाग दाहिना हाथ स्पष्ट है जबकि धड़, पंजा टूट गया है। कमर के दाहिनी ओर से वस्त्र नीचे जाते हुए प्रतीत हो रहे है। नारी हाथ की कलाई में कड़ा और बाजूबंद है तथा साड़ी पहने हुई हैं तथा बायें हाथ के नीचे से पल्लू ऊपर जाता दिखाई दे रहा है।	छठवीं शताब्दी ईसवी	ऋतुक्षरित	0.35	0.18	0.25	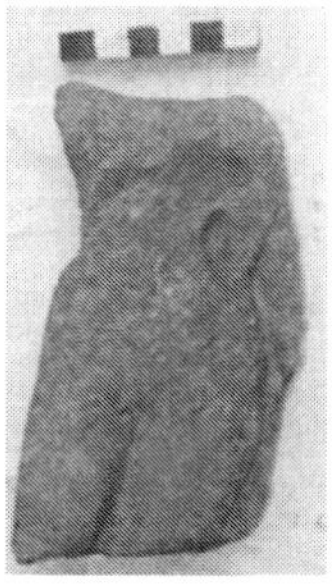

41.	गणपति	सुखासन में बैठे हुए गणपति, हाथ खण्डित है जबकि दोनों पैर और तोद स्पष्ट दिखाई दे रही है। पेट में नागपाश–नुमा बंधन है। गले में मोतियों का हार है और पैरो में कड़े है।	छठवीं शताब्दी ईसवी	अच्छी	0.25	0.21	0.15	
42.	नारी–मूर्ति का सिर	नारी का सिर, जिसके बायीं ओर दरार है और खण्डित अवस्था में हैं जबकि दाहिनी ओर का भाग अच्छा है। जिसकी आँखें, नाक और मुँह स्पष्ट है जबकि केशों की सुसज्जा अच्छी है।	छठवीं शताब्दी ईसवी	दरार है।	0.17	0.26	0.16	
43.	स्थानक–मुद्रा में मूर्ति	दो आकृतियों का स्थानक–मुद्रा में अंकन है। जिसमें से बायीं ओर की आकृति के दोनों पैरों की अगुलियाँ स्पष्ट दिख रही है जबकि ऊपरी भाग खण्डित है।	छठवीं शताब्दी ईसवी	अच्छी	0.32	01.6	0.17	
44.	खण्डित–मूर्ति का भाग	खण्डित–मूर्ति का भाग, जिसमें केवल हार का भाग और उसमें भी बीच वाले मोती का अंकन है।	छठवीं शताब्दी ईसवी	अच्छी	0.34	0.14	0.13	
45.	कलाई सहित हाथ	विशाल आकृति का हाथ जिसकी चार अँगुली दिख रही है और आंगूठा नहीं है। अनामिका में आंगूठी है जबकि कलाई में कड़ा है।	छठवीं शताब्दी ईसवी	हाथ में दरार है	0.15	0.10	0.08	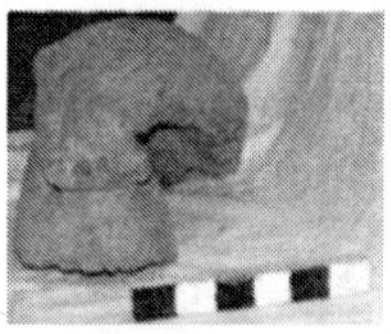
46.	मूर्ति का अवयव	मूर्ति का भाग जिसकी पहचान अस्पष्ट है।	छठवीं शताब्दी ईसवी	ऋतुक्षरित	0.30	0.15	...	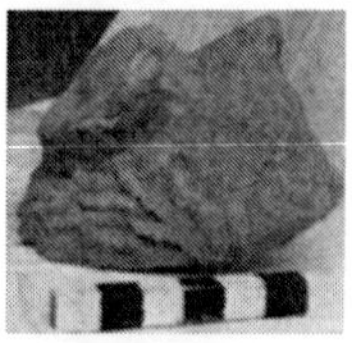
47.	कलात्मक अवयव	कलात्मक अवयव जिसमें पुष्पाकृतियों का अंकन है।	छठवीं शताब्दी ईसवी	अच्छी	0.18	0.13	0.12	
48.	सिलबट्टा	खण्डित सिलबट्टा तथापि ऊपरी ओर चिकना है और संभवतः मसाला इत्यादि के लिए प्रयोग में लाया जाता रहा होगा क्योंकि ऊपरी भाग चिकना है।	छठवीं –आठवीं शताब्दी ईसवी	अच्छी	0.20	0.19	0.05	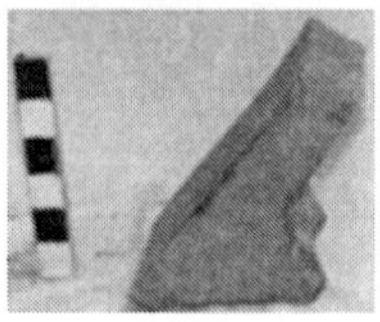

49.	मूर्ति का भाग	मूर्ति का भाग जिसमें तीन रेखाएँ है। दोनों ओर की रेखाएँ चौड़ी तथा बीच की पतली है।	छठवीं शताब्दी ईसवी	अच्छी	0.24	0.22	0.09	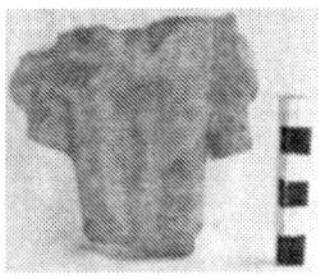
50.	चक्की	चक्की, खण्डित ऊपरी भाग गोलाकार है जो की चक्की से टूट गया है।	छठवीं शताब्दी ईसवी	अच्छी	0.13	0.12	0.12	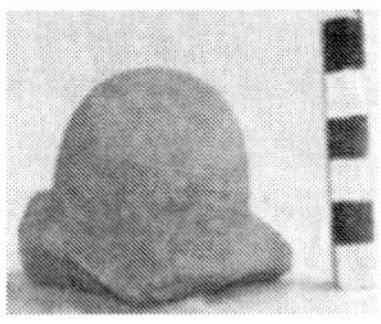
51.	कलात्मक अवयव	कलात्मक अवयव, पैरनुमा आकृति, पहचान अज्ञात।	छठवीं शताब्दी ईसवी	अच्छी	0.14	0.13	0.10	
52.	मूर्ति का सिर	मूर्ति जिसका सिर और हाथ ऊपर की ओर है । पहचान अस्पष्ट है।	छठवीं शताब्दी ईसवी	अच्छी	0.16	0.13	0.10	
53.	चक्की	चक्की का खण्डित भाग है।	छठवीं–आठवीं शताब्दी ईसवी	अच्छा	0.29	0.10	0.09	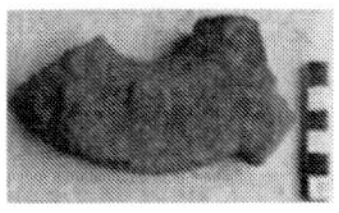
54.	कलात्मक अवयव	कलात्मक अवयव जिसमें छह तरंगमय रेखाओं का अंकन है। जिसके ऊपरी भाग में तीन पंखुड़ियों का अंकन है।	छठवीं शताब्दी ईसवी	अच्छी	0.27	0.26	0.14	
55.	हाथ	मुट्ठी बंद किया हुआ हाथ तथा हथेली का भाग उठा हुआ है और कुछ पकड़े हुए प्रतीत हो रहा है।	छठवीं शताब्दी ईसवी	ऋतुक्षरित	0.23	0.22	0.12	
56.	कलात्मक अवयव	कलात्मक अवयव जिसमें सांकरनुमा आकृति है।	छठवीं शताब्दी ईसवी	दरार है	0.20	0.19		
57.	कलात्मक अवयव	कलात्मक अवयव है और यह हाथ के बीच वाला भाग है, जिसमें बाजूबंद दिखलाई दे रहा है।	छठवीं शताब्दी ईसवी	अच्छी	0.30	0.23	0.20	

58.	सिंह	आगे के पैर के बल ऊकरू बैठा हुआ सिंह है जिसका दाहिना आगे के पैर के नाखून स्पष्ट दिखलाई दे रहे है। जबकि अन्य पैरों के नाखून खण्डितावस्था में है। आँखें, दाँत और जीह्वा का अंकन स्पष्ट है। मौर्य–पूर्व कालीन सिंहों की आकृति प्रतीत हो रहा है जैसा कि वैशाली में अंकन है।	प्रथम शताब्दी ईसवी पूर्व	अच्छी	0.96	0.50	0.89	 
59.	कलात्मक अवयव	स्तूप के निकट पाषाण निर्मित खण्डित प्रनाल है।	छठवीं–आठवीं शताब्दी ईसवी	क्षरित	0.60	0.41	0.12	
60.	कलात्मक अवयव	पूर्वी पहाड़ी में अर्द्ध निर्मित शिवलिंग जिसका निचला भाग आयताकार फिर चाकोर और ऊपरी ओर गोलाकार है। जिसका व्यास 0.32 मीटर है। संभवतः यह भी खण्डित है।	छठवीं–आठवीं शताब्दी ईसवी	अच्छी	1.45	0.30	0.17	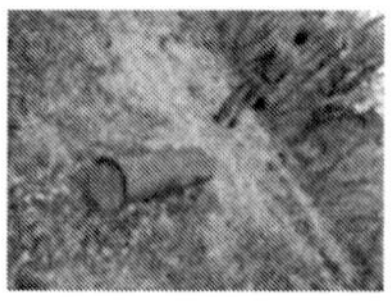
	एलीफेंटा द्वीप से बाहर प्रदर्शित कलात्मक मूर्ति/प्रतिमाएँ, काल–मध्य छठीं शताब्दी ईसवी, पदार्थ–बेसाल्ट से निर्मित हैं। 1905 में छह प्रतिमाएँ मुख्य गुफा के पास से मिली थीं, जिनमें से 1921 में ब्रह्मा की मूर्ति को एसियाटिक सोसायटी, मुम्बई को जबकि पाँच मूर्तियों को छत्रपति शिवाजी महाराज वास्तुसंग्रहालय, मुम्बई को दे दिया गया और ब्रह्मा की मूर्ति को भी कुछ समय पश्चात छत्रपति शिवाजी महाराज वास्तुसंग्रहालय, मुम्बई को दे दिया गया। जिन्हें वास्तुसंग्रहालय में प्रदर्शित किया गया है।							
61.	महिषा–सुरमर्दिनी	सिर विहीन महिषासुर–मर्दिनी जिसमें देवी ने महिष के ऊपर दाहिना पैर रखे हुए है। वस्त्राभूषण सहित है। महिष की पूँछ से प्रतीत होता है कि यह दौड़ते हुए अवस्था में है और अचानक वध करने की प्रक्रिया प्रकट करती है।	छठवीं शताब्दी ईसवी	अच्छी	1.16	0.95	0.37	
62.	ब्रह्मा	चर्तुमुखी ब्रह्मा है। बहुतायता से आभूषणों को धारण किये हुए है। सिर में मुकुट है। यज्ञोपवीत, हार इत्यादि है। तोंद निकली हुई है। भुजाएँ खण्डित है।	छठवीं शताब्दी ईसवी	अच्छी	1.10	0.57	0.45	  

63.	विष्णु	सिर–विहीन विष्णु, स्थानक मुद्रा में है। वस्त्राभूषणों को धारण किये हुए है। इनके निकट दायी ओर वस्त्राभूषणों से युक्त एक नारी का अंकन है जबकि बायीं ओर मानव का अंकन है।	छठवीं शताब्दी ईसवी	अच्छी	–	–	–	
64.	विष्णु	चतुर्भुजी विष्णु किरीट–मुकुट को धारण किये हुए हैं। भुजाएँ खण्डित हैं। दोनों आँखे स्पष्ट हैं जबकि नाक और कान क्षतिग्रस्त है। हार, इत्यादि और घुँघराले केशों का अंकन स्पष्ट दिखलाई दे रहा है।	छठवीं शताब्दी ईसवी	अच्छी	–	–	–	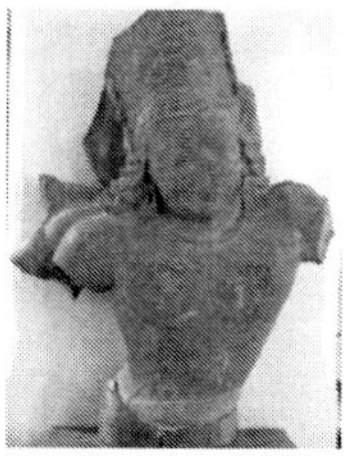
65.	यक्ष	इस मूर्ति को बृहत मुंबई महानगर–पालिका द्वारा राष्ट्रीय संग्रहालय, नई दिल्ली को भेंटस्वरूप दी गयी थी। यह आदमकद मूर्ति स्थानक–मुद्रा में है और यह मोटी छितरी हुई तहों वाली धोती धारण किये हुए है। भारीभरकम और शक्तिशाली प्रतीत मूर्ति कमर से नीचे 1.30 मीटर की है जबकि मूलस्वरूप में 2.50 मीटर की होनी चाहिए। यह न केवल पश्चिमी भारत के अन्य यक्षों से अलग है जैसे पीतलखोरा अथवा कराड बल्कि मथुरा और पटना से भी। इसके दाहिनी ओर एक महिला परिचारिका है जो वैचारिक रूप से यक्ष की छवियों जैसे मिलती–जुलती है, जिसकी ऊँचाई कमर तक है। यह भारी कुच्छबंध पहने है और भारी पायल को धारण किया है जबकि इनके बाईं ओर सिंह–मुख वाले बौने के कधों पर बैठे हुए पुरूष की एक रहस्यमय आकृति है, ये दोनों विपरीत दिशा में अंकित है। यक्ष के निकट एक भारी गदा है। ये सभी विशेषताएँ कम से कम ईसापूर्व की पहली शताब्दी में सामान्यतः देखी जा सकती हैं।	प्रथम शताब्दी ईसवी पूर्व	अच्छी	1.30	1.01	0.53	

66.	ब्रह्मा मूर्ति के अधिष्ठान का भाग	हंस के पैर जिनमें इसके नुकीले पैरों को देखा जा सकता है। जिसमें एक कन्नरी, भाषा में अभिलेख है। जिसमें 'बलदारी प्रतिष्ठा शिव---रसमीकामी' अर्थात् बलदारी द्वारा शिव को समर्पित किया हुआ। इसकी लिपि से प्रतीत होता कि यह छठीं–सातवी शताब्दी ईसवी का है।	छठवीं शताब्दी ईसवी	अच्छी	–	–	–	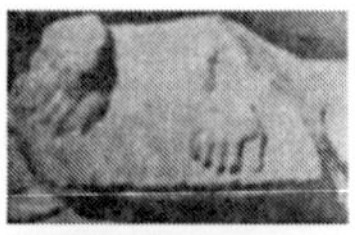 
	एलीफेंटा द्वीप से बाहर प्रदर्शित कलात्मक मूर्ति, काल–मध्य छठीं शताब्दी ईसवी, पदार्थ–बेसाल्ट, वीरमाता जीजाबाई भोसले उद्यान, मुम्बई के संदर्भ में।								
67.	हाथी	19वीं सदी के प्रारंभ में सर जार्ज बर्डबूड, ब्रिटिश क्युरेटर ने पाषाण से बनी हुई हाथी की प्रतिमा के टुकडों को एकत्रित कर, हाथी की मूर्ति को पुनर्निर्मित किया जिसके नाम के आधार पर द्वीप का नाम एलीफेंटा रखा गया। उपरोक्त मूर्ति किसी समय राज बंदर के समीप दक्षिण जेट्टी पर खड़ी थी, जिसे सोलहवीं सदी में पुर्तगालियों ने खोजा था। इस हाथी को 1864 में वीरमाता जीजाबाई भोसले उद्यान, मुम्बई में स्थापित कर दिया गया।	छठवीं शताब्दी ईसवी	खण्डित	2.40	2.50	–	

परिशिष्ट–4

एलीफेंटा द्वीप के स्थापत्यात्मक अवयवों का अभिलेखीकरण

अवस्थिति–एलीफेंटा गुफाएँ, काल–तृतीय से आठवीं शताब्दी ईसवीं, सामग्री–बेसाल्ट तथा माप मीटर में दर्शायी गयी है–

क्र. सं.	वस्तु	विवरण	काल	अवस्था	मपन			छायाचित्र
					लम्बाई	चौड़ाई / मोटाई	ऊँचाई	
1	स्तंभ का ऊपरी	यह गुफा–1 के किसी स्तंभ का ऊपरी भाग रहा होगा और यह भंगित अवस्था में है, जिसका निर्माण तरंगपोदिकाओं से हुआ है। देखने में यह आमलकनुमा प्रतीत होता है जैसा की अन्य मूल स्तंभों में देखा जा सकता है। इसमें निचले भाग में 64 गहरी नालिकाओं का अंकन है, तत्पश्चात 128 गहरी नालिकाओं से युक्त है जो कि देखने पर तरंगमय प्रतीत हो रही है।	छठवीं शताब्दी ईसवी	अच्छी	.–	–	–	
2	स्तंभ का ऊपरी	यह गुफा–1 के किसी स्तंभ का ऊपरी भाग रहा होगा और यह भंगित अवस्था में है। जिसका निर्माण तरंगपोदिकाओं से हुआ है। देखने में यह आमलकनुमा प्रतीत हो रही है जैसा की अन्य मूल स्तंभों में देखा जा सकता है। इसके निचले भाग में 64 गहरी नालिकाओं का अंकन है, तत्पश्चात 128 गहरी नालिकाओं से युक्त रहा होगा और यह देखने में तरंगमय प्रतीत हो रहा है, जबकि इसका एक भाग अधिक क्षतिग्रस्त है।	छठवीं शताब्दी ईसवी	ऋतुक्षरित				

3	स्थापत्य अवयव	यह वर्तमान में मोरा बन्दर के निकट सदाबहार कुँआ की बाहरी दीवार पर सीमेन्ट की सहायता से चिपका दिया गया है। यह स्थापत्य अवयव स्तूप की रेलिंग का भाग जैसा कि अमरावती के स्तूप की रेलिंग में दिखलाई देता है। जिसमें विभिन्न प्रकार के पुष्पों और पंखुड़ियों का अंकन किया गया है। इसमें पुष्पों की छह लड़ियों को उनके आकार और आकृति में उकेरा गया है। अन्तिम पंक्ति को कमलपुष्प की भाँति इसकी पंखुड़ियों को अन्दर से बाहर की ओर निकलते हुए दिखाया गया है।	तृतीय–छठवीं शताब्दी ईसवी	अच्छी	–	–	.	
4	स्थापत्य अवयव	यह गुफा–6 का किसी एक स्तंभ का ऊपरी खण्डित भाग है। जिसका निर्माण सोलह भुजी फलकों से हुआ है तथापि अभी इसके छह ही फलक दिखलाई दे रहे है। इसके ठीक बीच में एक पट्टी है, ऊपर चार और सोलहभुजी रेखाओं का अकंन है जो कि क्रमशः एक के पश्चात एक कमतर होती जाती हैं। स्थापत्य की दृष्टि से यह गुफा संभवतः प्रारंभिक गुफाओं में से एक है। जिसकी पहचान इन और ऐसे अन्य यहाँ के स्तंभों से की जा सकती है। इस प्रकार के स्तंभ कन्हेरी की गुफा–1 में भी निर्मित है ।	छठवीं शताब्दी ईसवी	अच्छी	0.95	0.62	0.52	

परिशिष्ट–5

शैलोत्खनित जलकुण्डों के मुखद्वारों का विवरण–

जलकुण्डों के मुखद्वारों का विवरण–

क्रमांक	गुफा संख्या	शैलोत्कीर्ण जलकुण्ड	जलकुण्ड का मापन	जलकुण्ड आकार	जलकुण्डों की संख्या
पश्चिमी पहाड़ी					
1.	1	विशाल जलकुण्ड	अनियमित	अनियमित जलकुण्ड	2
2.	2	अपूर्ण जलकुण्ड	दोनों जलकुण्ड अपूर्ण	अनियमित जलकुण्ड	2
3.	3	जलकुण्ड	1.25×1.25 वर्ग मीटर +1.25×1.25 वर्ग मीटर	वर्गाकार जलकुण्ड	1
पूर्वी पहाड़ी					
4.	6	अपूर्ण जलकुण्ड		अनियमित जलकुण्ड	1
5.	प्राचीन स्तूप के निकटस्थ	द्विमुखी जलकुण्ड	1.25 × 1.15 वर्ग मीटर + 1.58×1.40 वर्ग मीटर	आयताकार	1
6.		जलकुण्ड	1.05×1.05 वर्ग मीटर	वर्गाकार	1
7.		जलकुण्ड	1.45×1.20 वर्ग मीटर	आयताकार	1
8.		जलकुण्ड	1.17×1.30 वर्ग मीटर	आयताकार	1
9.	मोरा बन्दर गाँव के निकट	सदाबहार कूप तथा प्राचीन स्तूप के निकट	5.82×5.52 वर्ग मीटर	अनियमित कूप	1
कुल					11

परिशिष्ट–6

पूर्वी और पश्चिमी पहाड़ियों के शैलोत्खनित जलकुण्डों तथा कूप की जल धारक क्षमता का विवरण–

क्रमांक	गुफा संख्या	शैलोत्कीर्ण जलकुण्ड	जलकुण्ड का मापन	जलकुण्ड की जल धारक क्षमता लीटर में
अ पश्चिमी पहाड़ी				
1.	1	विशाल जलकुण्ड	15.7 मीटर ×22.60 मीटर × 5.70 मीटर = 2022.474 घन वर्ग मीटर	**20, 22,474**
2.	2	अपूर्ण जलकुण्ड	1. 3.85 मीटर ×1.75 मीटर ×2.00 मीटर =13.475 घन वर्ग मीटर 2. 4.50 मीटर × 3.80 मीटर × 2.30 मीटर = 39.33 घन वर्ग मीटर	**52805**
3.	3	जलकुण्ड	12.83 मीटर × 12.00 मीटर × 3.25 मीटर = 500.37 घन वर्ग मीटर	**5,00,370**
जलधारक क्षमता				**25,75,649**
ब पूर्वी पहाड़ी				
4.	6	अपूर्ण जलकुण्ड	1. 70 मीटर × 3.5 मीटर ×1.00 मीटर = 5.95 घन वर्ग मीटर	**5950**
5.	प्राचीन स्तूप के निकट	यहाँ पर चार जलकुण्ड हैं जिनमें से एक द्विमुखी जलकुण्ड है।	1. 3.02 मीटर × 2.67 मीटर × 2.00 मीटर = 16.1268 घन वर्ग मीटर 2. 4.30 मीटर × 3.84 मीटर × 2.72 मीटर = 44.19264 घन वर्ग मीटर 3. 6.84 मीटर ×3.94 मीटर ×1.76 मीटर = 47.431296 घन वर्ग मीटर 4. 3.90 मीटर ×3.47 मीटर ×3.00 मीटर = 40.599 घन वर्ग मीटर	1. 1,61,268 2. 44192 3. 47431 4. 40599 **= 2,93,490**
6.	मोरा बन्दर गाँव के निकट		सदाबहार कूप तथा प्राचीन स्तूप के निकट	1,34,280
	जलधारक क्षमता			**4,33,720**
कुल अ पश्चिमी पहाड़ी + ब पूर्वी पहाड़ी की जल धारक क्षमता =				**30,09,369**

परिशिष्ट–7

एलीफेंटा के प्राचीन शैलोत्खनित जलकुण्डों का विवरण निम्नप्रकार से है–

अ. पूर्वी पहाड़ी

जलकुण्डों का आकार	जलकुण्डों की संख्या
अनियमिताकार	2
आयताकार	3
वर्गाकार	1

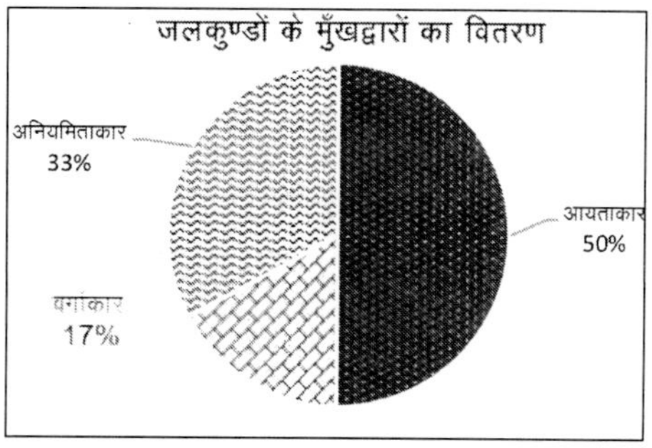

ब. पश्चिमी पहाड़ी

जलकुण्डों का आकार	जलकुण्डों की संख्या
अनियमिताकार	4
वर्गाकार	1

शब्दअनुक्रमणिका

ख

ग

घ

च

म

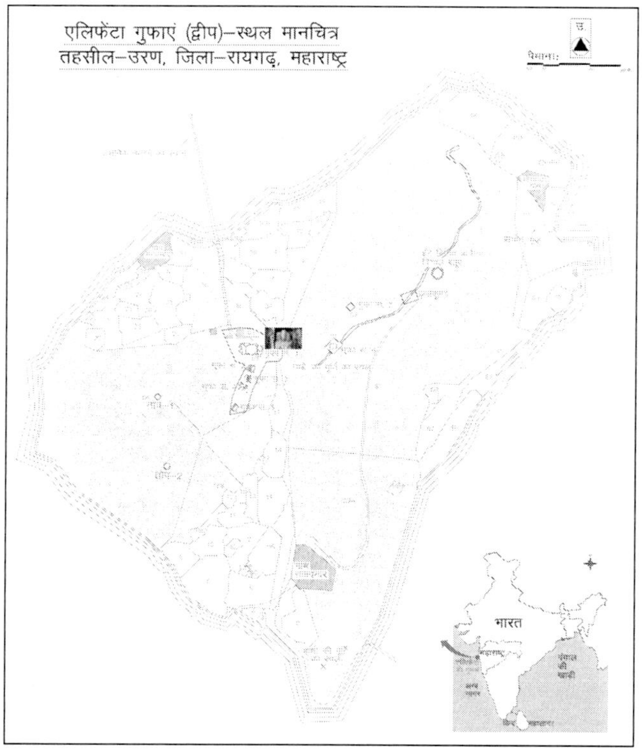

मानचित्र 1:
एलिफेंटा द्वीप का स्थल–मानचित्र.

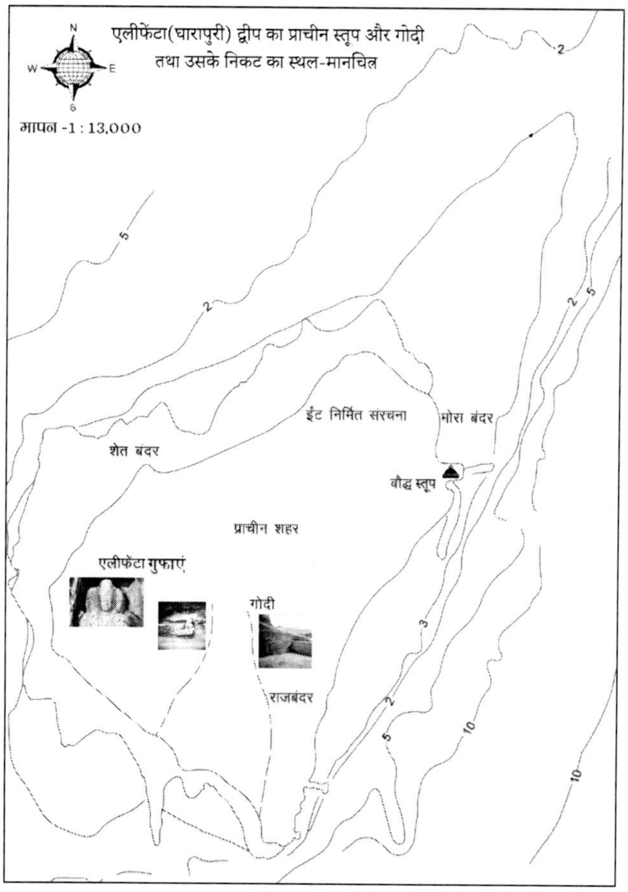

मानचित्र 2: एलिफेंटा द्वीप का अन्य स्थल–मानचित्र (सौजन्य–एस. आर. राव)

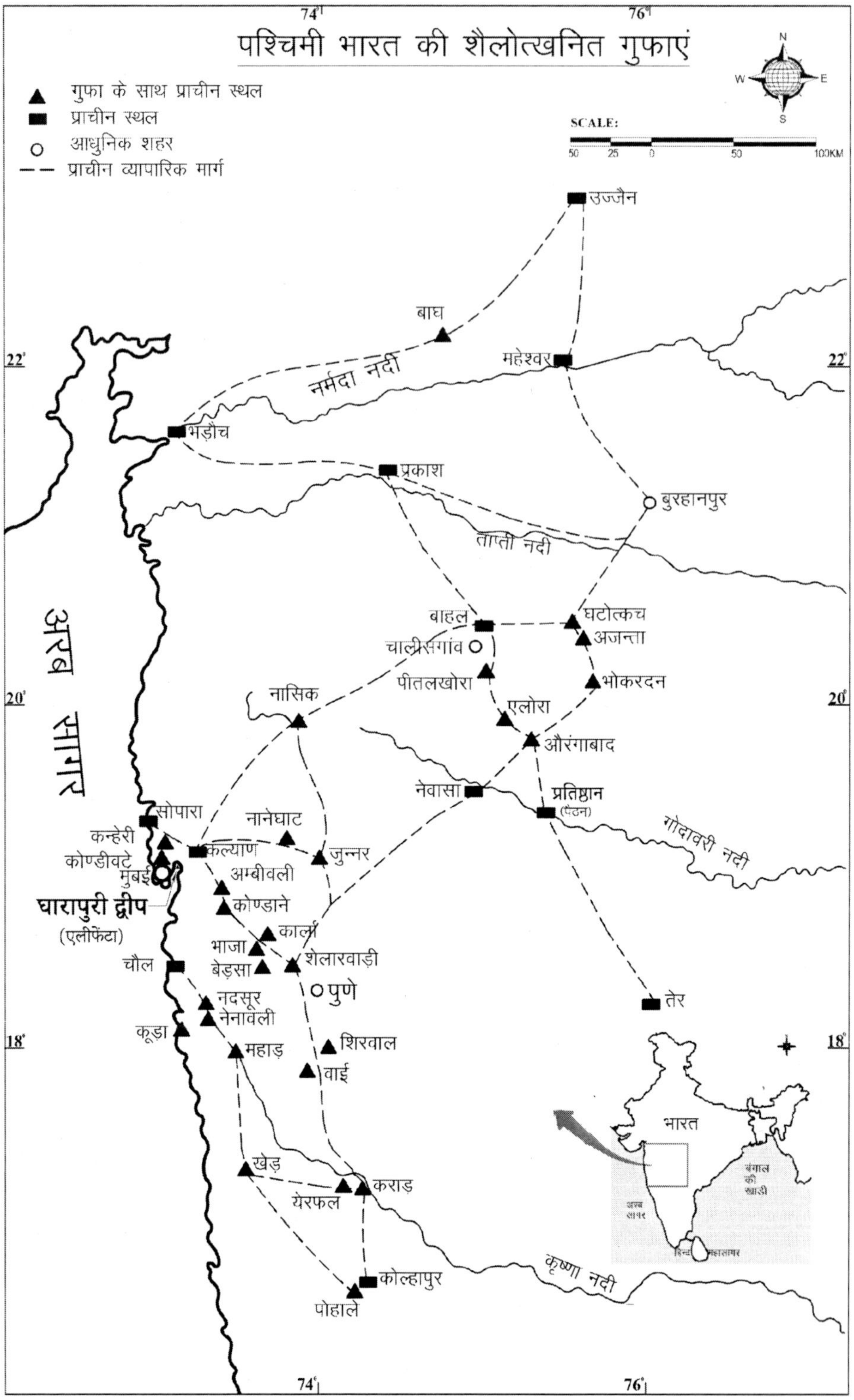

मानचित्र 3: एलिफेंटा द्वीप के समकालीन
स्थलों का मानचित्र

अ

ब

1. गेटवे ऑफ इंडिया अ और ब एलीफेंटा द्वीप का दृश्य

2. एलीफेंटा की हाथी की मूर्ति का दृश्य (राजमाता जीजाबाई उद्यान, भायकुला, मुम्बई)

3. एलीफेंटा द्वीप की पूर्वी तथा पश्चिमी पहाड़ियों का मार्ग सहित विहंगम दृश्य

अ

ब

4. एलीफेंटा द्वीप के शेत बन्दर का विहंगम दृश्य अ तथा ब एलीफेंटा द्वीप की पूर्वी पहाडी में स्थित गुफाओं तथा प्राचीन ईंट निर्मित स्तूप के लिए पथ–मार्ग का अन्य दृश्य

5. एलीफेंटा द्वीप की पूर्वी पहाड़ी में स्थित गुफा–6 का दृश्य

6. एलीफेंटा द्वीप गुफा–6 नन्दीवेदी सहित गर्भगृह

7. एलीफेंटा द्वीप की गुफा–6 का अधिष्ठान

8. एलीफेंटा द्वीप की गुफा–7 का दृश्य

अ

ब

स

द

9. एलीफेंटा द्वीप की पूर्वी पहाड़ी में शैलोत्खनित जलकुण्ड अ,ब,स,और द

अ

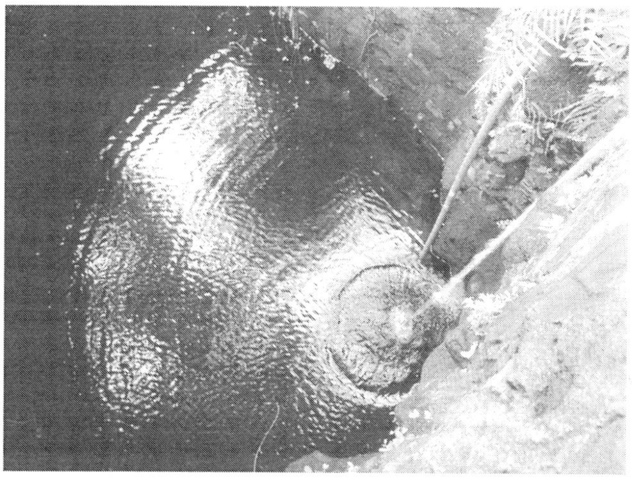

ब

10. एलीफेंटा द्वीप पूर्वी पहाड़ी में शैलोत्खनित कुंआ अ एवं ब

11. एलीफेंटा द्वीप के ईंट निर्मित प्राचीन स्तूप के पाषाण खण्डों का विहंगम दृश्य

अ

ब

12. एलीफेंटा द्वीप के ईंट निर्मित प्राचीन स्तूप के पाषाण खण्डों के अन्य दृश्य अ एवं ब

अ

ब

13. एलीफेंटा द्वीप के ईंट निर्मित प्राचीन स्तूप का विहंगम दृश्य अ एवं ब

अ

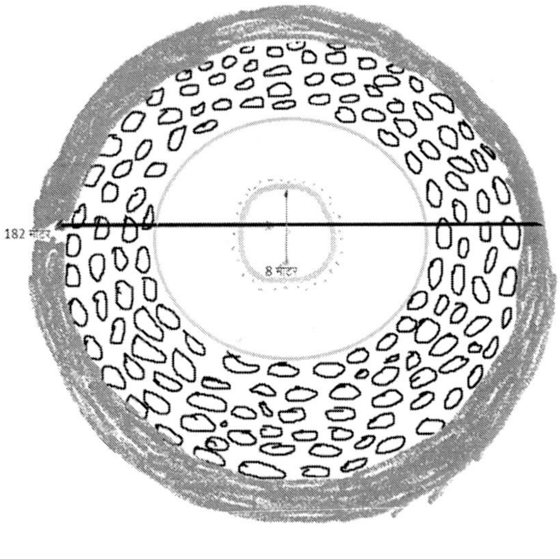

स

ब

14. एलीफेंटा द्वीप के ईंट निर्मित प्राचीन स्तूप का अन्य दृश्य अ, ब एवं स स्तूप का अनुमानित स्थल–विन्यास रेखाचित्र

15. एलीफेंटा द्वीप की दोनों पहाड़ियों के मध्य निर्मित 1973–74 में आधुनिक सरोवर का पूर्वी पहाड़ी से विहंगम दृश्य

अ

ब

स

16. एलीफेंटा गुफाओं का मुख्य प्रवेशद्वार अ, मुख्य गुफा का पूर्व दिशा का वास्तविक (प्राचीन) ब और स वर्तमान प्रवेशद्वार का दृश्य

17. एलीफेंटा द्वीप की मुख्य गुफा–पूर्वी भाग के नन्दी वेदी का दृश्य

18. एलीफेंटा द्वीप की मुख्य गुफा–पूर्वी भाग और उसका आन्तरिक दृश्य

19. एलीफेंटा द्वीप की मुख्य गुफा–पूर्वी भाग के गर्भगृह का दृश्य

अ ब

20. एलीफेंटा द्वीप की मुख्य गुफा–पूर्वी भाग में शिवद्वारपाल अ और ब गणपति का

21. एलीफेंटा–मुख्य गुफा पूर्वी दिशा में अष्टमातृकाओं का दृश्य

22. एलीफेंटा–मुख्य गुफा पूर्वी दिशा में अष्टमातृकाएँ 1926–27 का अन्य दृश्य

23. एलीफेंटा–मुख्य गुफा की छत पर चित्रकारी के अवशेषों का दृश्य

अ

ब

24. एलीफेंटा–मुख्य गुफा–उमा–महेश्वर कैलाश पर्वत पर चौपड़ खेलते हुए अ एवं ब निकटस्थ दृश्य

25. एलीफेंटा–मुख्य गुफा में पूर्वी ओर से दक्षिणी दीवार में अर्धनारीश्वर, महेश और गंगाधर का दृश्य

26. एलीफेंटा–मुख्य गुफा में अर्धनारीश्वर का दृश्य

अ

अ

27. एलीफेंटा–मुख्य गुफा में अर्धनारीश्वर चित्रफलक अ कार्तिकेय के ऊपरी भाग में ब्रह्मा अपने वाहन हंस, इन्द्र को हाथी पर बैठे हुए, ब वरूण को मकर पर जबकि परिचारकों से घिरे गरूड़ासीन विष्णु

28. एलीफेंटा–मुख्य गुफा का वाराण्डा और गर्भगृह सहित शिवलिंग का दृश्य

अ

ब

29. एलीफेंटा–मुख्य गुफा शिवलिंग मंदिर विशाल द्वारपाल सहित अ एवं ब का दृश्य

30. एलीफेंटा–मुख्य गुफा शिवलिंग मंदिर

अ

ब

31. एलीफेंटा–मुख्य गुफा महेशमूर्ति का वर्तमान चित्रफलक अ एवं ब 1957–1958 का दृश्य

अ

स

ब

32. एलीफेंटा–मुख्य गुफा महेशमूर्ति में अ वामदेव को कमल, ब तत्पुरूष और स अघोर को सर्प सहित अंकन का दृश्य

33. एलीफेंटा–मुख्य गुफा गंगाधर चित्रफलक का दृश्य

अ

ब

34. एलीफेंटा–मुख्य गुफा में कल्याण–सुन्दर मूर्ति का दृश्य अ एवं ब

अ

ब

35. एलीफेंटा–मुख्य गुफा में अन्धकासुर वधमूर्ति अ और ब का दृश्य

36. एलीफेंटा–मुख्य गुफा में अन्धकासुर वधमूर्ति के ऊपरी भाग का दृश्य जिसमें बौद्ध प्रभाव का अकंन, संष्टांग अवस्था में श्रृद्धालूगण।

37अ. एलीफेंटा–मुख्य गुफा, ललितासन मुद्रा में नटराज मूर्ति का दृश्य

37ब. मण्डपेश्वर की ललितासन मुद्रा में नटराज मूर्ति का दृश्य

38. एलीफेंटा–मुख्य गुफा में ललितासन मुद्रा में नटराज मूर्ति में गणपति तथा कार्तिकेय का दृश्य

39. एलीफेंटा–मुख्य गुफा में योगेश्वर मूर्ति का दृश्य

40. एलीफेंटा–मुख्य गुफा पश्चिमी भाग में शिवलिंग के दायीं ओर की दीवार में योगेश्वर मूर्ति का दृश्य 1926–27

अ

ब

41. कमलासीन बुद्ध, कोण्डिवटे गुफा अ और ब स्थानक मुद्रा में बुद्ध, कन्हेरी गुफा

अ

द

स

इ

ब

42. एलीफेंटा–मुख्य गुफा में पश्चिमी ओर उत्तरी दीवार पर रावणानुग्रह मूर्ति वर्तमान अ और ब 1926–27 तथा एलोरा की दशावतार गुफा संख्या–21 स, तथा डूमारलेण संख्या–16 द में रावणानुग्रह मूर्तियों का दृश्य तथा इ जोगेश्वरी गुफा, अन्धेरी, मुम्बई

अ

ब

स

द

उ

इ

43. एलीफेंटा द्वीप की मुख्य गुफा–संरक्षण कार्य से पूर्व अ एवं ब पश्चात 1939, पूर्वी भाग के स्तंभों का संरक्षण कार्य के दौरान स एवं पश्चात द 1959–60 तथा संरक्षण कार्य से पूर्व इ एवं पश्चात उ 1988 का दृश्य

अ

ब

स

44. एलीफेंटा–मुख्य गुफा के विशाल जलकुण्ड में बरसात के दौरान वर्षाजल का संग्रहण अ, ब, एवं स

ब

स

45. एलीफेंटा की अर्धनिर्मित गुफा–2 का सामान्य दृश्य अ और ब 1921–22 संरक्षण के पूर्व और स पश्चात् 1922–23

अ

अ

ब

स

द

इ

46. एलीफेंटा की गुफा–3 संरक्षण के पूर्व अ, ब तथा
दौरान स, द और पश्चात इ का दृश्य

अ

ब

स

द

47. एलीफेंटा की गुफा–4 का सामान्य दृश्य अ एवं ब 1921–22 संरक्षण के पूर्व स और द पश्चात का दृश्य

48. एलीफेंटा की गुफा–5 का दृश्य 1924–25

अ

ब

49. एलीफेंटा द्वीप की मुख्य गुफा से 1924–25 में विशाल जलकुण्ड से प्राप्त ताम्रपात्र अ एवं ब इसकी बारी में संस्कृत भाषा में उत्कीर्ण अभिलेख का दृश्य

49 स. अण्डाकार कार्नेलियन मुहर, ब्राम्ही लिपि में नारायण उत्कीर्ण, एलीफेंटा (सौजन्य बर्गेस, 1871)

49 द. मुख्य गुफा के विशाल जलकुण्ड की सफाई (1924–25) के दौरान प्राप्त पुरावशेषों का दृश्य।

अ

ब

50. नालासोपारा ईंट निर्मित स्तूप के साथ छोटे–छोटे वृत्ताकार एवं आयताकार स्तूपों अ एवं ब का दृश्य

अ

ब

51. एलीफेंटा द्वीप 1973 में उत्खनन के दौरान प्रकाश में आयी ईंट निर्मित विशाल संरचना अ और ब का दृश्य

अ

ब

स

52. एलीफेंटा द्वीप 1973 में उत्खनन के दौरान प्राप्त उत्तर–दक्षिण दिशा में ईंट निर्मित पैंतालीस रद्दों की दीवार अ और अन्य संरचना ब एवं स का दृश्य

अ

ब

53. एलीफेंटा द्वीप 1973 में उत्खनन के दौरान का दृश्य अ एवं ब

54. एलीफेंटा द्वीप 1973 में उत्खनन के दौरान प्रकाश में आयी गोदी का दृश्य

अ

55. एलीफेंटा द्वीप 1973 में उत्खनन के दौरान प्रकाश में आयी ईंट से निर्मित विशाल भवन संरचना तथा गोदी के सबसे निचले भाग का दृश्य अ एवं ब

ब

56. एलीफेंटा द्वीप 1973 में उत्खनन के दौरान ईट निर्मित भवन संरचनाओं का दृश्य

अ ब स

57. एलीफेंटा द्वीप से प्राप्त एम्फोरा भृदभाण्ड अ एवं अन्य भृदभाण्ड ब, एवं स

58. एलीफेंटा द्वीप से प्राप्त एम्फोरा भृदभाण्ड अ एवं ब

59. एलीफेंटा द्वीप से प्राप्त उत्तरकालीन (लेट) एम्फोरा भृदभाण्ड अ एवं ब

अ ब

60. एलीफेंटा की गुफा संख्या–1 में शिव और शिवलिंग के पश्चिमी भाग के दाहिनी ओर के द्वारपाल के दक्षिण हस्त की अवस्था अ एवं ब

61. कन्हेरी की गुफा संख्या–89 के द्वारपाल के हस्त की अवस्था की साम्यता

62. एलीफेंटा की गुफा संख्या–1 के योगेश्वर को पद्मासन में कमलपुष्प को नागराजाओं द्वारा उठाने और संभवतः कन्हेरी की बौद्ध गुफाओं से प्रेरित और प्रभावित होने का प्रमाण

63. मण्डपेश्वर गुफा में कमलपुष्प को नागराजाओं द्वारा उठाने और संभवतः बुद्धमूर्ति से शिवमूर्ति को बनाने की साम्यता

64. एलीफेंटा द्वारपाल के केश–विन्यास की साम्यता

65. कन्हेरी की गुफा संख्या–89 के द्वारपाल के केश–विन्यास की साम्यता

66. एलीफेंटा योगेश्वर के गन्धर्वों और विद्याधरों में साम्यता

67. कन्हेरी की गुफा संख्या–89 के फलक के गन्धर्वों और विद्याधरों में साम्यता

68. एलीफेंटा पूर्वी भाग की चन्द्रशिला सहित सोपानों की साम्यता

69. कन्हेरी की गुफा संख्या–32 के चन्द्रशिला सहित सोपानों की साम्यता

70. एलीफेंटा की गुफा संख्या–1 पूर्वी भाग के गर्भगृह की द्वारशाखाओं की साम्यता

71. कन्हेरी की गुफा संख्या–34 की द्वारशाखाओं की साम्यता

72. एलीफेंटा की गुफा संख्या–6 के गर्भगृह की द्वारशाखाओं की साम्यता

73. मण्डपेश्वर गुफा के गर्भग्रह की द्वारशाखाओं की साम्यता

74. एलीफेंटा की गुफा संख्या–6 के कक्ष की द्वारशाखाओं की साम्यता

75. मण्डपेश्वर गुफा की द्वारशाखाओं की साम्यता

76. मण्डपेश्वर गुफा की द्वारशाखाओं की साम्यता

77. कन्हेरी की गुफा संख्या–41 की द्वारशाखाओं की साम्यता

78. एलीफेंटा की मुख्य गुफा का पूर्वी भाग का भू–विन्यास, सोपान, स्तंभ और गर्भगृह की द्वारशाखाओं की साम्यता

79. कोण्डीवटे या महाकाली गुफा–2 का भू–विन्यास, सोपान, स्तंभ और गर्भगृह की द्वारशाखाओं में साम्यता

80. एलीफेंटा की गुफा संख्या–3 की द्वारशाखाओं की साम्यता

81. कोण्डीवटे गुफा–2 का गर्भग्रह और द्वारशाखाओं में साम्यता।

82. एलीफेंटा की गुफा संख्या–4 का बायीं ओर के कक्ष की द्वारशाखा

83. कोण्डीवटे या महाकाली गुफा–2 की द्वारशाखाओं में साम्यता

84. एलीफेंटा की गुफा संख्या–4 का दायीं ओर के कक्ष की द्वारशाखा

85. कोण्डीवटे या महाकाली गुफा–13 का गर्भगृह और द्वारशाखाओं में साम्यता

अ

ब

86. एलीफेंटा की गुफा संख्या–1 की पश्चिमी भाग के शिवलिंग का दृश्य अ एवं ब

अ

ब

87. एलीफेंटा की गुफा संख्या–1 मुख्य शिवलिंग मंदिर दृश्य अ एवं ब

88. एलीफेंटा की गुफा संख्या–3
शिवलिंग के निमित्त अधिष्ठान

89. एलीफेंटा की गुफा संख्या–4
शिवलिंग के निमित्त अधिष्ठान

90. एलीफेंटा की गुफा संख्या–5
शिवलिंग का दृश्य

अ

ब

91. एलीफेंटा के राजबन्दर में शिवलिंग का दृश्य

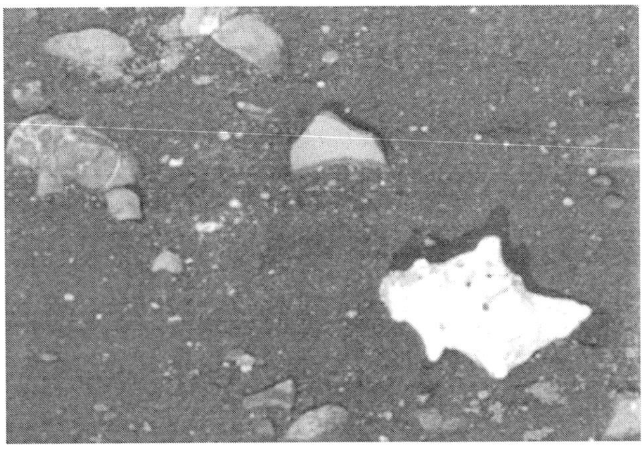

92. एलीफेंटा के शेतबन्दर के निकट
समुद्र तट से प्राप्त शंख

94. एलीफेंटा के मोराबन्दर शिवमंदिर के निकट विभिन्न
आकार–प्रकार के शिवलिंगों का दृश्य

93. एलीफेंटा के मोराबन्दर में
अधिष्ठान के ऊपर शिवलिंग
का दृश्य

95. एलीफेंटा के मोराबन्दर में अधिष्ठान
के ऊपर शिवलिंग का दृश्य

96. एलीफेंटा के मोराबन्दर में अधिष्ठान के
ऊपर अन्य शिवलिंग का दृश्य

अ

ब

97. एलीफेंटा के मोराबन्दर में अधिष्ठान के ऊपर शिवलिंग अ एवं ब का दृश्य

अ

ब

98. एलीफेंटा के पूर्वी पहाड़ी में शिवलिंग का खण्डित भाग अ एवं ब का दृश्य

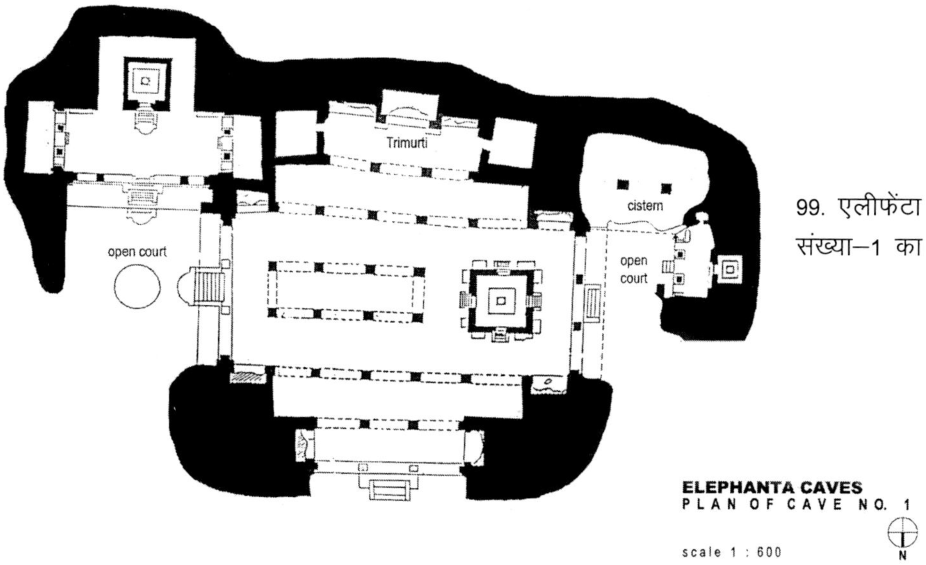

99. एलीफेंटा की गुफा संख्या–1 का भू–विन्यास

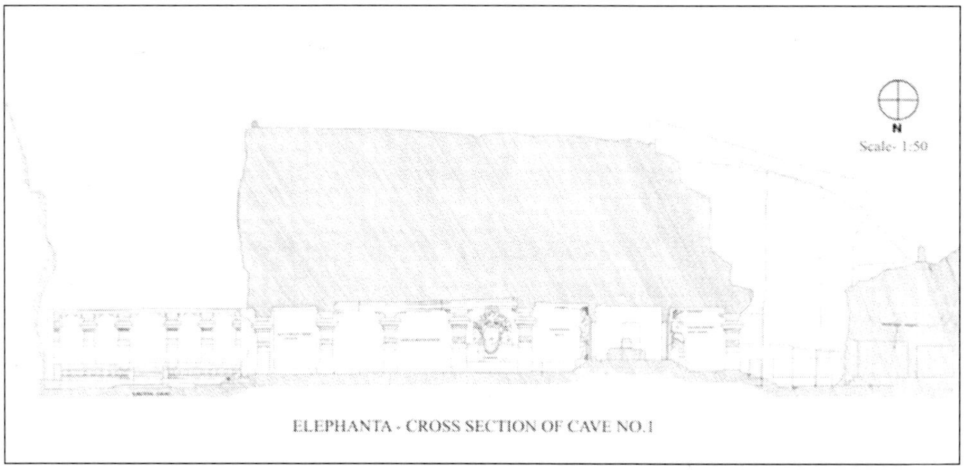

100. एलीफेंटा की गुफा संख्या–1 का अनुप्रस्थ काट

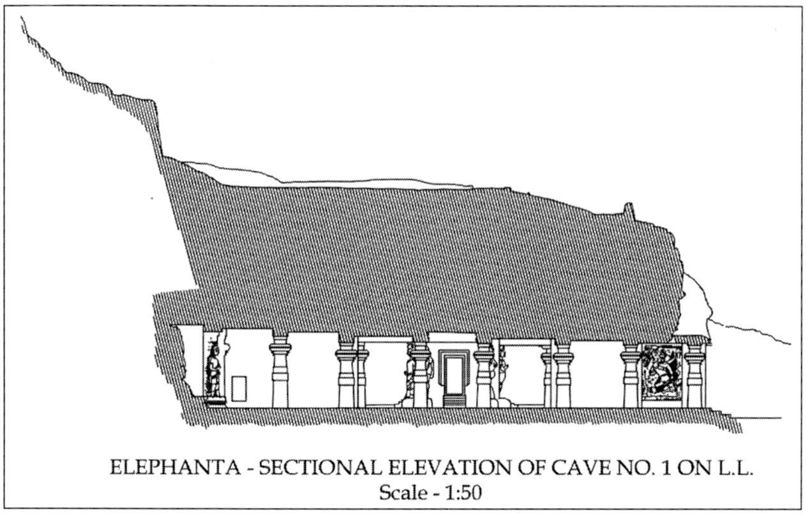

101. एलीफेंटा की गुफा संख्या–1 का खण्डीय ऊँचाई

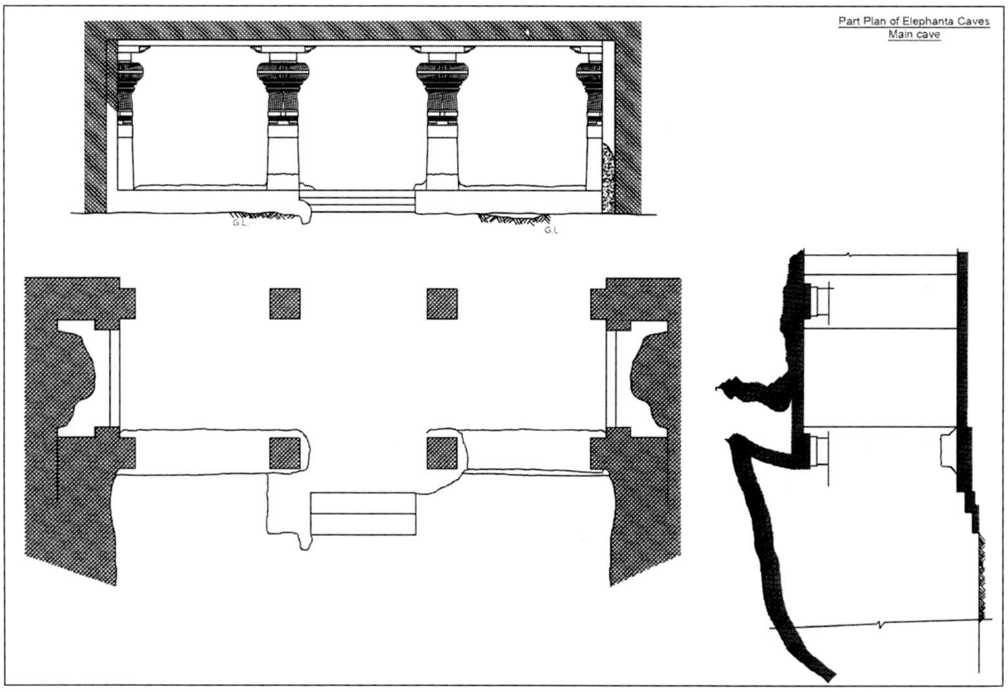

102. एलीफेंटा की गुफा संख्या–1 का खण्डीय विन्यास

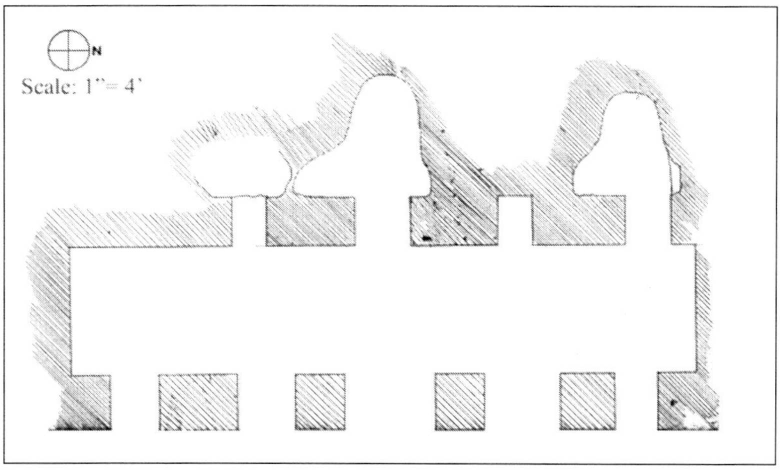

103. एलीफेंटा की गुफा संख्या–2 का भू–विन्यास

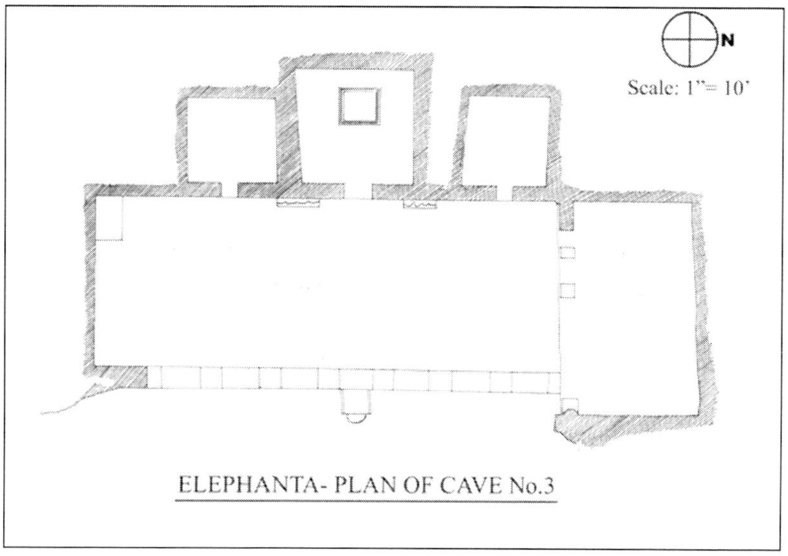

104. एलीफेंटा की गुफा संख्या–3 का भू–विन्यास

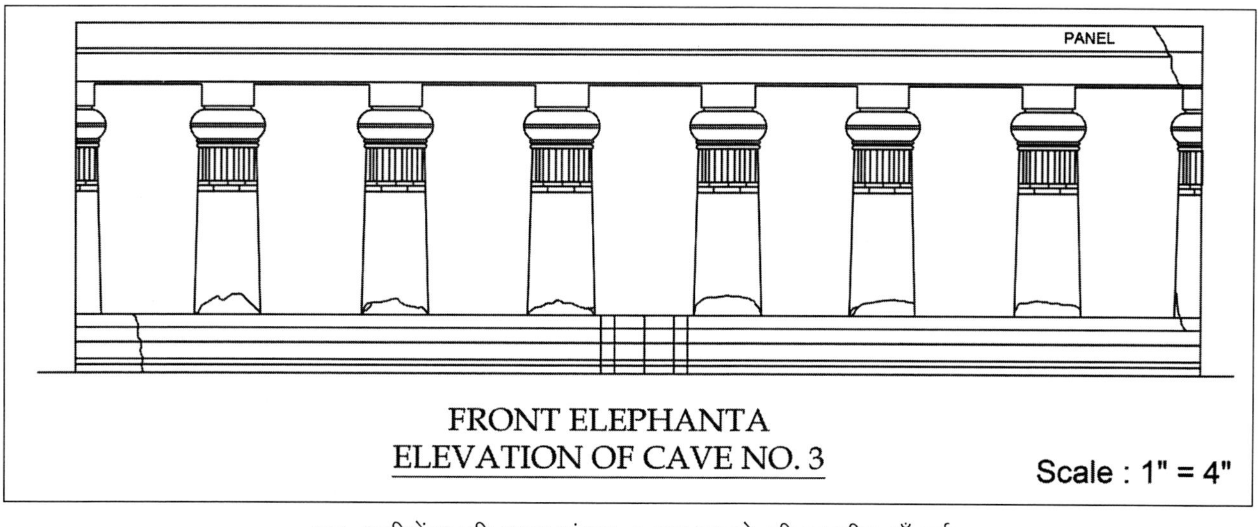

105. एलीफेंटा की गुफा संख्या–3 का सामने की खण्डीय ऊँचाई

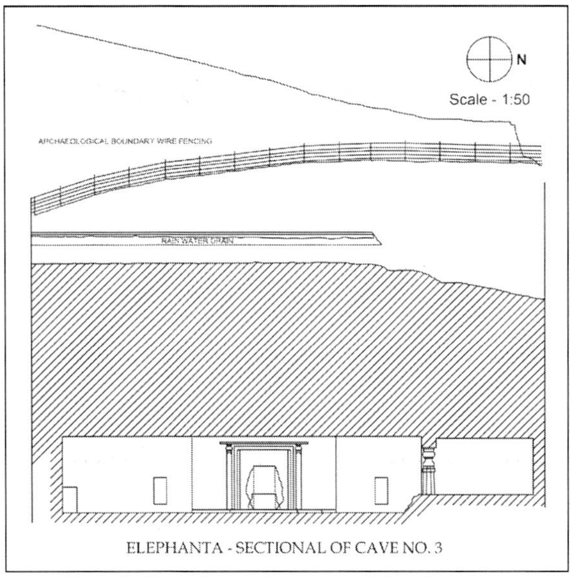

106. एलीफेंटा की गुफा संख्या–3 का अनुभागीय ऊँचाई

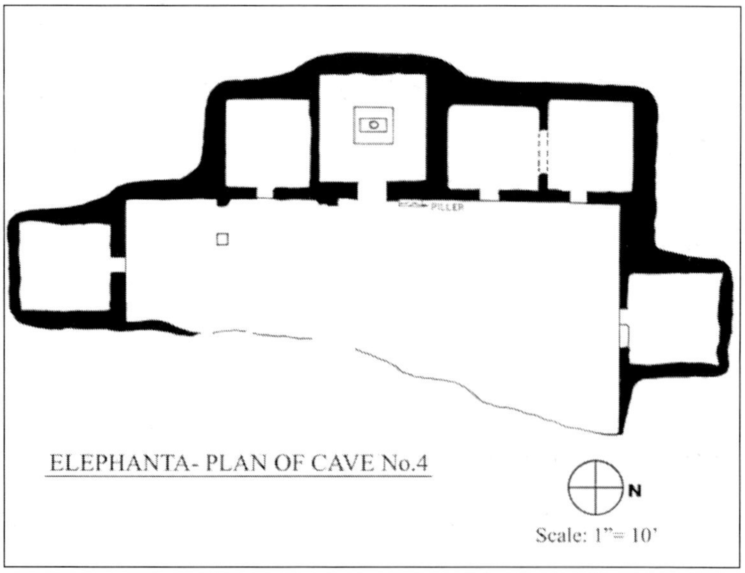

107. एलीफेंटा की गुफा संख्या–4 का भू–विन्यास

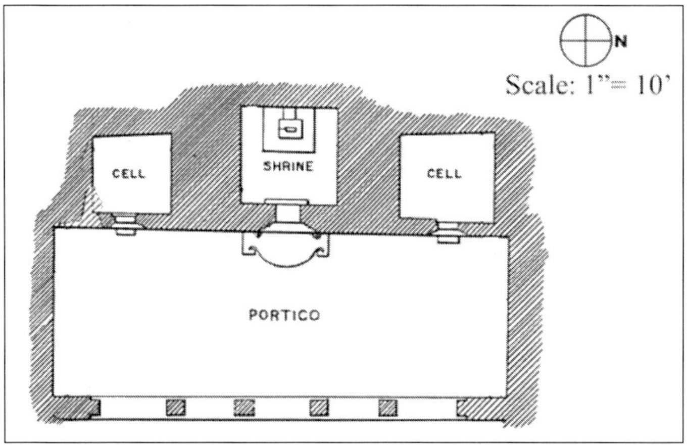

108. एलीफेंटा की गुफा संख्या–6 का भू–विन्यास

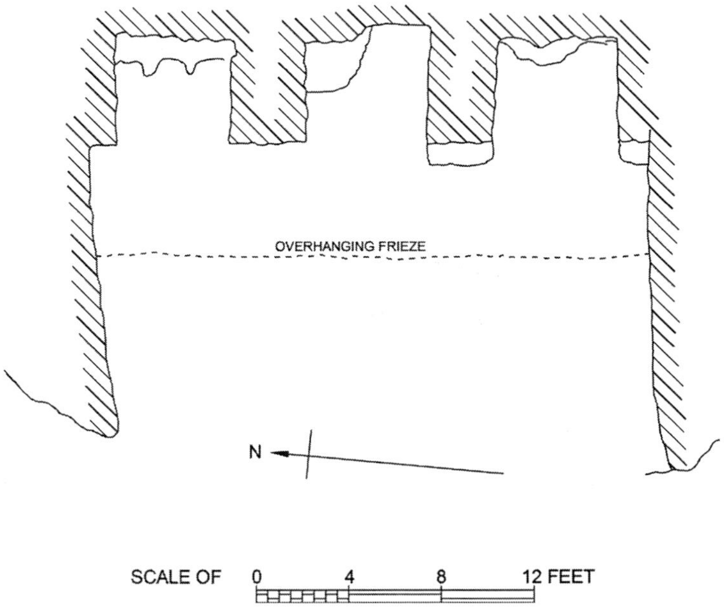

109. एलीफेंटा की गुफा संख्या–7 का भू–विन्यास

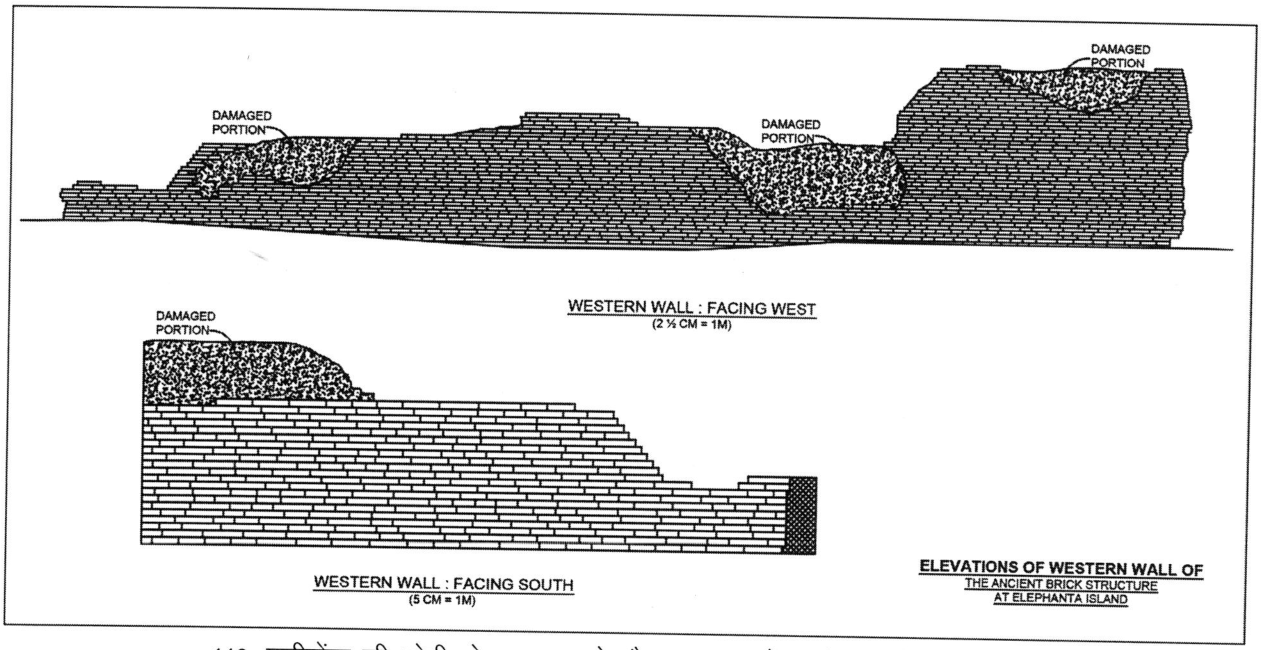

110. एलीफेंटा की गोदी के उत्खनन के दौरान प्रकाश में आयी दीवारों का रेखाचित्र

111. ब्रिटिश कालीन तोपें, पश्चिमी पहाडी, एलीफेंटा द्वीप।

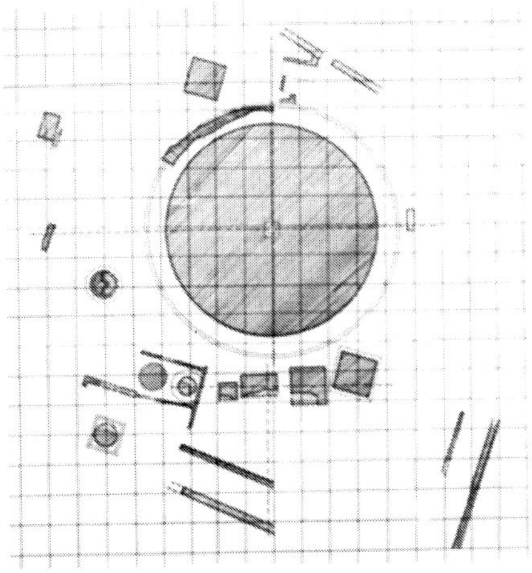

112. नालासोपारा के ईंट–निर्मित स्तूप का भू–विन्यास

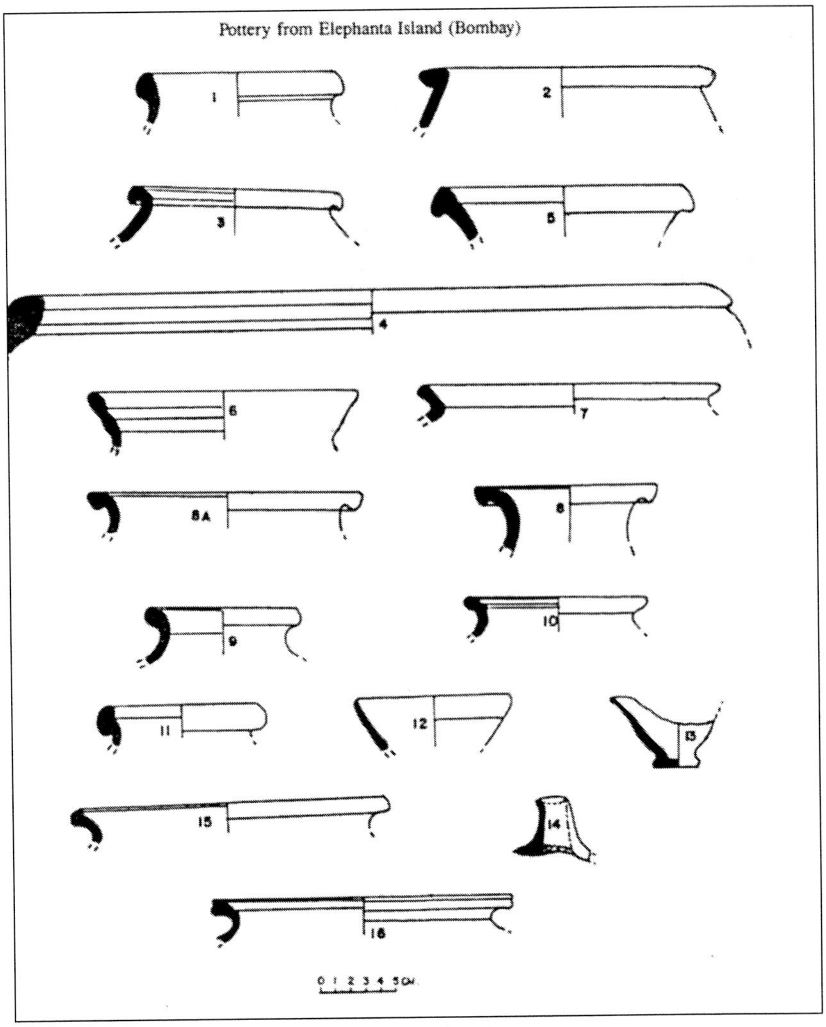

113. एलीफेंटा से उत्खनन के दौरान प्राप्त मृदभाण्ड (सौजन्य–राव, एस. आर.)

114. लेखक डॉ. मनीष राय, एलीफेंटा द्वीप के समुद्र तटीय स्थल का अन्वेषण के दौरान आराम के क्षण